한국어능력시험

New
개정판

HOT TOPIK II

토픽 II
Actual Test

문제집

한글파크

한국어능력시험

HOT TOPIK II

New 개정판

토픽 II
Actual Test

문제집

한글파크

목 차

제1회 실전모의고사

1교시 듣기, 쓰기 ···································· 05

2교시 읽기 ·· 23

제2회 실전모의고사

1교시 듣기, 쓰기 ···································· 47

2교시 읽기 ·· 65

제3회 실전모의고사

1교시 듣기, 쓰기 ···································· 89

2교시 읽기 ·· 107

제4회 실전모의고사

1교시 듣기, 쓰기 ···································· 131

2교시 읽기 ·· 149

제5회 실전모의고사

1교시 듣기, 쓰기 ···································· 173

2교시 읽기 ·· 191

한·국·어·능·력·시·험·T·O·P·I·K

제1회
실전모의고사

한국어능력시험 II
(중·고급)

| 1교시 | 듣기, 쓰기 |

수험번호(Applicaton No.)		
이름 (Name)	한국어(Korean)	
	영 어(English)	

유 의 사 항
Information

1. 시험 시작 지시가 있을 때까지 문제를 풀지 마십시오.
   Do not open the booklet until you are allowed to start.

2. 접수번호와 이름은 정확하게 적어 주십시오.
   Write your name and application number on the answer sheet.

3. 답안지를 구기거나 훼손하지 마십시오.
   Do not fold the answer sheet; keep it clean.

4. 답안지의 이름, 접수번호 및 정답의 기입은 컴퓨터용 펜을 사용하여 주십시오.
   Use the optical mark reader(OMR) pen only.

5. 정답은 답안지에 정확하게 표시하여 주십시오.
   Mark your answer accurately and clearly on the answer sheet.

   marking example ① ● ③ ④

6. 문제를 읽을 때에는 소리가 나지 않도록 하십시오.
   Keep quiet while answering the questions.

7. 질문이 있을 때에는 손을 들고 감독관이 올 때까지 기다려 주십시오.
   When you have any questions, please raise your hand.

듣기 (1번 ~ 50번)

※ [1~3] 다음을 듣고 알맞은 그림을 고르십시오. (각 2점)

1.

①

②

③

④

2.

①

②

③

④

3.
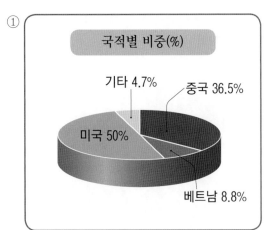
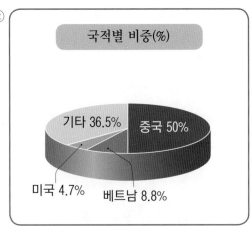
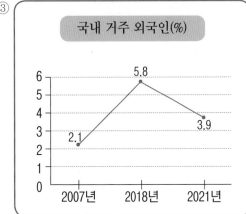
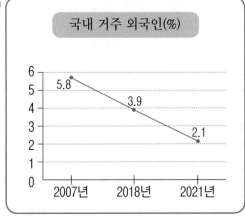

※ [4~8] 다음 대화를 잘 듣고 이어질 수 있는 말을 고르십시오. (각 2점)

4. ① 고쳐서 다행이네요.

② 회의가 일찍 끝났네요.

③ 에어컨이 너무 비싸요.

④ 이번 달에만 벌써 세 번째네요.

5. ① 방이 몇 개야?

② 집주인과 통화했어.

③ 조금 더 싼 집을 알아볼까?

④ 월세를 올려 달라고 이야기해.

6. ① 네, 김치를 드세요. ② 네, 아무거나 다 잘 먹어요.
③ 아니요, 다른 식당으로 가요. ④ 아니요, 한국 음식 잘 알아요.

7. ① 장학금 신청이 끝났어. ② 생각보다 시험이 쉬웠어.
③ 지난 학기에 이미 받았어. ④ 학과 게시판에서 이름을 봤어.

8. ① 가방을 안 가지고 왔어요. ② 개인 귀중품을 잃어버렸어요.
③ 비어 있는 보관함이 없어서요. ④ 책을 안에 가지고 가면 좋겠어요.

※ **[9~12]다음 대화를 잘 듣고 <u>여자</u>가 이어서 할 행동으로 알맞은 것을 고르십시오. (각 2점)**

9. ① 보고서를 제출한다. ② 보고서를 검토한다.
③ 휴가 계획을 세운다. ④ 부장님을 도와 드린다.

10. ① 1층으로 간다. ② 상자를 포장한다.
③ 사무실로 돌아간다. ④ 사무용품을 주문한다.

11. ① TV를 켠다. ② 전화를 건다.
③ 책상을 구입한다. ④ 지갑을 가져온다.

12. ① 신입생 교육을 시작한다. ② 학과장님께 메일을 보낸다.
③ 학과 신입생 명단을 물어본다. ④ 행정실에서 보낸 메일을 확인한다.

13. ① 여자는 어제 발표를 했다.

② 남자는 발표 준비를 열심히 했다.

③ 여자는 긴장을 해서 발표를 망쳤다.

④ 남자는 부장님을 도와 드리고 칭찬받았다.

14. ① 폰뱅킹은 오후 6시 이후 사용할 수 없다.

② 사고신고 접수는 영업시간 이후에도 가능하다.

③ 업무 관련 상담은 은행에 직접 가서 해야 한다.

④ 토요일과 공휴일에는 전화 상담을 받지 않는다.

15. ① 수도권에는 바람이 심하게 불고 있다.

② 제주도에는 폭염이 계속 이어지고 있다.

③ 한동안 전국적으로 비가 내릴 전망이다.

④ 내일 서울의 한낮 기온이 37도로 예상된다.

16. ① 최근 한국어로 된 음반을 냈다.

② 해외 차트에서 1위를 하는 것이 꿈이다.

③ 사랑 이야기가 담긴 노래를 주로 만든다.

④ 지난달 해외 팬들에게 종합선물세트를 받았다.

※　[17~20] 다음을 듣고 남자의 중심 생각을 고르십시오. (각 2점)

17.　① 운동은 매일 규칙적으로 해야 한다.

　　② 운동은 헬스장에서 꾸준히 해야 한다.

　　③ 인터넷을 이용해서 운동 효과를 높일 수 있다.

　　④ 집에서 하는 운동은 시간과 돈을 아낄 수 있어서 좋다.

18.　① 외국어는 어릴 때 배우는 것이 좋다.

　　② 유학은 아이에게 정서적으로 도움이 된다.

　　③ 아이들에게는 가정교육이 무엇보다 중요하다.

　　④ 자연스러운 외국어 발음은 외국에서 익힐 수 있다.

19.　① 사람의 성격과 혈액형은 관련이 있다.

　　② 혈액형은 주변 환경에 영향을 많이 받는다.

　　③ 남자들의 성격은 혈액형에 따라 네 가지로 나눠진다.

　　④ 혈액형으로 성격을 알 수 있다는 것은 논리적이지 않다.

20.　① 해양 생물을 보호해야 한다.

　　② 안전사고의 원인을 제거해야 한다.

　　③ 해수욕장을 더 깨끗이 관리해야 한다.

　　④ 사람들의 이기심이 환경을 오염시킨다.

※ [21~22] 다음을 듣고 물음에 답하십시오. (각 2점)

21. 남자의 중심 생각으로 알맞은 것을 고르십시오.
① 모기 예방 방법으로 야외 활동을 피해야 한다.
② 모기는 질병을 옮길 수 있어서 모두 없애야 한다.
③ 모기는 물리기 전에 예방하고 주의하는 것이 좋다.
④ 모기에 물린 부기는 반드시 의사에게 보여야 한다.

22. 들은 내용으로 맞는 것을 고르십시오.
① 얼음 마사지를 하면 가려움증이 증가된다.
② 알로에나 벌꿀을 바르면 모기를 쫓을 수 있다.
③ 모기에 물리면 심각한 전염병에 걸릴 수 있다.
④ 몸에 딱 맞는 옷을 입으면 모기가 물지 못한다.

※ [23~24] 다음을 듣고 물음에 답하십시오. (각 2점)

23. 남자가 무엇을 하고 있는지 고르십시오.
① 인터넷 블로그에 글을 쓰고 있다.
② 식물원 이용에 대해 문의하고 있다.
③ 규칙 위반 시 주의 사항을 설명하고 있다.
④ 푸드코트 내 휴게 공간의 위치를 확인하고 있다.

24. 들은 내용으로 맞는 것을 고르십시오.
① 식물원에서 목줄과 배변 봉투를 판매한다.
② 식물원에 반려견과 동반 입장이 가능하다.
③ 식물원에는 음식을 먹을 수 있는 장소가 없다.
④ 식물원의 휴게 공간은 사람들만 이용할 수 있다.

25. 남자의 중심 생각으로 맞는 것을 고르십시오.

    ① 겨울옷에는 야생 동물의 털이 필요하다.

    ② 야생 동물은 자연의 상태에서 키워야 한다.

    ③ 야생 동물을 죽일 때에는 잔인하지 않게 해야 한다.

    ④ 대체 섬유를 사용하여 야생 동물의 희생을 줄여야 한다.

26. 들은 내용으로 맞는 것을 고르십시오.

    ① 대체 섬유는 동물의 털보다 효과가 더 좋다

    ② 과거에는 야생 동물들이 잔혹하게 희생되었다.

    ③ 야생 동물의 건강을 위해 호르몬 주사를 놓는다.

    ④ 야생 동물은 야생의 환경에 맞게 관리되고 있다.

27. 남자가 여자에게 말하는 의도를 고르십시오.

    ① 자세한 검진을 권유하기 위해

    ② 식품의 안정성을 알리기 위해

    ③ 휴식의 중요성을 강조하기 위해

    ④ 위내시경의 효과를 알리기 위해

28. 들은 내용으로 맞는 것을 고르십시오.

    ① 여자는 구토로 인해 응급실에 다녀왔다.

    ② 남자는 속이 불편해서 의사를 만나러 갔다.

    ③ 여자는 일주일간 병원에서 진료를 받아야 한다.

    ④ 남자는 종합 검진을 받기 위해 휴가를 낼 것이다.

29. 남자는 누구인지 맞는 것을 고르십시오.
    ① 텃밭을 가꾸는 사람
    ② 해충을 없애는 사람
    ③ 식물들의 조합을 연구하는 사람
    ④ 천연 항생물질을 개발하는 사람

30. 들은 내용과 일치하는 것을 고르십시오.
    ① 일반인이 텃밭을 가꾸는 것은 쉽지 않다.
    ② 파뿌리의 항생 물질 때문에 오이 뿌리가 시든다.
    ③ 오이와 수박, 호박을 같이 심는 것이 효율적이다.
    ④ 보완 관계에 있는 식물을 함께 심으면 관리가 편하다.

31. 남자의 생각으로 맞은 것을 고르십시오.
    ① 키가 작은 개도 입마개를 착용해야 한다.
    ② 개의 크기로 입마개를 씌우는 기준은 옳지 않다.
    ③ 모든 개는 크기에 상관없이 사람에게 위협적이다.
    ④ 시각 장애인을 안내하는 안내견은 입마개가 필요하다.

32. 남자의 태도로 맞는 것을 고르십시오.
    ① 문제에 대한 해결책을 제시하고 있다.
    ② 자신의 주장을 예를 들며 증명하고 있다.
    ③ 상대방의 의견을 긍정적으로 평가하고 있다.
    ④ 현재 논의되고 있는 법안에 대해 반발하고 있다.

※   **[33~34] 다음을 듣고 물음에 답하십시오. (각 2점)**

33. 무엇에 대한 내용인지 맞는 것을 고르십시오.
    ① 신라 골품제도의 설명
    ② 골품제도가 끼친 영향
    ③ 신라가 발전하는 과정
    ④ 신라의 삼국 통일 방법

34. 들은 내용으로 맞는 것을 고르십시오.
    ① 고대 삼국의 하나인 신라는 7세기에 만들어졌다.
    ② 골품제도는 3백 년간 유지된 신라의 정치제도였다.
    ③ 골품제도의 신분에 따라 출세와 결혼 등이 달라졌다.
    ④ 골품제도의 신분은 크게 두 가지로 나누어져 있었다.

※   **[35~36] 다음을 듣고 물음에 답하십시오. (각 2점)**

35. 남자는 무엇을 하고 있는지 맞는 것을 고르십시오.
    ① 직원들의 노력에 감사를 표하고 있다.
    ② 제품 개발의 필요성을 강조하고 있다.
    ③ 작년의 제품 판매량을 설명하고 있다.
    ④ 회사 사원들의 역량을 평가하고 있다.

36. 들은 내용으로 맞는 것을 고르십시오.
    ① '조은 홈쇼핑'은 이번에 새롭게 창업했다.
    ② '조은 홈쇼핑'은 초기의 어려움을 이겨냈다.
    ③ 사원들은 주인공이 되기 위해 열심히 노력했다.
    ④ '조은 홈쇼핑'은 올해 매출 목표를 100% 달성했다.

37. 여자의 중심 생각으로 맞는 것을 고르십시오.
① 다이어트를 돕는 제품이 다양해져야 한다.
② 비만은 식습관이나 생활 습관에 영향을 미친다.
③ 다이어트 보조 제품의 특성을 잘 파악해야 한다.
④ 비만 원인을 파악한 후 알맞은 해결책이 필요하다.

38. 들은 내용과 일치하는 것을 고르십시오.
① 다이어트에 효과가 좋다는 보조 제품은 많지 않다.
② 살이 찌는 원인을 생각한 후에 보조 제품을 사용하는 것이 좋다.
③ 비만에는 보조 제품을 사용하는 것이 식습관을 바꾸는 것보다 낫다.
④ 현대인은 활동량이 적어 보조 제품을 사용해도 살을 빼기가 힘들다.

39. 이 담화 앞의 내용으로 알맞은 것을 고르십시오.
① 예비 귀농인을 위한 예비 학교가 있다.
② 인터넷을 통해 예비 귀농인들을 모집하고 있다.
③ 귀농을 준비하려면 먼저 선배 귀농인에게 설명을 들어야 한다.
④ 정해진 시간의 교육을 받으면 정부로부터 지원금을 받을 수 있다.

40. 들은 내용과 일치하는 것을 고르십시오.
① 인터넷을 통해 선배 귀농인의 과정을 엿볼 수 있다.
② 교육에 참여하면 귀농에 대한 좋은 정보를 얻을 수 있다.
③ 예비 귀농인은 인터넷상의 정보로 충분한 정보를 얻는다.
④ 귀농 준비의 첫 단계는 선배 귀농인을 찾아가 만나는 것이다.

※ **[41~42] 다음은 강연입니다. 잘 듣고 물음에 답하십시오. (각 2점)**

41. 이 강연의 중심 내용으로 맞는 것을 고르십시오.
   ① 행복은 작은 일상에서도 느낄 수 있는 즐거움이다.
   ② 큰 목표보다는 작은 일상에 더 집중하며 살아야 한다.
   ③ 주택 구입, 취업, 결혼 등은 행복의 중요한 지표가 된다.
   ④ 성취가 불확실한 목표를 좇는 것은 행복한 삶이 아니다.

42. 들은 내용과 일치하는 것을 고르십시오.
   ① 소확행이란 크고 확실한 행복을 뜻한다.
   ② 소확행은 일본 사회에서 유행하는 말이다.
   ③ 현대인은 크고 거창한 것에서 행복을 느낀다.
   ④ 현대 사회의 젊은이들은 소확행을 좇는 경향이 있다.

※ **[43~44] 다음은 다큐멘터리입니다. 잘 듣고 물음에 답하십시오. (각 2점)**

43. 이 이야기의 중심 내용으로 맞는 것을 고르십시오.
   ① 돌고래와 어부들의 협업으로 사냥을 하고 있다.
   ② 브라질의 사냥 방법이 사냥 기술에 영향을 미쳤다.
   ③ 이어져 오는 사냥 기술은 숙련된 어부들만 할 수 있다.
   ④ 돌고래의 출현으로 어부들의 고기잡이 기술이 발전했다.

44. 돌고래에 대한 설명으로 맞은 것을 고르십시오.
   ① 돌고래는 수로 밖까지 물고기를 몰아준다.
   ② 어부들과 협업하는 돌고래는 대부분 암컷이다.
   ③ 돌고래의 숙련도에 따라 점프 신호가 달라진다.
   ④ 돌고래는 어부들이 물고기를 던져 주기를 기다린다.

45. 들은 내용과 일치하는 것을 고르십시오.

① '워라밸'이라는 표현은 한국에서 처음 만들어졌다.

② 과거에는 사람들이 돈보다 자신의 만족을 추구하였다.

③ '워라밸'은 일보다 삶을 중요하게 생각하는 것을 말한다.

④ '워라밸'이 깨지면 개인과 회사에 부정적인 영향을 주게 된다.

46. 여자가 말하는 방식으로 가장 알맞은 것을 고르십시오.

① 워라밸의 한계점을 지적하고 있다.

② 일과 삶의 균형의 중요성을 강조하고 있다.

③ 현대 사회의 물질만능주의를 비판하고 있다.

④ 현대인의 과다한 업무량에 대해 토로하고 있다.

47. 들은 내용과 일치하는 것을 고르십시오.

① 특수 활동비는 개인적인 용도로 사용할 수 있다.

② 특수 활동비는 18년간 모든 사람에게 공개되었다.

③ 특수 활동비는 국가 기밀 유지 등에 쓰이는 돈이다.

④ 특수 활동비는 영수증이 있으면 현금으로 지급된다.

48. 남자의 태도로 가장 알맞은 것을 고르십시오.

① 특수 활동비의 지급 목적을 명확히 밝히고 있다.

② 특수 활동비가 국가 기밀 유지에 미칠 영향을 우려하고 있다.

③ 국회의원에게 지급되는 특수 활동비의 폐지를 주장하고 있다.

④ 국회의원의 특수 활동비 지급 방법을 적극적으로 검토하고 있다.

※ [49~50] 다음은 강연입니다. 잘 듣고 물음에 답하십시오. (각 2점)

49. 들은 내용과 일치하는 것을 고르십시오.

① 수증기를 계속 가열하면 플라스마 상태로 변한다.

② 플라스마는 우리의 눈에 잘 보이는 우주 물질이다.

③ 번개는 고전압에 의해 발광하여 플라스마로 변한다.

④ 눈으로 확인할 수 있는 일방적인 플라스마가 오로라이다.

50. 여자의 태도로 가장 알맞은 것을 고르십시오.

① 플라스마의 연구 결과를 분석하고 있다.

② 플라스마 현상을 기준별로 분류하고 있다.

③ 플라스마의 생성 과정을 예를 들어 설명하고 있다.

④ 플라스마와 물과의 관계를 실험으로 증명하고 있다.

쓰기 (51번 ~ 54번)

※ [51~52] 다음을 읽고 ㉠과 ㉡에 들어갈 말을 각각 한 문장으로 쓰시오. (각 10점)

51.

새로운 메시지

받는 사람: 010-9980-9900

중고 사이트에 올린 카메라 판매글을 보고 연락드려요. 이번 주 금요일 5시에 카메라 구매가 가능할까요? 사진도 좀 부탁드려요.

네, 가능합니다. 혹시 마음이 바뀔 수도 있으니 금요일 점심 때쯤 (㉠), 이따가 집에 가서 (㉡)? 사진 확인해 보시고 다시 연락주세요.

52.

　　잠을 못 자는 이유는 정신적인 스트레스가 가장 흔하다. 코골이나 수면 무호흡증 등의 수면 질환이 있으면 (㉠). 깊은 잠을 자기 위해서는 일정한 시간에 자고 깨는 것이 중요하다. 잠이 안 오면 침대에서 일어나 다른 활동을 하다가 잠이 올 때 (㉡). 잠이 오지 않는데 억지로 누워 잠을 청하는 행동은 전혀 도움이 되지 않는다.

53. 다음을 참고하여 '2018년 국적별 입국자와 입국 목적'에 대한 글을 200~300자로 쓰시오. 단, 글의 제목을 쓰지 마시오. (30점)

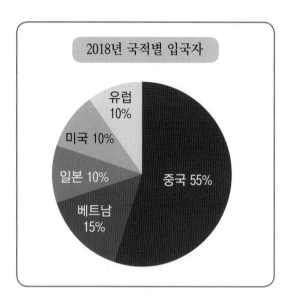

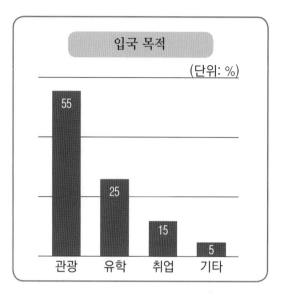

54. 다음을 주제로 하여 자신의 생각을 600~700자로 글을 쓰시오. 단, 문제를 그대로 옮겨 쓰지 마시오. (50점)

"소 잃고 외양간 고친다."는 말이 있듯이 문제가 발생되기 전에 미리 대비해야 예방할 수 있다. 그러나 항상 일어나지 않은 문제를 예상하고 준비하는 것은 피곤한 삶이다. 아래의 내용을 중심으로 '문제에 대한 준비성이 미치는 영향과 문제를 대비하는 효율적인 방법'에 대해 자신의 의견을 쓰라.

• 문제에 대한 준비성의 긍정적인 영향은 무엇인가?
• 부정적인 영향은 무엇인가?
• 문제를 대비하는 효율적인 방법은 무엇인가?

＊ 원고지 쓰기의 예

	한	국		사	람	은		'우	리'	라	는		말	을		자	주
쓴	다	.		이	는			가	족	주	의	에	서		비	롯	되	었	다	.		

한·국·어·능·력·시·험·T·O·P·I·K

제1회
실전모의고사

한국어능력시험 II
(중 · 고급)

2교시	읽기

수험번호(Applicaton No.)		
이름 (Name)	한국어(Korean)	
	영 어(English)	

유 의 사 항
Information

1. 시험 시작 지시가 있을 때까지 문제를 풀지 마십시오.
   Do not open the booklet until you are allowed to start.

2. 접수번호와 이름은 정확하게 적어 주십시오.
   Write your name and application number on the answer sheet.

3. 답안지를 구기거나 훼손하지 마십시오.
   Do not fold the answer sheet; keep it clean.

4. 답안지의 이름, 접수번호 및 정답의 기입은 컴퓨터용 펜을 사용하여 주십시오.
   Use the optical mark reader(OMR) pen only.

5. 정답은 답안지에 정확하게 표시하여 주십시오.
   Mark your answer accurately and clearly on the answer sheet.

   marking example ① ● ③ ④

6. 문제를 읽을 때에는 소리가 나지 않도록 하십시오.
   Keep quiet while answering the questions.

7. 질문이 있을 때에는 손을 들고 감독관이 올 때까지 기다려 주십시오.
   When you have any questions, please raise your hand.

※ [1~2] (   )에 들어갈 가장 알맞은 것을 고르십시오. (각 2점)

1. 배가 (   ) 라면을 끓여 먹었다.
   ① 고프거든   ② 고프다가   ③ 고파야지   ④ 고프길래

2. 친구도 만나고 영화도 (   ) 극장에 갔다.
   ① 본 줄   ② 볼 겸   ③ 볼 텐데   ④ 보는 대로

※ [3~4] 다음 밑줄 친 부분과 의미가 비슷한 것을 고르십시오. (각 2점)

3. 갑자기 비가 많이 <u>오는 탓에</u> 일정이 취소되었다.
   ① 오는 김에   ② 오는 만큼   ③ 오는 바람에   ④ 오는 사이에

4. 식당에 사람이 많은 걸 보니 음식이 <u>맛있는 모양이다</u>.
   ① 맛있어졌다   ② 맛있는 듯하다   ③ 맛있을 따름이다   ④ 맛있으면 좋겠다

※ [5~8] 다음은 무엇에 대한 글인지 고르십시오. (각 2점)

5.

"당신의 개인 비서"

일정도, 예약도, 통화도 이 하나로!

   ① 가방   ② 자동차   ③ 텔레비전   ④ 휴대 전화

6.

여러분의 평생 금융 친구!

소중한 재산을 지켜 드립니다.

① 은행   ② 학교   ③ 경찰서   ④ 부동산

7.

잠깐 하는 **졸음운전**
평생 못 볼 **우리 가족**

① 자연보호   ② 가족사랑   ③ 인생계획   ④ 안전운전

8.

☒ 2주 내에 **영수증**과 **카드**를 가지고 매장을 방문해 주세요.
☒ 같은 금액 내에서만 바꿀 수 있습니다.

① 사용 설명   ② 배달 안내   ③ 이용 순서   ④ 교환 방법

9.

제10회 의왕 여름축제

✤ 기간: 2020년 8월 3일(금) ~ 8월 16일(목)

✤ 장소: 의왕 음악분수 광장 앞

✤ 입장: 선착순 무료

✤ 문의: 031-345-3093~4

✤ 예약: 인터넷 홈페이지에서 가능

　• 8월 6일과 13일은 시설 안전점검으로 휴무입니다.

① 축제는 일주일간 열린다.

② 축제는 올해 처음 시작한다.

③ 축제 참여는 전화로 예약해야 한다.

④ 6일과 13일에는 축제가 열리지 않는다.

10.

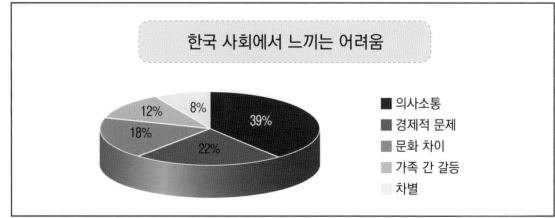

한국 사회에서 느끼는 어려움

- 의사소통 39%
- 경제적 문제 22%
- 문화 차이 18%
- 가족 간 갈등 12%
- 차별 8%

① 차별 때문에 어려움을 느끼는 사람의 수가 가장 적다.

② 의사소통에 어려움을 느끼는 사람이 전체의 반 이상이다.

③ 문화 차이와 가족 간 갈등의 어려움을 느끼는 비율이 같다.

④ 경제적 문제보다 문화 차이의 어려움을 느끼는 사람이 더 많다.

11.

> 2018년 여행박람회가 내일부터 일주일간 열린다. 이번 박람회에는 인기 여행 상품을 가장 저렴하게 판매하는 기간으로 알뜰하게 해외여행을 떠나려는 방문객들에게 인기가 많다. 또 여행 상품을 구매하지 않아도 해외여행을 온 듯한 재미도 느낄 수 있다. 태국, 일본 등 여러 나라의 공연도 무료로 볼 수 있고 많은 나라의 대표적인 음식 맛 볼 수 있다.

① 여행박람회에서는 여행 상품을 살 수 없다.
② 가격이 싼 여행 상품을 찾는 사람들이 박람회를 찾는다.
③ 여행박람회에서 여행 상품을 구매하면 공연을 볼 수 있다.
④ 여행박람회에서 여러 나라의 대표 음식을 요리할 수 있다.

12.

> 최근 전자 담배를 피우는 사람들이 많아졌다. 일반 담배에서 나오는 유해 물질이 전자 담배에는 없다고 생각하는 사람들이 많아지면서 전자 담배 소비량이 늘어난 것이다. 그러나 전문가의 말에 의하면 전자 담배 역시 일반 담배와 마찬가지로 인체에 해로운 물질이 포함되어 있고 주변 공기도 오염시킨다고 한다. 또한 흡연량을 줄이거나 금연하는 데에 전혀 도움이 되지 않는다고 한다.

① 전자 담배를 피울 때 주변 공기가 오염되지 않는다.
② 일반 담배에 있는 유해 물질이 전자 담배에도 있다.
③ 전자 담배를 피우면 일반 담배보다 적게 피우게 된다.
④ 최근 전자 담배 소비자보다 일반 담배 소비자가 더 늘었다.

※ **[13~15] 다음을 순서대로 맞게 배열한 것을 고르십시오. (각 2점)**

13.

> (가) 이에 물건과 물건을 바꾸는 물물 교환이 이루어졌다.
> (나) 그러다 보니 어떤 물건은 쓰고 남고, 어떤 물건은 만들기가 어려웠다.
> (다) 옛날 사람들은 필요한 옷, 식량, 생활 도구 등을 스스로 만들어 사용하였다.
> (라) 하지만 서로 필요한 것과 바꾸려는 것의 가치가 달라 결국 화폐를 만들게 되었다.

① (가) - (나) - (다) - (라) ② (가) - (다) - (라) - (나)
③ (다) - (나) - (가) - (라) ④ (다) - (가) - (라) - (나)

14.

> (가) 운동경기에서 심판은 선수를 도와주는 역할을 한다.
> (나) 경제 활동에서 심판의 역할을 하는 것이 공정거래위원회이다.
> (다) 이는 기업들이 자유롭고 공정한 경쟁을 하도록 규칙을 만들고 돕는다.
> (라) 선수들이 반칙하는 것을 막고 규칙에 따라 경기를 하도록 돕는 것이다.

① (가) - (나) - (다) - (라) ② (가) - (라) - (나) - (다)
③ (나) - (가) - (다) - (라) ④ (나) - (라) - (가) - (다)

15.

> (가) 향수는 나와 남의 기분이 좋을 만큼 적당히 뿌리는 것이 좋다.
> (나) 그래서 어떤 사람들은 향수를 자주 뿌려 냄새를 없애려고 한다.
> (다) 더운 여름에는 땀이 많이 나기 때문에 냄새에 신경 쓰는 사람이 많다.
> (라) 그러나 너무 자주 뿌리면 냄새가 강해 다른 사람에게 피해를 줄 수 있다.

① (가) - (나) - (다) - (라) ② (가) - (다) - (나) - (라)
③ (다) - (가) - (나) - (라) ④ (다) - (나) - (라) - (가)

※ [16~18] 다음을 읽고 (   )에 들어갈 내용으로 가장 알맞은 것을 고르십시오. (각 2점)

16.

안경은 눈이 나쁜 사람들에게 밝은 눈이 되어 준다. 하지만 눈이 나쁘지 않은 사람에게도 선글라스와 같은 안경은 아주 친숙하다. 안경의 색이나 모양에 따라 색다른 분위기를 낼 수 있다. 이제 안경은 단순히 시력을 교정하는 도구가 아니라 (   ) 물건으로도 관심을 받고 있다.

① 강한 빛을 막아 주는　　　　② 친숙한 인상을 만드는
③ 자신의 눈을 보호하는　　　　④ 각자의 개성을 표현하는

17.

사우디아라비아가 사상 최초로 여성에게 운전면허증을 발급하였다. 사우디 정부는 국제 운전면허증이 있는 여성 10명에게 신체검사와 간단한 시험을 거치게 한 뒤 자국 운전면허증을 발급했다. 사우디는 그동안 전 세계에서 유일하게 (   ) 나라였다.

① 여성 운전이 금지된　　　　② 돈을 내고 면허증을 사는
③ 신체검사 없이 면허증을 주는　　④ 가장 많은 운전면허증을 발급한

18.

광고란 상품이나 서비스에 대한 정보를 소비자들에게 널리 알리는 것이다. 광고를 통해 기업은 상품을 많이 판매할 수 있고 소비자들은 상품에 대한 정보를 얻을 수 있다. 하지만 잘못된 정보로 소비자들을 속이는 허위·과장 광고도 있다. 그러므로 소비자는 (   ) 늘 주의해야 한다.

① 가짜 광고에 속지 않도록
② 기업에 대한 오해가 없게
③ 상품 정보를 공유할 수 있으려면
④ 상품을 비싼 가격에 사지 않기 위해

전국 아파트 곳곳에서 다양한 물건이 떨어져 사람이 다치거나 죽고 자동차가 파손되는 일이 이어지고 있다. 문제는 이러한 행위를 한 대부분이 어린 아이들이라는 것이다. 이에 시민들은 관련 범죄에 대한 처벌을 강화하고 만 14세 미만의 청소년도 처벌해야 한다고 주장하고 있다. (   ) 피해자들에게 현실적으로 보상하는 방안을 만드는 것이 무엇보다 중요하다.

19. (   )에 들어갈 알맞은 것을 고르십시오.

① 반면

② 또한

③ 오히려

④ 차라리

20. 이 글의 내용과 같은 것을 고르십시오.

① 피해당하면 보상을 받을 수 있는 대책이 있다.

② 만 14세 미만의 청소년은 범죄에 대해 벌을 받는다.

③ 시민들의 주장 덕분에 범죄에 대한 처벌이 강화되었다.

④ 아파트에서 물건을 떨어뜨린 사람은 대부분 아이들이다.

> 　　지금까지 기부는 어려운 이웃을 위해 지원 단체에 직접 돈을 전달하는 방식이었다. 그러나 최근 기술이 발전하면서 기부 방법에도 많은 변화가 생겼다. 인터넷과 전화를 활용한 소액 기부 방식으로 언제 어디서나 쉽게 기부할 수 있게 되었다. 그리고 지원 단체가 아닌 자신이 기부할 대상을 (　　　　) 선택할 수도 있고, 기부금이 어디에 쓰였는지 공개되어 신뢰감을 주기 때문에 많은 사람이 기부에 참여하게 되었다.

21. (　　　　)에 들어갈 알맞은 것을 고르십시오.

① 직접 보고

② 알지 못하고

③ 계산해 보고

④ 이웃에 소개하고

22. 이 글의 중심 생각을 고르십시오.

① 기부금 사용 내용을 공개해야 한다.

② 기부는 신뢰감을 주는 것이 중요하다.

③ 기술의 발전으로 인해 기부자가 증가했다.

④ 기부금은 직접 전달하는 것보다 소액 기부가 편하다.

> 남자는 갑자기 나를 불렀다. 잠을 자다 말고 일어난 나는 그의 방으로 갔다. "세계 일주를 할 거야. 바로 지금. 그러니까 서둘러야 해." 갑작스러운 말에 <u>머릿속이 하얘지고 심장이 빨리 뛰었다.</u> "아무리 바빠도 여행 가방은 챙겨야지요." 나는 여행 가방을 찾으며 말했다. 하지만 남자는 여행 가방은 필요 없고 작은 손가방 하나만 있으면 된다고 말했다. 그리고 그 가방에 스웨터 두 벌하고 긴 양말 세 켤레 그리고 비옷과 여행용 담요, 좋은 구두 한 켤레를 넣어 달라고 했다. 나머지는 도중에 사면되니까 더 이상은 가방에 넣지 말라고 했다. 나는 뭔가 말을 하고 싶었지만 할 수가 없었다. 그의 방을 나와 내 방으로 와서 의자에 주저앉으며 "갑자기 세계여행이라고? 가방도 없이?"라고 혼자 말할 뿐이었다.

23. 밑줄 친 부분에 나타난 '나'의 심정으로 알맞은 것을 고르십시오.
   ① 기대되다
   ② 허전하다
   ③ 멋스럽다
   ④ 당황스럽다

24. 이 글의 내용과 같은 것을 고르십시오.
   ① 나와 남자는 같은 집에서 살고 있다.
   ② 남자는 여행을 가기 위해 가방을 찾았다.
   ③ 남자는 여행에 필요한 물건을 직접 준비했다.
   ④ 여행 중에 필요한 물건은 여행 도중에 살 수 없다.

25.

숲속에 사는 기분! 친환경 건물

① 숲속에 지은 빌딩을 친환경 빌딩이라고 한다.
② 숲속에 살고 싶으면 친환경 건물을 지어야 한다.
③ 빌딩에 나무를 심어 자연을 가깝게 느낄 수 있다.
④ 빌딩에서 사는 것보다 숲속에서 사는 것이 더 좋다.

26.

'경기 꺾이고 있다', 나라 안팎서 경고음

① 국가의 경제 사정이 점점 안 좋아지고 있다.
② 국가는 국민에게 경제에 대해 경고하고 있다.
③ 경제가 더 나빠지지 않도록 나라가 나서야 한다.
④ 곳곳에서 울리는 경고음 때문에 경제가 나빠졌다.

27.

날아다니는 응급실 닥터 헬기, 위급 환자 구해

① 빠른 치료가 필요한 환자들이 닥터 헬기를 원했다.
② 응급실에 대기자가 너무 많아서 닥터 헬기를 만들었다.
③ 위급한 환자를 위해서 이동 가능한 응급실을 만들었다.
④ 응급처치가 가능한 닥터 헬기 덕분에 위급한 환자를 살렸다.

28.

한국에는 '이웃사촌'이라는 말이 있다. 이는 옛날부터 ( ) 지낸다는 뜻이다. 특히 예전에는 한 마을에 친척이 모여 사는 경우가 많았기 때문에 마을 주민과 한 식구처럼 다정하고 화목한 생활을 했다. 요즘에도 마을에 결혼이 있거나 누군가 죽어 장례를 치르면 이웃끼리 기쁨과 슬픔을 나누며 힘을 모아 일을 돕는다. 이렇게 이웃 간에 서로 돕고 지내는 상부상조의 전통은 조상이 전해 준 소중한 풍속이다.

① 친척들과 의좋게
② 이웃들과 가족처럼
③ 모든 가족과 재미있게
④ 마을 주민들과 친구처럼

29.

국민이라면 누구나 국가에 세금을 낸다. 하지만 모두 똑같은 금액으로 세금을 내지는 않는다. 그것은 ( ) 때문이다. 소득이나 재산이 많은 사람은 그렇지 않은 사람보다 더 많은 세금을 낸다. 이처럼 국가에서 세금을 걷는 가장 중요한 이유는 나라의 살림을 하기 위해서지만 부유층과 서민층과의 간격을 좁히는 기능도 한다. 이렇게 세금은 나라 살림을 꾸리고 모두가 더불어 사는 사회를 만드는 데 쓰인다.

① 나라 살림에 도움이 되지 않기
② 개개인의 소득과 재산이 다르기
③ 국가가 세금을 걷는 방식이 다르기
④ 국민이 똑같은 금액을 원하지 않기

30.

　　에너지는 한 가지 형태로 고정된 것이 아니라 그 형태를 여러 가지로 바꿀 수 있다. 예를 들면, 위치 에너지가 운동 에너지로, 전기 에너지가 빛 에너지로 전환될 수 있다. 그런데 특이한 것은 에너지의 형태가 변해도 (　　　　) 점이다. 에너지는 형태만 달라질 뿐 새로 만들어지지 않아 에너지의 총량은 항상 일정하게 보존되는 것을 '에너지 보존 법칙'이라고 한다.

① 종류에 따라 다르다는
② 총량을 측정하기 어렵다는
③ 에너지의 양은 그대로 있다는
④ 새로운 에너지라고 볼 수 없다는

31.

　　많은 학생이 자신이 좋아하는 것과 잘하는 것이 무엇인지 알지 못해 고민한다. 자신의 적성과 흥미를 찾으려면 어린 시절부터 (　　　　) 한다. 독서, 여행, 봉사 활동, 악기 연주, 미술 등 다양한 분야를 접하다 보면 그중 내가 가장 재미있어 하는 일이 무엇인지 찾을 수 있다. 또한 평소에 꾸준히 나의 적성과 흥미를 찾으려는 질문을 스스로에게 하고 대답해야 한다. 부모님, 선생님과 진로 상담을 하는 것도 좋은 방법이다.

① 많은 경험을 쌓아야
② 관련 분야에 대해 잘 알아야
③ 관심을 갖고 꾸준히 지켜봐야
④ 취미와 직업을 연결시켜 생각해야

32.

> '아이돌'은 '우상'이라는 뜻을 가진 영어 단어에서 유래되었는데 청소년의 나이대와 비슷하고 인기가 많은 가수 또는 연기자를 일컫는 말이다. 이들은 뛰어난 외모와 화려한 패션, 트렌디한 음악과 춤을 선보여 10대들 사이에서 우상과도 같은 존재로 통한다. 그런데 아이돌 그룹이 한류와 케이팝의 중심이 되자 10대뿐만 아니라 다양한 세대가 이들에게 열광하고 있다. 현재 아이돌은 막강한 영향력을 등에 업고 방송과 공연 등 문화산업 전반을 장악하고 있다.

① 10대 영화배우로 활동하는 사람은 아이돌이 될 수 없다.
② 아이돌은 영어에서 유래된 것으로 청소년을 뜻하는 말이다.
③ 아이돌은 방송과 공연 등 문화산업 전반에 큰 영향력을 미치고 있다.
④ 아이돌 때문에 다양한 세대가 한류와 케이팝 활동을 할 수 있게 되었다.

33.

> 특수 분장사가 되려면 유학을 가거나 학원에 다니는 등 여러 방법이 있지만, 가장 좋은 방법은 현장에서 직접 배우는 것이다. 하지만 한국 영화 시장이 그렇게 크지 않고, 특수 분장사에 대한 수요도 그다지 많지 않은 편이다. 일단 특수 분장사가 되려면 미술적 감각은 기본적으로 필요하고, 영화에 관심이 많으며 평소 머릿속에 있는 생각을 손으로 표현하기 좋아하는 사람이어야 한다.

① 미술적 재능과 관계없이 특수 분장사로 일할 수 있다.
② 특수 분장사는 평소에 생각하는 것들을 그려낼 수 있어야 한다.
③ 특수 분장사가 되는 가장 좋은 방법은 해외에서 배워 오는 것이다.
④ 한국 영화 시장 규모에 비해 특수 분장사들에 대한 수요는 높은 편이다.

34.

　　전 세계 바다에서 산호가 죽어 가고 있다. 화려한 색깔을 잃고 하얗게 변하면서 죽어 가는 백화 현상이 심각하다. 산호초는 바다의 열대 우림이라 불릴 만큼 다양한 생물 종이 서식하는 곳인데, 백화 현상으로 산호초가 황폐해지면 해양 생태계는 물론 어업에도 큰 타격을 줄 수밖에 없다. 백화 현상의 원인은 지구 온난화로 인한 수온 상승, 바닷물의 산성화, 바닷속 오염물질 등이 있다.

① 백화 현상이 어업에는 큰 영향을 미치지 않는다.
② 산호초의 다양한 생물이 백화 현상으로 사라지고 있다.
③ 산호가 죽어 가고 있는 현상은 전 세계적으로 일어나고 있다.
④ 백화 현상 때문에 바다 온도가 높아지고 바다가 산성화되었다.

※ [35~38] 다음 글의 주제로 가장 알맞은 것을 고르십시오. (각 2점)

35.

　　어린이들은 텔레비전을 통해 유익한 정보를 얻을 수 있다. 뉴스나 다큐멘터리 프로그램 등을 통해 다양한 정보를 얻고, 관심을 가질 수 있는 계기를 마련할 수도 있다. 또한 가족과 함께 텔레비전을 시청하면서 프로그램에서 다루고 있는 주제에 대해 이야기함으로써 서로의 생각을 알게 되고, 사고력을 키우는 데에도 도움이 된다. 마지막으로 교육 프로그램을 통해서는 재미있고 흥미롭게 학습을 할 수도 있다.

① 어린이들은 다양한 분야에 대해 관심을 갖고 정보를 찾아야 한다.
② 어린이들에게 맞는 텔레비전 프로그램으로 많은 도움을 줄 수 있다.
③ 재미있는 학습을 위해 텔레비전의 학습 프로그램을 이용하는 것이 좋다.
④ 가족과 함께 텔레비전을 시청하는 것은 관계가 좋아지는 데 도움을 준다.

36.

　　현대인들이 생각하는 행복은 목표를 이루는 것과 깊은 관계가 있다. 인생의 목표에는 국가 발전에 기여하는 것, 가문을 빛내는 것 등과 같은 큰 것도 있지만 주말에 가족과 시간을 보내는 것, 아침에 일찍 일어나는 것과 같은 일상적이고 소소한 목표도 존재한다. 즉 인생에서 행복을 결정하는 것은 목표의 크기가 아니라 그 목표에 대한 개인적 의미이다. 아무리 사회적으로 중요한 일이라도 개인에게 의미가 없다면 행복을 느끼기 어려울 것이다.

① 목표가 없는 인간의 삶은 아무런 의미가 없다.
② 현대인들은 큰 목표를 이루는 것에 관심이 많다.
③ 현대인들에게는 사회적으로 중요한 일이 우선시 된다.
④ 자신과 관계가 있는 목표를 성취했을 때 행복을 느낀다.

37.

　　한국에는 '빨리빨리'라는 독특한 문화가 있다. 문화를 한 사회의 생활 양식이라고 할 때 빨리빨리 문화는 장점과 단점이 양립하는 문화이다. 짧은 시간 내에 IT 등 기술의 발달을 가져와 한국 사회를 성장시키는 역할을 했다. 그러나 '세계 최고, 남보다 먼저'라는 말을 들으려고 서두르다 보니 일을 대충, 빨리 끝내거나 기본을 소홀히 하는 태도가 만연하게 되었다. 또한 과정보다는 결과를 중요하게 여기는 성과 만능주의가 확산되어 결국 한국 사회 성장을 방해하는 역할도 했다. 빨리빨리 문화는 계승하고 발전시켜야 할 문화이기도 하지만 고쳐 나가야 할 문화라고도 할 수 있다.

① 한국은 독특한 문화를 통해 빨리 발전하고 있다.
② 빨리빨리 문화는 수정과 보완이 필요한 문화이다.
③ 한국의 미래를 위해 빨리빨리 문화를 계승해야 한다.
④ 한국인들은 독특한 문화를 통해 일하는 방법을 배운다.

38.

　　사람마다 가지고 있는 소질과 재능이 다르다. 어떤 사람은 그림을 잘 그리고 어떤 사람은 노래를 잘한다. 그런데 자신을 남과 비교하며 남이 가진 것을 부러워하는 사람들이 있다. 최림은 나이를 먹도록 벼슬길에 오르지 못해 주위 사람들로부터 눈총과 손가락질을 받았다. 그러나 자신을 소중히 여기고 묵묵히 자기의 재능을 키우며 목표를 향해 앞으로 나아갔다. 그리하여 결국 그는 크게 성공할 수 있었다.

① 자신의 능력을 믿고 기다리는 자긍심을 가져야 한다.
② 다른 사람과 구별되는 자신만의 재능을 개발해야 한다.
③ 남과 비교하며 자신에게 없는 것을 부러워하면 안 된다.
④ 성공하는 사람은 다른 사람의 능력과 재능에 관심이 없다.

※ **[39~41] 다음 글에서 〈보기〉의 문장이 들어가기에 가장 알맞은 곳을 고르십시오. (각 2점)**

39.

　　인공지능은 인간에 비하면 좁은 범위의 일을 수행한다. (㉠) 우선 개나 고양이, 자동차 같은 대상을 인식하고, 자동차를 운전하며, 문장의 의미를 이해하고 특정 언어를 다른 언어로 번역하는 것도 가능하다. (㉡) 이런 능력들은 대부분 '지도학습'으로 가능해졌는데 지도학습은 '기계학습'의 방법 중 하나이다. (㉢) 기계학습은 문자 그대로, 기계가 어떤 문제를 해결하기 위한 규칙을 습득한다는 의미이다. (㉣)

보기

　　학습이란 규칙을 익히는 작업으로 학습을 마치면 같은 유형의 다른 문제를 풀 수 있어야 한다.

① ㉠　　　　　② ㉡　　　　　③ ㉢　　　　　④ ㉣

40.

시간의 흐름에 따라 사회의 모습이나 질서에 일정한 변화가 나타나는 현상을 사회 변동이라고 한다. (㉠) 사회 변동에 따른 일상생활의 변화가 다양한데 먼저 기계가 등장하면서 사람들의 생활 양식이 크게 달라졌다. (㉡) 커피를 즐길 수 있는 카페가 늘어나고, 이탈리아의 피자, 터키의 케밥, 베트남의 쌀국수 등 다른 나라의 전통 음식을 그 나라에 가지 않고도 쉽게 먹을 수 있게 되었다. (㉢) 또 스마트폰이 등장하면서 일상생활이 혁신적인 변화를 맞이하게 된다. (㉣)

┌─ 보기 ─┐
대량 생산과 대량 소비를 통해 사람들의 생활이 풍족해졌고 생활 양식이 비슷해졌다.
└────┘

① ㉠   ② ㉡   ③ ㉢   ④ ㉣

41.

배려란 내가 아닌 다른 사람을 위하는 마음에서 비롯된다. (㉠) 우리는 일상에서 작은 배려를 실천할 수 있다. (㉡) 자리 양보하기, 공공장소에서 큰 소리 내지 않기, 건물의 현관문을 지날 때 뒷사람을 위해 문을 잡아 주기 등은 어떻게 보면 사소한 일이라고 할 수 있을 만큼 쉽고 간단한 일이다. (㉢) 그래서 타인과 마찰을 빚는 경우가 줄어들고 서로를 이해하는 폭도 넓어져 웃는 사회를 만들 수 있다. (㉣) 사회 구성원 모두가 남을 위하고 배려하는 마음을 가지면 더 밝고 화목한 사회를 만들 수 있을 것이다.

┌─ 보기 ─┐
하지만 이 작은 배려가 다른 사람의 기분을 좋게 하고 감동을 준다.
└────┘

① ㉠   ② ㉡   ③ ㉢   ④ ㉣

엄마는 전자 키보드와 김치냉장고를 치우면 피아노 자리를 충분히 만들 수 있다며 의기양양했다. 어차피 김치 냉장고가 너무 오래돼서 제 기능을 못하고 있고 얼마 전에 바꾼 냉장고가 있으니 문제 될 게 없다는 거였다. 이모네 피아노는 최소 삼백만 원도 넘는 것일 테니 그 비싼 걸 얻는 데 김치냉장고 하나쯤은 당연히 포기해야 한다고 주장했다. 나는 고개를 끄덕일 수밖에 없었다. 누구라도 엄마의 눈빛을 봤다면 절대로 아무 말도 하지 못할 것이다.

결국 엄마는 곧바로 인터넷 중고 카페에 전자 키보드와 김치냉장고를 아주 싼 값에 올렸다. 그리고 사흘 뒤 깔끔하게 팔렸다. 피아노는 그로부터 이틀 뒤에 온다고 했다. 배달비에 조율비까지 해서 30만 원이 든다고 했다. 게다가 우리 집은 3층이라 사다리차까지 빌려야 한다는데도 엄마의 입꼬리는 자꾸만 올라갔다. 드디어 이틀 뒤, 사다리차가 집 앞에 먼저 도착했다. 엄마는 피아노가 아직 안 와서 어떡하느냐며 계단을 두세 칸씩 뛰어 내려갔다. 나는 거실 탁자 위에 앉아 창밖을 내다봤다. 덩치 큰 사다리차가 길을 막아서 사람들이 다니기 불편해 보였다. 사다리차의 창문이 열리더니 청색 모자를 쓴 아저씨가 고개를 내밀었다.

"아직 안 왔어요?"

"곧 올 거예요."

엄마는 아저씨를 쳐다보지도 않고 주변을 두리번거리며 대답했다.

42. 밑줄 친 부분에 나타난 '엄마'의 심정으로 알맞은 것을 고르십시오.
① 흡족하다   ② 상냥하다   ③ 비겁하다   ④ 조급하다

43. 위 글의 내용과 같은 것을 고르십시오.
① 김치 냉장고가 고장나서 새 냉장고를 사야한다.
② 집 앞 사다리차 덕분에 사람들이 길을 지나다니기에 편리했다.
③ 사다리차를 제외한 피아노 배달비와 조율비에 30만 원이 들었다.
④ 엄마는 사다리차 아저씨를 통해 전자 키보드와 김치냉장고를 팔았다.

　　2016년 1월 스위스 다보스 포럼에서 기존 산업 분류에 정의되지 않은 모든 산업이 가져올 세계 경제 변화를 제4차 산업혁명이라고 부르기 시작했다. 이전까지의 공장 자동화는 미리 입력된 프로그램에 따라 생산 시설이 수동적으로 움직이는 것을 의미했다. 하지만 4차 산업혁명에서 생산설비는 제품과 상황에 따라 능동적으로 작업 방식을 결정하게 된다. 지금까지는 생산설비가 (　　　　　) 4차 산업혁명에서는 각 기기가 개별 공정에 알맞은 것을 판단해 실행하게 된다. 이것은 모든 산업 설비가 각각의 인터넷 주소를 갖고 무선 인터넷을 통해 서로 대화할 수 있기 때문에 가능한 일이다.

44. 위 글의 주제로 알맞은 것을 고르십시오.
　① 4차 산업혁명을 통해 미래의 경제 상황을 예측할 수 있다.
　② 기존 산업 분류에 정의되지 않은 산업이 계속 증가하고 있다.
　③ 4차 산업혁명에서 가장 중요한 것은 작업 방식의 능동성이다.
　④ 산업 설비에 무선 인터넷을 연결해 작업 효율성을 높여야 한다.

45. (　　　　　)에 들어갈 내용으로 가장 알맞은 것을 고르십시오.
　① 중앙 집중화된 시스템의 통제를 받았지만
　② 여러 단계를 거쳐 까다롭게 구현되었지만
　③ 각각의 프로그램에 의해 개별적으로 실행되었지만
　④ 빅데이터를 기반으로 상황에 맞게 디자인되었지만

주 52시간 근무제는 주당 법정 근로 시간을 이전 68시간에서 52시간으로 단축하여 종업원 300인 이상의 사업장과 공공기관을 대상으로 2018년 7월 1일부터 시행되었다. (㉠) 하루 최대 8시간에 휴일 근무를 포함한 연장 근로를 총 12시간까지만 법적으로 허용하는 것이다. (㉡) 관계 부처에서 관련 가이드북을 내놓았지만 정작 기업들이 궁금해하는 질문의 답은 없어 도움이 안 된다는 지적도 있다. (㉢) 경제계는 미국과 일본 등 선진국 사례를 참조해 정책을 현실에 맞게 고쳐야 한다고 주장한다. 일본은 월 45시간, 연 360시간 이상의 추가 근로를 못 하게 규정하고 있다. 하지만 '특별한 사정'이 있으면 월 80시간, 연 720시간까지 추가 근로를 허용한다. (㉣) 고액 연봉을 받는 전문직은 근로 시간 제한에서 아예 제외한다. 미국도 고소득 전문직을 근로 시간 상한 제도에서 빼는 정책을 도입했다. 유럽연합 역시 노동자가 원하면 초과 근무가 가능하다.

46. 위 글에서 〈보기〉의 글이 들어가기에 가장 알맞은 곳을 고르십시오.

┌─ 보기 ─┐

제도가 도입됐지만 어디까지를 근로 시간으로 볼지에 대한 기준이 모호하다는 지적도 많다.

① ㉠   ② ㉡   ③ ㉢   ④ ㉣

47. 위 글의 내용과 같은 것을 고르십시오.
① 일본의 고액 연봉자들은 근로 시간 제한이 따로 없다.
② 근로자들의 주당 법정 근로 시간이 전과 비교해 큰 차이가 없다.
③ 정부는 가이드북을 통해 새로운 근로 제도에 대한 이해를 도왔다.
④ 주 52시간 근무제는 선진국의 사례를 참조해 현실에 맞게 만들었다.

한국의 몰카 범죄는 매년 꾸준히 증가하고 있는 추세인데, 이는 넥타이, 볼펜, 물병, 탁상시계, 안경, 벨트 등에 장착되는 초소형 카메라가 아무런 제약 없이 판매되고 있기 때문이다. 원래 초소형 카메라는 의료 및 산업용으로 만들어져서 통증이 적고 회복이 빠른 수술을 하는 등 해당 분야에서 중요한 역할을 하고 있다. 그러나 계속되는 몰카 범죄로 인해 국민의 분노와 두려움이 사회 전반으로 확산된 상황이고, 아예 초소형 카메라 판매를 금지해야 한다는 요구도 높은 상황이다. 하지만 초소형 카메라는 몰카와 의료, 산업용 카메라와의 (   ) 판매 금지가 범죄를 막기는커녕 오히려 부작용만 낳을 수도 있어서 판매를 법으로 규제하는 것은 현실적으로 어렵다. 결국 몰카 범죄는 초소형 카메라 자체의 문제가 아니므로 판매를 무조건적으로 금지하면 논란만 더 확산될 것이다.

48. 위 글을 쓴 목적으로 알맞은 것을 고르십시오.

① 초소형 카메라 남용 문제를 제기하기 위해서

② 몰카 범죄에 대한 정부의 정책을 설명하기 위해서

③ 몰카 범죄의 내용과 처벌 방법을 설명하기 위해서

④ 초소형 카메라 판매 금지에 대한 변화를 촉구하기 위해서

49. (   )에 들어갈 내용으로 가장 알맞은 것을 고르십시오.

① 역할이 서로 다르고

② 뚜렷한 구별이 힘들고

③ 높은 가격 차이가 있고

④ 장단점을 모두 가지고 있어

50. 밑줄 친 부분에 나타난 필자의 태도로 알맞은 것을 고르십시오.

① 초소형 카메라 판매에 대한 규제를 요구하고 있다.

② 초소형 카메라 판매 금지 결과에 대해 우려하고 있다.

③ 초소형 카메라를 만들게 된 배경에 대해 설명하고 있다.

④ 초소형 카메라가 사회에 기여한 바를 높이 평가하고 있다.

제2회
실전모의고사

한국어능력시험 Ⅱ
(중 · 고급)

| 1교시 | 듣기, 쓰기 |

수험번호(Applicaton No.)		
이름 (Name)	한국어(Korean)	
	영 어(English)	

유 의 사 항
Information

1. 시험 시작 지시가 있을 때까지 문제를 풀지 마십시오.
   Do not open the booklet until you are allowed to start.

2. 접수번호와 이름은 정확하게 적어 주십시오.
   Write your name and application number on the answer sheet.

3. 답안지를 구기거나 훼손하지 마십시오.
   Do not fold the answer sheet; keep it clean.

4. 답안지의 이름, 접수번호 및 정답의 기입은 컴퓨터용 펜을 사용하여 주십시오.
   Use the optical mark reader(OMR) pen only.

5. 정답은 답안지에 정확하게 표시하여 주십시오.
   Mark your answer accurately and clearly on the answer sheet.

   marking example | ① ● ③ ④

6. 문제를 읽을 때에는 소리가 나지 않도록 하십시오.
   Keep quiet while answering the questions.

7. 질문이 있을 때에는 손을 들고 감독관이 올 때까지 기다려 주십시오.
   When you have any questions, please raise your hand.

듣기 (1번 ~ 50번)

※ [1~3] 다음을 듣고 알맞은 그림을 고르십시오. (각 2점)

1.

①

②

③

④

2.

①

②

③

④

3.

①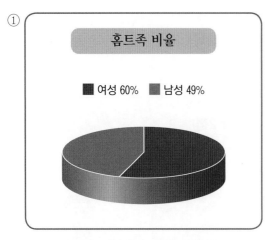

②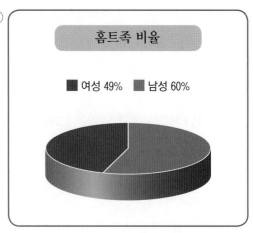

③

홈트족의 증가하는 이유

| 시간 제약이 없어서 |
| 남의 시선 신경 안 써도 돼서 |
| 별도 비용 들지 않아서 |

0 10 20 30 40 50

④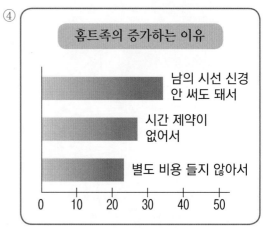

홈트족의 증가하는 이유

※　[4~8] 다음 대화를 잘 듣고 이어질 수 있는 말을 고르십시오. (각 2점)

4.　① 그 빵은 만든 지 오래됐어.

　　② 나는 배가 불러서 이제 그만 먹을래.

　　③ 학교 근처에 제과점이 있으면 좋을 텐데.

　　④ 요즘 맛있는 빵이 먹고 싶었는데 잘됐다.

5.　① 해는 4시에 뜰 거예요.

　　② 한 시간 정도면 충분해요.

　　③ 전망대는 산꼭대기에 있어요.

　　④ 등산을 좋아하는 사람들이 많아요.

6. ① 그래? 시합이 몇 시인데? ② 아니, 나는 축구를 잘 못 해.

　　 ③ 아, 정말 아깝게 지고 말았어. ④ 그럼 너도 오늘 같이 운동할래?

7. ① 아니요. 이건 너무 무거워요. ② 요즘 어떤 게 제일 잘 나가나요?

　　 ③ 그냥 새로 사는 게 나을 것 같아요. ④ 대학생들에게 인기가 많은 모델이에요?

8. ① 근처에 안내 표지판이 없습니다.

　　 ② 저도 담배를 끊은 지 오래됐습니다.

　　 ③ 우리 학교는 캠퍼스 전체가 금연 구역입니다.

　　 ④ 건물 밖으로 나가서 오른쪽으로 가면 됩니다.

※ **[9~12] 다음 대화를 잘 듣고 <u>여자</u>가 이어서 할 행동으로 알맞은 것을 고르십시오. (각 2점)**

9. ① 예약 번호를 찾는다. ② 휴대전화를 충전한다.

　　 ③ 인터넷으로 표를 산다. ④ 남자에게 배터리를 빌린다.

10. ① 물을 마신다. ② 휴대품을 검사한다.

　　　 ③ 안쪽으로 이동한다. ④ 음료수를 새로 산다.

11. ① 가게에 간다. ② 마술을 배운다.

　　　 ③ 책을 구입한다. ④ 음악을 듣는다.

12. ① 메일을 확인한다. ② 면접을 연기한다.

　　　 ③ 교수님을 만나러 간다. ④ 같이 시험공부를 한다.

※ **[13~16] 다음을 듣고 내용과 일치하는 것을 고르십시오. (각 2점)**

13. ① 여자는 내일 결혼식에 갈 것이다.

② 남자는 서준 씨의 생일을 잊고 있었다.

③ 여자는 과장님 때문에 속상한 일이 있다.

④ 남자는 요즘 바빠서 일찍 퇴근할 수 없다.

14. ① 관람객들은 전시회에서 책을 살 수 있다.

② 도서 전시회에는 총 50권의 책을 감상할 수 있다.

③ 이벤트 홀에서 유명 작가의 사인회가 열리고 있다.

④ 행사에 참여하면 선물을 받을 수 있는 기회가 생긴다.

15. ① 어부들이 바닷속 쓰레기를 청소하고 있다.

② 바다가 오염되어 새우와 물고기가 잡히지 않는다.

③ 1977년에 생산된 과자가 썩지 않고 그대로 발견되었다.

④ 사람들이 무심코 버리는 비닐이 앞으로 문제가 될 수 있다.

16. ① 최근 '남편 보관소'가 쇼핑몰에 생겼다.

② 대형 쇼핑 공간은 금연 구역으로 지정되었다.

③ 대형 쇼핑몰에 남자들을 위한 휴식 공간을 만들었다.

④ 쇼핑몰에서 여성을 기다리는 남성들에게 책과 잡지를 판매했다.

17. ① 행복한 삶은 먼 곳에 있지 않다.

② 인생은 한 번뿐이니 즐겁게 살자.

③ 미래의 거창한 계획은 실현 가능성이 작다.

④ 출퇴근이 즐거우면 만족스러운 인생을 살 수 있다.

18. ① 반려견 등록 정책을 의무화해야 한다.

② 관광지의 유기 동물 보호소 시설을 늘려야 한다.

③ 반려동물 미등록자에 대한 단속과 처벌을 강화해야 한다.

④ 동물 등록제의 실효성을 높여 유기견 발생을 막아야 한다.

19. ① 이착륙과 식사시간에 좌석 등받이는 원위치로 해야 한다.

② 좌석 간격이 좁은 비행기 안에서는 서로에 대한 배려가 필요하다.

③ 등받이를 끝까지 젖혀서 사용하려면 다른 사람에게 양해를 구해야 한다.

④ 좌석 등받이는 그 자리에 앉은 사람이 언제든지 자유롭게 이용할 수 있다.

20. ① 온라인을 통한 어린이 교육 프로그램을 늘려야 한다.

② 스마트폰 사용법을 일찍 익힌 아이들은 창의성이 높다.

③ 디지털 기술을 활용한 학습활동이 어린이 교육에 도움이 된다.

④ 스마트 기기를 이용하면 아이들이 재미있게 놀면서 공부할 수 있다.

21. 남자의 중심 생각으로 알맞은 것을 고르십시오.

① 중년 1인 가구를 위한 복지를 늘려야 한다.

② 불안한 중년 1인 가구의 위기를 예방해야 한다.

③ 심리치료나 건강진단 프로그램을 확대해야 한다.

④ 공적 서비스를 받을 수 있는 기준을 바꿔야 한다.

22. 들은 내용으로 맞는 것을 고르십시오.

① 중년 1인 가구의 사회적 활동이 증가하고 있다.

② 일부 지자체에 '나 홀로 중년'을 위한 프로그램이 있다.

③ 노년층과 청년층을 위한 복지 정책이 다양해지고 있다.

④ 소득이 낮은 1인 가구의 가난과 질병 문제를 해결하고 있다.

※ **[23~24] 다음을 듣고 물음에 답하십시오. (각 2점)**

23. 남자가 무엇을 하고 있는지 고르십시오.

① 인터넷에서 선물을 찾고 있다.

② 아버지께 은퇴 선물을 드리고 있다.

③ 백화점에서 상품권을 구입하고 있다.

④ 사려는 상품의 가격을 비교하고 있다.

24. 들은 내용으로 맞는 것을 고르십시오.

① 백화점에서 몇 시간째 쇼핑하고 있다.

② 아버지께 드릴 선물은 고르기가 쉽지 않다.

③ 상품권보다는 현금으로 선물하는 것이 더 낫다.

④ 물건은 백화점에서 직접 보고 고르는 것이 편하다.

25. 남자의 중심 생각으로 맞는 것을 고르십시오.

① 관공서는 전기 요금을 절약해야 한다.

② 친환경 공법으로 불볕더위에 대비해야 한다.

③ 그린 커튼을 사용해서 에너지 절약을 실천할 수 있다.

④ 온도를 낮춰 더위를 막는데 그린 커튼을 사용할 수 있다.

26. 들은 내용으로 맞는 것을 고르십시오.

① 관공서에서 그린 커튼 설치는 필수이다.

② 초록색 커튼을 사용하면 실내 온도가 낮아진다.

③ 그린 커튼을 설치하면 일정 금액의 전기요금을 아낄 수 있다.

④ 실내 온도를 낮추는 데 벽면녹화가 그린 커튼보다 더 효율적이다.

27. 남자가 여자에게 말하는 의도를 고르십시오.

① 해외 이주를 권유하기 위해

② 문화 차이를 강조하기 위해

③ 이민의 어려움을 알려주기 위해

④ 교육의 중요성을 설명하기 위해

28. 들은 내용으로 맞는 것을 고르십시오.

① 남자는 독일 지사에 가고 싶어 한다.

② 여자는 지난달 독일에 출장을 다녀왔다.

③ 남자는 아이들의 교육 때문에 해외에 가려고 한다.

④ 여자는 문화 차이를 극복하는 것이 어렵다고 생각한다.

29. 남자는 누구인지 맞는 것을 고르십시오.
　① 폭염의 원인을 관리하는 사람
　② 기상의 흐름을 연구하는 사람
　③ 열돔같이 둥근 지붕을 만드는 사람
　④ 동북아시아의 지리를 관찰하는 사람

30. 들은 내용과 일치하는 것을 고르십시오.
　① 계속되는 폭염으로 동북아시아에 열돔이 만들어진다.
　② 열돔 현상은 둥근 지붕 모양과 같은 땅에 주로 나타난다.
　③ 열돔은 달구어진 열기가 위로 빠져나가는 현상을 말한다.
　④ 열돔 현상은 유라시아 지역 전반에 걸쳐 넓게 발생하고 있다.

31. 남자의 생각으로 맞은 것을 고르십시오.
　① 아이들은 잠재적 위험 집단으로 설정해야 한다.
　② 평등의 원리에 어긋나는 노키즈존은 바람직하지 않다.
　③ 노키즈존은 아이들의 안전사고를 방지하는 데 필요하다.
　④ 특정 손님의 입장 거부는 영업의 자유이므로 보장되어야 한다.

32. 남자의 태도로 맞는 것을 고르십시오.
　① 현재 상황에 대해 부정적이다.
　② 상대방의 의견에 공감하고 있다.
　③ 문제에 대한 해결책을 제시하고 있다.
　④ 자신의 주장을 상대방에게 강요하고 있다.

33. 무엇에 대한 내용인지 맞는 것을 고르십시오.
  ① 한글이 만들어진 배경
  ② 현재 국경이 만들어진 시기
  ③ 세종대왕의 여러 가지 업적
  ④ 조선 시대 과학 발전의 역사

34. 들은 내용으로 맞는 것을 고르십시오.
  ① 세종은 백성을 위해 한글을 만들었다.
  ② 전쟁으로 압록강과 두만강까지 면적을 넓혔다.
  ③ 농업이 발전하여 농업 분야의 책을 펴낼 수 있었다.
  ④ 해시계와 물시계는 세계 최초의 시계로 알려져 있다.

※ [35~36] 다음을 듣고 물음에 답하십시오. (각 2점)

35. 남자는 무엇을 하고 있는지 맞는 것을 고르십시오.
  ① 새로운 게임을 평가하고 있다.
  ② 의견의 중요성을 강조하고 있다.
  ③ 엑스포 이벤트를 홍보하고 있다.
  ④ 비디오 게임의 시작을 알리고 있다.

36. 들은 내용으로 맞는 것을 고르십시오.
  ① 엑스포에는 공식 후원사만 참여할 수 있다.
  ② 많은 게임 업체들은 큰 이벤트를 준비하였다.
  ③ 내년 비디오 게임 엑스포는 부산에서 열린다.
  ④ 이벤트에 응모하면 엑스포 참가비용을 내야 한다.

37. 여자의 중심 생각으로 맞는 것을 고르십시오.

① 노약자들은 항상 건강관리에 주의해야 한다.

② 여름철 노약자들은 세세한 관리가 필요하다.

③ 노약자들은 영양이 잘 갖춰진 식사를 해야 한다.

④ 노약자들은 충분한 물 섭취로 건강을 관리할 수 있다.

38. 들은 내용과 일치하는 것을 고르십시오.

① 일반인과 노약자들은 더위에 약하다.

② 땀을 많이 흘리면 갈증 해소에 도움이 된다.

③ 질병 예방을 위해 손을 깨끗하게 씻는 것이 좋다.

④ 목이 마를 때는 음료수나 물을 많이 마시는 것이 효과적이다.

39. 이 담화 앞의 내용으로 알맞은 것을 고르십시오.

① 집값이 높아져서 소형 아파트가 많아졌다.

② 인구가 감소하여 혼자 사는 사람이 늘어났다.

③ 통계청은 매년 한국의 인구를 측정하고 있다.

④ 1인 가구가 늘어남에 따라 소형 주택을 찾고 있다.

40. 들은 내용과 일치하는 것을 고르십시오.

① 한국의 총인구와 1인 가구는 빠르게 증가하고 있다.

② 건설사들은 현재 작은 집보다 큰 집을 많이 짓고 있다.

③ 대부분 사람들은 원룸이나 소형 아파트에 살고 싶어 한다.

④ 소형 아파트의 인기는 인구 감소에 따른 자연스러운 현상이다.

41. 이 강연의 중심 내용으로 맞는 것을 고르십시오.

① 색의 특징을 이해하는 것이 중요하다.

② 사람들의 느낌에 따라 색을 배치하는 방법이 다르다.

③ 표지판이나 안내판에 다양한 색을 사용하는 것이 좋다.

④ 색의 고유한 느낌을 사용하여 생활에 편리함을 주고 있다.

42. 들은 내용과 일치하는 것을 고르십시오.

① 차가운 색은 줄어드는 느낌을 준다.

② 생활 속에는 따뜻한 색이 많이 쓰인다.

③ 노란색과 검은색은 어디서나 눈에 잘 띈다.

④ 빨강은 눈에 확실하게 들어와서 태양을 연상시킨다.

43. 이 이야기의 중심 내용으로 맞는 것을 고르십시오.

① 죽은 생물에 버섯은 꼭 필요하다.

② 산은 버섯이 자랄 수 있는 환경을 제공한다.

③ 사람이 먹을 수 있는 버섯은 식물로 봐야 한다.

④ 버섯은 식물처럼 보이지만 곰팡이와 같은 균류이다.

44. 버섯에 대한 설명으로 맞은 것을 고르십시오.

① 버섯은 나무와 함께 식용으로 널리 쓰인다.

② 버섯은 곰팡이와는 다르게 광합성을 하는 식물이다.

③ 버섯은 생물의 영양분을 흡수하여 결국 생물을 죽게 만든다.

④ 버섯은 자라는 데 필요한 양분을 스스로 만들어 낼 수 없다.

45. 들은 내용과 일치하는 것을 고르십시오.
    ① '자율감각 쾌락반응'이란 뇌를 자극해 심리적인 안정을 유도하는 소리이다.
    ② '자율감각 쾌락반응'은 불면증 치료에 탁월한 효과가 있어 의학용으로 쓰인다.
    ③ 사람들은 기분이 좋거나 마음이 차분할 때 '자율감각 쾌락반응' 소리를 듣는다.
    ④ 모든 사람들은 '자율감각 쾌락반응' 소리를 통해 소리의 쾌감을 동일하게 받는다.

46. 여자가 말하는 방식으로 가장 알맞은 것을 고르십시오.
    ① '자율감각 쾌락반응'의 장단점을 설명하고 있다.
    ② '자율감각 쾌락반응'의 효율성을 역설하고 있다.
    ③ '자율감각 쾌락반응'을 통한 치료를 권장하고 있다.
    ④ '자율감각 쾌락반응'의 부작용에 대해 우려하고 있다.

47. 들은 내용과 일치하는 것을 고르십시오.
    ① 전기요금 인상으로 가정에서 에어컨 사용량이 줄었다.
    ② 누진제란 사용량에 따라 전기요금을 더 내는 제도이다.
    ③ 누진제는 주택용, 일반용, 교육용, 산업용으로 구분된다.
    ④ 가정용 전기 사용량은 국가 전체 사용량의 15%를 넘는다.

48. 남자의 태도로 가장 알맞은 것을 고르십시오.
    ① 가정에 부과된 누진제를 비판하고 있다.
    ② 누진제 시행의 중요성을 강조하고 있다.
    ③ 전기요금을 용도에 따라 분류하고 있다.
    ④ 누진제 적용 기준을 명확히 밝히고 있다.

※ **[49~50] 다음은 강연입니다. 잘 듣고 물음에 답하십시오. (각 2점)**

49. 들은 내용과 일치하는 것을 고르십시오.

① 블록체인은 분산형 데이터 저장기술이다.

② 블록체인은 중앙 서버에 거래 기록을 보관한다.

③ 블록체인은 가상 화폐에서만 사용되는 기술이다.

④ 블록체인에 저장 가능한 정보는 극히 제한적이다.

50. 여자의 태도로 가장 알맞은 것을 고르십시오.

① 블록체인의 장점을 분석하고 있다.

② 블록체인의 문제점을 지적하고 있다.

③ 블록체인의 필요성을 제기하고 있다.

④ 블록체인의 위험성을 증명하고 있다.

※ [51~52] 다음을 읽고 ㉠과 ㉡에 들어갈 말을 각각 한 문장으로 쓰시오. (각 10점)

51.

보내기　첨부　주소　서체　임시저장

보내는 사람: 김효진(h_jin@gmail.com)

받는 사람: 해피데이(happy-day@gmail.com)

제목: 환불 요청합니다.

안녕하세요. 11월 20일에 구매한 원피스를 환불하고자 합니다. 인터넷으로 보던 색상과 실제 원피스의 색상이 너무 달라서 환불하고 싶습니다. 택배비는 상자 안에 옷과 함께 (㉠). 환불 금액은 계좌로 입금하지 않고 적립금으로 (㉡). 감사합니다.

52.

　　사람은 졸리기 시작하면 손과 발이 따뜻해진다. 이는 혈액 속의 열이 방출되고 체온을 떨어뜨리는 작용이 일어나기 때문이다. 또 졸릴 때 눈꺼풀이 무거워져 (㉠). 이는 눈물샘 조직의 활동이 느려져 눈물의 생산량이 감소하여 눈을 자주 비비게 되는 것이다. 이런 현상은 (㉡) 인체의 신호이다.

53. 다음을 참고하여 '다문화 가정 자녀의 학업 중단 현황'에 대한 글을 200~300자로 쓰시오.
단, 글의 제목을 쓰지 마시오. (30점)

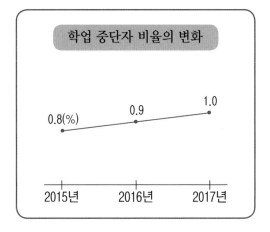

다문화 자녀의 학업 중단 현황

학업 중단자 비율의 변화

0.8(%)   0.9   1.0

2015년   2016년   2017년

중단 이유	1. 친구, 선생님과의 관계
	2. 한국어가 어려움
대안	맞춤형 교육 실시

54. 다음을 주제로 하여 자신의 생각을 600~700자로 글을 쓰시오. 단, 문제를 그대로 옮겨 쓰지 마시오. (50점)

> 우리는 살면서 화를 내게 되는 경우가 있다. 하지만 분노에 휩싸이게 되면 정신적으로나 신체적으로 건강에 좋지 않고 인간관계도 나빠질 수 있다. '분노조절의 중요성과 방법'에 대해 아래의 내용을 중심으로 자신의 생각을 쓰라.

- 분노조절은 왜 중요한가?
- 분노조절이 잘 이루어지지 않는 이유는 무엇인가?
- 효과적인 분노조절의 방법은 무엇인가?

* 원고지 쓰기의 예

| | 한 | 국 | | 사 | 람 | 은 | | '우 | 리' | 라 | 는 | | 말 | 을 | | 자 | 주 |
| 쓴 | 다 | . | | 이 | 는 | | 가 | 족 | 주 | 의 | 에 | 서 | | 비 | 롯 | 되 | 었 | 다 | . | |

한·국·어·능·력·시·험·T·O·P·I·K

제2회
실전모의고사

한국어능력시험 II
(중 · 고급)

| 2교시 | 읽기 |

수험번호(Applicaton No.)		
이름 (Name)	한국어(Korean)	
	영 어(English)	

유 의 사 항
Information

1. 시험 시작 지시가 있을 때까지 문제를 풀지 마십시오.
   Do not open the booklet until you are allowed to start.

2. 접수번호와 이름은 정확하게 적어 주십시오.
   Write your name and application number on the answer sheet.

3. 답안지를 구기거나 훼손하지 마십시오.
   Do not fold the answer sheet; keep it clean.

4. 답안지의 이름, 접수번호 및 정답의 기입은 컴퓨터용 펜을 사용하여 주십시오.
   Use the optical mark reader(OMR) pen only.

5. 정답은 답안지에 정확하게 표시하여 주십시오.
   Mark your answer accurately and clearly on the answer sheet.

   marking example ① ● ③ ④

6. 문제를 읽을 때에는 소리가 나지 않도록 하십시오.
   Keep quiet while answering the questions.

7. 질문이 있을 때에는 손을 들고 감독관이 올 때까지 기다려 주십시오.
   When you have any questions, please raise your hand.

※ **[1~2] (   )에 들어갈 가장 알맞은 것을 고르십시오. (각 2점)**

1. 부모(   ) 자식 사랑하지 않는 사람은 없다.
   ① 커녕   ② 대로   ③ 치고   ④ 나마

2. 매주 일요일이면 아이들을 데리고 공원에 (   ).
   ① 가곤 했다   ② 갈 듯하다   ③ 가는 중이다   ④ 가기 달렸다

※ **[3~4] 다음 밑줄 친 부분과 의미가 비슷한 것을 고르십시오. (각 2점)**

3. 전에는 며칠 밤을 새워도 <u>괜찮더니</u> 요즘은 그렇지 못하다.
   ① 괜찮았는데   ② 괜찮으므로   ③ 괜찮았기에   ④ 괜찮거니와

4. 아무리 화가 <u>나더라도</u> 폭력은 안 된다.
   ① 나니   ② 나려야   ③ 나자마자   ④ 날지라도

※ **[5~8] 다음은 무엇에 대한 글인지 고르십시오. (각 2점)**

5.
> 커피 자국, 김치 자국 더 이상 걱정하지 마세요.
>
> # 이 하나로 쏙!

   ① 요리   ② 양념   ③ 세제   ④ 빨래

6.

아이에게 자신감을 선물합니다.
시험 준비 무료 특강!

① 은행　　　② 학원　　　③ 도서관　　　④ 편의점

7.

깨끗한 하늘,
나눠서 버리면 오래 보고 합쳐서 버리면 곧 못 봅니다.

① 시력 보호　　　② 날씨 정보　　　③ 분리 배출　　　④ 시간 절약

8.

☞ 들어오신 순서대로 **번호표**를 뽑고 자리에 앉아서 기다려 주세요.

① 사용 설명　　　② 배달 안내　　　③ 이용 순서　　　④ 주의 사항

※   **[9∼12] 다음 글 또는 그래프의 내용과 같은 것을 고르십시오. (각 2점)**

9.

기부 불가 도서

🔖 잡지, 전문서, 사전, 만화책, 아동도서

🔖 똑같은 책 여러 권

🔖 전집은 소설류만 가능

※ 밑줄, 메모, 이름을 쓴 책은 안 됩니다.

기부 불가한 도서는 폐기 처리합니다.

문의 : 02) 123-4567

① 똑같은 책 여러 권은 기부할 수 없다.

② 기부하기 전에 전화로 예약해야 한다.

③ 기부 도서에는 이름을 써서 내야 한다.

④ 기부 불가 도서는 다시 가져가야 한다.

10.

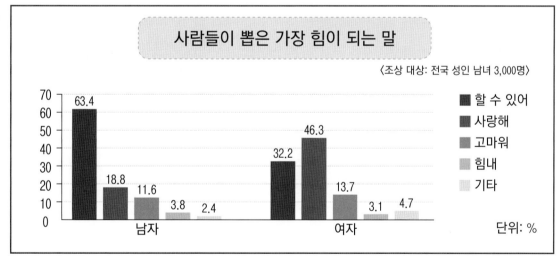

사람들이 뽑은 가장 힘이 되는 말

〈조상 대상: 전국 성인 남녀 3,000명〉

■ 할 수 있어
■ 사랑해
■ 고마워
■ 힘내
■ 기타

남자: 63.4, 18.8, 11.6, 3.8, 2.4
여자: 32.2, 46.3, 13.7, 3.1, 4.7

단위: %

① 여자는 남자보다 사랑한다는 말을 들을 때 더 힘이 난다.

② 힘내라는 말은 남자보다 여자의 비율이 조금 높은 편이다.

③ 고맙다는 말을 들을 때 힘이 난다는 비율은 남자와 여자가 같다.

④ 남자는 할 수 있다는 말을 들을 때 힘이 난다는 비율이 절반 이하이다.

11.

　서울에 네 번째 '휴대폰 집단상가'가 생긴다. 2019년에 시작하게 될 새로운 통신 서비스에 맞추어 이동 통신 시장이 활성화될 것을 예상하고 만들어지는 것이다. 집단상가에서 스마트폰과 스마트워치 등 무선 이동 통신 서비스 이외에 유선 통신, 사물 인터넷 서비스 등도 판매할 계획이다. 특별히 싼 가격에 비해 성능이 좋은 전자기기를 많이 판매하는 것을 강점으로 하는 방안도 논의하고 있다.

① 서울에 휴대폰 집단상가가 처음으로 만들어졌다.
② 이미 시작한 새 통신 서비스 때문에 휴대폰 집단상가를 만들었다.
③ 휴대폰 집단상가에서 유·무선통신 서비스를 모두 구매할 수 있다.
④ 새 집단상가에서 판매하는 소형 전자기기의 성능은 좋지만 가격이 비싸다.

12.

　현대 영어에서 자주 사용되는 단어를 매달 모아 분석하는 옥스퍼드 영어사전은 최근에 '셀피'라는 단어를 선정했다. 셀피는 스스로 찍은 사진을 뜻하는 단어로, 한국에서 통용되는 셀카와 같은 말이다. 2002년에 처음 등장한 셀피는 스마트폰이 일반화된 2012년부터 널리 사용하는 단어가 되었다. 최근에는 자동 보정 기능이 강화된 앱을 통해 단순히 사진뿐 아니라 다양한 이미지와 영상을 찍거나 만들 수 있다.

① 셀피와 셀카는 비슷하지만 서로 다른 의미의 단어이다.
② 옥스퍼드 영어사전은 매년 자주 사용되는 단어를 분석한다.
③ 셀피는 2012년 스마트폰 사용이 일반화되면서 만들어진 말이다.
④ 스마트폰의 발달로 인해 앱으로 다양한 사진과 영상을 찍을 수 있다.

13.

> (가) 그래서 옛날부터 소금물의 농도를 확인하기 위해 달걀을 사용했다.
>
> (나) 이처럼 과학은 옛날부터 우리 생활 주변에서 쉽게 경험할 수 있었다.
>
> (다) 한국에서 장을 담글 때 소금물의 농도를 맞추는 것이 가장 중요하다.
>
> (라) 달걀이 소금물에서 100원짜리 동전 크기로 뜨면 농도가 적당한 것이다.

① (다) – (가) – (라) – (나) ② (다) – (나) – (가) – (라)

③ (라) – (가) – (다) – (나) ④ (라) – (나) – (다) – (가)

14.

> (가) 숭례문은 한국의 국보 제1호이다.
>
> (나) 그래서 국보는 국가가 지정하여 법률로 보호하고 있다.
>
> (다) 그리고 제작 연대가 오래되고 그 시대를 대표하는 문화재이어야 한다.
>
> (라) 국보는 한 나라의 보물로 역사적, 학술적, 예술적 가치도 높아야 한다.

① (가) – (나) – (라) – (다) ② (가) – (라) – (다) – (나)

③ (라) – (가) – (다) – (나) ④ (라) – (나) – (가) – (다)

15.

> (가) 그러나 유행이 지나면 금방 버리게 되어 환경 오염의 주범으로 비판을 받기도 한다.
>
> (나) 패스트 패션이란 생산에서 유통까지의 시간을 최대한 단축한 의류 전문점을 말한다.
>
> (다) 이는 1986년 미국 청바지 회사가 최초로 도입한 방식으로 대형 직영점으로 운영된다.
>
> (라) 패스트 패션업체는 유행할 만한 것이 있으면 기획, 디자인, 생산, 유통까지 즉시 진행한다.

① (나) – (다) – (라) – (가) ② (나) – (라) – (가) – (다)

③ (라) – (가) – (나) – (다) ④ (라) – (나) – (다) – (가)

16.
여름 방학을 맞아 대학들은 고교생이 참여하는 캠프나 전공 체험 등 다양한 프로그램을 운영하고 있다. 시 교육청이나 기업과 함께 캠프를 열어 (   ) 지식과 현장 체험을 통해 경험도 하고, 고교 교육과정의 한 부분으로 직업을 미리 탐색하도록 해 진로와 진학을 돕고 있다.

① 캠프에 적용하기 적당한
② 고등학교에서 배우기 힘든
③ 대입시험에 합격하기 충분한
④ 고등학생이 공부하기 어려운

17.
사람들은 대체로 계획과 준비를 중요하게 여기므로 즉흥적인 행동에 익숙하지 않은 경우가 많다. 사소한 것이라도 미리 약속을 정하고 (   ) 타인과의 관계를 오래 유지하는 방법이다. 혹시 정해진 약속에 참석하지 못할 경우에는 반드시 미리 연락해 양해를 구해야 한다.

① 자주 만나는 것이   ② 항상 준비하는 것이
③ 매일 확인하는 것이   ④ 그대로 실천하는 것이

18.
국제 평화와 안전 유지를 위해 창설된 유엔은 규모가 크기 때문에 운영비도 많이 드는데 회원국들이 내는 분담금으로 운영된다. 분담금은 (   ) 정해짐으로 잘사는 나라는 많이 내고 가난한 나라는 적게 낸다. 이 분담금은 주로 세계 평화 유지 활동을 위해 쓰이게 된다.

① 각 나라의 크기에 따라
② 각 나라의 인구수에 따라
③ 각 나라의 전쟁 유무에 따라
④ 각 나라의 국민 소득에 따라

우리는 현재 수많은 인공지능 시스템에 둘러싸여 살고 있다. 전문가들은 인공지능이 이해할 수 있는 방식의 과제라면 무엇이든 인간을 앞지를 것이라고 말한다. 그래서 미래에는 일자리 종류도 많은 수가 줄어들 것이라고 한다. 숫자와 언어의 비중이 큰 교육도 역시 인공지능으로 대체될 수 있다고 예상하고 있다. (   ) 대체될 수 없는 능력은 무엇일까? 음악이나 미술 등 예술 영역에서 창의적으로 표현할 수 있는 능력 그리고 질문에 대답하는 것이 아닌 의문스러운 것에 대한 질문 능력일 것이다.

19. (   )에 들어갈 알맞은 것을 고르십시오.

① 역시

② 과연

③ 게다가

④ 그다지

20. 위 글의 내용과 같은 것을 고르십시오.

① 인공지능은 이미 인간의 능력을 넘어 발전하였다.

② 인공지능의 발달로 일자리와 교육의 변화가 예상된다.

③ 인공지능 시스템은 현재 인간의 생활에서 찾아보기 어렵다.

④ 인공지능으로 대체할 수 없는 인간의 능력은 존재하지 않는다.

최근 3년간 교통사고 사망자 수는 연평균 사천 명 이상에 달하고 있다. 이 중 길을 걷다가 사고를 당해 사망하는 보행 사망자가 절반 정도가 되는데, 특별히 10월~12월 사이에 가장 많이 발생했다. 가을부터 보행자 사망률이 높아지는 이유는 해가 짧아져 어두워지는 시간대에 운전자의 눈은 아직 어둠에 익숙해지지 않기 때문인 것으로 분석된다. (   ) 사고가 발생하므로 가을, 겨울철에는 운전자와 보행자의 각별한 주의가 필요하다.

21. (   )에 들어갈 알맞은 것을 고르십시오.

① 게 눈 감추듯

② 눈 깜짝할 사이

③ 눈에 핏발이 선

④ 눈 뜨고 볼 수 없는

22. 위 글의 중심 생각을 고르십시오.

① 계절에 따라 교통사고의 피해가 달라진다.

② 보행자가 사망하는 사고는 가을부터 증가한다.

③ 가능하면 운전은 어두워지는 시간대를 피해서 해야 한다.

④ 운전자와 보행자 모두 교통사고 예방을 위해 조심해야 한다.

※ **[23~24] 다음을 읽고 물음에 답하십시오. (각 2점)**

> 나는 놀랐지만 마음을 가다듬고 울음소리가 들리는 쪽으로 갔다. 한 아주머니가 아기를 안고 울고 있었다. 나는 나도 모르게 아주머니의 어깨를 쓰다듬으며 말했다. "아주머니, 여기 오래 계시면 안 돼요. 어서 피해야 한다고요." 내가 일어서자 아주머니도 아기를 안고 일어섰다. 그때 무언가 양쪽 옆으로 지나가는 것이 있었다. 어깨 옆을 날아와 자갈밭에 튕기며 쉴 새 없이 소리가 났다. "학생! 총알이야 총알!" 아주머니가 비명과 같은 소리를 질렀다. 그리고 아기를 안고 강 쪽으로 달리기 시작했다. 정신이 번쩍 든 나도 달리기 시작했다. 나와 아주머니는 강을 넘어가서야 숨을 헐떡이며 뒤를 돌아보았다. 아직도 강가에서는 비가 오듯 총알이 날아들었다. <u>보기만 해도 등줄기가 서늘했다.</u>

23. 밑줄 친 부분에 나타난 나의 심정으로 알맞은 것을 고르십시오.

① 두렵다

② 우습다

③ 섭섭하다

④ 억울하다

24. 이 글의 내용과 같은 것을 고르십시오.

① 나는 강을 넘어가서 아주머니를 만났다.

② 아주머니는 아기와 헤어져서 울고 있었다.

③ 나는 울음소리를 듣고 아주머니에게 갔다.

④ 아주머니와 나는 총알을 피해서 산으로 갔다.

[25~27] 다음 신문 기사의 제목을 가장 잘 설명한 것을 고르십시오. (각 2점)

25.

조선에 또 칼바람. 연말 대규모 감원 우려

① 조선 산업은 계절에 따라 대규모 인원 이동이 있다.
② 조선 업체가 연말 배 만드는 것에 대해 걱정하고 있다.
③ 연말에 조선 산업에서 많은 근로자가 일자리를 잃게 될 것이다.
④ 연말에 있었던 대규모 감원으로 인해 조선업이 어려워지고 있다.

26.

폭염에 금값이 된 '금치'

① 금은 여름에 비싸게 팔 수 있다.
② 더운 여름에는 김치를 잘 먹지 않는다.
③ 폭염 때문에 김치 가격이 많이 올랐다.
④ 폭염 때문에 금 가격이 김치만큼 떨어졌다.

27.

50년을 힘들게 키운 숲속 나무, 종이컵으로 한 번에 사라져

① 숲은 50년 이상 키운 나무들로 이루어져 있다.
② 종이컵 때문에 숲에서 나무를 키우는 것이 힘들다.
③ 숲속 나무는 50년을 키운 후 한 번에 사용해야 한다.
④ 종이컵 사용은 힘들게 키운 나무를 한 번에 없애는 것과 같다.

28.

평균 수명 증가와 출산율 감소로 고령 인구가 늘고 있다. 고령화도 저출산과 마찬가지로 국가의 큰 문제가 되고 있다. 생산보다 소비가 많은 노인 인구의 증가로 저축과 투자가 줄어들고, 노동력이 부족하게 되어 (   ) 된다. 또한 지급해야 할 돈이 늘어 국가 재정에 부담을 주며, 노인 빈곤과 질병 및 소외 등 많은 문제를 발생시키고 있다.

① 국가 재정이 바닥나게
② 국가 경제가 활력을 잃게
③ 노인 노동력이 무의미하게
④ 노인들의 구직 활동이 활발하게

29.

커피를 즐겨 마시는 직원들을 위해 한 회사가 회사 내부에 로봇 카페를 도입했다. 회사에서 공급한 로봇 카페 '비트'가 설치된 후 회사 직원들은 맛있는 커피를 (   ) 즐길 수 있게 되었다. 비트는 주문부터 결제까지 앱 하나로 간편하게 이용할 수 있는 것이 특징이고 커피와 음료 등 고객이 주문한 다양한 메뉴를 시간당 최대 90잔까지 제조할 수 있다.

① 편리하고 재미있게
② 신속하고 저렴하게
③ 개인별 취향에 맞게
④ 회사의 예산에 맞게

30.

최근 '손풍기'라고 불리는 휴대용 선풍기가 유행이다. 이 제품은 휴대가 간편하고 시원해서 남녀노소가 모두 애용하고 있다. 그런데 얼마 전 손풍기에서 전자파가 검출된다는 뉴스가 나왔다. 백혈병이나 암을 유발할 수 있는 전자파는 특히 성장기 어린이에게 치명적이다. 그러므로 가능한 (   ) 사용하고 사용량을 줄이는 것이 좋다.

① 충분히 충전하여
② 병원에 자세히 알려
③ 다른 전자기기와 바꿔
④ 신체에서 멀리 떨어뜨려

31.

태풍으로 인해 아파트나 주택의 창문이 깨지는 일이 자주 발생한다. 이를 막기 위해 창문에 신문지를 바르거나 테이프를 붙이곤 하는데 그것보다 더 중요한 것이 있다. 바로 창문을 완전히 닫고 잘 고정되도록 잠금장치를 걸어두는 것이다. 태풍으로 창문이 깨지는 이유는 열어 둔 창문 사이로 들어오는 바람의 압력이 평소보다 (   ). 외부의 강한 바람이 좁은 틈을 통해 실내로 들어올 때 그 힘은 갑자기 세지기 때문이다.

① 갑자기 줄어들다
② 서서히 강해진다
③ 그대로 없어진다
④ 두 배로 높아진다

※ **[32~34] 다음을 읽고 내용이 같은 것을 고르십시오. (각 2점)**

32.

> 요즘 키 때문에 스트레스를 받는 사람들이 많다. 특히 아이를 키우는 부모들은 내 아이가 얼마나 클 것인지, 언제까지 클 수 있을지를 미리 알고 싶어 한다. 사람의 키에 영향을 미치는 요인은 크게 두 가지가 있다. 하나는 유전적인 요인이고 또 하나는 환경적인 요인이다. 유전적인 요인으로는 민족, 성, 부모 등이 있고, 환경적인 요인은 활동량, 영양 상태, 질병 유무 등이 있다.

① 스트레스 때문에 키가 안 크는 사람이 많다.
② 키에 영향을 미치는 유전적 요인에 질병이 있다.
③ 환경적인 요인이 성장에 미치는 영향은 매우 적다.
④ 요즘 아이를 키우는 부모들은 아이들의 키에 관심이 많다.

33.

> 최근 노인들을 위한 복지 차원으로 새롭게 시작된 '노노케어'가 활발히 진행되고 있다. '노노케어'란 노인 두 명이 한 조가 되어 독거노인 한 명을 돌보는 제도이다. 노인 지원자들은 독거노인 집에 월 10회 방문하고 보수를 받는다. 사회, 경제, 문화적으로 소외된 노인들을 상대적으로 여유롭고 건강한 노인들이 돌보도록 하는 이 제도는 노인들의 일자리 창출과 돌봄 확대 등의 긍정적인 성과를 거두고 있다.

① 노노케어 서비스에 지원한 노인들은 무료로 일을 하고 있다.
② 노노케어는 노인 한 명당 독거노인 한 명을 돌보는 제도이다.
③ 노노케어는 고령화 시대에 노인들을 위한 새로운 서비스이다.
④ 노노케어는 여유 있고 건강한 노인들이 받을 수 있는 서비스이다.

34.

　　관광 산업은 '굴뚝 없는 공장'으로 불리는 고부가 가치 산업이다. 한 지역이 관광지로 개발되면 음식점은 물론 숙박 시설과 상점 등 다양한 분야에서 수익을 얻을 수 있다. 실제로 외국의 경우 유명한 관광지 한 곳에서 벌어들이는 수익이 자동차 몇천 대를 판매하는 것과 맞먹는 경우도 있다. 또한 관광 산업은 서비스 산업으로 많은 일자리 창출을 이끌 수도 있다.

① 관광 산업은 공장 지역을 중심으로 시작되었다.
② 관광 산업의 발달과 일자리 창출은 큰 관계가 없다.
③ 유명한 관광지의 수익은 자동차 판매 수익과 비교한다.
④ 한 지역이 관광지로 개발되면 부가 수익을 기대할 수 있다.

※ [35~38] 다음 글의 주제로 가장 알맞은 것을 고르십시오. (각 2점)

35.

　　미국 뉴올리언스는 도시 대부분이 평균 해수면보다 낮아 크고 작은 홍수 피해가 자주 발생한다. 2005년 8월에는 엄청난 비를 동반한 허리케인이 이 지역을 통과하면서 도시의 반 이상이 물에 잠기는 큰 피해를 보았다. 이 지역의 피해가 큰 이유는 강과 주변의 호수보다 낮은 지역에 도시를 만들었기 때문이다. 또한 무분별한 지하수 개발로 낮아진 지반과 낙후된 운하도 피해를 키운 원인 중 하나이다.

① 자연재해는 예측하기 어렵다.
② 지역마다 자연재해가 동일하게 나타난다.
③ 강과 호수 주변은 자연재해가 자주 발생한다.
④ 인위적인 환경 변화는 자연재해의 피해를 유발한다.

36.

풍부한 자원을 효율적으로 이용해 경제 성장을 이루는 현상을 '자원의 축복'이라고 한다. 반대로 풍부한 자원이 있는데도 자원 수출로 얻은 이익이 일부에게만 돌아가면서 경제 성장이 늦어지고 국민 삶의 질도 낮아지는 현상은 '자원의 저주'라고 한다. 최근 단순한 자원 생산에 머무르지 않고, 풍부한 자원과 많은 인구를 바탕으로 자원의 저주에서 벗어나고 있는 국가들이 늘어나고 있다.

① 자원은 국민 삶의 질을 떨어뜨린다.
② 자원이 풍부할수록 빈부 격차가 줄어든다.
③ 경제 성장으로 자원의 수출이 증가하고 있다.
④ 자원을 이용하는 방법에 따라 국가 경제가 변한다.

37.

다문화 가정 자녀 수가 20만 명을 넘어섰다. 이에 따라 정부는 다문화 유치원과 다문화 어린이집 수를 늘려 영유아의 언어 및 기초 학습을 지원하기로 하였다. 한편 청소년기 학생들을 위해서는 학업 역량을 개발하고 사회성 발달을 돕는 프로그램을 기획, 운영한다. 또한 다문화 가정 학생을 대상으로 성년기에 필요한 직업 교육과 취업 연계를 강화하여 사회 진출의 기회를 확대하기로 하였다.

① 다문화 가정은 정부와 함께 교육 프로그램을 만들었다.
② 다문화 가정 영유아와 청소년에 대한 이해가 필요하다.
③ 유아기에 필요한 교육은 사회 환경에 따라 선택이 가능하다.
④ 다문화 가정 자녀 세대에 맞게 제도적, 정책적 노력이 필요하다.

38.

　　환경 호르몬이 심각한 이유는 생물체의 성장과 생식을 담당하는 호르몬과 비슷한 작용을 하기 때문이다. 환경 호르몬은 아주 적은 양으로 생물체에 치명적인 영향을 미칠 수 있다. 오염된 지역에서 등이 굽은 물고기가 발견되는 것도 이 때문인데 환경 호르몬은 정상적인 호르몬에 이상을 일으켜 생물체의 면역력을 약하게 해서 아토피나 알레르기와 같은 질병과 암, 기형을 일으키고 성장을 막기도 한다.

① 생물체의 몸속에는 두 가지 종류의 호르몬이 있다.
② 환경 호르몬이 일으키는 대표적인 질병은 아토피이다.
③ 환경 호르몬은 생물체에 치명적인 문제를 일으킬 수 있다.
④ 성장과 생식에 관계된 호르몬은 환경 호르몬과 비슷한 역할을 한다.

※ **[39~41] 다음 글에서 〈보기〉의 문장이 들어가기에 가장 알맞은 곳을 고르십시오. (각 2점)**

39.

　　운동선수만 운동 경기를 하고 가수만 노래하는 것은 아니다. (㉠) 이처럼 작가가 아니더라도 누구나 수필을 쓸 수 있다. (㉡) 사람들은 타인이 하는 것을 보는 것보다 자신이 직접 만들고 즐길 때 더 큰 만족감을 느낀다. (㉢) 처음에는 어렵게 느껴지더라도 직접 수필을 써 보면 수필의 맛과 멋을 느끼게 되고 쓰면 쓸수록 더 큰 감동을 느낄 수 있을 것이다. (㉣)

> **보기**
> 평범한 사람들도 누구나 운동을 하거나 노래를 부르고 즐길 수 있다.

① ㉠　　　　　② ㉡　　　　　③ ㉢　　　　　④ ㉣

40.

　　한 사회의 구성원이 반드시 지켜야 할 규칙을 사회 규범이라고 한다. (㉠) 도덕은 양심에 따라 자발적으로 지키도록 하는 사회 규범이고, 법은 국가가 지키도록 요구하는 사회 규범이다. (㉡) 도덕은 인간이 마땅히 지켜야 할 도리이고 법은 다른 사람의 권리를 침해하거나 사회 질서를 어지럽히는 행위의 규제를 중시한다. (㉢) 또한 모든 사람이 차별받지 않고 공평한 기회를 얻으며 자신의 능력과 노력에 따른 정당한 대가를 받는 사회를 만드는 것을 목적으로 한다. (㉣)

보기

　　사회 규범은 사회의 혼란을 막고 질서를 유지하기 위해 꼭 필요하다.

---

① ㉠　　　　　　② ㉡　　　　　　③ ㉢　　　　　　④ ㉣

41.

　　흰쌀과 밀가루, 백설탕 같은 백색 식품은 병균처럼 우리 몸에 직접적인 병을 일으키지는 않는다. (㉠) 그러나 이런 식품을 많이 먹으면 영양소를 골고루 섭취하지 못하고 살이 찔 위험이 크기 때문에 문제가 된다. (㉡) 왜냐하면 백색 식품은 에너지를 만드는 탄수화물로만 이루어져 있고 다른 영양소는 거의 없다. (㉢) 원래 몸에 좋은 영양소가 있어도 유통과정에서 다 깎여 나가기도 한다. (㉣) 그리고 비만은 심장병, 고혈압, 당뇨 같은 병을 일으킬 수 있다.

보기

　　이러한 백색 식품을 너무 많이 먹으면 활동하는 데 쓰고 남은 탄수화물이 지방으로 변해 우리 몸에 쌓여 비만의 위험이 있다.

---

① ㉠　　　　　　② ㉡　　　　　　③ ㉢　　　　　　④ ㉣

나는 방으로 들어가 책상에 앉았다. 여느 때 같으면 바로 공부를 시작했겠지만, 오늘은 이런저런 생각이 많았다. 나는 오른손으로 연필을 뱅글뱅글 돌리며 하루 동안 벌어진 일을 생각했다. 수정이랑 만난 일이 자꾸 떠올랐다. 수정이도 지금쯤 아빠랑 저녁을 먹었겠지? 수정이는 내가 자기 집에 와서 정말로 기뻤을까? 내가 전교 부회장이 아니었다면 나를 초대했을까? 초대는 했더라도 떡볶이까지 만들어 주지는 않았을지도 모른다. 갑자기 나는 수정이에게 친구들을 왜 소개시켜 주겠다고 했을까? 왜 그렇게 귀찮은 일을 굳이 한다고 했을까?

나는 수정이 생각을 떨쳐 버리려고 애쓰며 책을 넘겼다. 그런데 이상하게도 내게 계속 손을 흔들던 수정이 모습이 자꾸만 머릿속에 맴돌았다. 나는 책상 서랍에서 우리 반 비상 연락망을 꺼냈다. 수정이는 휴대 전화가 없는지 집 전화번호만 적혀 있었다. 나는 전화를 한번 걸어 볼까 잠시 고민했다. 그러다가 내가 그런 생각을 한다는 데 놀랐다.

집에 놀러 가고 저녁에 전화로 이야기까지 나눈다면 진짜 친구가 되는 건가? 만약, 정말로 만약에, 수정이가 내 친구가 된다면 어떨까? 수정이와 친구가 된다면 여자애들끼리만 하는 이야기를 실컷 나눌 수 있을지도 모른다. 아니, 꼭 친구가 아니더라도 왠지 지금은 수정이에게 전화를 걸고 싶었다. 나는 한동안 망설이다 마침내 수정이네 집 전화번호를 눌렀다.

42. 밑줄 친 부분에 나타난 '나'의 심정으로 알맞은 것을 고르십시오.
① 만족스럽다   ② 의심스럽다   ③ 감격스럽다   ④ 후회스럽다

43. 위 글의 내용과 같은 것을 고르십시오.
① 수정이는 휴대 전화를 사용하고 있다.
② 나는 오늘 수정이네 집에 놀러 갔었다.
③ 나는 보통 책상에 앉으면 이런저런 생각을 한다.
④ 수정이는 보통 학교에서 여자애들하고만 말한다.

　　　한 전자 상거래 사이트에 가입된 회원들의 아이디, 비밀번호, 이름, 주민등록 번호 등이 유출되는 사건이 일어났다. 경찰 수사 결과 이 사이트 외에도 여러 사이트가 해킹을 당한 것으로 밝혀져 보안 대책과 제재 수단의 필요성이 커지고 있다. 그런데 개인정보 해킹뿐만 아니라 기업의 실수로 스미싱 등 2차 피해까지 발생하면서 (　　　　　) 보안 경고음이 크게 울리고 있다. 갈수록 교묘하고 치밀해지는 해커들로부터 정보를 지키고 재발 방지를 위해 처벌 수위를 더욱 강화해야 한다는 목소리가 힘을 받고 있다.

44. 위 글의 주제로 알맞은 것을 고르십시오.

① 정보 격차 심화는 현대 정보사회의 대표적인 문제 중 하나이다.

② 개인정보 유출을 방지하기 위해 정부와 기업의 노력이 필요하다.

③ 특정 업체의 정보 독점 문제 때문에 소비자들의 불편이 커지고 있다.

④ 인터넷 기업과 소비자 간 대립 심화로 인해 여러 문제가 일어나고 있다.

45. (　　　　　)에 들어갈 내용으로 가장 알맞은 것을 고르십시오.

① 경찰 수사 대상에 대한

② 해커들을 찾아내기 위한

③ 전자 상거래 전반에 걸친

④ 해외 유출 가능성을 의심하는

'적극적 안락사'는 불치병 등의 이유로 죽음을 원하는 사람이 의사의 도움을 받아 약물 등으로 목숨을 끊는 능동적인 행위이다. 스위스에서는 안락사가 불법이 아니다. 안락사 비용은 이천만 원 정도가 들고 안락사 비용을 모으기 위한 투자를 하기도 한다. (㉠) 한국에서는 회생 가능성이 없는 환자가 자기의 결정이나 가족의 동의로 연명 치료를 받지 않을 수 있도록 하는 '소극적 안락사'만이 허용된다. 환자의 연명 결정에 관한 법률이 2018년 2월부터 시행됐다. (㉡) 적극적 안락사에 대한 정의와 기준 등을 위한 논의가 필요한 상황이다. 적극적 안락사를 허용하는 나라는 스위스 외 네덜란드, 벨기에, 룩셈부르크 등 5개국이다. (㉢) 그 밖의 다른 나라에서는 존엄하게 죽을 인간의 권리와 삶에 대한 선택권을 존중해야 한다는 의견과 인간의 목숨을 끊는 것은 엄연한 살인이라는 목소리가 충돌하며 안락사 합법화가 이루어지지 않고 있다. (㉣)

46. 위 글에서 〈보기〉의 글이 들어가기에 가장 알맞은 곳을 고르십시오.

보기

이처럼 연명의료 중단은 합법화됐지만 적극적 안락사는 입법, 의료계 등 어느 분야에서도 아직 활발히 논의되지 않고 있다.

① ㉠   ② ㉡   ③ ㉢   ④ ㉣

47. 위 글의 내용과 같은 것을 고르십시오.
① 한국에서는 소극적 안락사만이 허용되고 있다.
② 현재 적극적 안락사가 합법인 나라는 스위스뿐이다.
③ 두 가지 의견이 맞서면서 안락사 합법화가 통과되었다.
④ 한국에서는 적극적 안락사에 대한 정의와 기준이 마련되었다.

치열한 경쟁이 일상이 된 현대 사회에서는 뒤처지지 않기 위해 무한 질주를 해야 한다. 그러다 보니 일에 대한 강박관념에 시달리는 사람들이 늘어나고 있다. 미국의 정신 분석 의사가 처음 사용한 심리학 용어 '번아웃 증후군'은 탈진 증후군, 소진 증후군이라고도 불리는데 어떠한 일에 몰두하다가 신체적, 정신적 스트레스가 계속 쌓여 무기력증이나 심한 불안감과 자기 혐오, 분노, 의욕 상실 등에 빠지는 증상을 말한다. <u>번아웃 증후군은 단순한 스트레스의 차원을 넘어 수면장애, 우울증, 대인 관계 악화, 인지 기능 저하 등 다양한 질병을 유발할 수 있으므로 단순한 질병으로 분류해서는 안 된다.</u> 번아웃 증후군에 걸리지 않기 위해서는 자신을 잃어버리지 않도록 (   ) 탈출구를 찾는 것이 가장 중요하다. 실현 가능한 목표를 세우고 현재 하는 일을 줄이면서 마음의 여유를 갖는 것이 중요하다. 자신의 마음을 들여다보고 진짜 원하는 것을 찾아내고 내면에 귀 기울이며 면밀히 살펴봐야 한다.

48. 위 글을 쓴 목적으로 알맞은 것을 고르십시오.
① 번아웃 증후군의 의미를 설명하기 위해서
② 번아웃 증후군의 심각성을 제기하기 위해서
③ 번아웃 증후군에 걸리지 않는 방법을 제시하기 위해서
④ 번아웃 증후군에 걸리는 사람들의 특성을 분석하기 위해서

49. (   )에 들어갈 내용으로 가장 알맞은 것을 고르십시오.
① 일을 피할 수 있는   ② 상황이 이해될 수 있는
③ 실패가 용납될 수 있는   ④ 스스로 충전할 수 있는

50. 밑줄 친 부분에 나타난 필자의 태도로 알맞은 것을 고르십시오.
① 번아웃 증후군과 유사한 증상의 질병을 나열하고 있다.
② 번아웃 증후군이 가벼운 증상이 아닌 것을 강조하고 있다.
③ 번아웃 증후군에 이어 나타나는 다양한 증상을 설명하고 있다.
④ 번아웃 증후군에 이어 등장하게 될 질병에 대해 예고하고 있다.

제3회
실전모의고사

한국어능력시험 II
(중 · 고급)

| 1교시 | 듣기, 쓰기 |

수험번호(Applicaton No.)		
이름 (Name)	한국어(Korean)	
	영 어(English)	

유 의 사 항
Information

1. 시험 시작 지시가 있을 때까지 문제를 풀지 마십시오.
   Do not open the booklet until you are allowed to start.

2. 접수번호와 이름은 정확하게 적어 주십시오.
   Write your name and application number on the answer sheet.

3. 답안지를 구기거나 훼손하지 마십시오.
   Do not fold the answer sheet; keep it clean.

4. 답안지의 이름, 접수번호 및 정답의 기입은 컴퓨터용 펜을 사용하여 주십시오.
   Use the optical mark reader(OMR) pen only.

5. 정답은 답안지에 정확하게 표시하여 주십시오.
   Mark your answer accurately and clearly on the answer sheet.

   marking example   ① ● ③ ④

6. 문제를 읽을 때에는 소리가 나지 않도록 하십시오.
   Keep quiet while answering the questions.

7. 질문이 있을 때에는 손을 들고 감독관이 올 때까지 기다려 주십시오.
   When you have any questions, please raise your hand.

듣기 (1번 ~ 50번)

※ [1~3] 다음을 듣고 알맞은 그림을 고르십시오. (각 2점)

1.
①    ②

③    ④

2.
① 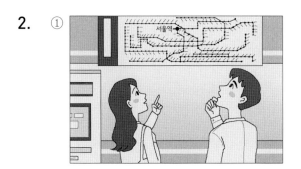   ②

③    ④

3.

①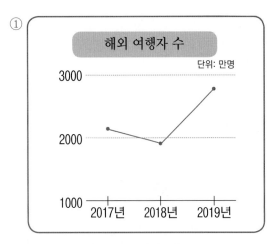

②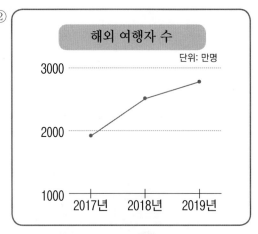

③

④

※　**[4~8] 다음 대화를 잘 듣고 이어질 수 있는 말을 고르십시오. (각 2점)**

4.　① 오늘도 야근이에요.

　　② 피곤하지만 괜찮아요.

　　③ 일이 많아서 힘들어요.

　　④ 너무 무리하지 마세요.

5.　① 지금 퇴근하세요?

　　② 택시 타고 갈까요?

　　③ 내려서 지하철을 탈까요?

　　④ 지금 길이 많이 막히나요?

6. ① 우산을 꼭 가져오세요. ② 우산을 하나 빌려야겠네요.
③ 비가 그칠 때까지 나가지 마세요. ④ 일기 예보를 미리 확인했어야지요.

7. ① 저도 꼭 먹어 봐야겠네요. ② 전주에 가면 꼭 드셔 보세요.
③ 다음에는 비빔밥을 주문해야겠어요. ④ 채소와 고기를 같이 비벼야 맛있어요.

8. ① 물건은 언제 받을 수 있나요?
② 반품 신청 후 언제 환불이 되죠?
③ 인터넷 주문이 생각보다 복잡하네요.
④ 인터넷으로 물건을 살 때는 신중해야 해요.

※ **[9~12] 다음 대화를 잘 듣고 여자가 이어서 할 행동으로 알맞은 것을 고르십시오. (각 2점)**

9. ① 병원에 간다. ② 화장실에 간다.
③ 커피를 마신다. ④ 커피숍에 들어간다.

10. ① 뉴스를 확인한다. ② 자전거를 타러 나간다.
③ 선배와 동아리 모임에 참석한다. ④ 동아리 회원들에게 메시지를 보낸다.

11. ① 2층 사무실에 간다. ② 회의 자료를 복사한다.
③ 고장 난 복사기를 수리한다. ④ 복사기 고장 수리를 신청한다.

12. ① 산책하러 나간다. ② 병원 예약을 한다.
③ 스트레칭 동작을 배운다. ④ 컴퓨터로 밀린 일을 한다.

13. ① 여자의 취미는 식물 가꾸기이다.

② 여자는 약품으로 식물의 잎을 관리한다.

③ 남자는 식물에게 약품을 사용하지 않는다.

④ 남자는 식물을 좋아하지만 관리는 잘 안 한다.

14. ① 병원에 전화한 내용은 모두 녹음된다.

② 병원 업무에 따라 연결 번호가 다르다.

③ 점심시간 외에 언제든지 진료를 받을 수 있다.

④ 병실에 전화할 때는 간호과에 먼저 연락해야 한다.

15. ① 기침 예절로 감기를 예방할 수 있다.

② 기침할 때는 손으로 가리고 해야 한다.

③ 계절이 바뀔 때 기침은 예방이 중요하다.

④ 기침 예절은 다른 사람보다 나를 위해 해야 한다.

16. ① 이 영화는 여자의 첫 번째 작품이다.

② 남자는 라디오 프로그램의 진행자이다.

③ 이 영화는 10월 1일까지 극장에서 볼 수 있다.

④ 가족의 희생으로 행복을 찾은 여자에 대한 영화이다.

[17~20] 다음을 듣고 남자의 중심 생각을 고르십시오. (각 2점)

17. ① 유머는 상황에 맞게 해야 한다.

② 직장 생활에서 유머는 꼭 필요하다.

③ 회의 시간에 생기는 긴장은 풀어야 한다.

④ 직장에서는 장난스러운 대화를 하면 안 된다.

18. ① 아이들이 동물을 만질 수 없도록 해야 한다.

② 동물원에 아이들의 체험 공간을 늘려야 한다.

③ 쇼핑센터에 동물원 만드는 것을 금지해야 한다.

④ 동물의 생활 환경에 맞는 공간을 만들어 줘야 한다.

19. ① 자기 생활이 많은 직장이 좋은 직장이다.

② 회사 생활에서 어려운 점은 팀장과 상의해야 한다.

③ 시간 여유가 많고 연봉이 높은 직장을 구해야 한다.

④ 어떤 회사든지 힘든 일이 있으니 옮길 때 신중해야 한다.

20. ① 끝까지 집중하지 않으면 역전 당한다.

② 승리를 위해서 경기에 집중해야 한다.

③ 금메달을 따려면 부상당하지 않아야 한다.

④ 올림픽 경기에서 국민들의 응원이 중요하다.

21. 남자의 중심 생각으로 알맞은 것을 고르십시오.

① 산을 오를 때는 서로 도와야 한다.

② 등산이 행사의 목적에 더 맞는 것 같다.

③ 바다로 신입생 환영회를 가는 것이 좋다.

④ 스포츠 체험으로 등산을 재미있게 해야 한다.

22. 들은 내용으로 맞는 것을 고르십시오.

① 지난 신입생 환영회는 산으로 갔었다.

② 바다로 갔던 행사에서 개인 활동이 많았다.

③ 이번 모임에서 행사 계획을 준비해야 한다.

④ 요즘 바다에서 하는 스포츠 시설이 인기있다.

23. 남자가 무엇을 하고 있는지 고르십시오.

① 홈쇼핑에서 바지를 주문하고 있다.

② 상담원에게 상품 교환을 문의하고 있다.

③ 자신에게 어울리는 색상을 고민하고 있다.

④ 구입한 물건의 빠른 배송을 요청하고 있다.

24. 들은 내용으로 맞는 것을 고르십시오.

① 현재 검은색을 구매할 수 없다.

② 남자는 36인치 사이즈를 원한다.

③ 남자는 남색을 구매하고 싶어 한다.

④ 색상 중에서 두 가지를 선택할 수 있다.

※ **[25~26] 다음을 듣고 물음에 답하십시오. (각 2점)**

25. 남자의 중심 생각으로 알맞은 것을 고르십시오.
① 뜨거운 햇빛으로부터 피부를 보호해야 한다.
② 선크림을 살 때 성분을 확인하고 선택해야 한다.
③ 바다를 지키기 위해 선크림 사용을 금지해야 한다.
④ 해양 생물에 피해를 주지 않는 선크림을 사용해야 한다.

26. 들은 내용으로 맞는 것을 고르십시오.
① 일부 선크림은 바다 생물의 성장을 방해한다.
② 선크림에 들어 있는 성분은 피부에 피해를 준다.
③ 잘못된 실험으로 해양 생물이 집단 죽음을 당할 수 있다.
④ 바다 생물이 번식하는 시기에는 선크림 사용이 좋지 않다.

※ **[27~28] 다음을 듣고 물음에 답하십시오. (각 2점)**

27. 남자가 여자에게 말하는 의도를 고르십시오.
① 적성 검사 방법을 안내하기 위해
② 적성 검사의 문제점을 지적하기 위해
③ 적성 검사의 필요성을 주장하기 위해
④ 성인을 위한 적성 검사를 홍보하기 위해

28. 들은 내용으로 맞는 것을 고르십시오.
① 적성 검사를 받는 직장인이 늘어나고 있다.
② 시간과 돈 때문에 적성을 고민하는 학생이 많다.
③ 적성 검사로 인한 직장인의 고민이 증가하고 있다.
④ 적성에 맞는 전공을 공부하는 데 오랜 시간이 든다.

29. 남자는 누구인지 맞는 것을 고르십시오.

① 음식의 성분을 연구하는 사람

② 뇌에 좋은 음식을 요리하는 사람

③ 스트레스 관리 방법을 안내하는 사람

④ 스트레스로 인한 뇌 질환을 치료하는 사람

30. 들은 내용으로 맞는 것을 고르십시오.

① 적당한 스트레스는 기억력과 집중력을 높여 준다.

② 초콜릿은 성분이 좋아서 많이 섭취하는 것이 좋다.

③ 뇌 건강을 위해 음식을 오래 씹는 습관을 가져야 한다.

④ 달걀노른자와 연어를 많이 먹으면 건강에 해로울 수 있다.

31. 남자의 생각으로 알맞은 것을 고르십시오.

① 지역마다 시설의 차이를 좁혀야 한다.

② 노인들을 위해 지하철 서비스를 개선해야 한다.

③ 지하철 회사의 문제점에 대한 해결 방안을 찾아야 한다.

④ 노인들에게 제공되는 지하철 무료 서비스를 없애야 한다.

32. 남자의 태도로 알맞은 것을 고르십시오.

① 해결 방안을 제시하고 있다.

② 문제에 대해서 비판하고 있다.

③ 상대방의 주장을 인정하고 있다.

④ 주제에 대해 예를 들어 말하고 있다.

※ [33~34] 다음을 듣고 물음에 답하십시오. (각 2점)

33. 무엇에 대한 내용인지 맞는 것을 고르십시오.
   ① 빨간색 색상의 성질
   ② 영화관 의자가 빨간색인 이유
   ③ 의자 색상이 눈에 미치는 영향
   ④ 영화관 의자가 빨간색이 된 과정

34. 들은 내용으로 맞는 것을 고르십시오.
   ① 빨간색은 오염이 잘 보이지 않는다.
   ② 빨간색 의자는 어두운 곳에서 찾을 수 없다.
   ③ 공연장과 다르게 영화관에는 빨간색 의자가 많다.
   ④ 영화관 의자 색이 밝아야 영화에 방해되지 않는다.

※ [35~36] 다음을 듣고 물음에 답하십시오. (각 2점)

35. 남자는 무엇을 하고 있는지 맞는 것을 고르십시오.
   ① 경제 활성화 방안을 바꾸고 있다.
   ② 정부의 일자리 정책을 의심하고 있다.
   ③ 경제 문제 발생의 원인을 살피고 있다.
   ④ 문제 해결을 위해 협조를 요청하고 있다.

36. 들은 내용으로 맞는 것을 고르십시오.
   ① 실업률이 10%에 다가가고 있다.
   ② 고용을 통해서 경제 흐름을 바꿀 수 있다.
   ③ 대기업과 소규모 사업자들의 경제가 나빠지고 있다.
   ④ 추가 예산을 통해 소득 분배 문제를 해결할 수 있다.

37. 여자의 중심 생각으로 알맞은 것을 고르십시오.

① 옥수수로 만드는 음식을 다양화해야 한다.

② 유전자 변형 식품 표시법을 엄격히 적용해야 한다.

③ 소비자가 알 수 있게 유전자 변형 식품을 표시해야 한다.

④ 국민의 건강을 위해 유전자 변형 식품 수입을 금지해야 한다.

38. 들은 내용과 일치하는 것을 고르십시오.

① 설탕은 옥수수 시럽보다 6배 정도 저렴하다.

② 스테이크는 유전자 변형 옥수수와 관련이 없다.

③ 유전자 변형 옥수수의 안전성이 밝혀지지 않았다.

④ 한국은 유전자 변형 옥수수의 수입을 금지하고 있다.

39. 이 담화 앞의 내용으로 알맞은 것을 고르십시오.

① 쌀을 이용해 빨대를 만드는 방법을 개발했다.

② 플라스틱 빨대는 심각한 환경 문제 중 하나이다.

③ 플라스틱 빨대를 대체할 자연 친화적 소재가 많다.

④ 친환경 플라스틱 빨대의 가격 경쟁력 확보가 필요하다.

40. 들은 내용과 일치하는 것을 고르십시오.

① 쌀로 만든 빨대는 플라스틱 빨대보다 저렴하다.

② 빨대뿐만 아니라 포크, 나이프도 생산을 시작했다.

③ 빨대는 가게 운영자가 비용을 내므로 조금 비싸도 괜찮다.

④ 자동화 시스템과 대량 생산으로 제품 가격을 낮출 수 있다.

[41~42] 다음은 강연입니다. 잘 듣고 물음에 답하십시오. (각 2점)

41. 이 강연의 중심 내용으로 맞는 것을 고르십시오.
   ① 동서양에 따라 동물의 분류가 다르다.
   ② 동양인과 서양인의 사고방식에는 차이가 있다.
   ③ 사물을 분류하기 위해서 관계성을 파악해야 한다.
   ④ 동양인과 서양인의 분류 방법 차이에 주목해야 한다.

42. 들은 내용과 일치하는 것을 고르십시오.
   ① 동양인은 동물끼리 분류했다.
   ② 서양인은 동사를 중심으로 관계를 파악한다.
   ③ 원숭이와 바나나를 묶는 것은 관계 중심적 사고이다.
   ④ 동양인과 서양인은 공통적으로 명사 중심의 사고를 한다.

※ **[43~44] 다음은 다큐멘터리입니다. 잘 듣고 물음에 답하십시오. (각 2점)**

43. 이 이야기의 중심 내용으로 맞는 것을 고르십시오.
   ① 열대 바다에서 발생하는 태풍은 큰 피해를 준다.
   ② 태풍은 지구의 에너지를 분산시키는 역할을 한다.
   ③ 태풍은 긍정적인 면과 부정적인 면을 모두 가지고 있다.
   ④ 태풍의 이름을 통해 많은 지역에 영향을 미쳤음을 알 수 있다.

44. 태풍에 대한 설명으로 맞는 것을 고르십시오.
   ① 열대 바다에서 만들어져 다른 곳으로 이동한다.
   ② 태풍으로 인해 에너지의 균형이 깨지기도 한다.
   ③ 열대성 저기압으로 지역에 상관없이 태풍으로 불린다.
   ④ 강한 바람으로 해수를 뒤섞어 바다 생태계를 위협한다.

※ **[45~46] 다음은 강연입니다. 잘 듣고 물음에 답하십시오. (각 2점)**

45. 들은 내용과 일치하는 것을 고르십시오.
① 인공 지능은 단순 반복 업무를 주로 하고 있다.
② 인공 지능 관련 일자리가 지속적으로 늘어나고 있다.
③ 인공 지능은 직원을 채용하고 뉴스를 쓰는 일도 한다.
④ 슈퍼마켓 로봇 점원은 인간보다 정확하지만 빠르지 않다.

46. 여자의 태도로 가장 알맞은 것을 고르십시오.
① 인공 지능에 대한 비관론과 낙관론을 비교하고 있다.
② 인공 지능의 사용 확대로 인한 일자리 감소를 반대하고 있다.
③ 인간의 업무를 대체하는 인공 지능의 위험성을 촉구하고 있다.
④ 생활 속에 사용되고 있는 인공 지능을 예를 들어 설명하고 있다.

※ **[47~48] 다음은 대담입니다. 잘 듣고 물음에 답하십시오. (각 2점)**

47. 들은 내용과 일치하는 것을 고르십시오.
① 시청 홈페이지 게시판에서 지원할 수 있다.
② 시민 감시단이 되면 예산 운영 교육을 해야 된다.
③ 우편과 이메일을 통해 더 많은 예산을 신청할 수 있다.
④ 시민 감시단은 예산 낭비를 신고하고 현장 조사에 참여한다.

48. 남자의 태도로 가장 알맞은 것을 고르십시오.
① 시민 감시단 모집을 선전하고 있다.
② 효율적인 예산의 사용을 당부하고 있다.
③ 자율 감시 체계의 필요성을 지지하고 있다.
④ 지방 자치 단체의 예산 낭비를 우려하고 있다.

49. 들은 내용과 일치하는 것을 고르십시오.

① 표정만으로 의사소통하는 것은 불가능하다.

② 후천적 학습으로도 표정을 바꾸기는 어렵다.

③ 기쁘거나 슬픈 표정은 누구나 같은 얼굴 근육을 사용한다.

④ 문명이 발달하지 않은 곳에서도 사람의 표정은 모두 같다.

50. 여자의 태도로 가장 알맞은 것을 고르십시오.

① 감정 표현의 학습 방법에 대해 진단하고 있다.

② 표정과 언어의 상호 보완 관계를 역설하고 있다.

③ 문화별 감정 표현 방법을 비교하여 분석하고 있다.

④ 표정과 인상의 관련성을 근거로 밝은 표정을 권장하고 있다.

쓰기 (51번 ~ 54번)

※ [51~52] 다음을 읽고 ㉠과 ㉡에 들어갈 말을 각각 한 문장으로 쓰시오. (각 10점)

51.

모 집

기타 동아리 '새 빛'입니다.
이번에 저희 기타 동아리에서 함께 연주할 회원을 모집합니다.
기타에 관심 있는 학생이면 (㉠).
(㉡)?
그래도 걱정하지 마십시오. 처음부터 천천히 가르쳐 드립니다.
다음 주 금요일까지 학생회관 201호에서 신청하십시오.

52.

개미는 개미집이라는 공간에서 살아간다. 개미는 개미집을 아무 곳에나 만들지 않고 자신들이 살아가기에 적합한 공간인지 매우 신중하게 (㉠). 개미집의 방은 각각 (㉡). 애벌레를 키우는 방, 여왕개미가 알을 낳는 방 등이 있는데 인간들이 방을 구분해서 사용하는 것과 비슷한 방식이다.

53. 다음을 참고하여 '중·고등학생의 두발 규제 자율화가 필요한가'에 대한 글을 200~300자로 쓰시오. 단, 글의 제목을 쓰지 마시오. (30점)

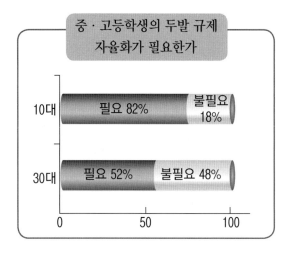

	10대	30대
1위	개성 실현 가능	인격 존중
2위	학습 분위기 개선	창의력 증진

54. 다음을 주제로 하여 자신의 생각을 600~700자로 글을 쓰시오. 단, 문제를 그대로 옮겨 쓰지 마시오. (50점)

최근 대학 내 선·후배 간의 과도한 예절을 강요하는 문화가 정당한 것인지에 대한 논란이 일고 있다. 하지만 한국 사회는 아직까지 서열 문화가 사회를 효율적으로 움직이는 역할을 하고 있다고 생각하는 사람들도 있다. 아래의 내용을 중심으로 '서열 문화'에 대해 자신의 생각을 쓰라.

- 서열 문화의 긍정적 영향은 무엇인가?
- 서열 문화의 부정적 영향은 무엇인가?
- 서열 문화의 올바른 발전 방향은 무엇인가?

＊ 원고지 쓰기의 예

	한	국		사	람	은		'	우	리	'	라	는		말	을		자	주
쓴	다	.		이	는		가	족	주	의	에	서		비	롯	되	었	다	.

제3회
실전모의고사

한국어능력시험 II
(중 · 고급)

| 2교시 | 읽기 |

수험번호(Applicaton No.)		
이름 (Name)	한국어(Korean)	
	영 어(English)	

유 의 사 항
Information

1. 시험 시작 지시가 있을 때까지 문제를 풀지 마십시오.
   Do not open the booklet until you are allowed to start.

2. 접수번호와 이름은 정확하게 적어 주십시오.
   Write your name and application number on the answer sheet.

3. 답안지를 구기거나 훼손하지 마십시오.
   Do not fold the answer sheet; keep it clean.

4. 답안지의 이름, 접수번호 및 정답의 기입은 컴퓨터용 펜을 사용하여 주십시오.
   Use the optical mark reader(OMR) pen only.

5. 정답은 답안지에 정확하게 표시하여 주십시오.
   Mark your answer accurately and clearly on the answer sheet.

   marking example   ① ● ③ ④

6. 문제를 읽을 때에는 소리가 나지 않도록 하십시오.
   Keep quiet while answering the questions.

7. 질문이 있을 때에는 손을 들고 감독관이 올 때까지 기다려 주십시오.
   When you have any questions, please raise your hand.

읽기 (1번 ~ 50번)

※ **[1~2] (   )에 들어갈 가장 알맞은 것을 고르십시오. (각 2점)**

1 지하철에서 (   ) 내려야 할 역을 지나쳤다.

① 졸고서   ② 졸려면   ③ 졸든지   ④ 졸다가

2. 그 영화는 (   ) 예매율 1위를 차지하였다.

① 개봉한다고   ② 개봉하도록   ③ 개봉하자마자   ④ 개봉하다시피

※ **[3~4] 다음 밑줄 친 부분과 의미가 비슷한 것을 고르십시오. (각 2점)**

3. 구름이 많이 낀 것을 보니 눈이 <u>오려나 보다</u>.

① 오고 있다   ② 올 것 같다   ③ 올 지경이다   ④ 올 리가 없다

4. 시험을 못 봐서 합격이 <u>어렵게 되었다</u>.

① 어려워졌다   ② 어려워야겠다   ③ 어려워도 된다   ④ 어려워야 한다.

※ **[5~8] 다음은 무엇에 대한 글인지 고르십시오. (각 2점)**

5.

> 바를수록 촉촉하게 빛나는 피부
> 매일 피부에 수분 공급하세요.

① 비누   ② 연고   ③ 화장품   ④ 영양제

6.

우리 가족이 마시는 물

더 건강하게! 더 깨끗하게!

① 냉장고   ② 정수기   ③ 선풍기   ④ 라디오

7.

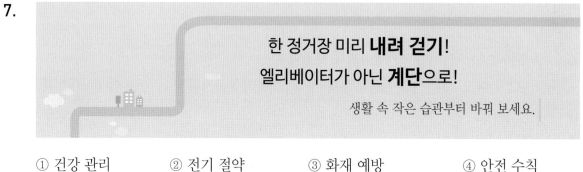

한 정거장 미리 **내려 걷기!**

엘리베이터가 아닌 **계단**으로!

생활 속 작은 습관부터 바꿔 보세요.

① 건강 관리   ② 전기 절약   ③ 화재 예방   ④ 안전 수칙

8.

1. 학생증이 있어야 책을 빌릴 수 있습니다.

2. 대여 기간은 **10일**이며 1인당 **3권**까지 가능합니다.

한국대학 도서관

① 교환 방법   ② 사용 설명   ③ 주의 사항   ④ 대출 안내

9.

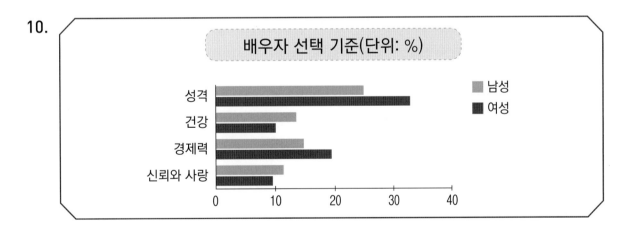

여성 아카데미 교육생 모집

- 모집 대상: 새로운 사업을 준비하는 여성 경영인 15명(8월 20일부터 선착순 접수)
- 교육 기간: 2020년 9월 3일 ~ 10월 26일(8주)
- 교육 시간: 월, 수, 금 / 13:00~17:00(1일 4시간)
- 수강료: 80만 원(모든 교육이 끝나면 50%를 돌려 드립니다.)
- 교육 내용: - 사업 성공·실패 사례   - SNS 마케팅, 상품·상표 디자인
            - 상품 사진 촬영
- 접수 방법: 행복여성교육문화센터 1층 방문접수

※문의 (02)532-1102

① 모든 교육이 끝나면 40만 원을 돌려받는다.
② 교육 신청은 전화로 하거나 방문해야 한다.
③ 관심이 있는 사람은 누구나 참여할 수 있다.
④ 일주일에 4시간씩 8주 동안 교육을 받는다.

10.

배우자 선택 기준(단위: %)

■ 남성
■ 여성

성격
건강
경제력
신뢰와 사랑

0   10   20   30   40

① 남성은 건강을 우선으로 생각한다.
② 경제력은 선택 기준에서 가장 낮은 기준이다.
③ 남성은 여성보다 신뢰와 사랑을 중요하게 생각한다.
④ 여성에게 배우자의 성격은 선택 기준이 되지 않는다.

11.

> 사람들이 원하는 집의 모습과 역할은 끊임없이 변하고 있다. 이전의 집은 주로 잠을 자고 밥을 먹고 물건을 두는, 의식주의 실용적인 역할이 강조됐다. 하지만 최근에는 집에서 가족 간의 관계 회복, 휴식과 힐링 등 여러 가지 감성적인 욕구를 충족하려는 사람들이 많아지고 있다. 이러한 변화는 가구의 배치나 집 내부의 색 배치 등 인테리어의 변화를 가져왔다.

① 최근 들어 집의 실용적인 역할이 강조되었다.
② 집 내부의 인테리어를 바꿔야 힐링을 할 수 있다.
③ 사람들의 다양한 욕구로 집의 역할이 변하고 있다.
④ 예전부터 집에서 감성적인 욕구를 채울 수 있었다.

12.

> 음식을 먹을 때는 30번 이상을 씹는 것이 건강에 좋다. 우리가 음식을 씹을 때 자극이 맛을 느끼게 되고 뇌에도 전달되어 많이 씹으면 씹을수록 뇌 기능이 발달해 머리가 좋아진다. 게다가 '파로틴'이라는 호르몬도 많이 분비되어 노화 방지에도 좋다. 뇌가 자극을 받으려면 30분 정도의 시간이 필요하므로 식사 시간에는 여유를 가지고 천천히 먹는 것이 좋다.

① 뇌가 자극을 받아야 음식을 잘 씹는다.
② 음식을 많이 씹게 되면 머리가 좋아진다.
③ 맛을 느끼는 것과 씹는 것은 상관이 없다.
④ 음식을 많이 씹으면 호르몬이 적게 나온다.

※ **[13~15] 다음을 순서대로 맞게 배열한 것을 고르십시오. (각 2점)**

13.

> (가) 개는 동물 중에 후각이 뛰어난 동물로 알려져 있다.
> (나) 이제는 질병의 조기 발견에도 큰 도움을 줄 수 있을 것이라 기대된다.
> (다) 최근 개의 후각을 이용해 암을 발견하려는 연구가 활발히 진행되고 있다.
> (라) 사람의 1억 배 이상인 개의 후각 능력은 마약 탐지견, 재해 구조견 등 여러 분야에서 많은 도움을 주고 있다.

① (가) – (라) – (다) – (나) ② (가) – (다) – (라) – (나)
③ (다) – (나) – (가) – (라) ④ (다) – (라) – (나) – (가)

14.

> (가) 건강한 생활을 하기 위해서는 손을 잘 씻어야 한다.
> (나) 손가락 사이와 손바닥을 차례로 문질러 주고 나면 손등을 문질러 준다.
> (다) 마지막으로 흐르는 물에 손을 씻은 후, 수건으로 물기를 완전히 닦아야 한다.
> (라) 먼저 손에 비누를 묻힌 후, 손톱 끝과 엄지손가락을 돌려 주면서 문질러 준다.

① (가) – (나) – (라) – (다) ② (가) – (라) – (나) – (다)
③ (다) – (가) – (라) – (나) ④ (다) – (라) – (가) – (나)

15.

> (가) 세계에서 많은 사랑을 받고 있는 감자칩은 우연히 만들어진 음식이다.
> (나) 한 식당에서 감자튀김을 시킨 손님이 튀김이 너무 두껍다고 주방으로 돌려보냈다.
> (다) 하지만 손님은 아주 맛있게 먹었고, 그 뒤 그 식당에서 가장 인기 있는 메뉴가 되었다.
> (라) 이에 화가 난 주방장은 일부러 감자를 아주 얇게 썰어서 튀긴 다음 소금을 뿌려 주었다.

① (가) – (나) – (라) – (다) ② (가) – (라) – (나) – (다)
③ (나) – (다) – (가) – (라) ④ (나) – (가) – (다) – (라)

16.

> 　한글 간판이나 상품명이 새삼 시선을 끌고 있다. 몇 년 전까지만 해도 간판이나 상품에 새겨지는 글씨는 대부분 영어나 프랑스어 같은 외국어였다. 낯설지만 남달라 보이는 인상을 준다고 여겼기 때문이다. 하지만 요즘은 반대로 (　　　　　　　　) 소리를 듣는다. 외국어도 한글로 표기해야 더 멋진 시대이다. 10대~20대일수록 한글 디자인에 더욱 열광한다.

① 외국어 표기가 색다르다는　　　　② 한글로 된 간판을 없애자는

③ 한글 표기가 더 근사하다는　　　　④ 글씨를 선명하게 표기하자는

17.

> 　문화에 따라 언어가 다르듯이 '몸짓'으로 이야기하는 신체 언어도 나라마다 다르다. 미국에서는 엄지손가락과 집게손가락을 붙여 동그랗게 만드는 것이 '좋다'라는 긍정의 표시이다. 하지만 프랑스에서 그것은 '형편없다'라는 의미로 사용된다. 대부분의 나라에서 헤어질 때 상대방에게 (　　　　　　　　) 것은 '안녕'이라는 의미이지만 그리스에서는 '당신의 일이 잘되지 않기를 바란다'라는 의미로 사용된다.

① 귀를 잡는　　　　　　　　② 윙크를 하는

③ 머리를 끄덕이는　　　　　④ 손바닥을 보여 주는

18.

> 　젊은 시절 월트 디즈니는 창의성이 부족하다는 이유로 신문사에서 해고당한 적이 있다. 디즈니랜드를 만들기 전까지는 사업에 완전히 실패한 적도 있다. 그러나 월트 디즈니는 뛰어난 기업가였다. 여러 위험한 요소에도 불구하고 스스로 판단하고 결정한 후 행동에 옮겨서 (　　　　　　　　) 능력 있는 기업가이다. 그는 변화하는 환경 속에서 기업의 어려움을 극복하고 새로운 가치를 창조해 사람들에게 꿈과 희망을 주는 기업가로 기억되고 있다.

① 기업 간의 정보를 공유하는

② 새로운 기업을 끊임없이 만들어 내는

③ 새로운 가치와 일자리를 만들어 내는

④ 기업의 이윤을 확대하기 위해 노력하는

아파트 단지 내 재활용품을 수거하는 재활용 업체들이 있다. 최근 이 업체들이 폐비닐과 스티로폼은 물론 플라스틱까지 재활용품으로 분리수거 하지 않겠다고 하여 혼란을 빚었다. 중국이 '환경보전과 위생 보호'라는 이름 아래 고체 폐기물 24종의 수입을 중단한 것이 가장 큰 원인이었다. 여기에 폐기물의 가격까지 하락하자 국내 재활용 업체마저도 수거를 꺼리게 된 것이다. 환경을 위해 어쩔 수 없는 조치라는 중국의 태도에 불만을 가질 수는 없다. (   ) 아무런 대책 없이 고정된 시장 구조만 바라보고 서로의 책임으로 미루는 정부, 지방자치단체, 아파트 단지, 재활용업체 등 모두 반성해야 한다.

19. (   )에 들어갈 알맞은 것을 고르십시오.

① 오히려

② 이처럼

③ 마침내

④ 그토록

20. 이 글의 내용과 같은 것을 고르십시오.

① 중국은 환경보호에 관심이 없다.

② 재활용품은 정부가 직접 수거한다.

③ 재활용품 가격의 하락으로 수거가 어려워졌다.

④ 플라스틱은 재활용품으로 분리수거 대상이 아니다.

거절하지 못하는 사람들은 타인 중심적 사고를 가지고 있는데 이들은 타인에게만 관심을 둘 뿐 자신의 감정은 무시한 채 살아간다. 그러다 어느 날 인생에 자신이 없다는 것을 깨달았을 때 회의감에 빠지게 된다. 행복한 삶을 위해서는 자기 중심으로 이루어진 삶을 살아야 한다. 자신의 마음에 (   ) 자신의 가치관, 생각을 단단히 세워 자기 삶을 사랑하고 주인이 되어야 한다는 것이다. 그러기 위해서는 내가 싫은 것, 좋은 것을 분명하게 전달해야 한다.

21. (   )에 들어갈 알맞은 것을 고르십시오.

① 눈독을 들이고

② 시치미를 떼고

③ 귀를 기울이고

④ 찬물을 끼얹고

22. 이 글의 중심 생각을 고르십시오.

① 나 자신을 위해 거절을 잘해야 한다.

② 다른 사람이 주인이 되는 삶을 살아야 한다.

③ 자신의 행복한 삶을 위해 타인의 감정을 무시해야 한다.

④ 다른 사람이 아닌 나 자신이 중심이 되는 삶을 살아야 한다.

> 진혁은 반장인 준하네 집에 묵게 되었다. 준하는 작은 것에도 놀라는 진혁을 보며 참 재미있었다. 조금이라도 노출이 심한 아가씨들을 보면 귀까지 빨개지며 민망해하는가 하면 머리에 노란 물을 들이고 귀걸이를 하고 다니는 또래 아이들을 보면 길길이 날뛰기도 했다. 이러한 진혁을 보면서 순수한 모습이 좋아도 보였지만 한편으로는 <u>서로가 화합하는데 장애가 될 것 같다는 예감은 지울 수 없었다.</u> 단정한 외모에 사람을 끄는 묘한 매력을 지닌 진혁은 단연 여학생들 사이에서도 인기가 높았다. 교실에서 공부하는 진혁의 모습을 삼삼오오 짝지어서 몰래 훔쳐보는가 하면 잠시 자리를 비운 사이 진혁의 책상 속에 무언가를 살짝 놓고 가는 아이들도 있었다.

23. 밑줄 친 부분에 나타난 '나'의 심정으로 알맞은 것을 고르십시오.

① 허전하다

② 걱정되다

③ 아찔하다

④ 부담되다

24. 이 글의 내용과 같은 것을 고르십시오.

① 준하는 사람을 끄는 매력을 지녔다.

② 진혁은 여학생들과 짝지어서 다녔다.

③ 준하와 진혁은 한집에서 생활하고 있다.

④ 진혁은 교실에서 자리를 비우지 않는다.

25.

> 활기 띠는 경제, 서민들 지갑 연다

① 서민들의 지갑 구매 욕구가 늘었다.

② 경제를 활발히 하기 위해서 서민들이 노력하고 있다.

③ 경제가 살아나서 서민들이 소비 활동을 하기 시작했다.

④ 경제를 살리기 위해 할인 행사로 서민들이 소비 활동을 하고 있다.

26.

> 늘어나는 감기 환자, 병원마다 일손 부족

① 병원에서 일하는 사람들이 점점 적어지고 있다.

② 감기 환자의 전염성 때문에 병원이 문을 닫고 있다.

③ 병원에서 일하는 사람들이 감기에 많이 걸리고 있다.

④ 감기에 걸린 사람들이 많아져서 병원에서 일하는 사람이 부족하다.

27.

> 채소값도 천정부지, 학교 급식 비상

① 학교 급식 문제 때문에 채소값이 오르고 있다.

② 학교 급식에 채소가 나오는 것을 학생들이 싫어하고 있다.

③ 학교 급식에서 채소 반찬이 인기가 많아 급식 가격이 상승했다.

④ 채소 가격이 상승하여 학교 급식에서 채소 반찬을 먹기 어렵다.

28.

> 호흡기 질환 바이러스는 기침·재채기를 할 때 나오는 침에 섞여 퍼지는 경우가 많다. 기침보다 폭발력이 큰 재채기를 하면 한 번에 4만~10만 개의 침방울이 시속 160km로 퍼져 나간다고 한다. 큰 침방울은 가까이 떨어지지만 가벼운 침방울은 최대 8m까지 멀리 날아간다. 그래서 질병 바이러스를 가진 사람이 (   ) 기침이나 재채기를 하면 주변 사람들이 감염되는 건 순식간이다.

① 고개를 돌려서
② 치료를 받다가
③ 입을 막지 않고
④ 마스크를 쓴 채로

29.

> 문화잡지 '빅이슈'는 자립을 원하는 노숙자만 판매사원이 될 수 있다. 노숙자가 '빅이슈 판매사원'이 되어 거리에서 잡지를 판매하며 독자들과 직접 교류함으로써 (   ) 돕는 것이다. 빅이슈 판매사원, 즉 '빅판'들은 배정된 자리에서만 잡지를 판매하며 잡지 판매 수익금의 절반 이상을 받고 있다. 이러한 빅이슈 판매를 통해 많은 노숙자들이 새로운 삶을 살고 있다.

① 크게 성공할 수 있도록
② 독자들과 친구가 될 수 있도록
③ 자존감과 자신감을 회복하도록
④ 수익금의 전부를 받을 수 있도록

30.

　　우리가 안고 있는 가장 큰 환경 문제 중 하나가 바로 '쓰레기 문제'이다. '슬로우 패션'은 이러한 환경 문제를 해결하기 위해 등장하였다. '슬로우 패션'이란 천연 옷감을 이용하여 천천히 그리고 정성 들여 만든 옷을 말한다. 이 옷들은 천연 옷감을 사용했기 때문에 버려졌을 때에 분해가 빨라 환경에 해를 끼치지 않는다. 그리고 유행에 민감하지 않아 (　　　　) 옷으로, 버려지는 속도가 느려서 쓰레기를 줄이는 데도 도움이 된다.

① 매번 사야 하는
② 디자인이 화려한
③ 비용이 많이 드는
④ 오래 입을 수 있는

31.

　　'디마케팅'은 기업이 제품 판매를 억제하는 마케팅 기법이다. 예를 들어 의류에 '세탁 시 줄어듦', '탈색됨' 등과 같이 제품의 단점을 표시하고, 담배의 유해성 경고문을 상품 겉면에 부착하는 것을 말한다. 이는 얼핏 보면 고객을 차버리는 행위로 보이지만 의도적으로 (　　　　) 고객을 줄여서 제품의 이미지와 브랜드의 가치를 높이는 것이다. 이러한 디마케팅 기법은 단순한 매출보다는 확실한 수익 확보를 하겠다는 기업의 전략이라 할 수 있다.

① 돈 안 되는
② 충성도 높은
③ 불만이 많은
④ 신뢰할 수 있는

※ **[32~34] 다음을 읽고 내용이 같은 것을 고르십시오. (각 2점)**

32.

> 간접 광고란 'PPL'이라고도 하며 영화, 드라마 등에 상품을 등장시켜 간접적으로 광고하는 마케팅 기법의 하나이다. 간접 광고의 유형은 제품을 직접 사용하거나 보여 주지는 않고, 언급하거나 제품의 로고가 배경에 등장하게 하는 것이다. 또한 특정 장소에 방문하여 장소를 광고하는 것도 대표적인 유형이다. 간접 광고를 이용하면 시청자들의 거부감을 줄여 브랜드를 자연스럽게 인식시킬 수 있는 장점이 있다.

① 장소를 광고할 때는 간접 광고로 할 수 없다.
② 간접 광고 하는 상품이 영화에 직접 나와도 괜찮다.
③ 간접 광고를 본 시청자들은 거부감을 느끼지 않는다.
④ 드라마 주인공이 상품을 사용하는 모습도 간접 광고이다.

33.

> 프랑스 혁명과 산업혁명을 거치면서 교회와 왕, 귀족 등으로부터 벗어나게 된 화가들은 변화된 시대를 새로운 화법으로 그림을 그리려고 했다. 사실주의를 계승하면서 회화의 본질에 충실하고자 했던 화가들이 두각을 드러냈다. 사실주의란 실재하는 현실을 변형하지 않고 객관적으로 표현하는 화법이다. 당시 프랑스 미술의 주류였던 보수적인 화가들은 그들의 독창적인 화법을 인상파라 불렀다. 대중은 완전히 다른 그림 세계를 처음에는 거부하고 부정했으나 서서히 그 가치를 알게 됐다.

① 많은 사람이 새로운 그림이 등장하자 열광했다.
② 프랑스 미술의 주를 이룬 화가들을 인상파라 불렀다.
③ 산업혁명 이후 화가들은 새로운 기법으로 그림을 그렸다.
④ 프랑스 혁명 이전에 화가들은 왕과 귀족들로부터 자유로웠다.

34.

오늘날 우리는 유전자 변형 식품, 환경 호르몬 그리고 항생제가 함유된 식품에 노출되어 있다. 이러한 이유로 유기농 식품의 인기가 점점 많아지고 있다. 더욱 건강하고 환경 친화적인 음식을 만들기 위해 사람들은 화학비료와 농약을 사용하는 대신 유기농법을 실시하기 시작했다. 조사에 따르면 유기농 식품 시장의 규모가 전 세계적으로 계속 확대되고 있으며 품질을 지키기 위하여 많은 나라들은 농법과 다른 조건에 대한 기준이나 규제를 마련하고 있다고 한다.

① 화학비료와 농약을 사용하는 것이 유기농법이다.

② 요즘 건강에 좋지 않은 성분이 함유된 식품들이 많이 있다.

③ 국가적 차원에서 유기농법에 대한 통제는 실시되지 못하고 있다.

④ 유기농법으로 만든 음식은 아직 사람들의 관심을 끌지 못하고 있다.

※ [35~38] 다음 글의 주제로 가장 알맞은 것을 고르십시오. (각 2점)

35.

장례 문화는 어느 나라를 막론하고 가장 중요한 의식 중 하나라고 여겨지고 있다. 한 사람이 살아온 인생을 존경해 주며 삶을 마감하고 떠나는 길을 축복해 주는 절차이기 때문이다. 하지만 문화가 다양한 만큼 장례 문화 또한 나라별로 다르다. 나라별로 장례가 어떻게 치러지는 알아두면 그 나라에 대한 예절과 관습을 이해하는 데에 도움이 된다.

① 장례 문화는 한 나라의 문화에서 가장 중요하다.

② 나라별 장례 문화 절차의 차이점을 구별해야 한다.

③ 장례식은 나라마다 다른 방식으로 진행되어야 한다.

④ 각국의 장례 문화를 안다면 그 문화를 이해할 때 도움이 된다.

36.

독거노인에게 가장 힘든 점은 대화를 할 사람이 없거나 부족하다는 것이다. 소통을 할 만한 친구나 가족들이 먼저 세상을 떠나기도 하고 혼자 남게 되는 시간이 길어지면서 외로움과 우울함을 느끼는 노인도 증가하고 있다. 전문가들은 사회가 초고령 사회로 진입하며 동시에 증가하고 있는 노인 우울증에 대해 경고하고 있다. 만성적인 신체적 질환과 외로움 등의 정서적인 문제는 우울증을 동반할 가능성이 높다.

① 독거노인에게 함께 생활할 수 있는 공간이 필요하다.
② 노인의 건강 문제를 예방하기 위한 도움이 필요하다.
③ 노인을 위한 우울증 치료 프로그램이 마련되어야 한다.
④ 고령화 사회로 접어들면서 노인의 정신 질환 문제도 증가하고 있다.

37.

'기후 난민'이란 가뭄, 홍수, 해일 같은 기후 변화로 인해 집을 잃어버린 사람들을 말한다. 지구 온난화가 가져온 사막화 현상, 해수면 상승 등은 심각한 물 부족과 농경지의 감소로 인한 식량 부족 사태까지 가져왔다. 이러한 이상 기후 현상은 대규모의 난민을 증가시켜 사회적 혼란과 정치적 혼란까지 일으켰다. 기후 난민의 가장 큰 문제점은 환경 파괴에 책임이 거의 없는 가난한 나라들이 떠안고 있다는 것이다. 이제라도 기후 변화에 책임이 있는 선진국들이 이 문제를 해결하기 위해 발 벗고 나서야 한다.

① 식량 문제가 환경에 영향을 주지 않아야 한다.
② 기후 변화가 있어도 혼란을 초래하면 안 된다.
③ 기후 난민은 환경 파괴를 스스로 해결해야 한다.
④ 선진국은 지구 온난화 현상에 책임을 져야 한다.

38.

　　한 번 쓰고 버리는 일회용품은 사용이 완료된 순간 바로 쓰레기가 된다. 일회용품을 만들고 처리하는 데 막대한 자원이 낭비되는데 2016년 한 해 한국 종이컵 소비량은 6억 7000개가 넘는 것으로 알려졌다. 일회용 종이컵 소비가 부쩍 늘어난 것은 커피 소비량이 증가한 것과 연관이 있다. 플라스틱이나 일회용품의 과잉 소비로 인해 머지않아 지구는 쓰레기 대란을 맞이하게 될 것이다. 그동안 인류가 이런 일회용품 사용으로 편리함을 누렸다면 쓰레기의 문제도 우리가 해결해야 할 몫이 되었다.

① 편리한 삶을 위해서는 일회용품 사용이 필요하다.
② 일회용품으로 인한 환경 문제의 해결 방법을 찾아야 한다.
③ 일회용품을 만드는 데에 막대한 자원을 낭비해서는 안 된다.
④ 일회용 종이컵 사용량을 줄이기 위해 커피 소비량을 줄여야 한다.

※　**[39~41] 다음 글에서 〈보기〉의 문장이 들어가기에 가장 알맞은 곳을 고르십시오. (각 2점)**

39.

　　요즘 많은 아이들은 학업에서 오는 스트레스를 풀기 위해 다양한 게임을 한다. (㉠) 특히, 게임은 사람의 언어발달에 큰 영향을 미치고, 전략적 비디오 게임은 문제 풀이 능력이나 시공간 능력 등 여러 가지 장점이 있다고 한다. (㉡) 그런데 이 연구 결과에 의문을 제기하는 또 다른 연구가 발표되었다. (㉢) 일본의 한 대학교에서 3년 동안 아이들을 대상으로 매일 일정 시간 얼마나 게임을 하는지, 어떤 생활 습관이 있는지 조사한 결과 언어적 발달이 더 떨어지는 결과를 보였다는 것이다. (㉣)

─────[보기]─────
　　최근 장시간 게임이 두뇌발달에 영향을 준다는 연구 결과가 있다.

① ㉠　　　　　　② ㉡　　　　　　③ ㉢　　　　　　④ ㉣

40.

　　나무는 광합성을 통해 양분을 스스로 만든다. (　㉠　) 물과 햇빛 그리고 이산화탄소를 흡수해서 나무가 살아가는 데 필요한 에너지를 만든다. (　㉡　) 이 과정에서 공기 중으로 산소를 배출하고, 탄소는 영양분인 포도당 형태로 몸속에 저장한다. (　㉢　) 하지만 나무가 영원히 탄소를 저장할 수 있는 것은 아니다. (　㉣　) 어느 정도 자라면 광합성 효율이 떨어지고 탄소 저장 능력도 떨어진다.

보기

　　이처럼 나무는 자라는 과정 동안 몸속에 탄소를 차곡차곡 모아둔다.

① ㉠　　　　　　② ㉡　　　　　　③ ㉢　　　　　　④ ㉣

41.

　　통화는 정부가 발행하는 동전, 지폐 등으로 사람들이 인정하고 사용하는 종류의 돈을 말한다. (　㉠　) 동전이나 지폐에는 그 돈의 가치를 나타내는 숫자가 적혀 있다. (　㉡　) 이것을 액면 금액 또는 '액면가'라고도 한다. 법정 통화는 통화 가운데서 값을 치를 능력이 있는 통화를 말한다. (　㉢　) 가령 마구 찢어져서 작은 조각만 남은 지폐는 발행은 되었지만 물건으로 교환할 수 없다. (　㉣　) 이런 돈은 법정 통화가 될 수 없다.

보기

　　백 원짜리 동전에 '100'이라고 쓰여 있는 것이 그 예이다.

① ㉠　　　　　　② ㉡　　　　　　③ ㉢　　　　　　④ ㉣

※   [42~43] 다음을 읽고 물음에 답하십시오. (각 2점)

> 어떤 토요일 오후였습니다. 아저씨는 나에게 뒷동산에 올라가자고 하셨습니다. 나는 너무나 좋아서 가자고 그러니까 아저씨가 "들어가서 어머니께 허락 맡고 와." 하십니다. 나는 뛰어 들어가서 어머니께 허락을 맡았습니다. 어머니는 내 얼굴을 다시 세수시켜 주고, 머리도 다시 땋고, 그러고 나서는 나를 한 번 몹시 껴안았다가 놓으며 "너무 오래 있지 말고, 응?" 하고 어머니는 크게 소리쳤습니다. 아마 사랑 아저씨도 그 소리를 들었을 거예요. 뒷동산에 올라가서는 정거장을 한참 내려다보았으나 기차는 안 지나갔습니다. 나는 풀잎을 뽑아 보기도 하고, 땅에 누운 아저씨의 다리를 꼬집어 보기도 하면서 놀았습니다. 한참 후에 아저씨하고 손목을 잡고 내려오는데 유치원 동무들을 만났습니다. "옥희가 아빠하고 어디 갔다 온다, 응." 하고 한 동무가 말했습니다. 그 아이는 우리 아버지가 돌아가신 줄을 모르는 아이였습니다. 나는 얼굴이 빨개졌습니다. 그때 나는 얼마나 이 아저씨가 정말 우리 아버지였더라면 하고 생각했는지 모릅니다. 나는 정말로 한 번만이라도, "아빠!" 하고 불러 보고 싶었습니다.

42. 밑줄 친 부분에 나타난 '나'의 심정으로 알맞은 것을 고르시오.
    ① 난감하다
    ② 안쓰럽다
    ③ 떳떳하다
    ④ 서먹하다

43. 이 글의 내용과 같은 것을 고르십시오.
    ① 옥희의 아버지는 돌아가셨다.
    ② 뒷동산에서 지나가는 기차를 봤다.
    ③ 뒷동산에 가는 길에 유치원 친구들을 만났다.
    ④ 옥희는 아저씨와 어머니와 함께 뒷동산에 갔다.

※ **[44~45] 다음을 읽고 물음에 답하십시오. (각 2점)**

인체의 정상 체온은 36.5~37℃이다. 하지만 현대인의 체온은 점점 떨어지고 있다. 문제는 체온이 낮아지면 몸 상태가 나빠진다는 것이다. 체온이 35.5도가 되면 (   ). 게다가 체온이 30도로 떨어지면 의식불명 상태에 이른다. 체온이 낮아지면 왜 문제가 생길까? 체온이 정상이면 인체의 면역 체계가 정상적으로 작동해 외부에서 침입한 병균, 바이러스를 퇴치시키지만 체온이 낮으면 면역 체계가 무너져 질병에 속수무책인 상태가 된다. 한 연구 결과에 따르면 체온이 1도 낮아지면 면역력이 30% 떨어지고 체온이 1도 올라가면 면역력이 500~600% 올라간다고 한다. 인체의 면역력을 위해서 정상 체온을 유지할 수 있도록 적절한 운동과 숙면을 취하는 것이 좋고, 단백질과 비타민의 섭취도 중요하다.

44. 위 글의 주제로 알맞은 것을 고르십시오.

① 건강을 위해 비타민과 단백질의 섭취가 매우 중요하다.

② 건강 상태를 확인하기 위해 매일 체온을 측정해야 한다.

③ 체온 변화에 따른 면역력의 변화에 대해 정확히 알아야 한다.

④ 인체의 면역력을 높이기 위해 정상 체온을 유지하는 것이 중요하다.

45. (   )에 들어갈 내용으로 알맞은 것을 고르십시오.

① 심한 경우에 죽을 수도 있다

② 수면을 충분히 취할 수 있게 된다

③ 체내 영양소 흡수를 방해하게 된다

④ 병균을 막아 몸의 면역력이 좋아진다

최근 미국 연구팀이 식물의 천적 방어 시스템을 밝혀내 학계의 관심을 끌고 있다. (㉠) 연구팀은 식물이 애벌레 등 천적의 공격을 받으면 '위험 신호'를 전달하는 화학 물질을 만들어 잎 구석구석으로 전달해 방어 태세를 갖춘다고 밝혔다. (㉡) 그 결과 애벌레가 애기장대의 잎을 뜯어먹으면 상처 난 부위에서 '글루타메이트'라는 호르몬이 분비되고, 이것이 공격받지 않은 다른 잎으로 칼슘 이온을 전달한다는 것을 밝혀냈다. 칼슘 이온은 식물의 조직에 위험을 알리는 역할을 한다. (㉢) 칼슘 이온이 전달된 잎에서는 '자스몬산'이라는 화학 물질이 분비되는데, 이 물질은 애벌레의 소화력을 떨어뜨리고 세포벽을 강화하는 기능도 있어서 천적이 잎을 뜯어 먹기 어렵게 한다. (㉣) 칼슘 이온이 식물 전체로 퍼지는 데 걸리는 시간은 2분여에 불과한 것으로 알려졌다.

46. 위 글에서 〈보기〉의 글이 들어가기에 가장 알맞은 곳을 고르십시오.

> **보기**
>
> 애기장대라는 식물이 애벌레의 공격을 받을 때 내부에서 어떤 변화가 나타나는지를 특수 카메라로 관찰했다.

① ㉠   ② ㉡   ③ ㉢   ④ ㉣

47. 위 글의 내용과 같은 것을 고르십시오.
① 칼슘 이온은 식물 전체에 영향을 주지 못한다.
② 애벌레는 '자스몬산'이라는 화학 물질로 인해 죽게 된다.
③ 애기장대는 천적의 피해를 막기 위해 스스로 호르몬을 분비한다.
④ 애기장대는 스스로 천적의 공격을 막는 호르몬을 내보낼 수 없다.

협상은 개인과 개인 단위에서도 이루어지지만 기업과 기업 간의 비즈니스 협상일 경우에는 양측에 각각 협상 팀이 조직되어 진행되는 경우가 대부분이다. 이렇게 팀으로 이루어지는 협상에서 조직 구성은 매우 중요하다. 협상 내용과 목적에 부합할 수 있는 인재들을 뽑아 각각의 전문성과 개성에 맞추어 역할 분담을 하고, 개개인의 능력을 최대한 발휘할 수 있는 조건이 갖춰져야 한다. 동시에 협상 대표를 중심으로 협력하여 최고의 팀워크를 발휘할 수 있는 팀으로 거듭나야 하는 것이다. 개인의 현란한 협상력보다 중요한 것이 바로 구성원 간의 협업과 분업의 원리가 매끄럽게 돌아가는 조직력이다. 강력한 협상 팀을 조직하기 위해서는 무엇보다 (   ) 중요하다. 협상 준비 과정을 관리하고, 협상 전략을 세우며, 전체 협상 진행을 리드해야 하므로 협상 대표는 경험이 많은 협상 전문가여야 한다. 실제 협상에서 가장 영향력 있는 인물 또한 협상 대표다. 협상 대표는 협상의 전반적인 진행 상황을 조율하고 최종적인 판단과 결정을 내려야 하기 때문이다.

48. 위 글을 쓴 목적으로 알맞은 것을 고르십시오.
① 협상에서 중요한 요소를 설명하기 위해
② 협상 절차를 구체적으로 분석하기 위해
③ 협상할 때 팀의 중요성을 강조하기 위해
④ 협상 팀 내의 문제 해결 방법을 제시하기 위해

49. (   )에 들어갈 내용으로 알맞은 것을 고르십시오.
① 협상 준비 과정이   ② 협상 대표의 역할이
③ 협상 팀의 팀워크가   ④ 협상 팀 내의 팀원의 능력이

50. 밑줄 친 부분에 나타난 필자의 태도로 알맞은 것을 고르십시오.
① 협상 대표의 역할 부재에 대해 우려하고 있다.
② 팀워크가 좋은 협상 팀을 높이 평가하고 있다.
③ 협상 시 팀원들의 팀워크 보완을 강하게 요구하고 있다.
④ 협상 대표와 팀원들의 팀워크의 중요성에 대해 강조하고 있다.

제4회
실전모의고사

한국어능력시험 II
(중 · 고급)

| 1교시 | 듣기, 쓰기 |

수험번호(Applicaton No.)		
이름 (Name)	한국어(Korean)	
	영 어(English)	

유 의 사 항
Information

1. 시험 시작 지시가 있을 때까지 문제를 풀지 마십시오.
   Do not open the booklet until you are allowed to start.

2. 접수번호와 이름은 정확하게 적어 주십시오.
   Write your name and application number on the answer sheet.

3. 답안지를 구기거나 훼손하지 마십시오.
   Do not fold the answer sheet; keep it clean.

4. 답안지의 이름, 접수번호 및 정답의 기입은 컴퓨터용 펜을 사용하여 주십시오.
   Use the optical mark reader(OMR) pen only.

5. 정답은 답안지에 정확하게 표시하여 주십시오.
   Mark your answer accurately and clearly on the answer sheet.

   marking example ① ● ③ ④

6. 문제를 읽을 때에는 소리가 나지 않도록 하십시오.
   Keep quiet while answering the questions.

7. 질문이 있을 때에는 손을 들고 감독관이 올 때까지 기다려 주십시오.
   When you have any questions, please raise your hand.

듣기 (1번 ~ 50번)

※ [1~3] 다음을 듣고 알맞은 그림을 고르십시오. (각 2점)

1.

①

②

③

④

2.

①

②

③

④

3.

①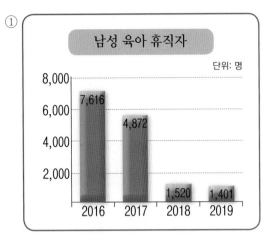

②

③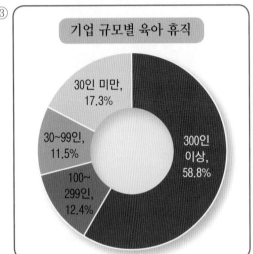

④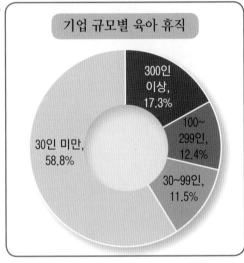

※   **[4~8] 다음 대화를 잘 듣고 이어질 수 있는 말을 고르십시오. (각 2점)**

4.   ① 꼭 한번 봐.

② 정말 재미있어?

③ 나도 한번 보고 싶어.

④ 요즘 드라마 볼 시간이 없어.

5.   ① 어제 샀어요.

② 270으로 주세요.

③ 신발이 작게 나왔습니다.

④ 검정색으로 바꿔 주세요.

6. ① 저는 눈을 정말 좋아해요. ② 내일까지 내린다고 했어요.
③ 제가 운전 연습을 도와줄까요? ④ 그럴게요. 오늘은 지하철 탈게요.

7. ① 계산해 주세요. ② 여기 20,000이요.
③ 다음에 또 오세요. ④ 더 필요한 것은 없어요.

8. ① 회의는 몇 시에 시작됩니까?
② 오후에 다시 연락드리겠습니다.
③ 팀장님은 지금 홍보팀에 계십니다.
④ 자리에 안 계신데 메모 남겨 드릴까요?

※ **[9~12] 다음 대화를 잘 듣고 <u>여자</u>가 이어서 할 행동으로 알맞은 것을 고르십시오. (각 2점)**

9. ① 은행에 간다. ② 전화기를 빌려준다.
③ 약속 시간을 확인한다. ④ 수진 씨에게 연락한다.

10. ① 요리를 돕는다. ② 어묵과 파를 썬다.
③ 떡볶이 양념을 만든다. ④ 떡볶이를 사러 나간다.

11. ① 가방을 교환한다. ② 카드로 결제한다.
③ 영수증을 받는다. ④ 카드와 영수증을 준다.

12. ① 서비스 센터에 간다. ② 텔레비전을 고친다.
③ 리모컨을 가져온다. ④ 전원을 껐다가 켠다.

※ [13~16] 다음을 듣고 내용과 일치하는 것을 고르십시오. (각 2점)

13. ① 여자는 아파서 입원을 했다.
② 민수 씨는 오늘 회사에 결근했다.
③ 여자와 남자는 내일 문병을 갈 것이다.
④ 남자는 길이 미끄러워서 교통사고를 냈다.

14. ① 공연 중에 휴대폰을 가지고 들어갈 수 없다.
② 정해진 자리에서 촬영 및 녹음을 할 수 있다.
③ 공연장 내 음식물 섭취 장소를 알려주고 있다.
④ 공연 중 주의 사항에 대해 안내 방송을 하고 있다.

15. ① 전국의 교통 상황을 안내하고 있다.
② 서울시는 퇴근 시간대에 차가 많이 막힌다.
③ 교통 체증으로 올림픽대로로 가는 것이 좋다.
④ 서울 광장 주변을 제외하고 교통 상황이 좋지 않다.

16. ① 남자는 자기소개서를 쓰고 있다.
② 여자는 호텔 경영학과에 지원했다.
③ 남자는 외국어 학습 계획을 물어봤다.
④ 여자는 호텔 취업을 위해 면접을 보고 있다.

17. ① 건강을 위해 야근을 줄여야 한다.

② 피곤할 때는 커피를 지속적으로 마셔야 한다.

③ 커피가 아닌 다른 방법으로 피로를 풀어야 한다.

④ 커피의 효과를 높이기 위해 적당량을 마셔야 한다.

18. ① 사람들 앞에서 울면 약해 보일 수 있다.

② 친구와 가족이 힘들 때 이해하고 힘을 줘야 한다.

③ 우는 행동은 정신적, 육체적으로 좋은 기능이 있다.

④ 눈과 코 건강을 위해 스트레스 호르몬을 관리해야 한다.

19. ① 친구를 직접 만나야 더 친해질 수 있다.

② 건강을 위해서 휴대폰 사용을 줄여야 한다.

③ SNS를 너무 많이 하면 공부에 방해가 된다.

④ 주말은 가족이나 친구들과 함께 보내는 것이 좋다.

20. ① 다이어트를 할 때 다양한 연구 결과를 참고해야 한다.

② 다이어트에 성공하려면 구체적인 훈련 계획이 필요하다.

③ 흥미로운 다이어트 방법을 찾아야 큰 효과를 볼 수 있다.

④ 다이어트에 성공한 모습을 상상하는 방법으로도 살이 빠질 수 있다.

21. 남자의 중심 생각으로 알맞은 것을 고르십시오.

　① 올바른 방법으로 칭찬을 해야 한다.

　② 아이들에게 칭찬으로 힘을 줘야 한다.

　③ 아이의 자신감을 높이는데 칭찬이 최고이다.

　④ 똑똑한 아이로 키우기 위해 칭찬이 필요하다.

22. 들은 내용으로 맞는 것을 고르십시오.

　① 칭찬은 아이의 감정 표현을 돕는다.

　② 똑똑함을 강조하면 자신감이 높아진다.

　③ 머리가 좋다고 칭찬하면 점점 똑똑해진다.

　④ 잘못된 방법의 칭찬은 아이에게 부담을 준다.

23. 남자가 무엇을 하고 있는지 고르십시오.

　① 아이를 진찰하고 있다.

　② 자신의 증상을 설명하고 있다.

　③ 여자의 몸 상태를 확인하고 있다.

　④ 건강을 위한 습관을 알아보고 있다.

24. 들은 내용으로 맞는 것을 고르십시오.

　① 목이 아파도 음식을 잘 먹어야 한다.

　② 열이 나면 옷을 따뜻하게 입어야 한다.

　③ 목에 염증은 몸에 열이 나게 할 수 있다.

　④ 아이는 콧물이 많이 나와서 힘들어하고 있다.

25. 남자의 중심 생각으로 알맞은 것을 고르십시오.

① 전쟁에서 의사와 간호사들을 보호해야 한다.

② 의료 다큐멘터리 영화를 더 많이 만들어야 한다.

③ 의료 혜택을 받지 못하는 사람들을 도와야 한다.

④ 가난한 사람들을 위해 전염병 약을 개발해야 한다.

26. 들은 내용으로 맞는 것을 고르십시오.

① 영화를 통해 난민들의 어려운 삶을 알 수 있다.

② 영화제 참석으로 어려운 사람을 돕기는 힘들다.

③ 국경 없는 영화제에 여러 나라의 다양한 영화가 소개된다.

④ 영화제를 통해 발생한 수익은 영화를 만드는 데 사용된다.

27. 남자가 여자에게 말하는 의도를 고르십시오.

① 안전벨트를 착용을 부탁하기 위해

② 시내버스 교통사고의 실태를 알리기 위해

③ 시내버스 안전벨트의 필요성을 지적하기 위해

④ 시내버스에 안전벨트가 없는 이유를 문의하기 위해

28. 들은 내용으로 맞는 것을 고르십시오.

① 현재 시내버스에 서서 탈 수 없다.

② 시내버스 좌석 부족이 사회적 문제가 되었다.

③ 대부분의 사망 사고가 시내버스에서 일어나고 있다.

④ 최근 시내버스 운전기사들이 신호 위반과 난폭 운전을 했다.

[29~30] 다음을 듣고 물음에 답하십시오. (각 2점)

29. 남자는 누구인지 맞는 것을 고르십시오.

① 가짜 신문으로 인한 피해자

② 표현의 자유를 주장하는 언론인

③ 가짜 뉴스를 단속하는 경찰 관계자

④ 대중매체를 통해 기사를 전파하는 신문 기자

30. 들은 내용으로 맞는 것을 고르십시오.

① 가짜 뉴스는 신문 기사처럼 보인다.

② 가짜 뉴스로 인한 피해자가 감소하고 있다.

③ 피해를 막는 것보다 표현의 자유가 우선이다.

④ 가짜 뉴스를 공유하는 것은 처벌받지 않는다.

※ **[31~32] 다음을 듣고 물음에 답하십시오. (각 2점)**

31. 남자의 생각으로 알맞은 것을 고르십시오.

① 자동차 회사의 문제 수정 방법을 맞추어야 한다.

② 자동차 회사는 안전을 위한 부품에 신경 써야 한다.

③ 자동차 회사가 직접 부품을 개발하고 생산해야 한다.

④ 자동차 부품 개발의 변화로 자동차 시장에 문제가 발생했다.

32. 남자의 태도로 알맞은 것을 고르십시오.

① 자동차 시장의 문제점을 해설하고 있다.

② 자동차 부품의 안정성을 의심하고 있다.

③ 소비자 보호 제도의 필요성을 내세우고 있다.

④ 새로워진 자동차 부품 개발 방식을 소개하고 있다.

※ **[33~34] 다음을 듣고 물음에 답하십시오. (각 2점)**

33. 무엇에 대한 내용인지 맞는 것을 고르십시오.
　　① 습관과 건강과의 관계
　　② 근육 운동이 필요한 이유
　　③ 다리 근육을 위한 운동 방법
　　④ 도움이 되기도 하는 나쁜 습관

34. 들은 내용으로 맞는 것을 고르십시오.
　　① 다리 떠는 습관은 발목에 악영향을 준다.
　　② 종아리 근육을 움직이면 혈액 순환이 잘 된다.
　　③ 다리를 떨면 다리에 생긴 병을 치료할 수 있다.
　　④ 앉아 있을 때 가만히 있는 것이 좋은 자세이다.

※ **[35~36] 다음을 듣고 물음에 답하십시오. (각 2점)**

35. 남자는 무엇을 하고 있는지 고르십시오.
　　① 반려 동물 입양을 권유하고 있다.
　　② 유기 동물의 실태를 발표하고 있다.
　　③ 반려 동물 입양 방법을 변경하고 있다.
　　④ 유기 동물 안락사에 대해 전하고 있다.

36. 들은 내용으로 맞는 것을 고르십시오.
　　① 작은 동물들은 입양되기 힘들다.
　　② 동물 보호소의 예산은 충분한 편이다.
　　③ 유기 동물은 동물 보호소에서 15일가량 지낼 수 있다.
　　④ 반려 동물을 키우는 사람에 비해 유기 동물은 감소하고 있다.

37. 여자의 중심 생각으로 맞는 것을 고르십시오.

① 한국의 제조업 비중을 줄여야 한다.

② 제조업을 살려 경제 위기를 극복해야 한다.

③ 현재의 경제 정책으로는 경제 위기를 해결할 수 없다.

④ 산업 구조의 변화로 더 많은 일자리를 창출해야 한다.

38. 들은 내용과 일치하는 것을 고르십시오.

① 제조업은 많은 일자리를 만든다.

② 한국은 다른 나라에 비해 제조업 비율이 낮다.

③ 경제 성장률과 실업률, 물가가 계속 오르고 있다.

④ 한국의 경제 위기는 잘못된 경제 정책에서 시작되었다.

39. 이 담화 앞의 내용으로 알맞은 것을 고르십시오.

① 공연장에서 관람 수준 평가가 있었다.

② 공연장에 휴대폰 사용 금지 안내 방송이 필요하다.

③ 공연장에서 사용 가능한 전파 차단기가 개발되었다.

④ 공연장에서 관객의 휴대폰 사용으로 문제가 발생했다.

40. 들은 내용과 일치하는 것을 고르십시오.

① 공연 중 촬영을 하려면 허가를 받아야 한다.

② 정부의 허가로 전파 차단기가 곧 설치될 예정이다.

③ 공연 중 휴대폰 사용 불가 방송은 큰 효과가 있었다.

④ 일부 나라에서는 공연장에서 전파 차단기를 사용하고 있다.

41. 이 강연의 중심 내용으로 맞는 것을 고르십시오.

① 성분에 따라 고기에 들어 있는 색소가 다르다.

② 스테이크를 완전히 구워야 피가 모두 응고된다.

③ 스테이크의 붉은 액체는 피가 아닌 다른 성분이다.

④ 피를 완전히 뺀 고기를 스테이크에 사용해야 한다.

42. 들은 내용과 일치하는 것을 고르십시오.

① 고기에는 붉은색을 띠는 성분이 있다.

② 완전히 익힌 스테이크에도 피는 남아 있다.

③ 스테이크의 붉은 액체는 고기를 가공할 때 응고된다.

④ 고기를 가공할 때 피를 제거해야 안심하고 먹을 수 있다.

43. 이 이야기의 중심 내용으로 맞는 것을 고르십시오.

① 개미의 서식지가 변하고 있다.

② 개미는 날씨를 미리 예측할 수 있다.

③ 동물의 능력이 사람보다 우수한 점이 많다.

④ 개미는 비에 대비해 과학적으로 집을 짓는다.

44. 개미에 대한 설명으로 맞는 것을 고르십시오.

① 개미는 빗물에 대비해 출입문을 만든다.

② 개미집은 빗물에도 무너지지 않도록 설계되어 있다.

③ 개미는 기압의 변화를 통해 비가 오는 것을 예측한다.

④ 개미는 빗물이 흡수되지 않는 흙을 이용해 집을 짓는다.

45. 들은 내용과 일치하는 것을 고르십시오.
  ① 최초의 그림은 동굴 입구에 그려져 있다.
  ② 최초 동굴 벽화의 그림 수준은 높지 않다.
  ③ 동굴 벽화는 당시에 그림 교육이 있었음을 증명한다.
  ④ 전문 화가들이 취미로 동굴 벽에다가 그림을 그렸다.

46. 여자가 말하는 방식으로 가장 알맞은 것을 고르십시오.
  ① 벽화에 대한 여러 학설을 정의하고 있다.
  ② 동굴 속의 벽화 보존 방법을 살피고 있다,
  ③ 벽화의 발생이 주술적인 이유 때문이라고 예측하고 있다.
  ④ 벽화에 그려진 대상을 통해 당시의 생활 모습을 증명하고 있다.

47. 들은 내용과 일치하는 것을 고르십시오.
  ① 1인 가구의 가장 큰 문제점은 우울증이다.
  ② 인스턴트 위주의 식단은 건강을 악화시킨다.
  ③ 가정 간편식으로 영양 불균형을 해소할 수 있다.
  ④ 1인 가구보다 다가구가 과도한 나트륨 섭취가 많다.

48. 남자의 태도로 가장 알맞은 것을 고르십시오.
  ① 1인 식생활 개선 방법을 장려하고 있다.
  ② 1인 가구의 급격한 증가를 염려하고 있다.
  ③ 1인 가구용 간편식의 위험성을 고발하고 있다.
  ④ 1인 가구에 맞는 정책의 필요성을 강조하고 있다.

※ **[49~50] 다음은 강연입니다. 잘 듣고 물음에 답하십시오. (각 2점)**

49. 들은 내용과 일치하는 것을 고르십시오.
① 제노 포비아는 난민 수용을 의미한다.
② 제주도 난민이 가짜 뉴스를 퍼뜨렸다.
③ 한국의 난민 수용 반대 운동을 비판하는 해외 언론도 있었다.
④ 난민 수용을 찬성하는 사람들의 생각 속에 제노 포비아가 있다.

50. 여자의 태도로 가장 알맞은 것을 고르십시오.
① 실례를 들어 설명하면서 사건의 재고를 권하고 있다.
② 난민 수용의 결과를 예측하며 판단을 유도하고 있다.
③ 난민 수용의 찬성과 반대 의견을 비교하여 낙관하고 있다.
④ 한국에서 발생한 사건에 대한 해외 언론의 보도를 비판하고 있다.

쓰기 (51번 ~ 54번)

※ [51~52] 다음을 읽고 ㉠과 ㉡에 들어갈 말을 각각 한 문장으로 쓰시오. (각 10점)

51.

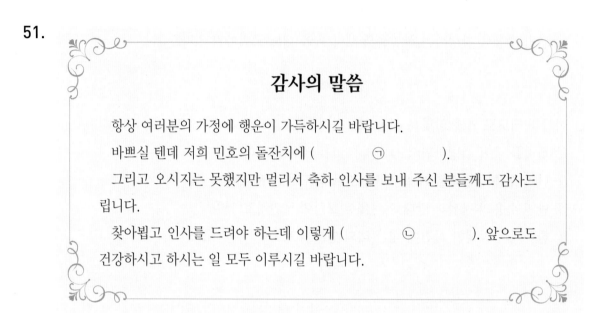

감사의 말씀

항상 여러분의 가정에 행운이 가득하시길 바랍니다.

바쁘실 텐데 저희 민호의 돌잔치에 (㉠   ).

그리고 오시지는 못했지만 멀리서 축하 인사를 보내 주신 분들께도 감사드
립니다.

찾아뵙고 인사를 드려야 하는데 이렇게 (㉡   ). 앞으로도
건강하시고 하시는 일 모두 이루시길 바랍니다.

52.

자동차가 배출하는 가스는 대기오염의 주범이다. 정부는 경유차의 생산을 점점 줄이
고 전기자동차의 생산을 늘리고 있다. 또한 전기자동차를 구입하는 사람들에게 보조금을
(㉠   ). 이러한 논의뿐만 아니라 미세먼지가 심한 날에는 차량 2부제를
시행하여 배출 가스를 줄이는 정책도 운영하고 있다. 대기오염을 줄이기 위해 정부뿐만
아니라 개인도 적극적으로 (㉡   ).

53. 다음을 참고하여 '1인 가구 현황'에 대한 글을 200~300자로 쓰시오. 단, 글의 제목을 쓰지 마시오. (30점)

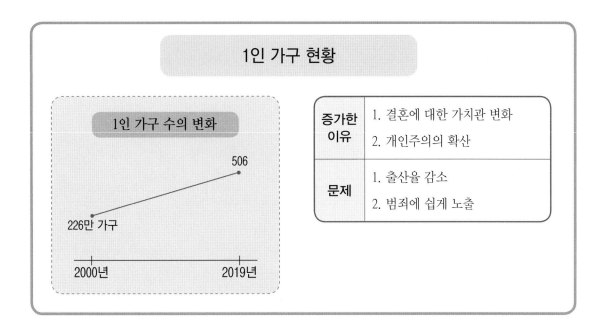

54. 다음을 주제로 하여 자신의 생각을 600~700자로 글을 쓰시오. 단, 문제를 그대로 옮겨 쓰지 마시오. (50점)

> 지도자의 자질은 사회나 국가의 흥망을 좌우할 만큼 매우 중요하다. 이 세상에 많은 지도자가 있지만 훌륭한 지도자를 찾기 어렵다. '지도자의 중요성과 역할 및 자질'에 대해 아래의 내용을 중심으로 자신의 생각을 쓰라.

- 지도자는 왜 중요한가?
- 지도자의 역할은 무엇인가?
- 지도자에게 필요한 자질은 무엇인가?

＊ 원고지 쓰기의 예

	한	국		사	람	은		'	우	리	'		라	는		말	을		자	주
쓴	다	.		이		는		가	족	주	의	에	서		비	롯	되	었	다	.

한·국·어·능·력·시·험·T·O·P·I·K

제4회
실전모의고사

한국어능력시험 II
(중 · 고급)

2교시	읽기

수험번호(Applicaton No.)		
이름 (Name)	한국어(Korean)	
	영 어(English)	

유 의 사 항
Information

1. 시험 시작 지시가 있을 때까지 문제를 풀지 마십시오.
   Do not open the booklet until you are allowed to start.

2. 접수번호와 이름은 정확하게 적어 주십시오.
   Write your name and application number on the answer sheet.

3. 답안지를 구기거나 훼손하지 마십시오.
   Do not fold the answer sheet; keep it clean.

4. 답안지의 이름, 접수번호 및 정답의 기입은 컴퓨터용 펜을 사용하여 주십시오.
   Use the optical mark reader(OMR) pen only.

5. 정답은 답안지에 정확하게 표시하여 주십시오.
   Mark your answer accurately and clearly on the answer sheet.

6. 문제를 읽을 때에는 소리가 나지 않도록 하십시오.
   Keep quiet while answering the questions.

7. 질문이 있을 때에는 손을 들고 감독관이 올 때까지 기다려 주십시오.
   When you have any questions, please raise your hand.

읽기 (1번 ~ 50번)

※ **[1~2] (   )에 들어갈 가장 알맞은 것을 고르십시오. (각 2점)**

1. 비밀을 영원히 (   ) 그 은혜를 잊지 않겠다.
   ① 지키려고   ② 지키던데   ③ 지켜준다면   ④ 지키느라고

2. 요즘 체중을 (   ) 매일 운동을 하고 있다.
   ① 줄여 가지고   ② 줄이는 반면   ③ 줄이기 위해   ④ 줄이는 대신

※ **[3~4] 다음 밑줄 친 부분과 의미가 비슷한 것을 고르십시오. (각 2점)**

3. 준서는 큰 욕심을 내지 않고 묵묵히 시험을 <u>준비할 따름이다.</u>

   ① 준비할 뿐이다   ② 준비할 만하다   ③ 준비하나 보다   ④ 준비하게 하다

4. 면접 전에 질문을 미리 <u>연습해 두면</u> 당황하지 않고 잘 볼 수 있을 것이다.
   ① 연습해 대면   ② 연습하고 보니   ③ 연습해 놓으면   ④ 연습하고 해서

※ **[5~8] 다음은 무엇에 대한 글인지 고르십시오. (각 2점)**

5.
> # 새살이 솔솔~ 아기 피부처럼 깨끗하게!
> ## 상처에 잊지 말고 바르세요.

   ① 연고   ② 붕대   ③ 소화제   ④ 감기약

6.

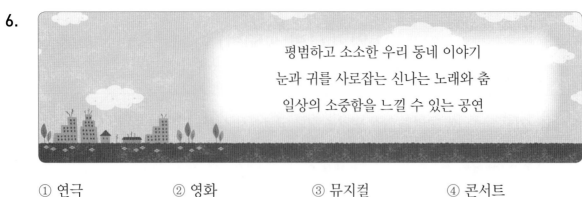

평범하고 소소한 우리 동네 이야기
눈과 귀를 사로잡는 신나는 노래와 춤
일상의 소중함을 느낄 수 있는 공연

① 연극　　　　② 영화　　　　③ 뮤지컬　　　　④ 콘서트

7.

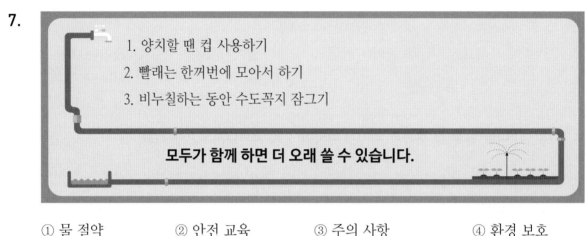

1. 양치할 땐 컵 사용하기
2. 빨래는 한꺼번에 모아서 하기
3. 비누칠하는 동안 수도꼭지 잠그기

모두가 함께 하면 더 오래 쓸 수 있습니다.

① 물 절약　　　　② 안전 교육　　　　③ 주의 사항　　　　④ 환경 보호

8.

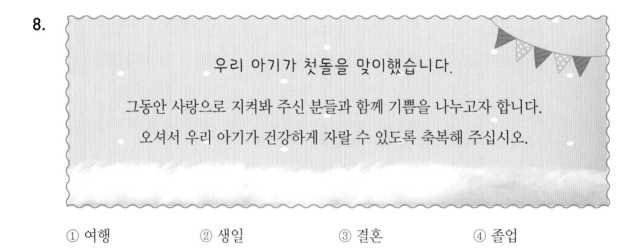

우리 아기가 첫돌을 맞이했습니다.

그동안 사랑으로 지켜봐 주신 분들과 함께 기쁨을 나누고자 합니다.
오셔서 우리 아기가 건강하게 자랄 수 있도록 축복해 주십시오.

① 여행　　　　② 생일　　　　③ 결혼　　　　④ 졸업

※ **[9~12] 다음 글 또는 그래프의 내용과 같은 것을 고르십시오. (각 2점)**

9.

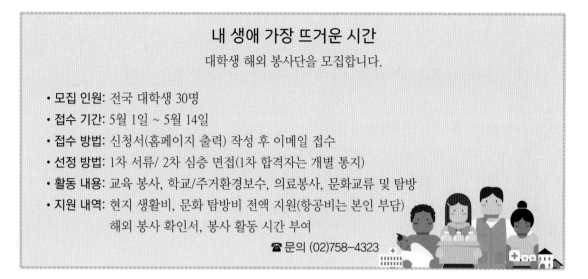

① 참가 신청은 인터넷을 통해서만 가능하다.

② 서울에 학교가 있는 대학생만 지원할 수 있다.

③ 활동에 필요한 비용은 모두 본인이 내야 한다.

④ 서류 심사에 붙은 사람은 홈페이지에서 확인할 수 있다.

10.

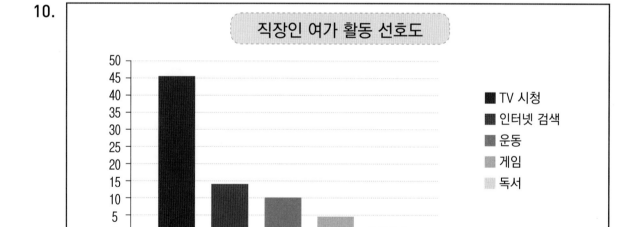

① 여가 활동으로 게임은 거의 하지 않는다.

② 운동을 하는 비율이 인터넷 검색에 비해 높다.

③ 직장인이 가장 선호하는 여가 활동은 독서이다.

④ 휴식 시간에 텔레비전 보는 것을 가장 좋아한다.

11.

사과는 밤보다 아침에 먹는 것이 건강에 더 좋다. 아침에 먹으면 사과의 성분이 장 운동을 할 수 있게 해 주어 변비를 예방해 준다. 또한 사과에는 비타민도 많이 들어 있어서 피부도 좋아질 뿐만 아니라 피로 해소와 다이어트에도 도움이 된다. 특히 사과를 꾸준히 먹으면 뇌에서 작용하는 신경 물질에 도움을 주어 치매도 예방할 수 있다.

① 사과는 아무 때나 먹어도 건강에 좋다.
② 다이어트를 할 때는 사과가 도움이 된다.
③ 변비가 있을 때는 사과를 먹으면 안 된다.
④ 사과의 성분이 치매 예방에는 효과가 없다.

12.

동물도 감정을 가지고 있다. 기쁨, 슬픔, 두려움 등 다양한 감정을 느끼고 그것을 몸짓으로 표현한다. 즐거운 감정을 느끼면 고양이, 돌고래는 소리를 내고 개들은 꼬리를 흔든다. 코끼리는 커다란 귀를 펄럭이면서 소리를 크게 지른다. 그리고 가족과 친구를 잃었을 때는 슬픔과 괴로움으로 눈물을 흘리기도 하고 오랫동안 우울해하기도 한다.

① 고양이는 즐거울 때 꼬리를 흔든다.
② 동물은 친구가 죽었을 때 슬픈 감정을 느낀다.
③ 돌고래는 두려운 감정이 들면 큰소리를 지른다.
④ 동물은 감정을 느끼기는 하지만 표현하지는 못한다.

※ **[13~15] 다음을 순서대로 맞게 배열한 것을 고르십시오. (각 2점)**

13.

> (가) 세 명의 요리사가 채소를 나르고 주방 도구를 정리하며 하루를 시작한다.
> (나) 이때 얼굴에 심술이 가득한 지배인이 갑자기 생일파티 과제를 던져 주고 사라진다.
> (다) 드디어 온갖 아이디어로 음식을 모두 만들어 내고 그들의 생일 파티는 무사히 끝난다.
> (라) 요리사들은 음식을 만드는 동안 실수와 재미를 더해 가고, 무대는 관객과 하나가 된다.

① (가) – (다) – (라) – (나) ② (가) – (나) – (라) – (다)
③ (다) – (가) – (나) – (라) ④ (다) – (라) – (가) – (나)

14.

> (가) 여인의 생각과는 다르게 반죽에 들어간 초콜릿은 전혀 녹지 않았다.
> (나) 하지만 초콜릿이 그대로 박혀 있는 이 쿠키는 사람들이 정말 좋아하는 간식이 되었다.
> (다) 쿠키를 만들던 한 여인이 반죽에 필요한 녹는 초콜릿이 다 떨어져서 고민하고 있었다.
> (라) 여인은 옆에 있던 보통 초콜릿을 작은 조각으로 쪼개 넣은 후, 오븐에서 초콜릿이 녹기를 기대했다.

① (가) – (나) – (다) – (라) ② (가) – (라) – (나) – (다)
③ (다) – (가) – (라) – (나) ④ (다) – (라) – (가) – (나)

15.

> (가) 폐어는 물이 마르면 진흙 속으로 들어가 숨쉬기를 위한 구멍을 만든다.
> (나) 그리고 아가미로 숨 쉬는 것을 멈춘 후, 부레로 숨을 쉬면서 비가 오기를 기다린다.
> (다) 그런 다음에 몸에서 미끌거리는 점액성의 물질이 나오면서 코 주변을 꼬리로 감는다.
> (라) 몸속에 아가미와 부레를 모두 가지고 있는 '폐어'는 물 밖에서도 살 수 있는 물고기이다.

① (나) – (가) – (다) – (라) ② (나) – (라) – (가) – (다)
③ (라) – (가) – (다) – (나) ④ (라) – (나) – (다) – (가)

16.

　　우리는 다른 사람의 생각이나 행동을 바꾸기 위해 설득을 한다. 설득을 잘하려면 상대방이 누구인지 정확하게 파악해야 한다. 그리고 설득을 통해 그 사람도 얻게 되는 이익이 있다는 것을 알려 줘야 한다. 그러나 무엇보다 중요한 것은 상대의 (　　　) 것이다. 설득은 상대의 변화를 이끌어 내는 것이므로 서로에 대한 이해와 공감이 없으면 이루어지기 힘들기 때문이다.

① 눈을 보는　　　　　　　② 손을 잡는
③ 마음을 얻는　　　　　　④ 기분을 아는

17.

　　사막여우는 다른 여우와는 달리 자신의 얼굴보다 큰 귀를 가지고 있다. 이 귀에는 비밀이 숨어 있다. 사막여우의 귀에는 혈관이 많이 모여 있어서 몸 안의 열을 바깥으로 잘 내보낼 수 있다. 사막여우는 사막에 살기 때문에 몸의 (　　　) 바로 이 큰 귀로 몸이 더워지는 것을 막는다.

① 전체를 숨기려고
② 열을 낮추기 위해
③ 움직임을 최소로 하며
④ 여러 곳을 깨끗하게 씻어

18.

　　날씨가 춥고 건조해지면 독감에 걸리기가 쉽다. 독감에 걸리면 열이 많이 나고 두통과 근육통이 심하게 나타난다. 독감은 (　　　) 옮겨 다니기 때문에 누군가의 기침이나 재채기를 통해 쉽게 걸릴 수 있다. 독감에 걸리지 않으려면 평소 손을 깨끗이 씻고 사람이 많은 곳을 다닐 때는 마스크를 착용하는 것이 좋다.

① 공기를 통해　　　　　　② 음식을 통해
③ 악수를 할 때　　　　　　④ 계절이 바뀔 때

> 결혼식 전통 중 하나는 신부가 사람들을 향해 '꽃다발'을 던지는 것이다. 예로부터 사람들은 신부가 다른 사람에게 행운을 주는 존재라고 믿었다. (   ) 사람들은 신부가 입었던 옷이나 꽃다발을 가지려고 신부를 향해 달려들었다. 이 때문에 신부에게 많은 위험한 일이 생기자 신부가 들고 있던 꽃다발만 던지는 것으로 바뀌었다. 이렇듯 결혼식에서 꽃다발을 던지는 전통은 신부가 다른 사람들에게 행운을 나눠 준다는 의미로 쓰이게 된 것이다.

19. (   )에 들어갈 알맞은 것을 고르십시오.
① 그래서
② 대체로
③ 그나마
④ 좀처럼

20. 이 글의 내용과 같은 것을 고르십시오.
① 꽃다발 던지기는 결혼식 전통이 아니다.
② 사람들은 신부에게 행운이 있다고 믿었다.
③ 결혼식에서 신부는 사람들에게 옷을 나눠 줬다.
④ 신부가 꽃다발을 던지는 것은 의미 없는 행동이다.

> 최근 커피숍에서 음료를 마실 경우 일회용 컵을 사용할 수 없는 '일회용 컵 사용 규제'가 시행되었다. 환경오염의 원인인 일회용품 사용을 줄이기 위해 정부가 (   ) 것이다. 일회용 컵 사용 규제로 커피숍에서는 씻어서 사용할 수 있는 컵을 대신 사용하고 있다. 여기에는 개인의 불편과 희생이 따른다. 전보다 설거지가 늘어 일손이 부족하고, 일회용 컵에 편하게 담아 가던 것도 번거로워졌다. 하지만 일회용품을 사용했을 때 발생하는 환경오염의 결과를 생각하면 반드시 지켜야 하는 일이다. 환경 보호는 선택이 아닌 필수로, 개인에게 동의를 구하는 방식은 한계가 있기 때문이다.

21. (   )에 들어갈 알맞은 것을 고르십시오.

① 이를 간

② 발 벗고 나선

③ 손에 땀을 쥔

④ 물불 가리지 않은

22. 이 글의 중심 생각을 고르십시오.

① 환경 문제는 정부가 간섭하면 안 된다.

② 씻어서 사용하는 컵이 환경오염을 일으킨다.

③ 환경 보호를 위해 개인의 희생은 감수해야 한다.

④ 커피숍에서 일회용 컵 사용을 금지하면 안 된다.

이 주일 전, 우리 집 거실 창문에 비둘기 둥지가 생겼다. 이중창 작은 틈새에 나뭇가지를 얽어서 만든 그 둥지에 비둘기는 알을 낳았다. 그 비좁은 틈새 사이를 엄마 비둘기가 방향을 돌려가며 알을 정성껏 품는 동안 아빠 비둘기는 집 짓는 데 더 필요한 나뭇가지를 가져오거나 둥지 앞을 지키고 있다. 처음엔 너무 징그러운 마음에 주먹으로 유리를 쳐서 내쫓아 보려고도 했다. 다른 새 같으면 놀라 벌써 날아갈 것을 비둘기는 꿈쩍도 하지 않고 알만 품고 있다. 그런 비둘기의 모성 앞에 이제는 우리 집 식구 아무도 비둘기를 건드리지 않는다. 그러던 어느 날이었다. <u>비둘기 둥지에 알 세 개만 남아 있을 뿐, 정작 알을 품고 있어야 할 엄마 비둘기는 보이지 않았다.</u> 며칠 전부터 세차게 내린 비에 비둘기가 견디다 못해 제 알을 버리고 도망갔을지도 모른다는 생각이 들었다. 그러나 나의 예상은 보기 좋게 빗나갔다.

23. 밑줄 친 부분에 나타난 '나'의 심정으로 알맞은 것을 고르십시오.

① 자랑스럽다

② 죄송스럽다

③ 고통스럽다

④ 걱정스럽다

24. 이 글의 내용과 같은 것을 고르십시오.

① 비둘기는 알을 버려 두고 갔다.

② 내 방 문틈에 비둘기 둥지가 생겼다.

③ 아빠 비둘기는 알을 열심히 품고 있다.

④ 아무리 내쫓으려 해도 비둘기는 둥지를 지켰다.

※ [25~27] 다음 신문 기사의 제목을 가장 잘 설명한 것을 고르십시오. (각 2점)

25.

> 한류 열풍 타고… '한국형 홈쇼핑' 태국 사로잡다

① 많은 한국 회사들이 한류의 인기 덕분에 태국에 진출하고 있다.
② 날씨의 영향으로 집에서 쇼핑하는 태국 사람들이 증가하고 있다.
③ 여름에 태국으로 여행 간 한국 사람들이 쇼핑하는 것을 좋아한다.
④ 한류의 인기 때문에 한국 스타일 홈쇼핑도 태국에서 인기를 끌고 있다.

26.

> 먹방 규제에 나선 정부, '비만의 원인'으로 지목

① 정부가 조사한 결과 먹는 방송으로 비만이 된 사람이 늘어나고 있다.
② 정부가 먹는 방송이 비만의 원인이 된다고 주장하며 규제하기 시작하였다.
③ 먹는 방송을 규제하지 못한 정부로 인해 사람들의 비만율이 증가하고 있다.
④ 먹는 방송을 하는 사람들이 비만이 되자 정부가 먹는 방송을 규제하고 있다.

27.

> 해외 주식 사들이는 20대, 3년 만에 2배 증가

① 주식을 사고 싶은 20대가 늘어나고 있다.
② 20대는 해외 주식에 대해 관심을 가지고 있다.
③ 외국 회사들이 20대에게 주식을 3년 동안 사게 했다.
④ 3년 전보다 해외 주식을 사는 20대가 두 배 늘어났다.

※ [28~31] 다음을 읽고 (   )에 들어갈 내용으로 가장 알맞은 것을 고르십시오. (각 2점)

28.

　　개나 고양이에 알레르기가 있는 사람들은 이 동물들이 주변에 있는 것만으로도 힘든 시간을 보낼 수 있다. 하지만 반대의 상황에 대해 생각해 본 적이 있는가? 비록 흔한 일은 아니지만 개나 고양이들도 사람 때문에 또는 다른 이유로 인해 (   ) 경우도 있다. 이런 동물들은 인간처럼 알레르기 때문에 고생하는데 재채기, 콧물, 피부병을 겪기도 하고 털이 빠질 수도 있다. 다행히 동물들도 알레르기 증상을 줄여 주는 데 도움이 되는 약을 이용할 수 있다.

① 죽게 되는
② 다치게 되는
③ 알레르기가 있는
④ 행복한 시간을 보내는

29.

　　우주인이 우주 작업을 하다가 사고로 우주선에서 떨어지게 되면 빠른 회전 때문에 앞을 제대로 볼 수 없다. 어둠 속으로 빨려 들어간다는 두려움 때문에 우주복에 달려 있는 장치를 조작하기도 힘들다. 이와 같은 문제를 해결하기 위해 자동으로 (   ) 우주복이 연구되고 있다. 이 우주복은 위급 상황에 버튼을 누르기만 하면 자동으로 우주인의 회전 상태를 안정시키고 우주선으로 복귀시키는 기능을 갖추고 있을 것이라고 한다.

① 몸에서 벗겨지는
② 밝은 곳을 찾아내는
③ 위험 신호를 감지하는
④ 우주선에 돌아가게 하는

30.

　　꿈을 꾸는 것은 잠자는 동안에 전파를 발생시키는 뇌의 활동이 꿈꾸기의 결과이다. 꿈은 뇌 속의 전파가 활성화되었을 때 생길 수 있으므로 꿈을 절대 꾸지 않는다고 생각하는 사람들도 사실은 항상 꿈을 꾸고 있다고 한다. 역사적으로 꿈에 관해서는 많은 기록과 주장이 있었다. 과거에 사람들은 꿈이 신의 계시 혹은 예언이라고 믿었다. 그러나 19세기에 가장 저명한 꿈 전문가인 '지그문트 프로이트(Sigmund Freud)'는 꿈을 분석하여 꿈이 욕망이나 바람, 걱정과 같은 (　　　　　) 표현된 것이라는 결론을 내렸다.

① 인간의 계획이
② 인간의 무의식이
③ 인간의 과거 경험이
④ 인간의 꿈에 대한 기록이

31.

　　지혜와 지식은 갖추고 있어야 할 훌륭한 자산으로 우리에게 성공과 부를 안겨 줄 수 있다. 보통 지혜와 지식이 의미하는 것은 진실, 원칙 그리고 일반 교육을 잘 알고 이해하는 것이다. 삶이 우리에게 (　　　　　) 경험과 통찰력을 주는 것은 아니므로 인류는 생각하는 법을 개발할 수 있도록 책에 의지해 왔다. 소설이든 논문이든 책은 독자에게 실제와 개념에 대한 인식을 제공한다. 역사, 철학, 예술 및 그 밖에 어떤 분야든지 몇 시간 앉아 책을 읽으면 해당 분야에 대한 정보를 알 수 있다.

① 경쟁에서 이길 수 있는
② 생각의 폭을 넓힐 수 있는
③ 예술을 잘 이해할 수 있는
④ 거짓과 진실을 구별할 수 있는

※ **[32~34] 다음을 읽고 내용이 같은 것을 고르십시오. (각 2점)**

32.

> 거리 예술은 공공장소에서 개발하거나 만들어진 시각 예술의 형식이다. 이는 다양한 주제와 활동을 활용하여 예술적이지 않은 배경을 추구하고, 일상적인 삶을 사는 일반인을 대상으로 한다. 거리 예술은 평범한 주제뿐만 아니라 정치나 인종 문제와 같은 사회적으로 민감한 문제들도 다룬다. 거리 예술이 예술의 새로운 분야를 개척하고 사회의 가장 효과적인 의사소통 도구가 되었지만 몇 가지 사회적 문제를 낳기도 했다.

① 거리 예술은 여러 가지 주제에 맞는 예술적 활동을 쫓는다.
② 거리 예술은 특정한 사람들을 대상으로 사회 문제에 대해 다룬다.
③ 거리 예술은 사람들이 지나가는 거리에서 공연을 하는 것을 말한다.
④ 거리 예술은 새로운 예술 분야의 하나로 의사소통 도구가 되기도 한다.

33.

> 멀미는 일반적으로 자동차나 비행기, 기차나 배와 같은 교통수단을 이용하여 이동할 때 일어난다. 대표적인 증상으로는 두통, 현기증, 구토, 발한 등이 있다. 멀미가 생기는 가장 큰 이유는 우리의 뇌와 감각기관이 서로 충돌하기 때문이라고 한다. 몸이 움직이는 동안 시각적으로 아무런 움직임을 볼 수 없는 상황에서는 시각과 뇌의 균형이 불일치하게 된다. 그 결과 뇌는 장기의 신호를 처리하는 과정에서 혼란을 겪게 되며, 결국 몸이 아프게 되는 것이다.

① 멀미는 교통수단을 통해 사전에 예방할 수 있다.
② 멀미의 원인은 뇌와 감각기관의 불균형 때문이다.
③ 멀미 증상은 한 장소에서 머무를 때 자주 발생한다.
④ 멀미의 가장 흔한 증상은 배가 아프고 열이 나는 것이다.

34.

> 요즘 유럽에서 의자 없이 '서서 일하기'가 유행하고 있다고 한다. 이것은 별난 사람들의 이야기처럼 느껴질 수도 있지만, 최근에는 한국 기업부터 정부 기관까지 서서 일하는 문화, 즉 '스탠딩 워크'를 도입한 회사가 생겨나고 있다. 한 회사는 '스탠딩 워크'를 도입한 이후 직원들의 초과 근무시간이 줄고, 예산까지 절감되었으며 건강과 운동에도 효과적이라는 사실을 확인했다. 앉아서 일하는 것보다 허리와 혈액순환에도 좋고 당뇨병이나 심혈관 질환 등의 발병률도 낮아져 조기 사망 위험도 줄어든다고 한다.

① 스탠딩 워크는 특별한 사람들이 일하는 방식이다.
② 스탠딩 워크는 당뇨병을 치료하는 데에 효과적이다.
③ 한국 정부에서는 스탠딩 워크 제도 도입을 반대하고 있다.
④ 한 기업은 스탠딩 워크를 도입한 후에 예산이 절약되었다.

※ [35~38] 다음 글의 주제로 가장 알맞은 것을 고르십시오. (각 2점)

35.

> 소아 비만은 환경적, 유전적, 생리적인 요인 등 여러 가지 요인으로 인해 초래된다. 비만 아동들은 결국 어른이 되어서도 비만이 될 가능성이 높다. 즉, 소아 비만이 건강 문제이면서 사회적 문제도 된다. 그래서 이를 예방하기 위해서는 꾸준히 신체 활동을 하고 건강한 식습관을 갖는 것이 매우 중요하다. 또한 어른들은 어린이들에게 해로운 영향을 끼치는 환경적인 요소들을 없애도록 노력해야 한다.

① 소아 비만을 해결하기 위해 어른들이 발 벗고 나서야 한다.
② 소아 비만을 해결하기 위해서는 환경 요인을 없애는 것이 중요하다.
③ 소아 비만은 성인이 된 후에도 비만으로 이어지므로 초기에 해결해야 한다.
④ 소아 비만을 예방하기 위해서는 규칙적인 운동과 올바른 식습관이 중요하다.

36.

　　반려동물들은 인간에게 좋은 친구가 되어 왔으며 가족 구조와 생활 방식의 변화로 인해 반려동물을 기르는 사람의 수가 증가하고 있다. 연구에 따르면 반려동물이 우리에게 신체적, 정신적으로 건강에 좋은 영향을 미친다고 한다. 예를 들어 반려동물은 우울, 불안, 스트레스 등과 같은 심리적인 문제들을 줄여 줄 수 있다. 또한 신체 활동을 장려하여 우리의 건강한 몸 상태를 유지하도록 돕기도 하고 그들과 교류하면서 사회성을 기를 수 있게 하였다. 마지막으로, 반려동물을 키우는 사람들은 심장 발작의 위험이 상대적으로 낮으며, 기르지 않는 사람들보다 더 오래 사는 경향이 있다고 한다.

① 장수하기 위해서는 반려동물을 기르는 것이 좋다.
② 사회성을 기르기 위해서 반려동물과 교류하는 것이 중요하다.
③ 현대 사회의 변화로 인해 반려동물을 기르는 사람이 증가할 수 있다.
④ 반려동물을 키우는 것은 인간에게 신체적, 정신적으로 좋은 영향을 준다.

37.

　　'헬리콥터 부모'란 부모들의 과잉 양육을 비유적으로 표현하는 말로 항상 주변을 맴돌면서 자녀를 보호하는 부모를 말한다. 과잉 양육의 궁극적인 목표는 자녀들이 미래의 성공을 이룰 수 있도록 돕는 것이지만 자녀에 대한 과도한 관심과 걱정은 그들에게 부정적인 영향을 끼치고 많은 부작용을 생기게 한다. 예를 들어, 부모들이 자녀를 지나치게 보호하거나 그들을 위해 모든 것을 대신한다면 아이들은 결정을 내릴 수 있는 능력을 잃고 의존적인 사람이 될 가능성이 높다. 자녀들을 성공적인 어른이 되도록 키우는 가장 좋은 방법은 그들에게 자신감을 주고 책임감을 가르치는 것이다.

① 부모들은 자녀가 성공을 이룰 수 있도록 도와야 한다.
② 자녀 대신 해 줄 수 있는 일이 있으면 빨리 해결해야 한다.
③ 자녀를 올바르게 키우려면 자녀에게 관심을 많이 가져야 한다.
④ 자녀에게 자신감을 주고, 스스로 해결할 수 있는 능력을 키워 줘야 한다.

38.

　‘생각한다’는 것은 조금 어려운 말로 ‘몸과 마음을 다 써서 공부하는 것’이다. 그렇게 되면 우리 주변에서 일어나는 수많은 문제들, 즉 우리가 살아가는 이유, 모든 사람이 꿈꾸는 행복, 친구와의 우정 같은 것에 대한 새로운 생각을 얻을 수 있다. ‘생각하기’가 확장된 ‘철학하기’는 ‘정말 잘 살기 위해 삶을 잘 조각하기 위한 기술’이다. 우리 삶을 아름답고 풍요롭게 하는 데 큰 수고와 노력이 들지 않는다. 몸과 마음으로 생각하는 것이야말로 우리의 삶을 풍요롭게 하는 것이다.

① 우리 생활에서 생기는 문제를 새롭게 생각하는 자세가 필요하다.
② 인생을 잘 살기 위해서 온몸과 마음으로 생각하는 것이 중요하다.
③ 우리 삶의 문제를 해결하기 위해서는 많은 수고와 노력이 필요하다.
④ 아름답고 풍요로운 삶을 위해서는 끊임없이 새로운 경험을 해야 한다.

※ **[39~41] 다음 글에서 〈보기〉의 문장이 들어가기에 가장 알맞은 곳을 고르십시오. (각 2점)**

39.

　첫눈에 반하는 사랑은 영화 속에서나 가능하다고 생각하는 사람들도 있지만, 그것이 현실에서도 일어날 수 있는 일이라는 것을 증명하는 근거들이 많이 있다. (　㉠　) 연구에 따르면 첫눈에 반하는 사랑은 생물학적 욕구와 깊은 관련이 있는 것으로 나타났다. (　㉡　) 남성과 여성 모두 자녀들에게 건강한 유전자를 물려줌으로써 건강한 후손들을 낳기를 원한다고 한다. (　㉢　) 남성과 여성은 몸매나 얼굴의 모습과 같은 특정한 신체적 특징들을 알아보는 과정은 몇 분도 안 되는 시간 내에 일어나게 된다. (　㉣　)

보기

　여러 전문가들은 이러한 현상을 과학적으로 설명하기 위한 연구를 진행했다.

① ㉠　　　　② ㉡　　　　③ ㉢　　　　④ ㉣

40.

　　현대 사회가 빠르게 변화하면서 바쁜 생활 방식은 우리의 식습관을 바꾸고 음식 준비시간도 더 단축시키고 있다. (　㉠　) 패스트푸드라는 개념은 바로 먹을 수 있게 준비가 되어 있거나 몇 분 이내로 조리 가능한 모든 종류의 음식을 뜻하는 말이다. (　㉡　) 패스트푸드의 역사는 고대 로마로부터 시작되는데 그 당시에는 사람들이 거리에서 음식과 와인을 판매하였다. (　㉢　) 각 나라마다 자신들만의 고유한 패스트푸드를 갖고 있지만 미국의 패스트푸드 업체들은 전 세계적으로 빠르게 성장하여 오늘날 패스트푸드의 상징이 되었다. (　㉣　) 그러나 많은 사람들은 패스트푸드의 낮은 영양가와 건강 관련 문제에 대해 우려를 나타내기도 한다.

──〔보기〕──

　패스트푸드는 금방 준비가 되고 저렴하며, 또한 음식을 포장해 갈 수도 있다는 장점이 있다.

① ㉠　　　　　② ㉡　　　　　③ ㉢　　　　　④ ㉣

41.

　　시각 예술의 한 종류인 '캘리그라피'라는 개념은 글자 쓰기 기술을 이용하여 예술적인 디자인과 필체를 창조해 내는 것을 말한다. (　㉠　) 고대 시대부터 동양과 서양의 문명은 자신들만의 서체를 개발해 냈기 때문에 '캘리그라피'의 역사는 글자가 처음 만들어지면서부터 생겨 나게 된 것으로 볼 수 있다. (　㉡　) '캘리그라피'는 종교 예술, 폰트 디자인, 책 디자인, 청첩장 등과 같은 다양한 용도로 사용되어 왔다. (　㉢　) 대부분의 서체들은 규칙성과 리듬을 보여 줄 수 있도록 모양과 디자인에 있어서 엄격한 기준을 갖고 있다. (　㉣　) 예를 들어, 중국에서는 수파, 일본에서는 쇼도, 그리고 한국에서는 서예로 불린다.

──〔보기〕──

　또한 동양 문화권에서는 나라마다 '캘리그라피'를 가리키는 고유한 명칭이 있다.

① ㉠　　　　　② ㉡　　　　　③ ㉢　　　　　④ ㉣

> 　　몽룡이 아버지를 뵈러 갔다. "몽룡아, 서울에서 일을 하러 오라는 서류가 내려왔다. 나는 남은 일을 처리하고 갈 것이니, 너는 어머니를 모시고 내일 서울로 떠나거라." 몽룡은 청천벽력 같은 아버지의 말씀을 듣고, 춘향과 헤어질 생각을 하니 팔다리에 힘이 탁 풀렸다. 속이 타고 눈물이 볼을 타고 쉼 없이 흘러내렸다. 아버지가 몽룡을 보고 물었다. "너 왜 우느냐? 내가 남원에서 평생 살 줄 알았냐? 좋은 일로 서울에 가니 섭섭하게 생각하지 말고 길 떠날 준비를 해라." 몽룡이 겨우 대답하고 물러나와 어머니를 뵈러 갔다. 어머니께 춘향과의 사이를 털어놓았지만 꾸중만 실컷 듣고 나왔다. 춘향에게 이 사실을 알리려고 집을 나섰다. <u>춘향이 집으로 가면서 길에서 울 수도 없고, 참고 견디려니 속이 터질 것만 같았다.</u> 춘향의 집 대문에 도착하니 애써 참았던 눈물이 왈칵 쏟아졌다. 춘향은 몽룡의 울음소리를 듣고 깜짝 놀라 밖으로 나왔다. "이게 무슨 일이에요? 부모님에게 무슨 꾸중을 들었어요? 오시다 무슨 일이 있었어요? 서울에서 무슨 소식이 왔다더니 할머니가 돌아가셨어요? 점잖은 도련님이 이게 무슨 일이에요." 춘향이 치맛자락으로 몽룡의 흐르는 눈물을 닦아 주었다.

42. 밑줄 친 부분에 나타난 '나'의 심정으로 알맞은 것을 고르시오.

① 답답하다

② 대담하다

③ 쑥스럽다

④ 정성스럽다

43. 위 글의 내용과 같은 것을 고르십시오.

① 춘향이를 만나러 가는 길에 몽룡은 울음을 터뜨렸다.

② 어머니는 춘향과의 관계를 들은 후 몽룡을 칭찬했다.

③ 춘향은 몽룡이 서울로 떠난다는 사실을 이미 알고 있었다.

④ 몽룡은 아버지의 일 때문에 가족과 함께 서울로 가게 됐다.

자신이 항상 누군가와 말다툼을 하고 거칠게 행동한다고 생각해 보자. 친구와 동료 그리고 가족들과의 관계를 유지할 수 있을까? 화는 자신의 불만이나 불편함을 표출하기 위한 자연스러운 감정이다. 그러나 그것을 제대로 통제하지 못하면 이는 생활에 부정적인 영향을 끼치고, 이로 인해 정상적인 사회생활을 유지하지 못하게 될 수 있다. 또한 화는 정신 건강과 신체 건강에 모두 해를 끼치게 된다. 따라서 분노 조절은 현대 사회를 살아가는 모든 사람에게 있어서 반드시 필요한 것이다. 이는 훈련을 통해 화를 조절하고 평정심을 유지할 수 있게 해 준다. (   ) 방법에는 몇 가지가 있다. 화를 일으키는 원인이 무엇인지를 파악하고 그것을 피하도록 해야 한다. 심호흡을 하거나 숫자를 세고, 현재에 집중하며, 규칙적인 운동을 하는 것도 많은 도움이 된다.

44. 위 글의 주제로 알맞은 것을 고르십시오.

① 화를 조절하기 위해서는 현재에 집중하는 삶의 태도가 중요하다.

② 화는 자연스러운 감정의 표현이므로 억지로 조절하지 않아도 된다.

③ 심호흡과 꾸준한 운동은 자신의 감정을 조절하는 중요한 방법이다.

④ 정상적인 사회생활을 위해 스스로 분노의 원인을 파악하고 조절해야 한다.

45. (   )에 들어갈 내용으로 알맞은 것을 고르십시오.

① 현재에 집중하는

② 관계를 이어가기 위한

③ 분노에 빠르게 대처하는

④ 정상적인 사회생활을 위한

> 　　외국어 학습은 어렵고 시간이 오래 걸릴 수 있지만 심리학 연구에 따르면 뇌에 많은 도움을 준다고 한다. 이전 연구들은 '두 개 언어를 할 줄 아는 사람들의 뇌는 하나의 언어를 말하는 사람들의 뇌와 다르게 기능한다'는 것을 밝혀냈다. (㉠) 다른 언어를 학습하는 동안 일부는 더 똑똑해지고 있다고 느낄 수도 있다. 외국어를 학습하는 학생들은 수학, 독서 능력 및 어휘력을 평가하는 표준 시험에서 더 나은 점수를 받는다. (㉡) 또한 외국어 학습은 정보 처리를 담당하는 뇌의 기능을 더욱 향상시킨다. (㉢) 여러 언어를 사용하는 학생들은 관련성이 없는 정보를 걸러 낼 수 있고 일의 우선순위를 정하는 일을 더 잘하므로 여러 가지 과제 처리에 익숙하다. 또한 새로운 언어를 학습할 때 언어 규칙과 단어를 암기해야 하는데 뇌 운동은 뇌를 강화해 기억력을 높여 준다. (㉣)

46. 위 글에서 〈보기〉의 글이 들어가기에 가장 알맞은 곳을 고르십시오.

> **보기**
>
> 　　따라서 여러 언어를 사용하는 사람들은 목록, 주소 또는 번호와 같은 순서를 더 잘 기억한다.

① ㉠　　　　　　② ㉡　　　　　　③ ㉢　　　　　　④ ㉣

47. 위 글의 내용과 같은 것을 고르십시오.
① 외국어를 학습하는 사람은 보통 학생들에 비해서 더 똑똑하다.
② 외국어 능력이 뛰어난 학생들은 상대적으로 수학 능력은 낮다.
③ 여러 언어를 학습하는 학생들은 관련 없는 지식을 외우기도 한다.
④ 여러 언어를 사용하는 학생들은 한 번에 여러 가지 일을 할 수 있다.

요즘 많은 사람이 물을 마시는 것이 얼마나 중요한지 잊고 있다. 커피, 탄산음료 그리고 주스는 많이 마시면서 맛이 느껴지지 않는 물은 잘 마시지 않는다. 물은 우리 몸의 약 80%를 구성하고 있어 우리 몸은 대부분 물로 가득 차 있다고 할 수 있다. 예를 들어 뇌의 86%, 혈액의 80%가 물인데 특히 뇌가 주로 물로 구성되어 있으므로 물을 자주 마시는 것이 중요하다. 물을 마시면 집중력을 높이는 데 도움이 된다. 수분을 유지하기 위해 우리는 항상 마실 물을 가까이에 두어야 한다. 커피와 콜라같이 설탕이 많이 포함된 음료는 탈수를 유발하고 체내 칼슘을 감소시킨다. 마신 한 잔의 음료 때문에 빠져나간 수분을 보충하려면 8~12잔의 물을 마셔야 한다. 만성 탈수, 면역력 저하 그리고 다양한 질병까지 (   ) 문제들은 굉장히 많다. 물을 마시면 과자를 먹는 일이 줄어 들고 몸의 신진대사가 높아진다. 그리고 피부에도 항상 생기 있고 깨끗하게 유지시켜 주는 가장 좋은 보습제 역할을 한다. 건강한 몸을 유지하는데 물 만큼 좋은 것은 없다는 사실은 분명하다. 우리는 땀과 소변을 통해 노폐물을 배출하기 때문에 몸의 컨디션을 유지하는 데 물은 꼭 필요하다. 또한 면역 체계에도 많은 도움이 된다. 따라서 물과 같은 신선한 음료로 하루를 시작하는 습관을 가지는 것이 중요하다.

48. 위 글을 쓴 목적으로 알맞은 것을 고르십시오.

① 수분 부족으로 인한 부작용에 대해 알려 주기 위해

② 인체 내에서의 물의 역할과 중요성을 강조하기 위해

③ 충분한 수분 섭취를 위한 방법에 대해 설명하기 위해

④ 탄산음료가 인체에 미치는 나쁜 영향을 분석하기 위해

49. (   )에 들어갈 내용으로 알맞은 것을 고르십시오.

① 피부에 생기는   ② 탄산 섭취로 인한

③ 칼슘 감소가 일으키는   ④ 수분 부족이 유발하는

50. 밑줄 친 부분에 나타난 필자의 태도로 알맞은 것을 고르십시오.

① 물을 마시지 않는 현대인들을 비판하고 있다.

② 인체에 필요한 일일 수분 섭취량을 강조하고 있다.

③ 탄산음료의 섭취로 인한 체내 수분 손실을 우려하고 있다.

④ 탄산음료가 체내에 미치는 긍정적 영향에 대해 일부 인정하고 있다.

제5회
실전모의고사

한국어능력시험 II
(중 · 고급)

| 1교시 | 듣기, 쓰기 |

수험번호(Applicaton No.)		
이름 (Name)	한국어(Korean)	
	영 어(English)	

유 의 사 항
Information

1. 시험 시작 지시가 있을 때까지 문제를 풀지 마십시오.
   Do not open the booklet until you are allowed to start.

2. 접수번호와 이름은 정확하게 적어 주십시오.
   Write your name and application number on the answer sheet.

3. 답안지를 구기거나 훼손하지 마십시오.
   Do not fold the answer sheet; keep it clean.

4. 답안지의 이름, 접수번호 및 정답의 기입은 컴퓨터용 펜을 사용하여 주십시오.
   Use the optical mark reader(OMR) pen only.

5. 정답은 답안지에 정확하게 표시하여 주십시오.
   Mark your answer accurately and clearly on the answer sheet.

   marking example ① ● ③ ④

6. 문제를 읽을 때에는 소리가 나지 않도록 하십시오.
   Keep quiet while answering the questions.

7. 질문이 있을 때에는 손을 들고 감독관이 올 때까지 기다려 주십시오.
   When you have any questions, please raise your hand.

※ [1~3] 다음을 듣고 알맞은 그림을 고르십시오. (각 2점)

1. ①  ②

③  ④

2. ①  ②

③  ④

3.

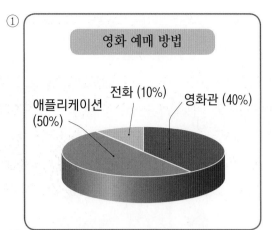

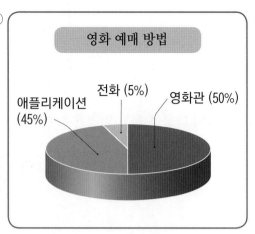

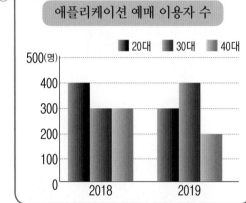

※ [4~8] 다음 대화를 잘 듣고 이어질 수 있는 말을 고르십시오. (각 2점)

4. ① 지금이라도 빨리 해서 보내 줘.

② 내일까지 자료 조사를 해 볼게.

③ 아니야, 나는 다른 과제들도 있어.

④ 어제 조원들과 벌써 발표 준비를 끝냈어.

5. ① 보내는 택배의 종류를 기입해 주십시오.

② 받는 대로 다시 연락드리도록 하겠습니다.

③ 보낸 물건의 송장번호를 알려 주시겠습니까?

④ 죄송하지만 오늘 택배 접수는 마감되었습니다.

6. ① 저는 친구들과 함께 여행을 가고 싶어요.

② 그러고 싶은데 아직 준비를 다 못 했어요.

③ 혼자 가는 여행은 어렵겠지만 아주 좋은 경험이에요.

④ 제 동생은 인터넷을 통해 알아보고 준비한 것 같아요.

7. ① 정말 무서웠겠다.   ② 영화가 너무 슬펐구나.

③ 나도 같이 가고 싶었는데 아쉬워.   ④ 차가 막혀서 약속에 늦을 뻔했어.

8. ① 회의 자료를 미리 만들겠습니다.   ② 내일 출장이 어려울 것 같습니다.

③ 네, 지금 바로 메일을 보내겠습니다.   ④ 네, 지난주에 메일로 보내드렸습니다.

※ **[9~12] 다음 대화를 잘 듣고 남자가 이어서 할 행동으로 알맞은 것을 고르십시오. (각 2점)**

9. ① 방에 소파를 설치한다.   ② 소파 제작을 주문한다.

③ 집으로 배달을 요청한다.   ④ 소파의 길이를 측정한다.

10. ① 컴퓨터를 서비스 센터에 맡긴다.

② 컴퓨터의 고장 원인을 조사한다.

③ 컴퓨터의 종류와 가격을 알아본다.

④ 휴게실에서 사용할 컴퓨터를 사러 간다.

11. ① 새로 산 코트를 교환한다.   ② 쇼핑 사이트 주소를 알려 준다.

③ 여자 친구에게 코트를 선물한다.   ④ 쇼핑 사이트에 문의 전화를 한다.

12. ① 숙소를 찾는다.   ② 비행기 표를 알아본다.

③ 친구의 일을 도와준다.   ④ 친구와 여행 일정을 짠다.

13. ① 여자는 안심 귀가 서비스를 이용해 본 적이 없다.

② 남자의 동생은 어제 안심 귀가 서비스를 이용했다.

③ 안심 귀가 서비스 덕분에 범죄율이 많이 줄어들었다.

④ 안심 귀가 서비스는 출퇴근 시간대에 이용할 수 있다.

14. ① 특강 시간은 두 시간 정도이다.

② 특강은 미리 예약을 할 수 있다.

③ 설명회는 오늘 1층 대강당에서 열린다.

④ 설명회는 미술관에서 오전부터 진행된다.

15. ① 쇼핑몰에 다양한 체험 공간이 있다.

② 체험관에 어른은 입장을 할 수 없다.

③ 체험관은 서울에 있는 유명한 쇼핑몰이다.

④ 체험관에 7세까지 무료로 입장이 가능하다.

16. ① 공원은 오래 전부터 만들어졌다.

② 공원은 어린이를 위한 시설이 부족하다.

③ 공원은 국내에서 두 번째로 큰 공원이다.

④ 공원은 노약자들도 편하게 이용이 가능하다.

17. ① 봉사활동은 해외에서 해야 한다.

② 봉사활동은 어릴 때부터 꾸준히 해야 한다.

③ 회사를 그만 두는 것은 다시 생각해 봐야 한다.

④ 해외 봉사활동으로 여러 경험을 하는 것도 좋다.

18. ① 싸움을 할 경우 경찰이 오면 멈춰야 한다.

② 싸움이 나면 끝날 때까지 기다리는 것이 좋다.

③ 싸움이 났을 때 직접 말리는 것은 좋은 방법은 아니다.

④ 위험한 상황에서 바로 경찰에 신고하는 것은 좋지 않다.

19. ① 명절에는 가족과 시간을 보내야 한다.

② 평소 자주 고향에 내려가는 것이 좋다.

③ 해외여행은 친구들과 함께 가는 것이 좋다.

④ 해외여행은 명절과 같은 긴 연휴에 가야 한다.

20. ① 말은 영리하고 빨라야 한다.

② 사람들은 목표를 가지고 살아야 한다.

③ 다른 사람들의 말을 주의 깊게 들어야 한다.

④ 사람들도 동물들의 좋은 부분은 보고 배워야 한다.

※ **[21～22] 다음을 듣고 물음에 답하십시오. (각 2점)**

21. 남자의 중심 생각으로 맞는 것을 고르십시오.
① 기본 가전제품은 새로 구매하는 것이 좋다.
② 이사를 갈 때는 회사와 가까운 곳으로 가야 한다.
③ 가전제품이 구비되어 있는 집이 더 저렴할 수 있다.
④ 이사 비용에서 무엇보다 임대료를 먼저 생각해야 한다.

22. 들은 내용으로 맞는 것을 고르십시오.
① 여자는 최근 회사 근처로 이사를 갔다.
② 가전제품이 들어가 있는 집은 임대료가 싸다.
③ 남자는 임대료가 저렴한 집을 추천하고 있다.
④ 가전제품이 있는 집으로 이사하면 비용이 절약된다.

※ **[23～24] 다음을 듣고 물음에 답하십시오. (각 2점)**

23. 여자가 무엇을 하고 있는지 고르십시오.
① 무인 편의점의 장점을 확인하고 있다.
② 무인 편의점의 이용법을 알아보고 있다.
③ 무인 편의점의 불편함을 잡아내고 있다.
④ 무인 편의점의 입장 방법을 문의하고 있다.

24. 들은 내용으로 맞는 것을 고르십시오.
① 여자는 무인 편의점에 가 본 적이 없다.
② 무인 편의점은 입구에 카드 판독기가 있다.
③ 무인 편의점은 주민등록증으로 입장이 가능하다.
④ 무인 편의점은 직원이 없어 많은 사람이 물건을 훔친다.

25. 남자의 중심 생각으로 맞는 것을 고르십시오.

① 재개발 지역의 문제를 개선해야 한다.

② 한국 청년들의 고충을 이해해야 한다.

③ 범죄가 일어나기 전에 예방을 해야 한다.

④ 사회 문제 해결을 위해 관심을 가져야 한다.

26. 들은 내용으로 맞는 것을 고르십시오.

① 남자는 자신의 영화를 소개하고 있다.

② 이 영화는 비현실적인 공포 영화이다.

③ 남자는 스릴러 영화를 여러 번 찍었다.

④ 이 영화로 인해 사회 문제가 개선되었다.

※ [27~28] 다음을 듣고 물음에 답하십시오. (각 2점)

27. 여자가 남자에게 말하는 의도를 고르십시오.

① 병원의 문제점을 지적하려고

② 우울증 치료법을 알려 주려고

③ 자신의 스트레스를 해소하려고

④ 다이어트 운동법을 가르쳐 주려고

28. 들은 내용으로 맞는 것을 고르십시오.

① 일조량의 감소는 사람의 기분에 영향을 미친다.

② 계절성 우울증은 병원에 가서 치료를 받아야 한다.

③ 스트레스 해소를 위해 규칙적인 영양 섭취를 해야 한다.

④ 식욕이 당기는 대로 먹으면 생체 리듬에 문제가 생긴다.

29. 남자는 누구인지 고르십시오.

① 축구 선수

② 축구 코치

③ 축구 감독

④ 축구 해설자

30. 들은 내용으로 일치하는 것을 고르십시오.

① 남자는 선수들 앞에서 권위 있는 모습을 유지하였다.

② 남자는 자신의 능력으로 좋은 성적을 냈다고 생각했다.

③ 선수들은 아시안 게임에서 준결승이라는 기록을 세웠다.

④ 선수들은 남자에게 마음을 열고 남자의 지시를 잘 따랐다.

31. 남자의 생각으로 맞는 것을 고르십시오.

① 인간들의 욕심으로 동물원이 만들어졌다.

② 동물원은 동물을 보호하기 위해 꼭 필요하다.

③ 동물원은 인간과 동물의 편의를 위한 공간이다.

④ 자연과 비슷한 환경으로 동물원을 만들어야 한다.

32. 남자의 태도로 맞는 것을 고르십시오.

① 동물원의 확대를 반대하고 있다.

② 동물원의 발전을 기대하고 있다.

③ 동물원의 문제점을 비판하고 있다.

④ 동물원의 필요성을 공감하고 있다.

33. 무엇에 대한 내용인지 맞는 것을 고르십시오.

① 올바르게 질문하는 방법

② 대학생들의 공통적인 특징

③ 중고등학교 시절의 문제점

④ 아이들이 질문을 하는 이유

34. 들은 내용으로 맞는 것을 고르십시오.

① 어린 아이들은 질문하는 것을 두려워한다.

② 질문하기 전에 무엇을 모르는지 알아야 한다.

③ 학생들은 모르는 것이 없기 때문에 질문하지 않는다.

④ 중고등학생은 질문하는 습관에 익숙해져 대학 때 질문하지 않는다.

※ [35~36] 다음을 듣고 물음에 답하십시오. (각 2점)

35. 남자는 무엇을 하고 있는지 고르십시오.

① 바다거북에 대한 연구 결과를 소개하고 있다.

② 해변에 유입되는 쓰레기의 양을 강조하고 있다.

③ 플라스틱 사용으로 인한 환경 문제에 대해 경고하고 있다.

④ 다른 나라의 일회용 플라스틱 금지법에 대해 조사하고 있다.

36. 들은 내용으로 맞는 것을 고르십시오.

① 일회용 플라스틱 사용을 줄이는 노력을 해야 한다.

② 바다에 있는 플라스틱 쓰레기는 점점 감소하고 있다.

③ 전 세계의 모든 바다거북이가 플라스틱 쓰레기를 삼켰다.

④ 2050년에는 바다에 플라스틱 쓰레기가 거의 사라질 것이다.

37. 남자의 중심 생각을 고르십시오.

① 새로운 기술에 대해 관심을 가져야 한다.

② 질병 정복을 위해 기술을 발전시켜야 한다.

③ 유전자 가위 기술의 악용을 방지해야 한다.

④ 논란 해소를 위해 적절한 합의점을 찾아야 한다.

38. 들은 내용과 일치하는 것을 고르십시오.

① 유전자를 조작한 맞춤 아기가 탄생하였다.

② 유전자 가위 기술로 난치병을 고칠 수 있다.

③ 모든 사람들은 유전자 가위 기술에 대해 부정적이다.

④ 유전자 조작 기술은 생명 윤리 문제를 해결할 수 있다.

39. 이 담화 앞의 내용으로 알맞은 것을 고르십시오.

① 도시와 농촌 사이에 갈등이 일어나고 있다.

② 도시에 사람이 너무 많아 문제가 생기고 있다.

③ 도시에 발생하는 문제를 해결하기 위해 노력하고 있다.

④ 도시마다 주제를 선정하고 관련 사업을 개발하기로 했다.

40. 들은 내용과 일치하는 것을 고르십시오.

① 정부는 지역 발전 사업을 지원하려고 한다.

② 혁신도시는 수도권의 균형적 발전을 위한 정책이다.

③ 도시를 떠나 지방으로 가는 사람들이 증가하고 있다.

④ 혁신도시로 인해 수도권과 지방의 양극화가 해소되었다.

[41~42] 다음은 강연입니다. 잘 듣고 물음에 답하십시오. (각 2점)

41. 이 강연의 중심 내용으로 맞는 것을 고르십시오.

　① 공유경제에 맞는 제도를 준비해야 한다.

　② 생산된 제품을 적극적으로 공유해야 한다.

　③ 중고 물품 거래 사이트를 더욱 활성화시켜야 한다.

　④ 공유경제를 위해 기존 업체와의 충돌을 막아야 한다.

42. 들은 내용과 일치하는 것을 고르십시오.

　① 공유경제는 자원의 낭비를 극대화하게 된다.

　② 공유경제는 전 분야에 걸쳐 빠르게 성장하고 있다.

　③ 공유경제의 안전이나 법적인 문제는 해결이 가능하다.

　④ 공유경제는 생산된 제품을 일부 사람과 공유하는 것이다.

※ [43~44] 다음은 다큐멘터리입니다. 잘 듣고 물음에 답하십시오. (각 2점)

43. 이 이야기의 중심 내용으로 맞는 것을 고르십시오.

　① 소금은 화폐의 역할을 하였다.

　② 소금은 다양한 방법으로 만들 수 있다.

　③ 지역마다 소금을 사용하는 방법이 달랐다.

　④ 소금은 과거부터 인간에게 꼭 필요한 존재였다.

44. 소금에 대한 설명으로 맞는 것을 고르십시오.

　① 전라도 지역은 소금을 반찬처럼 대했다.

　② 천일염은 산맥에서 채취하는 방식으로 만든다.

　③ 과거에는 소금 때문에 전쟁을 일으키기도 했다.

　④ 소금이라는 말은 금과 비슷하게 생겨서 만들어졌다.

45. 들은 내용과 일치하는 것을 고르십시오.

① 한옥에서는 과학적 원리를 찾아보기 어렵다.

② 한옥의 처마는 햇빛의 양을 조절하는 역할을 한다.

③ 한옥은 자연과는 거리가 먼 현대 건축 방식과 비슷하다.

④ 한옥은 나무와 시멘트를 적절하게 사용하여 만들어졌다.

46. 여자가 말하는 방식으로 가장 알맞은 것을 고르십시오.

① 한옥의 확대를 주장하고 있다.

② 한옥의 개선 방향을 제시하고 있다.

③ 한옥의 발전에 대해 긍정적으로 평가하고 있다.

④ 한옥의 우수성에 대해 구체적으로 설명하고 있다.

47. 들은 내용과 일치하는 것을 고르십시오.

① 존엄사의 허용으로 생명의 존엄성을 지킬 수 있다.

② 연명치료를 통해 환자의 생존 기간을 늘릴 수 있다.

③ 환자의 고통을 줄이기 위해 존엄사를 허용해야 한다.

④ 경제적 약자는 강요된 죽음을 선택하게 될 수도 있다.

48. 남자의 태도로 가장 알맞은 것을 고르십시오.

① 존엄사의 허용에 대해 찬성하고 있다.

② 사회 문제의 해결 방안을 촉구하고 있다.

③ 현재 일어나고 있는 사회 현상을 비관하고 있다.

④ 존엄사로 인해 발생하게 될 문제점을 제기하고 있다.

49. 들은 내용과 일치하는 것을 고르십시오.

① 역사를 공부하는 것은 시간낭비이다.

② 역사를 통해 다른 나라의 문화를 알 수 있다.

③ 역사를 배우는 것은 현실에서 도움이 되지 않는다.

④ 문화재 탐방을 통해 앞으로의 미래를 예측할 수 있다.

50. 여자의 태도로 가장 알맞은 것을 고르십시오.

① 조사 결과를 논리적으로 분석하고 있다.

② 자신과 반대되는 의견을 비평하고 있다.

③ 자신의 의견에 동의하도록 유도하고 있다.

④ 구체적인 방법으로 자신의 의견을 토론하고 있다.

※ [51~52] 다음을 읽고 ㉠과 ㉡에 들어갈 말을 각각 한 문장으로 쓰시오. (각 10점)

51.

집을 빌려드립니다!

➤ 위치 : 한국대학교 후문 건너편
➤ 옵션 : 세탁기, 냉장고, 책상, TV, 에어컨, 인터넷 등 풀옵션
➤ 가격 : 월 50만원, 보증금 700만원
➤ 문의 : 010-9998-0099

제가 직장을 그만두고 2년 정도 해외 유학을 갑니다. 그래서 제가 살던 아파트를 2년 정도 (㉠   ). 기간은 협의가 가능합니다. 관리비나 수도세는 따로 없고, 전기세만 (㉡   ). 동네가 다른 곳에 비해서 조용한 편이니 조용한 것을 좋아하는 분들에게 추천합니다.

52.

공부를 잘하는 사람과 잘하지 못하는 사람의 차이는 목표를 향해 얼마나 (㉠   ). 따라서 긴 시간 동안 한 가지에 집중하는 훈련을 꾸준히 하는 것이 중요하다. 또한 공부를 잘하기 위해서는 무엇보다도 체력이 뒷받침되어야 한다. 정신적 활동을 활발히 하게 되면 칼로리 소비도 증가해서 (㉡   ).

53. 다음을 참고하여 '정부의 흡연 규제가 필요한가'에 대한 글을 200~300자로 쓰시오. 단, 글의 제목을 쓰지 마시오. (30점)

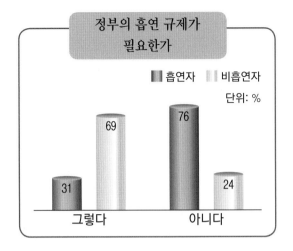

	흡연자	비흡연자
1위	개인의 자유	개인의 자유
2위	흡연 공간 부족	경제적 비용 손실

54. 다음을 주제로 하여 자신의 생각을 600~700자로 글을 쓰시오. 단, 문제를 그대로 옮겨 쓰지 마시오. (50점)

> 한국은 다른 나라에 비해 급속도로 고령화가 이뤄지고 있다. 2026년에는 인구의 20%가 65세 이상인 초고령 사회가 될 것으로 예상된다. '고령화의 원인과 사회 문제, 대처 방안'에 대해 아래의 내용을 중심으로 자신의 생각을 쓰라.

- 고령화의 원인은 무엇인가?
- 고령화에 따른 사회 문제는 무엇인가?
- 고령화에 따른 사회 문제의 대처 방안은 무엇인가?

＊ 원고지 쓰기의 예

	한	국		사	람	은		'	우	리	'		라	는		말	을		자	주
쓴	다	.		이	는			가	족	주	의	에	서		비	롯	되	었	다	.

한·국·어·능·력·시·험·T·O·P·I·K

제5회
실전모의고사

한국어능력시험 II
(중 · 고급)

2교시	읽기

수험번호(Applicaton No.)	
이름 (Name) 한국어(Korean)	
영 어(English)	

유 의 사 항
Information

1. 시험 시작 지시가 있을 때까지 문제를 풀지 마십시오.

   Do not open the booklet until you are allowed to start.

2. 접수번호와 이름은 정확하게 적어 주십시오.

   Write your name and application number on the answer sheet.

3. 답안지를 구기거나 훼손하지 마십시오.

   Do not fold the answer sheet; keep it clean.

4. 답안지의 이름, 접수번호 및 정답의 기입은 컴퓨터용 펜을 사용하여 주십시오.

   Use the optical mark reader(OMR) pen only.

5. 정답은 답안지에 정확하게 표시하여 주십시오.

   Mark your answer accurately and clearly on the answer sheet.

   marking example ① ● ③ ④

6. 문제를 읽을 때에는 소리가 나지 않도록 하십시오.

   Keep quiet while answering the questions.

7. 질문이 있을 때에는 손을 들고 감독관이 올 때까지 기다려 주십시오.

   When you have any questions, please raise your hand.

※ **[1~2] (   )에 들어갈 가장 알맞은 것을 고르십시오. (각 2점)**

1 우리는 되도록 빨리 (   ) 서둘렀다.
  ① 도착해야   ② 도착하더니   ③ 도착하고자   ④ 도착하거나

2. (   ) 어머니 목소리를 들어 기분이 좋아졌었다.
  ① 전화뿐   ② 전화만큼   ③ 전화같이   ④ 전화로나마

※ **[3~4] 다음 밑줄 친 부분과 의미가 비슷한 것을 고르십시오. (각 2점)**

3. 우리 팀은 최선을 다했지만 결국 <u>져 버렸다</u>.
  ① 지고 싶었다   ② 지고 말았다   ③ 졌을 법하다   ④ 지면 안 됐다

4. 중기는 다른 사람들에 비해 밥을 지나치게 많이 <u>먹는 축에 든다</u>.
  ① 먹나 보다   ② 먹는 편이다   ③ 먹을 뻔하다   ④ 먹을 리 만무하다

※ **[5~8] 다음은 무엇에 대한 글인지 고르십시오. (각 2점)**

5.

> ### 흔들림 없이 **선명**하게!
> 순간을 기록하다.

  ① 카메라   ② 냉장고   ③ 에어컨   ④ 노트북

6.

인생에서 가장 빛나는 순간을 함께!

식당 대여 무료, 생화 장식 50% 할인

① 사진관　　　② 편의점　　　③ 도서관　　　④ 예식장

7.

여유 있는 운전 문화!

사고 없는 우리 사회!

① 교통 안전　　　② 건강 관리　　　③ 시간 절약　　　④ 날씨 예보

8.

❀기한: 구매 후 7일 이내

❀게시판에 문의 후 택배를 보내 주십시오.

– 스타 쇼핑몰 –

① 구입 안내　　　② 주의 사항　　　③ 환불 방법　　　④ 등록 문의

9.

2019 사랑 나눔 바자회

- 기간: 12월 11일(화) ~ 12월 14일(금)
- 장소: 한국복지회관
- 판매 품목: 성인의류, 아동의류, 유아용품, 화장품, 생필품 등

＊현금 구매만 가능! 우천 시에도 바자회는 진행됩니다.

① 바자회는 일주일 동안 진행된다.
② 물건은 카드로 구매가 가능하다.
③ 비가 오면 바자회는 열리지 않는다.
④ 바자회에서 다양한 물건을 살 수 있다.

10.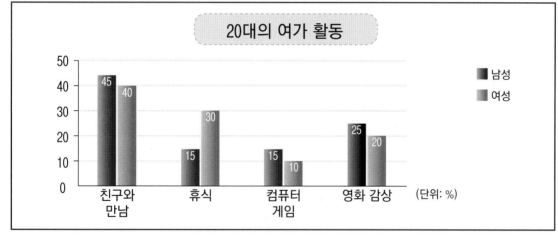

① 여성은 남성보다 컴퓨터 게임을 많이 한다.
② 휴식을 하는 남성보다 여성의 비율이 더 낮다.
③ 남성은 여가 활동으로 친구와 만남을 가장 많이 한다.
④ 영화를 보면서 여가를 즐기는 남성과 여성의 비율이 같다.

11.

'보기 좋은 떡이 먹기도 좋다'라는 말이 있다. 그만큼 음식의 외적인 요소도 중요하다고 볼 수 있다. 음식의 맛에 영향을 미치는 시각 정보는 음식 자체의 색뿐만 아니라, 담겨 있는 그릇의 색이나 모양, 사용하는 식기와 음식을 먹는 장소의 조명까지도 포함된다. 실험에 따르면 같은 음식도 어떤 접시에 담겨 있느냐에 따라 맛을 다르게 느낀다고 한다.

① 그릇의 색은 음식의 맛에 영향을 준다.
② 음식의 외적인 요소는 맛과 상관이 없다.
③ 장소에 따라 음식의 맛을 다르게 느낀다.
④ 음식의 맛은 음식 자체의 색으로 결정된다.

12.

아이를 낳고 겪게 되는 가장 큰 어려움은 '육아'이다. 맞벌이가 당연한 시대에 아이를 봐 줄 사람이 없기 때문이다. 이러한 문제를 해소하기 위해 최근 서울시는 방과 후 돌봄이 필요한 초등학생을 대상으로 공공시설을 활용한 돌봄 센터를 운영하고 있다. 또한 어린이집을 이용하지 않는 0~5세인 영유아들은 열린 육아방에서 안전하게 놀이 활동을 할 수 있다.

① 정부는 여러 지역에 돌봄 센터를 만들고 있다.
② 사람들은 영유아들의 안전에 대해 우려하고 있다.
③ 요즘 부부들은 맞벌이로 인해 아이 돌보기가 힘들다.
④ 돌봄 센터는 초등학생부터 중학생까지를 대상으로 한다.

13.

> (가) 가방 안에 있던 지갑이 사라졌기 때문이다.
>
> (나) 요금을 내기 위해 가방을 열어 본 남자는 당황했다.
>
> (다) 남자는 해외여행을 하던 중 다른 곳으로 이동하기 위해 버스를 탔다.
>
> (라) 다행히 당황한 남자를 본 버스 기사가 요금을 대신 내주어 목적지까지 갈 수 있었다.

① (나) – (가) – (라) – (다) 　　② (나) – (라) – (다) – (가)

③ (다) – (나) – (가) – (라) 　　④ (다) – (나) – (라) – (가)

14.

> (가) 차는 건강에 도움이 될 뿐만 아니라 다양한 효과가 있기 때문이다.
>
> (나) 사람들은 일주일에 평균 약 9.3잔의 커피를 마신다는 결과가 나왔다.
>
> (다) 하지만 최근 건강을 생각해 커피 대신 차를 선택하는 사람이 늘어나고 있다.
>
> (라) 따뜻한 차를 마시면 노폐물을 배출해 피부를 좋게 만들고 다이어트에도 효과가 있다.

① (나) – (라) – (가) – (다) 　　② (나) – (다) – (가) – (라)

③ (라) – (가) – (다) – (가) 　　④ (라) – (다) – (나) – (가)

15.

> (가) 펭귄 효과라는 말은 펭귄의 평소 습성으로 인해 만들어진 말이다.
>
> (나) 연예인이 상품을 구매하면 일반 소비자들은 그것을 따라서 구입하는 경우가 있다.
>
> (다) 이렇게 다른 사람에게 영향을 받아서 상품을 구매하는 현상을 펭귄 효과라고 한다.
>
> (라) 평소에는 바다를 두려워 하지만 한 마리가 바다에 뛰어들면 다른 펭귄들도 따라 뛰어
> 들기 때문이다.

① (가) – (라) – (나) – (다) 　　② (가) – (다) – (라) – (나)

③ (나) – (다) – (가) – (라) 　　④ (나) – (다) – (라) – (가)

16.

> 사람들은 바쁘게 살아가면서 순간순간 배우는 것도 많지만 그만큼 잊어버리는 것 또한 많다. 따라서 무언가를 기억하기 위해서는 (   ) 가져야 한다. 수첩을 가지고 다니면서 중요한 일을 메모하는 것이 좋다. 수첩이 힘들다면 스마트폰을 사용하는 방법도 있다. 매일 일기를 쓰는 것도 중요한 일을 잊지 않기 위한 좋은 방법이다.

① 배우는 습관을   ② 생각하는 습관을
③ 설명하는 습관을   ④ 기록하는 습관을

17.

> 전통 음악은 현대인의 취향에 맞게 조금씩 변화하고 있다. 한국의 전통 악기와 서양 악기를 한 무대에서 같이 연주하기도 하고, 해외에서 전통 음악 밴드를 만들어 공연을 하는 팀도 있다. 이들의 음악은 국내 음악 팬은 물론 해외에서도 뜨거운 반응을 얻고 있다. 앞으로도 전통 음악의 대중화 및 세계화를 위해 끊임없이 (   ) 전통 음악을 더 발전시켜야 할 것이다.

① 변화를 시도하여   ② 악기를 연주하여
③ 서로를 이해하여   ④ 공연을 관람하여

18.

> 차세대 이동 수단으로 꼽히고 있는 하이퍼루프는 열차처럼 생기기는 했지만, 실제 작동 방식은 기존 열차와 많이 다르다. 하이퍼루프는 기본적으로 진공 튜브에서 차량을 이동시키는 형태의 운송 수단이다. 최고 속도는 시속 1,280km를 달릴 수 있는 수준으로 서울에서 부산까지 20분이면 도착이 가능하다. 기존에 있던 열차는 물론이고 (   ) 많은 사람의 기대를 받고 있다.

① 운송 수단이기 때문에   ② 부산까지 가기 때문에
③ 진공 튜브가 있기 때문에   ④ 속도가 빠르기 때문에

※   [19~20] 다음 글을 읽고 물음에 답하십시오. (각 2점)

> 한 연구에 따르면 호기심이 업무 능력과 관련이 있다는 사실을 밝혀냈다. 호기심이 없는 사람은 새로운 것을 두려워하고 일에 참여하는 것에 있어 소극적인 태도를 보일 가능성이 높다고 한다. (   ) 호기심이 많은 사람은 동료와 갈등을 해결하는 능력이 뛰어나고, 사회적 지지를 더 많이 받는다고 한다. 또한 호기심이 강한 집단은 새로운 도전을 즐기고 창의적인 편이라고 한다. 이처럼 호기심을 가지는 것에는 다양한 이점이 있지만, 사람마다 호기심을 느끼는 정도는 다르다.

19. (   )에 들어갈 알맞은 것을 고르십시오.
① 반면
② 굳이
③ 분명히
④ 상당히

20. 이 글의 내용과 같은 것을 고르십시오.
① 호기심과 업무 능력은 서로 관계가 없다.
② 호기심이 없는 사람은 항상 소극적인 태도를 보인다.
③ 호기심이 많은 사람은 동료와의 갈등이 자주 발생한다.
④ 호기심이 강한 집단은 창의적이고 도전 의식이 강하다.

사람은 누구나 의욕적인 자세로 삶을 대하고 내 삶의 의미를 찾고 싶어 한다. 그러기 위해서는 먼저 스스로를 사랑하는 것이 중요하다. 하지만 자신감이 부족하거나 자존감이 떨어져 자신을 사랑하는 것에 익숙하지 않은 사람들도 있다. 그럴 때는 자신을 사랑하는 사람을 대하듯 칭찬하는 것이 좋다. 또한 실수를 했을 때 자신을 자책하는 것보다 (   ) 자신을 격려를 하는 것이 더 중요하다. 다른 사람에게 하는 칭찬도 좋지만 나에게 하는 칭찬 한마디가 삶을 변화시킬 수 있을 것이다.

21. (   )에 들어갈 알맞은 것을 고르십시오.

① 고개를 들고

② 입을 모으고

③ 배를 두드리고

④ 눈에 불을 켜고

22. 이 글의 중심 생각을 고르십시오.

① 실수하지 않기 위해 노력해야 한다.

② 언제나 자신감을 잃지 않아야 한다.

③ 인간관계를 위해 다른 사람을 사랑한다.

④ 자신의 삶을 위하여 스스로에게 칭찬을 한다.

어느 날 아침이었다. 나는 세수를 하고 들어와 아침상을 기다리고 있었다. 그 때 아내가 쟁반에다 삶은 고구마를 몇 개 담아 들고 들어왔다. "햇고구마가 하도 맛있다고 아랫집에서 그러기에 우리도 좀 사 왔어요. 맛이나 보세요." 나는 원래 고구마를 좋아하지도 않는데다가 식전에 그런 것을 먹는 게 부담스럽게 느껴졌지만 아내를 대접하는 뜻에서 그중 제일 작은 것을 하나 골라 먹었다. 그리고 쟁반 위에 함께 놓인 홍차를 들었다. "하나면 정이 안 간대요. 한 개만 더 드세요." 아내는 웃으면서 또 이렇게 권했다. 나는 마지못해 또 한 개를 집었다. 어느 새 밖에 나갈 시간이 가까워졌다. 나는 "이제 나가 봐야겠어요. 아침상을 주시오."하고 재촉했다. 그러자 아내가 말했다. "지금 드시고 있잖아요. 이 고구마가 오늘 우리 아침밥이에요." <u>나는 비로소 집에 쌀이 떨어진 줄 알았고 얼굴이 화끈거렸다.</u>

23. 밑줄 친 부분에 나타난 '나'의 심정으로 알맞은 것을 고르십시오.

① 촌스럽다

② 쑥스럽다

③ 미안스럽다

④ 실망스럽다

24. 이 글의 내용과 같은 것을 고르십시오.

① 아내와 고구마를 먹은 후 홍차를 마셨다.

② 나는 집에 쌀이 없는 것을 모르고 있었다.

③ 나는 쟁반에 삶은 고구마와 홍차를 담았다.

④ 아내는 나를 위해 작은 고구마를 골라 먹었다.

25.

> 흡연으로 인한 사망, 교통사고 사망의 10배

① 흡연으로 인한 사망자가 계속 늘고 있다.

② 흡연 때문에 발생하는 사망자가 교통사고보다 적다.

③ 버스와 지하철에서 흡연하는 사람이 10배나 증가하였다.

④ 흡연으로 인한 사망자가 교통사고로 죽는 사람보다 많다.

26.

> 뮤지컬로 다시 태어난 고전 영화, 장년층 관객 사로잡아

① 뮤지컬과 영화를 동시에 보면서 즐길 수 있게 되었다.

② 옛날 영화가 뮤지컬로 만들어져서 장년층의 관심을 끌고 있다.

③ 뮤지컬 형식의 영화가 만들어져 장년층 관객들이 기대하고 있다.

④ 오래된 뮤지컬이 영화로 만들어져 많은 연령층의 관객들이 볼 수 있다.

27.

> 잠겨 있던 비상구 문, 큰 인명 피해로 이어져

① 비상구 문이 열리지 않아 인명 피해가 컸다.

② 비상구는 사람이 찾기 쉬운 곳에 만들어야 한다.

③ 피해를 예방하기 위해 비상구 문을 잠가야 한다.

④ 비상구 문이 잠겨 있어서 큰 인명 피해를 줄였다.

28.

　　세계 인구는 해마다 약 7,000만 명씩 증가하고 있다. 급격한 인구 증가는 여러 가지 문제점을 가져올 수 있으므로 인구 증가에 대한 해결책이 필요하다. 세계 인구는 계속 증가하는 반면에 자원은 증가하지 않는다. 이는 가까운 미래에 자원이 부족해질 수 있음을 의미한다. 특히 현재 여러 가지 환경 문제로 많은 자원이 (　　　) 사용할 수 없게 되어 인구 증가는 문제가 될 수 있다. 인구 증가 문제가 해결되지 않으면, 자원은 부족해지고 이로 인해 인간의 삶의 질은 떨어질 것이다.

① 만들어지거나

② 감소하게 되거나

③ 보호해야 하거나

④ 깨끗하게 되거나

29.

　　요즘 성차별을 없애려는 움직임이 많이 있지만, 여전히 남성과 여성 간의 취업률에는 큰 차이가 있다. 최근 남성의 취업률은 약 75%인 반면 여성은 약 50%에 불과하다. 특히 제조업에서 월급의 차이가 나타나는데 남성이 여성보다 15~35% 정도 많은 돈을 번다. 또한 세계적으로 기업에서 (　　　) 여성은 약 3~4%뿐이다. 이를 통해 아직 여성이 남성보다 더 나은 위치에 올라가는 것이 힘들다는 것을 알 수 있다. 하지만 앞으로 성 불평등 문제에 이의를 제기하는 사람과 집단이 늘어나면 이 수치는 바뀔 것으로 기대된다.

① 다른 성별을 이해하고 있는

② 높은 자리를 차지하고 있는

③ 전문 직업을 교육하고 있는

④ 많은 일자리를 마련하고 있는

30.

　　긍정적인 태도와 유머는 우울증을 치료하는 것에 도움이 될 수 있다. 인생의 모든 일을 너무 심각하게 받아들이거나 걱정을 너무 많이 하면, 일상생활이 힘들 것이다. 따라서 긍정적으로 생각하는 것과 웃음의 진정한 가치를 아는 것이 중요하다. 이러한 태도는 기분을 전환시킬 뿐 아니라 (　　　　), 삶을 쾌적하고 건강하게 만든다. 멋진 유머로 더 행복해질 수 있고, 사람들과의 사이를 발전시킬 수 있으며, 정신적, 신체적으로 더 건강해질 수 있다.

① 감정을 흥분시키며
② 인간관계에 도움을 주며
③ 성격을 조심스럽게 만들며
④ 정신적으로 혼란스럽게 하며

31.

　　모든 동물은 자신만의 서식지가 있다. 예를 들면, 다람쥐의 서식지는 나무이다. 다람쥐는 나무에서 먹을 견과류, 씨앗 그리고 과일을 찾는다. 또한 나무의 구멍은 새끼를 키우는데 (　　　　) 다람쥐들이 선호한다. 바다는 고래의 서식지로 그들은 대부분 북쪽이나 남쪽의 찬물에서 먹이를 먹으면서 여름을 보낸다. 그리고 겨울이 되면 새끼를 키우는데 알맞은 장소를 찾으려고 더 따뜻한 쪽으로 이동한다.

① 안전하고 적합한 장소로
② 답답하고 막힌 공간으로
③ 뚫려있고 이동이 원활해
④ 복잡하고 위험한 곳으로

32.

현재 여러 나라에서 물 부족이 문제가 되고 있으나 선진국의 국민 대부분은 이 문제에 대해 신경을 쓰지 않고 있다. 새롭게 발달한 기술로 물 부족 문제를 해결할 수 있다고 생각하지만 현재의 기술로는 해결하기 어려울 정도로 심각한 수준이다. 문제 인식의 부족으로 물 낭비가 증가하고 있다. 또 지속적인 환경 오염으로 물이 오염되고 있어 여러 담수원이 제 역할을 하지 못하고 있다. 앞으로 조속히 이 문제를 해결하지 않는다면, 세계적인 물 부족 위기가 인류를 위협할 수 있다.

① 소수의 나라에서 물 부족이 문제가 되고 있다.
② 현재의 기술로 물 부족 문제를 해결할 수 있다.
③ 계속되는 환경 오염은 물 부족 문제와 관련이 없다.
④ 사람들은 물 부족을 인지하지 못해 물을 함부로 사용한다.

33.

개미들은 몸에서 발산하는 화학물질의 냄새로 의사소통을 한다. 이 화학물질은 긴 시간이 지나도 다른 개미들이 냄새를 맡을 수 있으며 상황에 따라 냄새가 다르다. 예를 들어, 적에게 공격을 당한 개미는 다른 개미들을 끌어모으는 화학물질을 내뿜는다. 그 물질의 냄새를 맡은 다른 개미들은 적을 공격하기 시작한다. 한편 먹이를 발견한 개미는 다른 개미들이 따라올 수 있도록 다른 냄새의 화학물질을 내뿜는다. 그 냄새로 개미들은 먹이를 찾고 다시 집으로 돌아갈 수 있는 것이다.

① 개미의 화학물질은 먹이를 발견했을 때만 발산한다.
② 개미가 내뿜는 화학물질의 냄새는 짧은 시간 지속된다.
③ 개미는 상황에 따라 다른 냄새가 나는 화학물질을 내뿜는다.
④ 개미가 공격을 당할 때 나오는 화학물질은 냄새가 나지 않는다.

34.

대동여지도는 1861년에 김정호가 목판에 새겨서 만든 한국의 전국 지도이다. 최첨단 기술을 이용하여 제작한 지금의 지도와 비교해 봐도 손색이 없을 정도로 매우 실용적이며 과학적으로도 정확성과 정밀성을 인정받았다. 김정호는 커다란 대동여지도를 위아래 여러 층으로 나누고 각 층을 여러 번 접어 총 22권의 지도책으로 만들었는데 덕분에 봐야 하는 부분만 펼쳐서 볼 수 있고 휴대가 편리하다는 장점이 있었다. 또한 다른 지도들과 달리 기호를 사용하여 지도를 간결하게 정리하였고, 10리, 즉 4km마다 점을 찍어 거리도 가늠할 수 있었다. 이렇듯 대동여지도는 과학적인 실제 측정 자료로 높이 평가받아 보물 제850호로 지정되어 있다.

① 대동여지도는 현대에 와서 만든 한국의 전국 지도이다.
② 대동여지도는 실물을 그대로 반영해서 한눈에 파악할 수 있다.
③ 대동여지도는 보물로 지정되기 위해 과학적인 측정 방법을 사용했다.
④ 대동여지도는 필요한 부분만을 펼쳐 볼 수 있고 가지고 다니기 유용하였다.

※ **[35~38] 다음 글의 주제로 가장 알맞은 것을 고르십시오. (각 2점)**

35.

최근 동물을 이용한 유전자 복제에 성공한 사례가 많이 있다. 유전자 복제는 난치병 치료에 희망을 준다는 긍정적인 면도 있고 생명의 존엄이 경시된다는 부정적인 면도 있다. 그럼에도 불구하고 현대 사회가 걱정하고 있는 것은 머지않은 미래에 인간의 손으로 생명체를 만들어 내는 시대가 올지도 모른다는 것이다. 그렇게 되면 인간이 하나의 제품이나 상품 취급을 받는다는 걱정이 현실이 될 것이다. 그러나 결국, 복제라는 것은 이미 존재하고 있는 것을 복사하는 것에 지나지 않는다. 인간의 힘으로 완전히 새로운 생명체를 창조하는 것은 결코 쉬운 일은 아니다.

① 미래에는 인간이 제품이나 상품과 같은 취급을 받을 수 있다.
② 현대 인간의 손으로 생명체를 창조할 수 있는 시대가 되었다.
③ 유전자 복제는 치료가 힘든 병을 고치기 위해 사용할 수 있다.
④ 인간의 힘으로 새로운 생명체를 만들어 내는 것은 어려운 일이다.

36.

마케팅이란, 상품을 파는 사람에게서 소비자의 손으로 건너갈 때까지의 흐름을 말한다. 물건을 팔기 위해서는 그 흐름을 확인하는 것, 즉 마케팅 연구 조사가 필요하다. 마케팅 연구 조사는 소비자의 요구를 분석해서 신상품을 개발할 뿐만 아니라 이미 있는 상품을 어떻게 소비자의 손에 넘어가게 할지, 그 방법을 고안할 때도 필요하다. 모처럼 좋은 상품을 개발해도 소비자들이 사지 않으면 재고가 산처럼 쌓일 것이다. 따라서 소비자의 주의를 끄는 방법을 조사하는 것은 마케팅에서 중요한 부분이다.

① 소비자들이 많이 선택해야 좋은 상품이 될 수 있다.
② 소비자의 요구를 조사하여 새로운 상품을 개발해야 한다.
③ 물건을 팔기 위한 방법을 모색하는 마케팅 연구 조사는 중요하다.
④ 이미 만들어진 상품을 판매할 때 마케팅 연구 조사를 잘 활용해야 한다.

37.

어떤 식으로든 차별은 불공평하다. 오늘날 기업 내에서 통제되지 않고 있는 또 다른 차별의 한 형태는 연령차별이다. 예를 들어 젊은 지원자를 고용하는 것을 선호하고 나이가 많은 지원자는 자격을 제대로 검사하지도 않고 제쳐놓는 기업들이 있다. 반대로 또 어떤 기업들은 비록 젊은 직원이 더 능력이 있고 승진할 자격이 있는데도 나이가 많은 직원을 승진시키는 편파성을 보이기도 한다. 이러한 사례들은 모두 기업 내에서 연령차별의 좋지 못한 모습이다. 취업과 승진은 연령이 아니라 업무능력, 경험, 직업윤리, 성취도를 바탕으로 해야 한다.

① 기업은 젊은 사람들을 우선으로 채용하거나 승진시켜야 한다.
② 기업은 자격이 있더라도 나이가 많은 지원자는 뽑지 말아야 한다.
③ 기업은 취업과 승진에 있어 연령이 아닌 다양한 요소를 평가해야 한다.
④ 기업은 채용과 승진에 있어 연령을 기반으로 경험과 성취도를 봐야 한다.

38.

　곤충으로 인해 인간이 받는 피해가 클 때 인간은 해충이라 하여 죽여 버린다. 하지만 해충도 자연의 입장에서 보면 생태계 유지를 위해 꼭 필요한 구성원이다. 인간도 그중 하나의 구성원에 속하며 인간의 잣대로 생태계를 변형시키는 것은 잘못된 생각이다. 인간이 해충을 죽이기 위해 살충제를 뿌리는 것은 해충을 죽이는 것이 아닌 살충제에 내성을 지닌 강력한 해충을 만들어 생태계 내 교란을 가져올 수 있다. 결과적으로 인간이 뿌린 살충제가 해충만이 아닌 인간의 건강까지 해칠 수 있는 것이다. 따라서 인간은 생태계의 질서를 이해하고 자연과 더불어 살아가야 한다.

① 인간은 자연의 개발과 보존에 대해 고민해야 한다.
② 인간은 해충을 없애기 위해 좀 더 적극적인 노력이 필요하다.
③ 인간은 생태계의 균형과 질서를 존중하고 자연과 공존해야 한다.
④ 인간의 힘으로 생태계를 변형시키는 것은 인간에게 악영향을 끼친다.

※　**[39~41] 다음 글에서 〈보기〉의 문장이 들어가기에 가장 알맞은 곳을 고르십시오. (각 2점)**

39.

　석굴암은 신라 시대에 김대성이 만든 것으로 당시에는 석불사로 불리었다. 석굴암은 여러 가지 면에서 높은 평가를 받고 있다. (㉠) 먼저 석굴암의 내부는 직사각형과 둥근 모양의 방이 연결되어 있는 형태를 하고 있는데, 둥근 방 가운데 불상이 자리를 잡고 있다. (㉡) 이 불상의 주변에는 37개의 조각상이 있는데, 모든 조각상은 예술적으로 완벽한 아름다움을 보여 준다. (㉢) 불상이 바라보고 있는 방향은 정확하게 해가 떠오르는 방향이며 둥근 방의 모양도 정확한 원형이다. (㉣) 이렇듯 석굴암 전체가 예술적, 과학적으로 완벽한 조화와 통일을 이루고 있다.

보기
또 다른 석굴암의 놀라운 점은 굉장히 과학적인 건축물이라는 것이다.

① ㉠　　　　② ㉡　　　　③ ㉢　　　　④ ㉣

40.

동물 보호소는 주인을 잃어버리거나 주인에게서 버려진 동물을 위한 복지시설이다. (㉠) 반려동물을 원하는 사람들은 동물 보호소에 요금을 지불하고 반려동물을 데려올 수 있다. (㉡) 지불된 돈은 동물 보호소에 있는 동물들의 건강 검진이나 복종 훈련, 배변 훈련 등의 교육에 사용된다. (㉢) 또한 돈을 더 지불하여 반려동물의 피부 밑에 마이크로칩을 심을 수 있다. (㉣)

보기

이 마이크로칩으로 반려동물을 전산 등록해 잃어버렸을 경우 찾을 수 있다.

① ㉠   ② ㉡   ③ ㉢   ④ ㉣

41.

'행복한 사회는 오직 자전거의 속도만으로 가능하다'고 이반 일리치는 말한다. (㉠) 우선 자전거를 탄 사람은 보행자보다 더 빨리 이동하는 동시에 소비하는 에너지는 보행자의 5분의 1 정도이다. (㉡) 또한 자전거는 페달을 밟는 힘만으로 움직일 수 있고 가격 또한 저렴하다. 이 외에도 자전거는 대기 오염을 일으키지 않으며 소음도 없다. (㉢) 마지막으로 골목길 같은 후미진 곳도 접근할 수 있으니 이동 접근성이 뛰어나다고 할 수 있다. (㉣) 이런 이점 때문에 OECD에서는 자전거를 환경적으로 지속 가능한, 최적의 교통수단으로 뽑았다.

보기

그는 에너지 소비가 큰 자동차에 대한 대안으로 자전거를 제시했다.

① ㉠   ② ㉡   ③ ㉢   ④ ㉣

전화를 받은 주인 영감님이 좀 생기가 나더니 계산서를 작성해 주면서 XX상회에 20와트 형광 램프 다섯 상자만 배달해 주고 오란다. 가까운 데 있는 소매상에서는 이렇게 전화 주문으로 배달까지를 부탁해 오는 수가 많다. 수남이는 자전거도 잘 타 배달이라면 문제없다.

그래도 오늘은 바람이 유난해서 조심하느라 형광 램프 상자를 밧줄로 꼼꼼히 묶는다. 주인 영감님까지 묶는 걸 거들어 주면서, "인석아 까불지 말고 조심해. 사고 내 가지고 누구 못 할 노릇 시키지 말고." 오늘 장사가 좀 잘 안 돼서 그런지 말씨가 퉁명스럽긴 했지만, 나쁜 말은 아닌데도 수남이는 고깝게 듣는다. <u>꼭 네깟 놈 다칠 게 걱정이 아니라 나 손해 볼 게 겁난다는 소리로 들린다.</u>

수남이는 보통 때 같으면 "할아버지, 다녀오겠습니다."하고 신바람 나게, 그리고 붙임성 있게 외치고는 방긋 웃어 보이고 나서야 페달을 밟고 씽 달렸을 터인데, 오늘은 왠지 그래지지가 않는다. 아무 말 안 하고 자전거를 무거운 듯이 질질 끌다가 뭉기적 올라타면서 느릿느릿 페달을 젓는다. 주인 영감님이 뒤에서 악을 쓴다. "인석아 조심해. 까불지 말고."

주인 영감님의 목소리가 회오리바람을 타고 이상하게 날카롭고 기분 나쁘게 들린다. 수남이는 '쳇' 하고 혀를 차고는 도망치듯 씽 자전거의 속력을 낸다.

42. 밑줄 친 부분에 나타난 '수남'의 심정으로 알맞은 것을 고르시오.
① 섭섭하다   ② 원만하다
③ 초조하다   ④ 든든하다

43. 이 글의 내용과 같은 것을 고르십시오.
① 수남이는 자전거를 잘 못 타 배달이 어렵다.
② 오늘 주인 영감님의 가게는 장사가 잘 되고 있었다.
③ 수남이는 평소 때에는 즐겁고 기분 좋게 배달을 한다.
④ 주인 영감님은 가게에서 20와트 형광 램프를 배달받았다.

커피를 마시러 가도, 영화를 보러 가도, 레스토랑에 가도, 어느 곳에서나 포인트 카드가 있는지 물어본다. 포인트 카드가 있으면 할인을 해 주는 곳도 있고 할인이 되지 않더라도 포인트를 적립해서 현금처럼 사용하도록 해 주는 곳도 있다. 기업들이 포인트 카드를 만드는 이유는 단골손님을 만들기 위한 것인데 경제학의 관점에서 포인트 카드는 '가격차별'의 한 유형으로 볼 수 있다. 가격차별이란 동일한 상품에 대해 사는 사람에 따라 (   ). 똑같은 영화를 보는데 포인트 카드가 있는 사람은 돈을 덜 내고 포인트 카드가 없는 사람은 돈을 더 내는 것은 가격차별의 한 예가 된다. 기업들이 가격차별 정책을 하는 이유는 이익을 높이기 위한 것으로 포인트 카드를 가지고 있지 않은 사람에게 더 높은 가격을 받으면 성공적인 가격차별이 되는 것이다.

44. 위 글의 주제로 알맞은 것을 고르십시오.

① 기업들은 이윤을 높이기 위해 포인트 카드 정책을 실시한다.

② 포인트 카드를 만들어야 문화생활을 할 때 할인을 받을 수 있다.

③ 포인트 카드가 만든 가격차별 정책은 소비자에게 비판받고 있다.

④ 기업들의 가격 차별 정책은 소비자에게 좋지 못한 영향을 미친다.

45. (   )에 들어갈 내용으로 알맞은 것을 고르십시오.

① 다양한 서비스를 주는 것이다

② 다른 가격을 적용하는 것이다

③ 가격 정보를 제공하는 것이다

④ 상품의 만족도를 매기는 것이다

최근 시청각 장애인 4명이 영화관을 상대로 낸 차별 구제 청구 소송에서 승소했다. 재판부는 비장애인을 기준으로 영화 관람 서비스를 제공하는 것은 '장애인 차별 금지법'이 금지하는 간접 차별에 해당한다고 말하며 시청각 장애인의 손을 들어주었다. (㉠) '장애인 차별 금지법'은 2008년부터 시행된 법이지만 아직 대부분의 장애인은 자유롭게 문화 · 여가활동을 즐기지 못하고 있다. (㉡) 그러나 아직 시청각 장애인을 배려하여 음향이나 자막을 제공하는 영화관은 부족하고 현재 시청각 장애인을 위한 영화관은 14곳뿐이다. (㉢) 영국에서는 흥행 영화의 84%가 자막을 포함하여 장애인들을 배려하고 있다. (㉣) 앞으로 한국에서도 시청각 장애인을 위한 상영관의 보편화를 위해 노력해야 할 것이다.

46. 위 글에서 〈보기〉의 글이 들어가기에 가장 알맞은 곳을 고르십시오.

> **보기**
>
> 이에 보건복지부는 시청각 장애인 관람자를 위한 화면 해설의 음향과 자막을 제공해야 한다고 말했다.

① ㉠   ② ㉡   ③ ㉢   ④ ㉣

47. 위 글의 내용과 같은 것을 고르십시오.

① 현재 영화관의 관람 서비스를 제공하는 기준이 장애인이 되었다.

② 장애인들은 장애인 차별 금지법으로 불편함이 없는 사회가 되었다.

③ 모든 영화관에서는 장애인을 배려하여 음향이나 자막을 제공하고 있다.

④ 현재 시청각 장애인을 배려하고 불편함이 없는 영화관 환경이 필요하다.

토렌트는 인터넷 곳곳에 있는 파일을 찾아내 내려받을 수 있게 하는 프로그램이다. 토렌트 공유는 세계 각국에서 사용하고 있는 콘텐츠를 빠른 시간 안에 (　　　　) 방법이다. 그래서 토렌트를 사용하면 음악, 드라마, 게임, 영화 등의 방대한 파일을 다른 사람들에게 빠르게 공유할 수 있다. 토렌트는 또한 무료로 이용할 수 있어 남녀노소 모두 부담없이 사용할 수 있다. 하지만 이러한 장점을 악용하는 사람들이 있다. '토렌트 자체'는 불법이 아니지만 토렌트로 공유하는 '콘텐츠'가 불법인 경우이다. 많은 토렌트 사용자가 저작권이 있는 콘텐츠를 무단으로 공유하여 지적 재산권을 계속 침해함에 따라 이런 방식의 파일 공유에 대한 많은 논란이 있다. 이러한 문제를 낳는 또 다른 원인은 저작권 침해를 단속할 만한 시스템이 제대로 마련되어 있지 않다는 것이다. 드라마나 예능과 같은 경우도 방송사에서 저작권 침해를 신고해야만 단속이 이루어진다. 따라서 영화와 같이 저작권이 있는 콘텐츠임에도 불법 공유를 발견하고 단속하기 힘들다. 이에 따라 여러 나라의 많은 기관이 협력하여 이 문제를 대처하기 위한 적극적인 태도를 취해야 한다.

48. 위 글을 쓴 목적으로 알맞은 것을 고르십시오.

① 토렌트의 콘텐츠 공유 사용을 지지하기 위해

② 토렌트로 공유하는 파일의 편의성을 증명하기 위해

③ 토렌트에서 불법 공유가 발생하는 원인을 예측하기 위해

④ 토렌트로 야기되는 불법 콘텐츠 공유의 문제점을 비판하기 위해

49. (　　　　)에 들어갈 내용으로 알맞은 것을 고르십시오.

① 동영상으로 볼 수 있는　　　　　　② 저작권을 등록할 수 있는

③ 불법 파일로 신고할 수 있는　　　　④ 대용량 파일로 전송할 수 있는

50. 밑줄 친 부분에 나타난 필자의 태도로 알맞은 것을 고르십시오.

① 토렌트에서 발생하는 불법 공유 단속 시스템에 대해 분석하고 있다.

② 토렌트보다 더 빠르고 쉽게 콘텐츠를 공유할 수 있는 방법을 요구하고 있다.

③ 동영상 파일을 공유하기 쉬운 토렌트의 긍정적인 측면을 높이 평가하고 있다.

④ 토렌트로 콘텐츠를 공유할 때 발생하는 문제점에 대해 강하게 경계하고 있다.

HOT
TOPIK II 토픽 II Actual Test 문제집

초판 발행	2014년 6월 27일
개정판 4쇄	2023년 11월 10일

저자	한국어 평가 연구소
편집	권이준, 김아영
펴낸이	엄태상
디자인	진지화
콘텐츠 제작	김선웅, 장형진, 조현준
마케팅본부	이승욱, 왕성석, 노원준, 조성민, 이선민
경영기획	조성근, 최성훈, 김다미, 최수진, 오희연
물류	정종진, 윤덕현, 신승진, 구윤주

펴낸곳	한글파크
주소	서울시 종로구 자하문로 300 시사빌딩
주문 및 교재문의	1588-1582
팩스	0502-989-9592
홈페이지	http://www.sisabooks.com
이메일	book_korean@sisadream.com
등록일자	2000년 8월 17일
등록번호	제300-2014-90호

ISBN 978-89-5518-844-8 (13710)
       978-89-5518-842-4 (set)

HOT TOPIK II 토픽 II Actual Test

문제집

한국어능력시험

HOT
TOPIK Ⅱ

New
개정판

토픽 Ⅱ
Actual Test

해설집

한글파크

한국어능력시험

HOT TOPIK II

New
개정판

토픽 II
Actual Test

해설집

한글파크

목 차

- 서문 04

- 이 책의 구성 05

- TOPIK II 소개 06

- TOPIK II 문항 분석 및 전략 12

| 제**1**회
실전모의고사 | 정답 .... 54 |
| | 해설 .... 55 |

| 제**2**회
실전모의고사 | 정답 .... 98 |
| | 해설 .... 99 |

| 제**3**회
실전모의고사 | 정답 .... 142 |
| | 해설 .... 143 |

| 제**4**회
실전모의고사 | 정답 .... 186 |
| | 해설 .... 187 |

| 제**5**회
실전모의고사 | 정답 .... 230 |
| | 해설 .... 231 |

한국어능력시험이 개편되고 많은 수험서가 시중에 나왔습니다. 그중에서도 Hot TOPIK으로 토픽 시험을 준비하신 많은 수험자들에게 감사의 마음을 전합니다. 이번 개정판을 내면서 그 사이에 변화된 부분을 반영해 더 내실이 있는 수험서가 되게 만들었습니다.

한국어능력시험(TOPIK)은 세계 곳곳에서 한국어를 독학으로 공부하고 있거나, 한국 대학에 입학하기 위해 그리고 한국 기업에 취업하기 위해 한국어를 공부하는 학습자에게 본인의 실력을 확인해 주는 중요한 척도가 되는 시험으로 그 중요성이 더욱 높아지고 있습니다.

이 책은 여러분이 걱정하고 궁금해하는 것을 풀어 주기 위해 TOPIK II를 철저하게 분석하여 수험자들이 시험을 완벽하게 대비할 수 있게 만든 책입니다. 이 책은 크게 세 부분으로 되어 있습니다. 'TOPIK II의 소개'에서는 새로운 시험 체제와 유형을, '문항 분석 및 전략'에서는 준비 전략을 상세히 다루었고 또한 수험자들이 'TOPIK II'를 연습할 수 있게 '실전모의고사 5회'분과 그에 따른 자세한 해설을 실었습니다.

또한 기존 TOPIK과 비교해 바뀐 TOPIK II를 설명했기 때문에 수험자가 새롭게 바뀐 시험에 대비할 수 있게 해 줄 것입니다. 이 책이 아무쪼록 세계 곳곳에서 TOPIK에 응시하는 수험자와 TOPIK 강의하는 선생님들에게 도움이 되기를 바랍니다.

책이 나오기까지 부족한 자료를 분석하고 시험 문항을 개발한 '한국어 평가 연구소'의 연구원들에게 심심한 감사의 뜻을 표합니다. 또한 이 책의 출간을 흔쾌히 허락해 주신 한글파크 엄호열 회장님과 이 책이 나오기까지 물심양면으로 많은 도움을 주신 한글파크 출판부 편집진 여러분들께도 감사의 마음을 전합니다.

한국어 평가 연구소
(Korean Proficiency Test R&D Center)

토픽 II 이 책의 구성

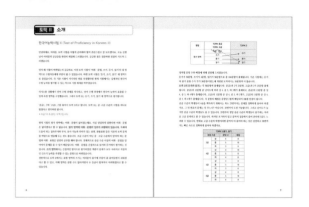

☑ TOPIK II 소개

새롭게 체제를 바꾼 토픽 시험에 대해 자세히 설명하였다. 실제 수업 현장에서 강의하듯이 기존 토픽과 비교하면서 제시하였다. 또 궁금한 점을 Q&A 식으로 설명하여 수험자들에게 실제적인 도움을 주고자 하였다.

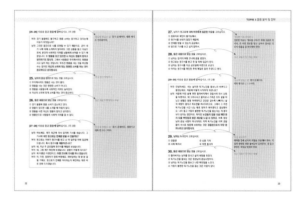

☑ TOPIK II 문항 분석 및 전략

국립국제교육원에서 제시한 샘플 문항과 체제 개선 보고서를 바탕으로 분석한 자료를 실었다. 공개한 샘플 문항으로 바뀐 시험의 문항 유형을 설명하였고 이 문항을 준비하기 위한 시험 전략도 제시하였다.

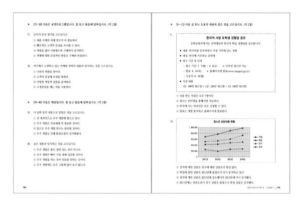

☑ TOPIK II 실전모의고사

TOPIK II를 완벽하게 대비할 수 있도록 실전모의고사 5회분을 수록하였다. 정해진 시간에 문제를 풀면서 준비할 수 있게 하였고 자기만의 전략을 짤 수 있게 하였다.

☑ TOPIK II 실전모의고사 해설

실전모의고사 5회분에 대한 자세한 해설을 실제 수업 현장에서 강의하듯이 설명하였다. 문항의 유형을 표기하여 학습자가 문제를 정확하게 파악할 수 있게 하였다. 문법 항목의 경우 자세한 문법 설명과 예문을 추가하여 해설을 통해 문법을 정리할 수 있게 하였다. 읽기와 듣기 텍스트에 문항을 풀 수 있는 핵심 포인트를 표시하여 문제를 푸는 데 도움을 주고자 하였다. 맞는 답에 대한 설명뿐만 아니라 왜 그것이 오답인지 설명을 달았다. 쓰기의 경우, 평가 항목에 따라 핵심 사항을 정리하여 수험자들의 답안 구성에도 도움이 되게 하였다.

한국어능력시험 II (Test of Proficiency in Korean II)

안녕하세요, 여러분. 토픽 시험을 어떻게 준비해야 할지 혼란스럽고 잘 모르겠지요. 오늘 선생님이 여러분의 궁금증을 완전히 해결해 드리겠습니다. 궁금한 점은 질문하면 친절히 가르쳐 드리겠습니다.

먼저 왜 시험이 바뀌었는지 궁금하죠. 이전 토픽 시험이 '어휘·문법, 쓰기, 듣기, 읽기'의 네 영역으로 수험자들에게 부담이 될 수 있었습니다. 바뀐 토픽 시험은 '듣기, 쓰기, 읽기' 세 영역으로 줄었습니다. 즉 기존 시험이 지식적인 면을 측정했다면 현재 시험에서는 실제적인 한국어 수행 능력을 평가할 수 있는 쪽으로 시험 체제를 바꾸었습니다.

의사소통 상황에서 언어 수행 과제를 제시하고, 언어 수행 과정에서 한국어 능력이 표출될 수 있게 측정 영역을 구성했습니다. 그래서 토픽 II는 듣기, 쓰기, 읽기 세 영역으로 평가합니다.

'중급1, 2'와 '고급1, 2'를 묶어서 토픽 II라고 합니다. 토픽 II는 중·고급 수준의 시험을 하나로 합쳤다고 생각하면 됩니다.
＊초급1과 초급2는 토픽 I입니다.

현재 시험의 평가 영역에는 어휘·문법이 없어졌는데요. 사실 엄밀하게 말한다면 어휘·문법은 없어졌다고 할 수 없습니다. 읽기 영역에 어휘·문법의 일부가 포함되어 있습니다. 독해에 도움이 되는 접속부사와 부사, 유사 기능과 의미가 있는 표현, 관용표현 등은 기존의 토픽 문제를 바탕으로 연습해 두는 것도 좋습니다. 초급 수준이 아닌 중·고급 수준에서 알아야 하는 문법과 어휘·표현은 당연히 공부를 해야 합니다. 전체적으로 중급 수준 이상의 어휘·문법을 알아야지 문제를 풀 수 있기 때문입니다. 어휘·문법을 간접적으로 읽기와 듣기에서 평가하는 것입니다. 쓰기 영역에서는 간접적인 방식으로 평가되었던 객관식 문제가 모두 사라지고 직접적인 글쓰기 능력을 측정할 수 있는 문항으로 바뀌었습니다.
전반적으로 토픽 II에서는 표현 영역의 쓰기는 여러분이 풀기에 부담이 좀 줄어들면서 쉬워졌다고 할 수 있고, 이해 영역은 문항 수도 많아지면서 두 등급이 합쳐져서 어려워졌다고 할 수 있습니다.

명칭	TOPIK 중급 TOPIK 고급	TOPIK Ⅱ
평가 영역	어휘 · 문법	쓰기
	쓰기	
	듣기	듣기
	읽기	읽기

영역별 문항 수와 배점에 대해 설명해 드리겠습니다.

듣기가 50문항, 쓰기가 4문항, 읽기가 50문항으로 총 104문항이 출제됩니다. 기존 시험에는 듣기와 읽기 문항 수가 각각 30문항이었는데 개편된 토픽에서는 20문항씩 더 많습니다.

토픽 Ⅱ의 듣기와 읽기는 각 50문항씩 출제됩니다. 중급1과 2가 25문항, 고급1과 2가 25문항 출제됩니다. 중급1의 12문항 중 난이도에 따라 상 4, 중 5, 하 3개가 출제되고, 중급2의 13문항 중 상 4, 중 5, 하 4개가 출제됩니다. 고급1의 12문항 중 상 4, 중 5, 하 3개가, 고급2의 13문항 중 상 4, 중 5, 하 4개가 출제됩니다. 각 문항의 배점은 문항당 2점씩 배당되어 100점 만점이 됩니다.

중급 수준의 학생들이 4급을 획득하기 위해서는 최소 25번까지는 문제를 정확하게 풀어야 하겠지요. 그 뒤 번호의 문제는 못 푸느냐? 아닙니다. 35번까지 도전 가능합니다. 그리고 난이도가 높지만 중급 수준의 학생들도 풀 수 있습니다. 35번부터 정말 중급 수준의 학생들이 풀기에는 어려운 고급 문제라고 볼 수 있습니다. 하지만 포기하지 말고 끝까지 집중해서 풀어 본다면 5급도 노려볼 수 있습니다. 반대로 고급 수준의 학생이라면 끝까지 다 풀어야 하는 것은 당연하고 30번까지는 빠른 속도로 정확하게 풀어야 하겠지요.

TOPIK Ⅱ 듣기, 읽기			
문항 수준		문항 수	배점
3급	상	4	8
	중	5	10
	하	3	6
4급	상	4	10
	중	5	8
	하	4	8
5급	상	4	8
	중	5	10
	하	3	6
6급	상	4	8
	중	5	10
	하	4	8

쓰기 영역은 4문항이 출제됩니다. 난이도가 하 수준(3급 하~4급 하)이 두 문항으로 각각 10점씩입니다. 그러나 한 문항에 ㉠과 ㉡으로 소문항 2개가 제시되어 각 5점씩 배점됩니다. 중 수준으로 3급에서 4급 수준으로 한 문항이 출제되며 배점은 30점입니다. 상 수준으로 5급에서 6급으로 한 문제에 50점이 배점됩니다.

쓰기는 부분 점수가 있기 때문에 주어진 과제에 해당하는 내용으로 글을 쓰기만 하면 점수를 받을 수 있기 때문에 글쓰기 연습을 충실히 한다면 좋은 점수를 받을 수 있습니다.

TOPIK II 듣기, 읽기			
문항 수준		문항 수	배점
3급 하~4급 하	하	2	20
3급~4급	중	1	30
5급~6급	상	1	50
합계		4	100

*상: 다소 어려운 수준 / 중: 보통 수준 / 하: 다소 쉬운 수준

시험 시간

토픽 II의 시험은 1교시와 2교시로 진행됩니다. 1교시에는 듣기와 쓰기, 2교시에는 읽기 시험이 치러집니다. 1교시인 듣기와 쓰기 시험 시간은 '총 110분'으로 듣기 시험이 약 60분, 1시간 정도 진행됩니다. 1시간 동안 듣기 50문항을 풀어야 하기 때문에 집중도를 끝까지 유지하는 것이 관건입니다. 쓰기 네 문항은 50분 만에 작성해야 합니다. 객관식이 아닌 직접 글쓰기이기 때문에 시간 분배를 잘 해야 합니다. 그리고 2교시의 읽기 시험도 '70분' 동안에 50문항을 풀어야 합니다. 읽기 텍스트의 길이가 뒤로 갈수록 점점 길어지기 때문에 시간이 모자랄 수 있습니다. 중급 수준의 학생들에게는 시간이 남을 것이고, 고급 수준의 학생들에게는 시간이 모자랄 수 있습니다. 시험 문제를 푸는 데 듣기에 비해 읽기가 더 힘들 수 있습니다.

시험 전에 각 영역의 시험을 정해진 시간에 맞춰 집중력을 유지하면서 시험을 치룰 수 있게 모의고사 문제로 꼭 연습을 해야 합니다. 읽기 시험에서 시간이 많이 걸리는 수험자들은 꼭 시간 배분 연습을 해야 합니다.

구분	교시	중국 등			한국, 일본			기타 국가			시간(분)
		입실 시간	시작	종료	입실 시간	시작	종료	입실 시간	시작	종료	
토픽 II	1교시	11:40	12:00	13:50	12:40	13:00	14:50	12:10	12:30	14:20	110
	2교시	14:10	14:20	15:30	15:10	15:20	16:30	14:20	14:50	16:00	70

※ 중국 등 : 중국(홍콩 포함), 몽골, 대만, 필리핀, 싱가포르, 브루나이

※ 시험 시간은 현지 시간 기준 / TOPIK I과 TOPIK II 복수 지원 가능

마지막으로 여러분이 토픽 Ⅱ 시험을 본 후 중급 2인지 고급 1인지 등급 판정이 어떻게 되는지 궁금하겠죠. 지금부터 설명해 드리겠습니다.

이전 시험에서는 한 영역의 점수가 낮으면 종합 점수가 높아도 과락이 되었는데 바뀐 시험에서는 종합 점수에 의해 등급이 결정됩니다. 즉 과락 제도가 없어진 것입니다.

변경된 토픽 시험에서는 출제가 완료된 후 문항별 수준 설정을 통해 등급 판정에 필요한 수준을 정하게 됩니다. 이 결과를 바탕으로 탈락 점수와 등급 분할 점수가 결정됩니다. 즉 미리 등급별 합격 점수가 공고되지 않습니다. 시험마다 등급 분할 점수가 다를 수 있다는 것인데 그렇다고 점수 차이가 많이 나지는 않습니다. 대략 예상 탈락 점수는 토픽 Ⅱ의 경우, 300점 만점에 총점 120점 미만일 경우 탈락하게 됩니다. 하지만 정확한 탈락 점수는 분할선 설정에 따라 다소 변경될 수 있습니다.

매회 시험 시행 후 점수를 공개하고 수험생들은 성적표를 통해 자신의 등급을 확인할 수 있습니다. 개편된 한국어능력시험의 등급판정내용은 아래와 같습니다(제35회, 2014.7.20 시험부터 적용).

변경된 한국어능력시험(TOPIK)의 등급은 획득한 종합점수를 기준으로 판정되며, 등급별 분할점수는 아래 표를 참고하시기 바랍니다.

구분	한국어능력시험 Ⅰ		한국어능력시험 Ⅱ			
	1급	2급	3급	4급	5급	6급
등급 결정	80점 이상	140점 이상	120점 이상	150점 이상	190점 이상	230점 이상

자, 여기까지 새롭게 바뀌는 토픽에 대해 설명을 드렸습니다. 이제 질문을 받겠습니다. 궁금한 것이 있는 수험생들은 질문해 주세요.

Q. 토픽 Ⅱ의 유효 기간은 어떻게 되나요?
A. 토픽 Ⅱ의 유효 기간은 기존 토픽과 같습니다. 결과 발표일로부터 2년간 유효합니다.

Q. 어휘 · 문법 공부는 어떻게 하면 되나요? 하지 않아도 되나요?
A. 선생님이 앞에서도 설명했지만 어휘 · 문법 공부는 꼭 해야 합니다. 토픽 Ⅱ의 듣기와 읽기 시험 점수를 잘 받기 위해서도 기본적인 어휘 · 문법을 알아야 풀 수 있습니다. 어휘 · 문법은 모든 외국어의 기본이라고 할 수 있습니다. 시험 영역에서 빠졌을 뿐이지 읽기 영역에 나온다고 했습니다. 꾸준히 어휘 · 문법을 공부하고 단어는 외워야 합니다. 그냥 단어를 많이 알아야지 생각하고 무작정 외우지 마시고 용법을 익히는 게 중요합니다.

단어의 의미와 형태 · 통사적 제약이 무엇인지, 다른 단어와의 관계는 어떻게 되는지를 알아야지 그 단어를 완전히 안다고 할 수 있습니다. 꼭 예문을 만들어서 말해 보고 써 보세요.

Q. 읽기 시험 볼 때 시간이 부족해요. 어떻게 연습하면 되나요?

A. 읽기 시험을 볼 때 시간이 부족하다면 읽기 속도가 떨어진다고 할 수 있습니다. 중·고급의 읽기 텍스트는 초급에 비해 길이가 길기 때문에 소리 내어 읽기보다는 묵독으로 연습하는 것이 좋습니다. 모르는 단어가 나오더라고 사전을 찾지 말고 전체 글을 한 번에 쭉 읽어 보세요. 한 번에 처음부터 끝까지 다 읽는다 생각하고 읽기 연습을 하세요.

모의고사 문제를 이용해서 연습해 보세요. 읽기 텍스트 아래의 문제 지시문을 먼저 읽고 텍스트를 읽으세요. 그러면 읽으면서 답을 찾을 수 있어 시간이 절약됩니다. 그리고 내가 하나의 텍스트를 읽을 때 얼마간의 시간이 걸리는지 측정해 보는 것도 좋습니다.

Q. 저는 중급 2인데요. 듣기가 제일 자신이 없습니다. 그런데 고급 문제까지 나온다고 하니 포기해야 하나요? 어떻게 하면 듣기 점수를 높일 수 있나요?

A. 듣기 시험에서는 특히 전략이 중요합니다. 시험 점수를 잘 받기 위해서는 듣기 능력이 좋아야 합니다. 그러기 위해서는 듣기 문제 유형을 파악하는 것이 중요합니다. 이 책에 제시한 듣기 문제 유형을 꼼꼼하게 파악해서 문제를 어떻게 풀어야 하는지 방법을 찾아야 합니다. 대화인지 독백인지, 질문을 하고 어떤 대답을 하는지, 핵심 대화 내용이 무엇인지, 긴 텍스트의 경우, 어디를 더 집중해서 들어야 하는지 등. 그리고 중·고급은 듣기를 두 번 들려 줍니다. 듣기 문제를 풀기 전에 반드시 문제 지시문을 읽고 보기를 빨리 읽습니다. 그리고 첫 번째 듣기를 들려줄 때 문제를 푼다고 생각하고 듣습니다. 두 번째 들려줄 때 문제를 풀어야지 하면 안 됩니다. 두 번째는 내가 푼 문제의 정답 확률을 높이기 위해 확인을 해야 합니다. 더불어 고급의 문제는 전문적인 내용이 다수 출제됩니다. 한국의 뉴스나 라디오를 듣는 것이 좋습니다만 어려울 겁니다. 그렇기 때문에 신문을 읽으세요. 듣기인데 왜 읽기를 하나요?

질문하는 학생들이 있겠지요. 듣기를 할 때 내가 알고 있는 주제가 나오면 더 잘 들을 수 있습니다. 즉 내가 아는 내용이기 때문에 내용 추측이 가능합니다. 그런데 내가 모르는 내용일 경우, 집중해서 들어도 무슨 내용인지 잘 모릅니다. 읽기를 통해 전문 지식을 접한다면 듣기에서 낯설지 않고 친숙하게 들을 수 있기 때문입니다.

Q. 쓰기가 직접 글쓰기로 바뀌면 고급 학생이 더 유리한 것 아닌가요?

A. 절대 그렇지 않습니다. 기존 토픽의 쓰기에서 출제된 작문 문제 유형과 유사한 유형입니다. 쓰기 1번과 2번 문제는 글의 흐름에 맞게 문장을 완성하는 것이고, 3번은 표와 그래프를 보고 설명하는 글쓰기이고 4번은 논리적 글쓰기 문제입니다. 쓰기 문제는 복수 채점 형식입니다. 채점 시 중점적으로 보는 부분은 과제와 내용입니다. 주어진 조건을 충실히 반영했는지와 그 조건에 해당하는 내용이 논리적으로 기술되었는지를 봅니다. 마지막으로 어휘와 문법이 정확하게 표현되면 되고요. 제시된 과제를 형식에 맞게 논리적으로 글을 구성하고 자신

의 의견을 명확하게 제시하면 됩니다. 의견을 명확하게 제시하기 위해서는 본인이 주제에 관련된 배경지식이 어느 정도는 있어야 분량을 맞출 수 있습니다. 모의고사에 제시된 문제를 제한된 시간 내에 쓸 수 있도록 연습이 필요합니다.

자, 더 이상의 질문이 없습니까? 그럼, 마무리를 하겠습니다. 새롭게 바뀐 토픽 시험을 너무 두려워하지 마십시오. 기존 토픽과 많이 바뀐 것은 없습니다. 시간과 문항 수가 달라진 것입니다.
여러분에게는 바뀐 토픽 시험에 익숙해지는 것이 급선무입니다. 길어진 시간에 집중력을 유지하는 것도 필요하고요. 이 책의 모의고사 5회분으로 시간과 문항에 익숙해지도록 연습해 보세요. 열심히 연습한다면 좋은 성적이 여러분을 기다리고 있을 거예요. 다들 쉽게 하는 말이지만,

포기하지 말고 최선을 다합시다. 파이팅!

토픽 척척 박사

듣기통합 (1번 ~ 50번)

[1~3] 다음을 듣고 알맞은 그림을 고르십시오. (각 2점)

1.

> 여자: 민수 씨, 지금 바쁘세요? 제가 옆 사무실로 의자를 옮겨야
> 하는데 도와주실 수 있으세요?
> 남자: 그럼요. 이 의자만 옮기면 되나요?
> 여자: 네, 고마워요.

① 　　②

③ 　　④

2.

> 여자: 동건아, 학교에 늦겠어. 얼른 일어나.
> 남자: 엄마, 조금만 더 자면 안 될까요? 어제 과제하다가 늦게 잤
> 거든요.
> 여자: 도대체 몇 시에 수업이 있길래 계속 잔다는 거니?

① 　　②

③ 　　④

TOPIK II의 듣기 문항은 모두 50문항이 출제된다. 60분 동안 50문항을 풀어야 한다. 듣기는 1번부터 20번까지는 한 번 읽어 준다.

'대화에 맞는 그림 파악하기' 문제이다.

여자와 남자의 대화를 듣고 어디에서 무슨 이야기를 하는지 주어진 그림 네 개 중에서 하나를 찾는 것이다.

대화에서 핵심어휘와 표현이 제시되니 잘 듣고 해당하는 그림을 찾으면 된다. 기존 토픽에서도 출제된 문제 유형이다.

1번과 2번은 대화로 대화 교환 횟수가 1.5로 제시된다.

3.

남자: 하루 평균 인터넷 사용 시간을 연령대별로 조사했습니다. 그 결과 10대가 2.3시간, 20대 3.4시간, 30대 3.2시간, 40대 2.7시간으로 나타났습니다. 이 중 10대 미만 어린이들의 경우 평균 2시간을 사용하는 것으로 조사되었습니다. 다른 연령대의 경우 인터넷을 업무 등의 용도로 사용하는 연령대임을 고려하면, 10살 미만 어린이의 인터넷 의존이 상당히 높은 수준이라고 할 수 있습니다.

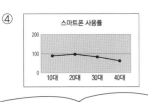

3번은 독백으로 프레젠테이션을 듣고 내용에 알맞은 그래프를 찾는 문제이다.

남자/여자의 말에서 첫 번째, 두 번째 문장이 가장 중요하다. 이 조사, 즉 그래프를 보면 무슨 그래프인지 제목을 찾을 수 있고 그래프의 가로축 항목이 무엇인지도 알 수 있다. 그렇기 때문에 뒤에 많은 데이터, 숫자가 나오더라도 신경 쓰지 말고 앞부분의 조사 내용(그래프 제목)과 어떤 항목을 조사했는지만 들으면 된다.

[4~8] 다음 대화를 잘 듣고 이어질 수 있는 말을 고르십시오. (각 2점)

'앞 말에 이어지는 말'을 찾는 문제이다.

모두 대화가 출제되며, 대화 교환 횟수는 1.5이다.

일상생활에서 일어나는 장면 중에 개인적인 상황과 공식적인 상황(회사)도 제시된다. 전화 상황도 출제될 수 있다.

4.

여자: 팀장님, 오후에 출장 가시죠?
남자: 네, 퇴근 시간과 겹쳐서 차가 많이 막힐 것 같아요. 시내와 고속도로 중 어느 쪽이 더 빨리 갈 수 있을까요?
여자: _____

① 오늘 오후에 출발했어요.　　② 그곳에 가본 적이 있어요.
③ 제 차는 지금 수리 중이에요.　④ 이 시간에는 둘 다 거의 비슷해요.

5.

여자: 맛있게 잘 먹었다. 역시 여긴 김치찌개가 정말 맛있는 것 같아.
남자: 응. 맞아. 매운 걸 먹었더니 달콤한 것이 먹고 싶네. 우리 아이스크림 먹으면서 갈까?
여자: _____

① 오늘 정말 잘 먹었어. 고마워.
② 그래, 다음에는 달콤한 것으로 먹자.
③ 아이스크림을 너무 많이 먹은 것 같아.
④ 나도 먹고 싶지만 요즘 다이어트 중이거든.

6.

남자: 이번 신입생 환영회에 갈 거지? 신입생들은 대부분 참석한 다고 하더라고.
여자: 글쎄, 나도 가고 싶은데 주말에 아르바이트를 하고 있어서. 그래도 시간만 안 겹친다면 가고 싶어.
남자: _____

① 응, 나도 아르바이트를 시작할까 해.
② 아니야. 신입생들은 모두 환영회에 갔잖아.
③ 그래? 아르바이트를 몇 시부터 시작하는데?
④ 맞아, 아르바이트를 하면서 공부하는 건 힘들더라고.

7.

여자: 부장님, 주말 잘 보내셨어요? 저는 그냥 집에만 있었네요.
남자: 네, 오랜만에 가족들과 가까운 곳으로 나들이 갔다 왔어요.
여자: _____

① 정말요? 어디로 갔다 오셨어요?
② 아니요, 제가 부장님께 여쭤봤어요.
③ 그래요? 스트레스 받으셨는지 몰랐어요.
④ 맞아요. 요즘 같은 날씨에는 집이 최고예요.

8.

남자: 안녕하세요. 외국으로 소포를 보내고 싶은데요.
여자: 네, 소포로 보낼 물건을 여기 저울에 올려 주세요. 깨지기 쉬운 물건이 있나요?
남자: _____

① 그럼 며칠이나 걸릴까요?
② 네, 일본으로 보낼 거예요.
③ 생각보다 요금이 너무 비싸네요.
④ 아니요, 책하고 옷이 들어 있어요.

[9~12] 다음 대화를 잘 듣고 여자가 이어서 할 행동으로 알맞은 것을 고르십시오. (각 2점)

'여자/남자가 이어서 할 행동'을 찾는 문제이다.

일상생활에서 접하는 대화의 내용으로 대화 교환 횟수는 2~2.5이다. 기존 토픽에 있는 문제 유형이다.

회 차에 따라 여자 혹은 남자의 행동을 물을 수 있다. 누구의 행동을 묻는지 끝까지 주의해서 들어야 한다. 대화에서 마지막 대화에 더 집중해서 들어야 한다. 남자와 여자의 말이 끝나고 바로 이루어지는 행동이기 때문이다.

9.

남자: 주말인데 친구들 만나러 안 나가니?

여자: 네, 오늘은 약속이 없어요. 그냥 집에서 쉴 생각이에요. 아빠는 뭐 하실 거예요?

남자: 날씨 좋아서 세차를 할까 생각중이야. 너도 할 일 없으면 아빠와 세차 같이 하지 않을래? 다 하고 나서 깨끗해진 차를 보면 기분도 좋잖아.

여자: 에이, 그건 아빠 차니까 기분이 좋죠. 저는 그냥 집 청소를 할게요.

① 집 청소를 한다.　　　② 집에서 잠을 잔다.
③ 아빠와 세차를 한다.　　④ 친구들을 만나러 간다.

10.

남자: 이번에 문화센터에서 시작하는 강좌를 하나 수강할까 생각 중이야.

여자: 그래? 안 그래도 나도 이번 달부터 새로운 것을 배우고 싶었는데. 무슨 강좌를 수강할 생각이야?

남자: 두 가지 중에서 고민 중이야. 커피 강의하고 손글씨 강의를 듣고 싶은데 아직 결정을 못 했어. 너라면 어떤 것을 수강하겠어?

여자: 나는 커피 강의. 커피 만드는 것을 배우는 강의인 거지? 그럼 나도 신청할래. 신청은 어디에서 하는 거야?

남자: 문화센터 홈페이지에서 할 수 있어.

① 커피숍에서 커피를 주문한다.
② 문화센터 홈페이지를 찾아본다.
③ 문화센터 손글씨 강좌에 참석한다.
④ 문화센터를 찾아가서 강의를 수강한다.

11.

남자: 이번에 회사에서 실시하는 건강 검진을 받았어요?

여자: 아니요. 요즘 새로 맡은 프로젝트 때문에 아직 못 받았어요. 이 대리님은 받으셨어요?

남자: 네, 저는 지난주에 받아서 오늘 결과를 받았어요. 최근 잠도 많이 못 자고 술도 많이 마셔서 결과가 안 좋을까 봐 걱정했는데 다행히 별 이상은 없더라고요. 검진 받으실 거면 관리팀에 가서 빨리 말하세요. 오늘까지 신청을 받는다고 하더라고요.

여자: 정말요? 얼른 가서 신청해야겠네요.

① 회사에서 건강 검진을 받는다.
② 건강 검진 결과를 받으러 간다.
③ 회사 동료와 프로젝트를 시작한다.
④ 관리팀에서 건강 검진 신청을 한다.

12.

남자: 안녕하세요. 무엇을 드릴까요?

여자: 딸기 아이스크림 하나하고 카페라떼 하나 주세요.

남자: 카페라떼는 뜨거운 것으로 드릴까요? 차가운 것으로 드릴까요?

여자: 뜨거운 것으로 주세요. 그리고 할인 쿠폰이 있는데 사용하려고요. 그리고 할인 쿠폰을 사용하면 경품 행사에 참여할 수 있다던데 어떻게 하면 되나요?

남자: 네, 쿠폰 사용 가능합니다. 경품 행사에 참여하시려면 쿠폰 뒷면에 고객님의 성함과 연락처를 적고 응모함에 넣으시면 됩니다.

① 친구와 커피숍에 간다.
② 딸기 아이스크림을 취소한다.
③ 직원에게 할인 쿠폰을 받는다.
④ 할인 쿠폰에 이름과 연락처를 적는다.

[13~16] 다음을 듣고 내용과 일치하는 것을 고르십시오. (각 2점)

13.

여자: 금요일 저녁에 하는 밴드 공연에 같이 가지 않을래?

남자: 좋지, 어떤 밴드의 공연인데?

여자: 너도 알거야. 최근 방송에도 많이 나왔거든. 윤성현 밴드라고 최근 앨범이 엄청 많이 팔렸거든.

'들은 내용과 일치하는 것' 세부 내용 파악하기 문제이다.

대화 2개 독백 2개가 제시된다. 대화는 개인적인 상황과 인터뷰가 제시되며 대화 교환 횟수는 2~2.5로 조금 긴 대화가 제시된다. 독백은 강의, 뉴스가 하나씩 제시된다.

남자: 응, 나도 알아. 방송에서 몇 번 본 적이 있어. 하지만 그 밴드의 실제 공연은 음악 잡지에서 자주 나쁜 평을 받았더라고. 평론가들이 밴드 사람들이 많이 알려지기 시작하면서 노력을 많이 안 한대.

여자: 정말? 난 평이 뭐든 상관없어. 나쁜 평을 받은 여러 콘서트를 가봤는데 모두 정말 좋았거든.

① 여자는 평론가의 평을 중요하게 생각한다.
② 윤성현 밴드는 최근에 앨범이 많이 팔렸다.
③ 윤성현 밴드는 음악 잡지에서 좋은 평을 받았다.
④ 남자는 밴드 사람들이 노력을 많이 안한다고 생각한다.

14.

남자 : 즐거운 연극 관람을 위해 몇 가지 주의사항을 말씀드리겠습니다. 우선, 음식과 음료는 극장 안으로 반입 금지입니다. 그리고 공연을 하는 동안에는 휴대 전화는 모두 꺼주시기 바랍니다. 또한 사진 촬영을 하실 수 없습니다. 대신 공연이 모두 끝난 후에 배우들과 사진 촬영을 하는 시간이 따로 있습니다. 나가실 때에는 들어오신 입구 반대 방향에 있는 문으로 나가시면 됩니다.

① 나갈 때에는 들어온 입구로 나가면 된다.
② 공연 중에 배우들 사진 촬영을 할 수가 있다.
③ 극장 내에서 음료, 음식의 섭취가 불가능하다.
④ 공연 중에는 휴대 전화는 진동으로 바꿔야 한다.

15.

여자: 저희 행복마트는 밤 11시에 영업을 종료합니다. 아울러 지금 식품 코너에서는 하나를 사면 하나를 덤으로 주는 행사를 하고 있습니다. 그리고 정육 코너에서는 반짝 세일을 하고 있습니다. 마지막으로 내일은 마트 정기휴일로 영업을 하지 않습니다. 다시 한 번 저희 행복마트를 찾아주신 고객님께 감사드리며 남은 시간 동안 즐거운 쇼핑이 되길 바랍니다. 감사합니다.

① 행복마트는 내일 영업을 한다.
② 행복마트는 밤 12시에 문을 닫는다.
③ 식품 코너에서 할인 행사를 하고 있다.
④ 정육 코너에서는 잠깐 동안 할인을 한다.

독백으로 '안내방송'이다.
공연장, 마트 등에서 들을 수 있는 내용들이 나온다.
공연장에서는 해서는 안 되는 금지 사항들이 제시된다.
- OO 금지입니다.
- -(으)ㄹ 수 없습니다.
- -(으)면 안 됩니다.

강의일 경우, 앞부분에 강의 내용에 대해 소개하는 내용이 나온다.
- 에 대해 알아보도록 하겠다.
- 을 알아보게 될 겁니다.
- 에 관해/관하여 공부하겠습니다.

뉴스일 경우, 일기예보, 사건·사고에 대해 보도한다.
'언제, 누가, 어디서, 무엇을, 어떻게' 에 초점을 맞춰 정보를 뽑을 수 있도록 연습해야 한다.

16.

여자: 일주일 중 금요일이 가장 가볍다는 것이 무슨 말인가요?

남자: 한 연구에 따르면 사람들 대부분은 주중에는 체중이 덜 나가다가 주말에는 체중이 불어나는 것으로 나타났습니다. 사람들은 토요일에 체중이 늘어나기 시작했다가 화요일이 되면 감소하기 시작하는 것으로 나타났는데요. 일요일과 월요일에 재는 체중이 가장 무거웠으며 금요일이 가장 가벼웠다고 합니다. 아무래도 주말로 가까워지면서 먹는 것에 대해 관대해지기 때문입니다. 다시 말해, 주중에는 자신의 식단을 엄격하게 관리하다가 주말이 되면 다소 느슨해지는 경향이 있기 때문이라는 것이지요.

① 사람은 일주일 중 화요일이 가장 가볍다.
② 일요일과 월요일에 재는 체중이 가장 무거웠다.
③ 주말에 가까워지면서 먹는 것에 대해 엄격해진다.
④ 주중에는 자신의 식단을 다소 느슨하게 관리한다.

[17~20] 다음을 듣고 남자의 중심 생각을 고르십시오. (각 2점)

17.

여자: 이면지로 인쇄하려고 하니 자꾸 종이가 걸리네요.

남자: 맞아요. 저도 지난번에 이면지로 인쇄하려니까 자꾸 종이가 걸리더라고요. 그리고 한 번 쓴 종이를 다시 복사기에 넣어서 사용하면 기계도 쉽게 고장이 난다고 해요. 그래서 아깝더라도 그냥 새 종이를 사용하고 이면지는 메모지로 사용하는 것이 좋을 것 같아요.

① 종이가 걸리더라도 복사기는 문제가 없다.
② 이면지로 인쇄하면 종이를 절약할 수 있다.
③ 메모를 할 때는 이면지를 사용하는 것이 좋다.
④ 종이가 아깝더라도 인쇄는 새 종이로 하는 것이 좋다.

18.

남자: 혹시 인터넷으로 책을 사니?

여자: 응, 오프라인 서점보다 인터넷 서점이 할인율도 높고 무엇보다 주문하고 다음 날이면 받아볼 수 있거든.

남자: 그런데 인터넷 서점이 생기면서 동네 작은 서점들이 거의 사라졌다고 해. 아무래도 소비자 입장에서는 조금이라도 더 저렴하게 사길 원하는데 작은 서점은 할인을 해서 팔면

대화로 '인터뷰'이다.

인터뷰의 경우, 기자가 질문을 하면 상대방이 그에 답을 하는 형식이다. 기자의 질문을 잘 들어야 한다. 무슨 질문인지 파악해야 답을 하는 사람의 내용을 이해할 수 있다.

'중심 생각 파악하기' 문제이다.
회 차에 따라 남자 혹은 여자의 중심 생각이 무엇인지 파악하는 문제이다. 기존 시험에 있던 문제 유형이다. 한 가지 차이는 한 번만 읽어 준다는 것이다.
그리고 누구의 중심 생각을 물어보는지 잘 판단해서 들어야 한다. 잘 듣고 문제를 풀면서 다른 것을 고르는 경우가 종종 있다.

전부 대화가 제시되며 대화 교환 횟수는 1~2로 제시된다. 처음 말을 시작하는 사람의 생각이나 의견에 상대방이 동의하는지, 반대하는지 잘 파악해야 한다.
세부 내용 파악하기가 아닌 중심 생각, 주제를 묻는 문제라는 것을 꼭 기억하자!

이윤이 남지 않으니까 힘들지. 하지만 이렇게 자꾸 책을 할
인해서 팔게 되면 출판사들이 어려워지고 그렇다 보면 책
의 질이 떨어질 수밖에 없다고 해. 결국은 소비자가 피해를
본다는 거야.

① 책은 인터넷 서점으로 사는 것이 좋다.
② 인터넷 서점이 오프라인 서점보다 더 편리하다.
③ 책을 할인해서 팔게 되면 책의 질이 떨어질 것이다.
④ 작은 서점이 할인을 하게 되면 사라지지 않을 것이다.

19.

여자: 요즘 피부가 너무 칙칙하고 안 좋아서 피부 관리를 받을까
생각 중이야.
남자: 에이, 네 피부 정도면 괜찮아. 그리고 지난번 방송에 나온
의사가 피부 관리는 비싸기만 할 뿐 받아도 별로 효과가 없
다고 하더라고.
여자: 설마, 효과가 있으니까 사람들이 돈을 내고 피부 관리를 받
는 것이 아닐까?
남자: 그게 효과가 아예 없다고 할 수는 없지만 그 돈을 낼만큼은
아니라는 거지. 비싼 돈 주고 관리 받아도 원래 피부가 좋
은 사람처럼 되지 않는다는 거야. 그나마 가장 효과 있는
방법은 자외선 차단제를 꾸준히 바르라고 하더라고. 자외
선에 오래 노출될수록 피부는 안 좋아진대. 그러니까 비싼
돈 주고 관리 받는 것보다는 저렴한 자외선 차단제를 잘 바
르는 게 더 효과적이라고 생각해.

① 피부 관리는 비쌀수록 효과가 더 높다.
② 비싼 피부 관리보다 자외선 차단제를 잘 바르는 게 낫다.
③ 피부 관리를 받으면 원래 피부가 좋은 사람처럼 될 수 있다.
④ 사람들이 돈을 내고 피부 관리를 받는 것은 효과가 있기 때문이다.

20. (3점)

> 여자: 최근 영화와 미술의 결합이 각광을 받고 있는데요. 전문가로서 어떻게 생각하십니까?
>
> 남자: 한마디로 미술관 안에 들어온 영화관이라고 할 수 있습니다. 현재 미술관에서는 현대 미술의 한 장르인 미디어 아트를 비롯해, 3D와 상업 영화까지 선보이고 있습니다. 미술과 영화의 만남으로 관객과 소통의 폭을 넓히고 있다고 할 수 있죠. 시각적인 예술들의 다양성을 넓히고, 미술사의 맥락에서 영화를 해석하는 기회가 될 것이라고 생각됩니다. 영화와 미술의 만남이라는 새로운 시도가 관객들을 색다른 예술의 세계로 안내하는 것이지요.

① 관객들은 지금과 다른 새로운 예술을 원하고 있다.
② 미술과 영화의 결합은 관객과 소통의 폭을 넓혔다.
③ 영화와 미술의 결합은 예술계에 나쁜 영향을 미쳤다.
④ 현대 미술보다 상업 영화가 관객들에게 각광을 받고 있다.

[21~22] 다음을 듣고 물음에 답하십시오. (각 2점)

> 여자: 와, 이것 좀 봐. 필리핀 4박 5일 여행인데 가격이 정말 싸. 우리 이번 휴가에 필리핀 갈까?
>
> 남자: 그거 단체 여행 아니야? 작년에 단체 여행으로 해외여행을 갔다 왔는데 별로였어.
>
> 여자: 왜? 단체 여행이면 일정이 다 짜여 있으니까 우리가 준비할 것도 별로 없잖아. 이 가격에 해외여행은 쉽지 않다고.
>
> 남자: 알아, 가격은 저렴할지 몰라도 재미는 없더라고. 단체로 움직여야 하니까 내가 가고 싶은 곳을 마음대로 갈 수도 없고 관광하는 시간도 정해져 있어서 불편했어. 그리고 가고 싶지 않은 곳도 따라 다녀야 하고. 나는 조금 비싸더라도 자유롭게 할 수 있는 여행이 더 좋은 것 같아. 여행까지 가서 시간 딱딱 지키면서 하고 싶은 대로 못 하고, 그러고 싶지 않아.

21. 남자의 중심 생각으로 맞는 것을 고르십시오.

① 자유 여행은 비싸기만 할 뿐 재미는 없다.
② 비싸더라도 자유롭게 여행하는 것이 더 좋다.
③ 단체 여행은 조금 불편하지만 가격이 저렴하다.
④ 단체 여행은 일정이 다 짜여 있기 때문에 편하다.

21번~50번까지는 듣기를 2번 읽어 준다. 한 지문에 문제 2개가 출제된다.

'물음에 알맞은 답' 찾기 문제이다.
대화이고 대화 턴 수는 2이다.

각 문제의 물음이 무엇인지 먼저 파악해서 듣기 지문을 듣는 것이 문제를 푸는 데 효과적이다.

'중심 생각 파악하기'

22. 들은 내용으로 맞는 것을 고르십시오.

① 남자는 올해 단체 여행을 갈 예정이다.
② 단체 여행은 관광하는 시간이 정해져 있다.
③ 단체 여행은 일정이 빡빡해서 준비 할 것이 많다.
④ 단체 여행에서 가고 싶지 않은 곳은 안 가도 된다.

[23~24] 다음을 듣고 물음에 답하십시오. (각 2점)

> 남자: 안녕하세요. 한식 요리사 최진혁입니다. 오늘 이렇게 라디오 방송에 참여하게 돼서 기쁩니다.
> 여자: 네, 안녕하세요. 이번에 새 요리책을 발간하셨다는데요. 책 소개 좀 간단히 해 주세요.
> 남자: 이 책에는 다양한 한식 요리법들이 담겨져 있습니다. 보통 한식은 요리하기 복잡하다고 생각하시는데 책을 보시면 아주 간단히 할 수 있는 한식들이 많다는 것을 알 수 있을 것입니다.
> 여자: 그래요? 저도 한 권 사서 봐야겠네요.(웃음) 그럼, 어릴 때부터 요리사가 꿈이었나요?
> 남자: 그건 아닙니다. 스무 살 때 처음으로 어머니 생신 상을 차려드렸는데 정말 기뻐하시더라고요. 제가 한 음식으로 다른 사람이 기뻐할 수 있다는 게 신기했습니다.
> 여자: 아, 그때부터 요리사가 되기로 결심하셨군요. 더 자세한 이야기는 광고 듣고 나눠보도록 하겠습니다.

23. 여자는 무엇을 하고 있는지 고르십시오.

① 한식 요리를 하고 있다.
② 라디오 방송을 진행하고 있다.
③ 어머니 생신 상을 차리고 있다.
④ 새로 나온 요리책을 소개하고 있다.

24. 여자가 해야 할 일 을 고르십시오.

① 한식을 소개한다.　　　　② 요리책을 홍보한다.
③ 라디오 광고를 만든다.　　④ 요리사와 이야기를 한다.

'물음에 알맞은 답'찾기 문제이다.

라디오 방송(인터뷰) 대화이고 대화 턴 수는 3이다.

'남자/여자의 행동 파악하기'
여자가 지금 어떤 상황에서 무엇을 하는지 목적을 물어보는 문제이다.

'남자/여자 해야 할 일 파악하기'
대화상에 여자가 어떤 과제/문제를 해결하기 위해 여러 가지 할 일이 나오지만 반드시 해야 할 일은 하나이다. 보기에 조금 다른 표현으로 제시되어 있기 때문에 대화를 잘 듣고 이해해야 한다.

[25~26] 다음을 듣고 물음에 답하십시오. (각 2점)

여자: 경기 불황에도 불구하고 명품 소비는 증가하고 있다는데 이유가 무엇입니까?

남자: 그것은 물건으로 나를 표현할 수 있기 때문이죠. 굳이 내가 나에 대해 소개하지 않더라도 그런 상품을 들고 다님으로써, 본인의 사회적인 지위를 남들에게 보여줄 수 있기 때문입니다. 또 명품을 갖고 있으면 나 자신도 명품이 된다고 생각하기도 합니다. 그래서 사람들은 무리해서라도 명품을 사고 싶어 하는 것입니다. 무조건 명품을 사는 것을 비난할 수는 없지만 자신의 소득에 맞는 현명한 소비를 하는 것이 중요하다고 생각합니다.

'물음에 알맞은 답' 찾기 문제이다. 대화 형식은 인터뷰이다.

25. 남자의 중심 생각으로 맞는 것을 고르십시오.

① 무리해서라도 명품은 사는 것이 좋다.
② 명품을 사는 것은 현명한 소비가 아니다.
③ 명품을 사용할수록 사회적인 지위도 높아진다.
④ 자신의 소득에 맞게 소비를 하는 것이 중요하다.

'중심 생각 파악하기'

26. 들은 내용으로 맞는 것을 고르십시오.

① 경기 불황에 명품 소비가 감소하고 있다.
② 명품이 있으면 나를 소개할 때 어렵지 않다.
③ 명품을 사면 자신도 명품이 된다고 생각한다.
④ 명품만으로 사람들의 사회적 지위를 알 수 없다.

'들은 내용과 일치하는 내용'

[27~28] 다음을 듣고 물음에 답하십시오. (각 2점)

남자: 여보세요. 제가 최근에 귀사 잡지에 기사를 썼습니다. 그 기사에 대한 원고료는 언제쯤 받을 수 있을까요?

여자: 원고료는 저희가 청구서를 받고 난 뒤 일주일 뒤에 입금해 드립니다. 혹시 청구서를 제출하셨나요?

남자: 네, 지난 주 금요일에 청구서를 메일로 보냈습니다.

여자: 네, 그럼 제가 확인해 보겠습니다. 성함이 어떻게 되시죠?

남자: 제 이름은 이정민이고, 여행 코너에 기사를 하나 썼습니다.

여자: 아, 이런. 컴퓨터가 멈춰 버렸네요. 재부팅하는 데 몇 분 걸릴 거예요. 원고료가 언제쯤 처리되는지 확인하는 대로 바로 전화 드리겠습니다.

'물음에 알맞은 답' 찾기 문제이다. 대화이고 대화 턴 수는 3이다.

27. 남자가 원고료에 대해 여자에게 질문한 이유를 고르십시오.

① 컴퓨터로 확인이 불가능해서.
② 청구서를 보내지 않았기 때문에.
③ 언제쯤 받을 수 있는지 궁금해서.
④ 앞으로 기사를 쓰고 싶지 않아서.

'질문한 이유 파악하기'
질문한 이유는 '정보를 구하기' 위해 질문한 것이다. 즉 어떤 정보를 알고 싶어서 물어본 것인지 내용을 잘 파악해야 한다.

28. 들은 내용으로 맞는 것을 고르십시오.

① 남자는 잡지의 여행 코너에 글을 썼었다.
② 원고료는 청구서를 받고 한 달 뒤에 입금이 된다.
③ 남자는 청구서를 지난 금요일에 우편으로 보냈다.
④ 여자는 청구서를 확인한 후에 메일로 알려 주겠다고 했다.

'들은 내용과 일치하는 내용'

[29~30] 다음을 듣고 물음에 답하십시오. (각 2점)

'물음에 알맞은 답' 찾기 문제이다.
대화 형식은 인터뷰이다.

> 여자: 안녕하세요. 쉬는 날이면 독거노인을 돌보느라 바쁘다고 들었는데요. 처음에 어떻게 시작하게 되셨나요?
> 남자: 처음에 어떤 술에 취한 할아버지께서 경찰서에 와서 난동을 부렸어요. 왜 그러시냐고 물어보니 가족은 모두 곁을 떠났고 생활은 점점 어려워지고 건강은 갈수록 나빠지니 삶의 희망이 없다고 하소연을 하시더라고요. 그래서 그 주변 독거노인을 시간 나는 대로 찾아가 봐야겠다고 결심했어요. 나이 들고 거동이 불편한 독거노인을 돕는다는 게 생각보다 쉽지는 않았어요. 하지만 노인들의 집을 나설 때면 뭔지 모를 뿌듯함과 밝은 세상을 느낄 수 있어요. 비록 청장님의 관심 사항이 아니더라도 지역 독거노인을 지역 경찰들이 수시로 방문해 보호하는 것은 경찰관으로서 의무 중 하나라고 생각합니다.

29. 남자는 누구인지 고르십시오.

① 경찰관   ② 신문 기자
③ 사회 복지사   ④ 자원 봉사자

'직업 파악하기'
대화를 통해 남자의 직업을 추론해야 한다. 직업과 관련된 전문 용어들이 등장한다. 잘 듣고 알맞은 직업을 맞춰야 한다

30. 들은 내용으로 맞는 것을 고르십시오.

① 할아버지는 남자를 만나고 삶의 희망을 찾았다.
② 독거노인을 돌보는 것은 청장님의 관심사항이다.
③ 남자는 독거노인을 돌보고 나면 뿌듯함을 느낀다.
④ 거동이 불편한 독거노인을 돕는 것은 어렵지 않다.

'들은 내용과 일치하는 내용'

[31~32] 다음을 듣고 물음에 답하십시오. (각 2점)

> 남자: 애완견 로봇을 본 적이 있는데, 기쁨과 슬픔, 화남과 놀라움, 배고픔을 표시할 줄 알고 주인에게 관심을 표현하려고 꼬리까지 흔들 정도로 친근하더라고요. 늘 주인 곁에 머물면서 주인의 마음을 생각할 줄 아는 로봇 친구라고 할 수 있지요. 로봇 친구는 분명 각박해져가는 현대 사회 문제를 해결할 대안이 될 수 있을 거예요.
>
> 여자: 로봇 세상이 행복한 미래를 보장해 줄 것 같지만 문제가 없는 것은 아니에요. 만약 로봇의 지적 수준이 높아져 인간과 정서적으로까지 공감하게 된다면, 몇몇 사람들은 단지 기계에 불과한 로봇을 진짜 사람보다 더 따르고 의존하게 될 거예요. 진정한 삶의 가치를 느낄 수 없게 되는 거죠.

31. 여자의 생각으로 맞는 것을 고르십시오.

① 로봇 세상은 행복한 미래를 보장해 줄 것이다.
② 애완견 로봇은 사람에게 친구가 되어 줄 수 있다.
③ 로봇 세상에서는 진정한 삶의 가치를 알 수 없게 된다.
④ 로봇 친구는 현대 사회 문제를 해결할 대안이 될 수 있다.

32. 여자의 태도로 맞는 것을 고르십시오.

① 상대방의 의견에 반박하고 있다.
② 논리적으로 문제의 책임을 묻고 있다.
③ 상황을 침착하게 분석하며 설득하고 있다.
④ 사례를 들며 조심스럽게 주장을 펼치고 있다.

[33~34] 다음을 듣고 물음에 답하십시오. (각 2점)

> 여자: 사이버 공간에서의 범죄가 심각합니다. 사이버 공간은 생활을 편리하게 만들고 다양한 사람들의 의견과 정보를 제공해 주는 장점을 가지고 있지만, 범죄 공간으로 이용되는 단점도 있습니다. 그 결과 사이버 공간에서 범죄행위는 나날이 심각해지고 있습니다. 먼저 사이버 공간에서는 얼굴을 맞대고 얘기하지 않아도 되는 익명성이 보장되기 때문에 함부로 상대방을 공격하려고 합니다. 이런 사이버 테러로 피해를 입은 사람은 공포심과 수치심으로 사회생활에 지장을 받고 대인기피증에 걸리거나 심지어 자살을 생각하기도 하죠. 또한 해킹으로 국가의 중요한 정보가 빠져나갈 위험도 있습니다. 국가의 안보나 중요한 정책이 새어나간다면 큰 문제가 될 것입니다. 또 기업의 일급 기술이 노출

된다면 피해액도 엄청날 거고요. 사이버 범죄는 예방이 무엇보다 중요하고, 만약 의심되는 사례가 발생하면 즉시 사이버 범죄 수사대에 의뢰하는 것이 좋습니다.

33. 무엇에 대한 내용인지 맞는 것을 고르십시오.

① 나날이 심각해지고 있는 사이버 범죄
② 현실 세계에서 사이버 공간으로 도피
③ 삶을 편리하게 하는 사이버 공간의 장점
④ 국가와 기업에 미치는 사이버 세계의 영향

'주제 파악하기'
무엇에 대한 강연인지 파악하면 된다.

34. 들은 내용으로 맞는 것을 고르십시오.

① 사이버 공간에서는 얼굴을 맞대고 이야기할 수 있다.
② 사이버 공간에서는 사람들을 함부로 공격하기도 한다.
③ 사이버 공간에서는 국가의 중요한 정보를 지킬 수 있다.
④ 사이버 범죄가 의심되면 즉시 개인 정보를 없애야 한다.

'들은 내용과 일치하는 내용'

[35~36] 다음을 듣고 물음에 답하십시오. (각 2점)

'물음에 알맞은 답' 찾기 문제이다.
독백으로 은퇴사이다.

남자(운동선수): 런던올림픽을 치르면서 은퇴 고민을 했습니다. 생각했던 것보다 훨씬 긴 시간이었던 3개월 정도를 고민했고 결정을 내린지는 얼마 안 되었습니다. 서운함과 아쉬움이 있었지만 꿈은 스스로가 노력하고 준비하는 것이라고 생각합니다. 이제 무대에서 내려와 꿈을 준비하는 것이 제가 해야 할 일임을 알았기 때문에 은퇴를 결정했습니다. 앞으로 새로운 도전을 하겠다는 생각을 하니 두려움이 설렘으로 바뀌었습니다. 지금까지 역도 선수로서 너무나 많은 것을 받았습니다. 이제 제가 받은 것을 재단을 통해 기부할 생각입니다. 비단 물질적인 것뿐만 아니라 체육 활동이 주는 신체 건강의 중요성을 알리겠습니다. 지금까지 저를 응원해 주신 여러분께 깊은 감사를 전합니다.

35. 남자는 무엇을 하고 있는지 고르십시오.

① 선수 자격에 대해 말하고 있다.
② 자신의 은퇴사를 낭독하고 있다.
③ 올림픽 폐회사를 연설하고 있다.
④ 회사 직원의 퇴직을 축하하고 있다.

'행동 파악하기'
이 담화의 기능과 관련하여 무슨 내용을 이야기하고 있는지 파악해야 한다.
 - 축하, 경고, 안내……

36. 들은 내용으로 맞는 것을 고르십시오.

① 남자는 은퇴를 결정한지 오래 되었다.
② 남자는 은퇴를 3년 전부터 고민을 했다.
③ 남자는 재단을 통해 기부를 할 생각이다.
④ 남자는 정신 건강의 중요성을 알릴 것이다.

'들은 내용과 일치하는 내용'

[37~38] 다음은 교양프로그램입니다. 잘 듣고 물음에 답하십시오.
(각 2점)

여자: 제품 선택의 구매력을 증가시키는 가장 중요한 요소로 색깔을 꼽기도 하는데요. 이 색깔 마케팅에 대한 설명 부탁드립니다.

남자: 네, 이 마케팅은 처음에는 제품 자체의 색채 연구에서 시작되었어요. 그러다 1920년대 미국의 한 만년필 회사에서 처음으로 마케팅의 한 방법으로 시도하였는데요. 당시로는 파격적인 빨간색 만년필을 시장에 내놓아 선풍적인 인기를 끌었습니다. 이처럼 사람은 색채에 대해 감성적인 반응을 보이므로, 이것이 곧 구매 충동과 직결된다는 것이 이 마케팅의 핵심입니다. 고객들의 고정관념을 깨는 색채 전략이나, 제품과 가장 잘 어울리는 하나의 색으로 광고와 브랜드 간의 일치된 메시지를 전달하여 매출을 증대시키는 전략 등이 있지요.

'물음에 알맞은 답' 찾기 문제이다.

37번부터는 듣기 지문이 무엇인지 밝히고 있다. 여기서부터 난이도가 고급 수준(5급 중~6급)의 문제가 출제된다. 대화 교환 횟수는 많지 않지만 한 사람이 발화 양이 많아진다. 내용도 전문적인 내용이 출제된다.

대화로 교양 프로그램의 인터뷰이다.

37. 남자의 중심 생각을 고르십시오.

① 제품 자체의 색체 연구가 더 필요하다.
② 빨간색은 고객의 감성을 자극할 수 있다.
③ 색깔을 많이 사용할수록 구매력이 증가한다.
④ 색채에 대한 감성적인 반응은 구매와 연결된다.

'중심 생각 파악하기'

38. 여기에서 소개하고 있는 마케팅 전략의 내용과 일치하는 것을 고르십시오.

① 나만의 색깔을 찾아라.
② 고객의 감성에 초점을 맞춰라.
③ 다양한 색상의 상품을 준비해라.
④ 고정관념을 깨는 색을 사용해라.

'세부 내용 파악하기'
들은 내용과 일치하는 것을 고르는 문제와 유사하지만 범위를 더 좁혀서 묻고 있다. 듣기를 읽기 전에 문제 지문을 반드시 읽고 듣는 것이 요령이다.

[39~40] 다음은 대담입니다. 잘 듣고 물음에 답하십시오. (각 2점)

> 여자(사회자): 지금까지 이야기 나눈 것처럼 세계는 앞 다투어 우주 개발에 막대한 자금과 연구를 아끼지 않고 있습니다. 그렇다면 우주 개발이 정말 인류에게 필요한 것인가요?
>
> 남자(전문가): 저는 우주 개발이 꼭 좋은 것만은 아니라고 생각합니다. 밑 빠진 독에 물 붓기가 되지 않을까 염려되고, 우주 개발에 막대한 비용이 들어갑니다. 몇십 년이 아니라 몇백 년, 몇천 년이 걸릴지도 모르는 성과를 두고 어마어마한 돈을 투자해서 우주 개발을 하기보다는 그 돈을 지구촌에 사용하는 것이 더 낫지 않을까요? 당장 굶어 죽는 아이들을 살리고, 아픈 곳을 치료해 주고, 환경파괴를 막는 산업에 투자하는 것이 더 인류를 위하는 길이라고 생각합니다.

39. 이 담화 앞의 내용으로 알맞은 것을 고르십시오.

① 전 세계적으로 우주 개발에 힘쓰고 있다.
② 우주 개발은 인류에게 꼭 필요한 것이다.
③ 앞으로 우주 개발 연구는 중단될 것이다.
④ 우주 개발로 인해 환경오염이 심각해졌다.

40. 들은 내용과 일치하는 것을 고르십시오.

① 우주 개발은 좋은 점만 있는 것이 아니다.
② 우주 개발은 빠른 시일 내에 성공할 것이다.
③ 우주 개발을 하는 것이 인류를 위하는 길이다.
④ 우주 개발에는 돈은 그렇게 많이 들지 않는다.

[41~42] 다음은 미래 사회에 대한 강연입니다. 잘 듣고 물음에 답하십시오. (각 2점)

> 남자: 지난해는 2009년 이후 4년 만에 태풍 없는 여름을 보낸 데다가 이번 겨울에도 유난히 포근한 날씨가 계속되면서 채소 생산량이 증가했습니다. 하지만 그만큼 가격이 떨어져 농민들은 울상입니다. 한국농수산식품유통공사에 따르면 24개 품목의 채소 가운데 지난해보다 가격이 오른 품목은 토마토와 방울토마토, 풋고추 단 3개뿐이었습니다. 풍년이 계속되자 농민들은 신음하고 있습니다. 결국 정성껏 키운 채소를 팔지 않고 버리는 방법을 선택했는데요, 전남에서는 대파를 산지 폐기했고, 제주에서도 양배추를 폐기하기로 했습니다. 유통업계가 어려움을 겪고 있는 농가를 돕기 위해 겨울채소 할인전 같은 이벤트를 펼치고는 있지만 채

'물음에 알맞은 답' 찾기 문제이다.
대화로 전문가와의 대담이다.

'앞/뒤의 내용 파악하기'
첫 발화를 하는 사람의 말을 집중적으로 들어야 한다. 대부분 사회자가 앞의 내용을 정리하고, 다음 질문을 하는 경우가 많다.

'들은 내용과 일치하는 내용'

'물음에 알맞은 답' 찾기 문제이다.

듣기 지문의 난이도가 높을 경우 내용의 주제를 명시해 준다. 듣기 전에 무슨 내용인지 예측하고 들어야 한다.

독백으로 미래 사회(주제)에 대한 강연이다.

소값 폭락을 막는 데는 한계가 있습니다. 거기다 최근 물량이 많은 채소들은 저장하고 있기 때문에 길게는 올 여름까지 제값을 받지 못하는 상황이 이어질 수 있습니다. 농민들의 시름을 막아줄 근본적인 대책이 필요해 보입니다.

41. 들은 내용과 일치하는 것을 고르십시오.

① 채소가 풍년이지만 가격은 떨어졌다.
② 지난해보다 가격이 오른 품목은 토마토뿐이다.
③ 2009년 이후 계속해서 채소 생산량이 감소했다.
④ 물량 많은 채소들은 올 여름부터는 제값을 받을 수 있다.

'들은 내용과 일치하는 내용'

42. 이 뉴스에 대한 남자의 생각으로 맞는 것을 고르십시오.

① 폐기되는 농산물에 대한 해결책이 필요하다.
② 농가가 어려우면 유통업계에도 영향이 있다.
③ 농산물 가격에 대한 근본적인 대책이 필요하다.
④ 해마다 거듭되는 농산물 저장 문제를 해결해야 한다.

'의견/생각 파악하기'

[43~44] 다음은 다큐멘터리입니다. 잘 듣고 물음에 답하십시오.
　　(각 2점)

'물음에 알맞은 답' 찾기 문제이다.
독백으로 다큐멘터리이다.

남자: 최근 몇 년간 기업은 비정규직 채용을 늘렸습니다. 왜 기업에서 비정규직 채용을 늘리는 것일까요? 기업 입장에서는 회사가 잘 될 때는 더 많은 사람들을 고용하고 싶고, 기업이 어려워지면 인원을 줄여 불필요한 지출을 막고 싶어 합니다. 왜냐하면 기업은 채용과 해고가 자유로워야 탄력적인 위기 대처를 할 수 있습니다. 또한 비정규직 근로자는 정규직과 달라 계약된 기간만 채용하고 이후에는 해고를 해도 되고, 직원들의 복지혜택을 강화하지 않아도 되니 기업은 유지비를 절감할 수 있습니다. 하지만 비정규직의 고용과 해고만으로 문제를 해결하는 것이 단기적으로는 기업의 큰 손해를 막을 수 있지만 장기적으로 볼 때 오히려 기업에 더 좋지 않은 영향이 될 수 있다는 사실을 명심해야 합니다. 비정규직 근로자들은 언제 회사를 관둬야 할지 모르는 상황에서 회사 직원으로서 소속감이 생길 리가 없습니다. 이는 열심히 일하려는 마음도 적어져 일의 능률면에서 나쁜 영향을 가져올 수 있기 때문입니다.

43. 기업이 비정규직 채용을 늘리는 이유로 맞는 것을 고르십시오.

① 유지비를 줄일 수 있기 때문에.
② 복지혜택을 강화할 수 있기 때문에.
③ 더 많은 인원을 고용할 수 있기 때문에.
④ 더 많은 일자리를 창출할 수 있기 때문에.

'이유 파악하기'

44. 이 이야기의 중심 생각으로 맞는 것을 고르십시오.

① 비정규직 고용이 일의 능률을 높일 수 있다.
② 비정규직 고용이 사회를 불안하게 만들고 있다.
③ 비정규직 고용이 장기적으로는 기업에게 좋지 않다.
④ 비정규직 고용이 기업의 손해를 줄이는 방법이다.

'중심 생각 파악하기'

[45~46] 다음은 강연입니다. 잘 듣고 물음에 답하십시오. (각 2점)

'물음에 알맞은 답' 찾기 문제이다.
독백으로 강연이다.

> 남자: 복지란 사람답게 행복하게 살아가는 삶의 질에 대한 기준
> 을 말하는 것입니다. 그럼 복지제도가 필요한 이유와 복지
> 제도가 제대로 마련되지 못할 때 일어날 수 있는 문제점을
> 이야기해 볼까요? 우선, 복지제도가 필요한 이유를 살펴보
> 면 사람은 태어나면서 누구나 누릴 수 있는 권리가 있어요.
> 사람으로서 살아가는 데 필요한 최소한의 생활은 보장되
> 어야 하는 것이지요. 옛날에는 가족이나 공동체에서 이 일
> 을 맡았지만, 현대는 개인화되고 핵가족화 되면서 나라에
> 서 제도적으로 해야 하는 일이 되었어요. 국민이 어려움에
> 처했을 때 나라는 복지제도를 마련해 국민을 도와야 해요.
> 그렇다면 복지제도가 마련되지 못했을 때의 상황은 어떨까
> 요? 기본적인 생활이 보장되지 않을 때 개인적으로는 불만
> 이 쌓일 것이고, 그로 인해 가정불화가 생길 수 있고, 국민
> 계층 간의 갈등과 불신이 생기게 되지요. 그러면 결국 사회
> 에는 도둑질과 사기, 강도 등의 반사회적인 행위들이 늘어
> 나며 불안해지게 될 거예요.

45. 들은 내용과 일치하는 것을 고르십시오.

'들은 내용과 일치하는 내용'

① 현대에는 가족이나 공동체에서 복지를 맡고 있다.
② 사람이 행복하게 살아가는 데 복지제도는 필요하지 않다.
③ 기본 생활이 보장되지 않으면 계층 간 경쟁이 심해질 것이다.
④ 국민이 어려움에 처했을 때 나라는 복지제도를 마련해야 한다.

46. 남자의 태도로 가장 알맞은 것을 고르십시오.

① 견해에 대해 근거를 들어 설명하고 있다.
② 견해에 대해 종합적으로 비판을 하고 있다.
③ 견해에 대해 통계 자료를 가지고 주장하고 있다.
④ 견해에 대해 자신의 경험을 예를 들어 설명하고 있다.

'태도 파악하기'

[47~48] 다음은 대담입니다. 잘 듣고 물음에 답하십시오. (각 2점)

'물음에 알맞은 답' 찾기 문제이다.
대화이며 대담이다.

> 여자: 최근 미디어법에 대한 논란이 많았는데요. 왜 그렇게 논란
>   이 많은 건가요?
> 남자(전문가): 미디어법이란 대기업이나 신문사에서도 방송사를
>   만들 수 있게 하자는 법입니다. 찬성하는 쪽에선 미디어 매
>   체가 다양해지면 시청자들의 선택의 폭도 넓어지고 새로운
>   일자리가 많이 생기게 될 거라는 거고, 반대 입장은 언론이
>   정부와 재벌의 눈치를 보게 될 거라는 거죠. 예를 들어 A방
>   송국의 주인이 B라는 재벌인데 만약에 B재벌이 무슨 잘못을
>   저질렀다고 생각해 보세요. A방송국은 그 사실을 보도하기
>   가 아무래도 좀 불편하겠지요? 만약 그렇게 된다면 민주주
>   의의 가장 큰 원칙 중의 하나인 언론의 자유를 잃게 되는 것
>   이지요.

47. 들은 내용과 일치하는 것을 고르십시오.

① 언론이 재벌의 눈치를 봐서 사실 보도가 어렵다.
② 방송사가 다양해지면 언론의 자유를 얻을 수 있다.
③ 방송사가 많아지면 새로운 일자리가 많이 줄어들 것이다.
④ 미디어 매체가 다양하면 시청자들의 선택의 폭은 줄어든다.

'들은 내용과 일치하는 내용'

48. 남자의 태도로 가장 알맞은 것은?

① 상대방의 의견에 강하게 비판하고 있다.
② 경험을 통해 자신의 의견을 주장하고 있다.
③ 상대방의 의견에 대해 이의를 제기하고 있다.
④ 양측에 대해 설명하고 자신의 의견을 주장하고 있다.

'태도 파악하기'

[49~50] 다음은 강연입니다. 잘 듣고 물음에 답하십시오. (각 2점)

'물음에 알맞은 답' 찾기 문제이다.
독백이며 강연이다.

> 여자: 문화는 한곳에만 머무르지 않습니다. 사람과 사람이 만나
>   고 지역과 지역이 교류하는 동안 문화는 지리적으로 서서
>   히 넓게 퍼져 나갑니다. 문화는 각기 다른 시공간을 따라
>   서 마치 생명을 가진 생명체처럼 이동하며 바뀌어 갑니다.

인도에서 시작된 불교의 석굴 문화는 중국을 거쳐 한국으로 들어왔습니다. 한국의 석굴암은 인도나 중국의 석굴과는 다른 모습을 지닙니다. 이처럼 문화는 전파 과정에서 그 지역의 특색에 따라 조금씩 변형되기 마련입니다. 또한 문화는 전파 과정에서 여러 문제와 부딪치게 됩니다. 실제로 남아프리카공화국에서는 과거 수십 년 동안 정치적 이유로 TV의 수입을 법으로 금지하여 TV 문화가 대중에게 보급되지 않았습니다. 또 철저히 사회주의 체제를 고수하는 북한은 자본주의의 상징이라 할 수 있는 세계적 규모의 패스트푸드 회사와 청량음료 제조 및 판매 회사를 정책적으로 수용하지 않고 있습니다.

49. 위에서 이야기한 내용과 일치하는 것을 고르십시오.

① 문화는 교류하면서 지리적으로 서서히 좁혀 나간다.
② 문화는 전파 과정에서 지역의 특색에 따라 변형된다.
③ 문화는 같은 시공간을 통해 생명체처럼 바뀌어 간다.
④ 문화는 전파 과정에서 여러 가지 문제를 해결하게 된다.

'들은 내용과 일치하는 내용'

50. 여자의 태도로 가장 알맞은 것은?

① 문화에 대해 결론을 열어 두고 있다.
② 문화를 새로운 관점에서 해석하고 있다.
③ 문화를 구체적인 사례를 들어 설명하고 있다.
④ 문화에 대해 자신의 경험을 들어 평가하고 있다.

'태도 파악하기'

[51~52] 다음을 읽고 (   )에 들어갈 말을 **각각 한 문장씩으로** 쓰십시오. (각 10점)

51.

> 2014년 11월 5일 금요일
>
> 오늘 대학 입학 면접 시험을 보았다. 면접 시험장에 들어가는데 얼마나 (㉠   ). 면접을 무사히 끝내고 가벼운 마음으로 돌아왔다. 나는 대학 입학 시험을 위해 최선을 다했다. 마지막으로 (㉡   ). 합격자 발표는 다음 주 수요일에 한다.

52.

> 거절하는 데 익숙하지 못한 사람이 많다. 가까운 사람이 어떤 일을 부탁할 때 (㉠   ). 그래서 하기 힘든 일인 줄 알면서도 부탁을 들어주는 경우가 있다. 하지만 일을 시작한 이상 그 일의 결과는 자신의 책임이다. 그러므로 (㉡   ).

기존 시험에 있던 객관식 문항은 모두 없어지고 주관식 문항으로 출제되며 모두 4문항이다.

51~52번은 '문맥에 맞는 문장 쓰기' 문제이다. 일상생활에서 접할 수 있는 양식이 있는 글들이 제시된다. 초대장, 안내장, 신청서, 일기 등인데 이런 글은 목적이 있다. 그 목적이 드러날 수 있는 항목이 빠진 경우가 많다. 빠져 있는 정보를 채울 수 있어야 한다.
- 일기(특별한 일, 느낌)

어떤 양식의 글인지, 무슨 정보가 빠져 있는지, 괄호 뒤의 구두점이 마침표인지 물음표인지 확인하여 문장(서술문, 의문문)을 쓴다.

짧은 서술문으로 기존 토픽에서 출제된 문항이다.
글의 내용을 파악한 후 괄호 안에 적절한 문장을 쓰면 된다.
두 개의 괄호 중 하나는 앞의 내용과 논리적으로 연결되게 써야 하고, 나머지 하나는 접속부사가 제시되어 있어 그것을 힌트로 문장을 작성하면 도움이 된다.

채점 기준 항목으로 내용이 적절하게 표현되었는지, 어휘/문법이 정확한지, 한 문장씩 사용하라는 과제를 수행했는지 확인한다.

[53] 다음을 참고하여 '아이를 꼭 낳아야 하는가'에 대한 글을
200~300자로 쓰십시오. 단, 글의 제목을 쓰지 마시오. (30점)

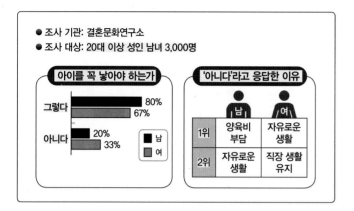

'주어진 정보를 이용한 작문' 문제이다.

[글 작성 순서]
1. 한 단락 글쓰기로 단락을 하나로 구성한다.

2. 도표와 그래프로 제시된 정보가 각각의
   과제1과 과제2가 된다.

과제1: '아이를 꼭 낳아야 하는가'
과제2: '아니다'라고 응답한 이유'

-과제1과 과제2의 내용을 모두 넣어야 하고
 제시된 표의 수치는 전부 기술한다.

3. 제시된 정보 글쓰기에서 적절한 담화 표지
   를 정확하게 써야 한다.

예를 들면,
 -(조사 주제)와 (조사 대상)을/를 살펴보면,
 -(비율/수)(으)로 가장 많고/높고
 -그다음으로는 (항목),(항목), 순으로 나타
  난다.

[54] 다음을 주제로 하여 자신의 생각을 600~700자로 글을 쓰십시오.(40점)

> 현대 사회문제 중의 하나로 양극화 현상을 들 수 있습니다. 양극화현상을 줄일 수 있는 효과적인 방법에 대해 아래의 내용을 중심으로 주장하는 글을 쓰십시오.
>
> ● 양극화 현상으로 인해 어떤 문제가 생깁니까?
> ● 양극화 현상의 원인은 무엇입니까?
> ● 양극화 현상을 극복할 수 있는 효과적인 방법은 무엇입니까?

'주제에 맞게 작문하기' 문제이다.

기존 토픽 쓰기 문제와 같은 작문 문제이다. 글의 주제를 설명하고 포함되어야 할 내용이 질문 형식으로 제시된다. 그리고 어떤 글을 써야 할지 글의 종류(주장하는 글, 논설문)도 제시되어 있다. 전체적으로 자신의 생각을 논리적으로 잘 정리하여 작성해야 한다.

[글 작성 순서]
1. 개요 작성
1) 내용
- 해당 질문에 간단하게 단답 형식으로 답을 써 본다.
예) 양극화 현상으로
　　 어떤 문제가 생기는지,
　　 그 문제의 원인은,
　　 효과적인 방법은, 2가지 정도

2) 조직
- '서론 – 본론 – 결론'으로 주장하는 글은 조직해야 한다.
- 주어진 세 개의 질문 내용을 가지고 구조를 조직한다. 첫 번째 질문 내용을 서론으로, 두 번째 질문 내용을 본론으로, 마지막 질문 내용을 결론으로 조직하면 가장 안정적이며 유기적으로 구성할 수 있다.

3) 글쓰기
- 질문에 작성한 답과 조직을 맞춰 글을 쓴다.

읽기 (1번 ~ 50번)

TOPIK Ⅱ의 읽기 문항은 모두 50문항이 출제된다. 약 70분 동안 50문항을 풀어야 한다.

[1~2] (   )에 들어갈 가장 알맞은 것을 고르십시오. (각 2점)

1.

| 나는 공부를 할 때 커피를 (   ) 집중이 잘 된다. |

① 마셔야
② 먹다가
③ 넘기는 대신
④ 들이마셔서는

2.

| 친구에게 전화를 (   ) 번호를 잘못 눌러서 모르는 사람에게 전화했다. |

① 거느니
② 거느라고
③ 걸고 나서
④ 건다는 것이

'어휘·문법' 문제이다.
문장에 알맞은 표현을 고르는 유형으로 기존 시험의 어휘/문법 문제이다.
- 자주 출제되는 중급 수준의 문법을 정리해서 공부하세요.
- -느라고, -ㄹ까봐, -ㄹ 테니, -ㄴ데다가, -는데 …….

[3~4] 다음 밑줄 친 부분과 의미가 비슷한 것을 고르십시오. (각 2점)

3.

| 대형 할인점의 매출이 증가한다는 기사를 보니 경제 상황이 <u>나아지는 것 같다.</u> |

① 나아지는 듯하다
② 나아질 턱이 없다
③ 나아지기 일쑤이다
④ 나아지느니만 못하다

4.

| 많은 사람들이 목표를 세우고 달성하지 못하는 경우가 많은데 자신이 진정으로 원하는 목표가 아니면 <u>실패하기 마련이다.</u> |

① 포기할 작정이다
② 실패하는 법이다
③ 포기하기에 달려있다
④ 실패하기 이를 데 없다

'어휘·문법' 문제이다.
의미가 비슷한 표현을 고르는 유형으로 기존 토픽에서도 출제된 문항이다.

유사 의미와 기능이 있는 표현을 정리해서 알아두자.

5.

사라지는 주름, 바를수록 젊어지는 피부를 느껴 보세요.

① 염색약   ② 다리미   ③ 영양제   ④ 화장품

6.

장미 향기와 함께하는 즐거운 시간

- 전 세계 50여종의 장미를 즐길 수 있는 축제
- 세상에서 가장 무서운 롤러코스터
- 아기 동물에게 먹이 주기 체험

① 박물관   ② 항공사   ③ 여행사   ④ 놀이공원

7.

예매 순위 1위!
전 세계 화제가 된 바로 그 작품

- 지구에 나타난 외계인과 인간의 아름다운 사랑 이야기
- 주연 배우들의 뛰어난 연기
- 시선을 집중시키는 화려한 영상

① 연극   ② 영화   ③ 드라마   ④ 음악회

8.

아름다운 계절에 사랑의 결실을 맺으려고 합니다.
여러분의 사랑과 성장한 저희가 이제 하나가 되고자 합니다.
오셔서 행복한 가정이 될 수 있도록 축복해 주십시오.

① 결혼   ② 계절   ③ 여행   ④ 생일

'주제 파악하기' 문제이다.

텍스트로 표어, 광고지, 포스터, 전단지, 플래카드 등이 제시된다.
무엇에 대한 글인지 핵심 단어가 제시되어 있으니 그것을 힌트로 정답을 찾으면 된다.

주제별 관련 어휘를 의미장 어휘 학습으로 공부하는 것도 도움이 된다.

[9~12] 다음 글 또는 도표의 내용과 같은 것을 고르십시오. (각 2점)

9.

> ### 한국어 사랑 유학생 경험담 공모
>
> 문화교육부에서는 유학생들의
> 한국어 학습 경험담을 공모합니다.
>
> • 내용: 한국어를 공부하면서 가장 기억에 남는 경험
> • 대상: 한국에 거주하는 유학생
> • 접수 기간 및 일정
> – 접수 기간: 7. 7(월) ~ 8. 8(금) ※ 인터넷 접수만 가능
> – 발표: 8. 14(목) ※ 홈페이지에 발표(www.hangeul.go.kr)
> – 시상식: 8. 18(월)
> • 시상 내용
> 1등: 300만 원(1명) / 2등: 200만 원(2명) / 3등 100만 원(3명)

① 상을 받는 사람은 모두 7명이다.
② 접수는 인터넷을 통해서만 가능하다.
③ 발표는 개별 통지하고 홈페이지에 발표한다.
④ 한국에 사는 외국인은 모두 신청할 수 있다.

10.

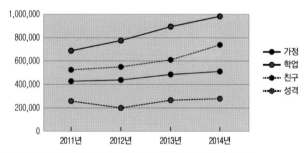

① 성격에 대한 상담은 친구에 대한 상담보다 항상 많다.
② 학업에 관한 상담은 2012년에 줄었다가 다시 증가하고 있다.
③ 성격에 대한 상담은 2012년에 감소했다가 2013년에 다시 증가했다.
④ 2013년에는 전년도보다 친구 상담은 줄었으나 학업 상담은 증가했다.

'내용 파악하기' 문제이다.
텍스트로 글(서술문) 또는 도표(안내지, 그래프)가 제시된다.

간략하게 도표로 되어 있는 정보를 해석하여 이해하는지를 묻고 있다.

9~10번 문제는 도표를 먼저 읽고 문제를 풀지 말고, 보기를 읽고 그 내용이 맞는지를 도표에서 확인하면서 푼다.

11.

학교에서 학생들이 과학 수업 중에 강의나 실험 이외에 집단으로 주제를 정하여 연구를 해 보는 과제 활동은 대단히 중요하다. 연구 과제를 수행하는 동안 새로운 것을 발견하는 기쁨을 느끼고, 연구의 즐거움과 어려움을 동시에 경험해 볼 수 있기 때문이다. 이 과정에서 어떻게 협력할 것인지에 관하여 서로 생각을 교환하는 것도 인격 형성에 좋은 영향을 끼칠 수 있다.

① 학생들의 과학 수업은 강의와 실험이면 충분하다.
② 집단으로 과제를 수행할 때는 개인의 능력을 나타내기 힘들다.
③ 집단으로 연구하는 수업은 학생들 사이를 나쁘게 만들 수 있다.
④ 학생들은 집단으로 과제를 수행하면서 연구의 기쁨을 경험한다.

한 단락 정도의 서술문이 제시된다.

12.

여행의 진정한 의미나 방법을 모르고 여행을 떠나는 사람들이 많다. 그 때문에 여행의 결과는 항상 아쉬움과 피곤함이 남는다. 진정한 여행은 현실을 잊기 위해 또 다른 세상으로 도망치는 것이다. 사람들은 일상에서 많은 면에 구속받고 체면을 유지하며 생활한다. 하지만 여행을 떠나서는 그 누구도 알아보지 않는 보통 사람이 되어 새로운 환경에, 새로운 사람들을 만나며 시간을 보내는 것이다.

① 여행을 통해서 지식을 얻어야 진정한 여행이다.
② 여행을 하더라도 지켜야 할 체면과 구속 받는 일이 많다.
③ 일상에서 자유로워지는 것이 진정한 여행이라고 할 수 있다.
④ 여행을 하면서 새로운 경험을 하고 더 나은 인간이 되어야 한다.

[13~15] 다음을 순서대로 맞게 나열한 것을 고르십시오. (각 2점)

'순서대로 문장 나열하기' 문제이다.

네 개의 문장을 내용에 맞게 차례대로 배열하는 문제이다.
각 문장의 앞에 오는 담화표지, 접속부사가 힌트가 된다.

보기 4개 중에 2개가 고정되어 제시된다. 두 개 중에 첫 번째로 오는 내용의 문장을 찾으면 쉽게 풀 수 있다.

13.

(가) 문학은 사람들의 삶을 반영한다.
(나) 이러한 삶은 인간이라면 누구나 경험할 수 있는 보편적이고 일반적인 것이다.
(다) 작가의 상상력을 통해 새롭게 구성된 삶을 반영한다.
(라) 그러나 사진을 찍듯이 있는 그대로의 삶을 옮기는 것은 아니다.

① (가)-(라)-(다)-(나) ② (나)-(가)-(라)-(다)
③ (가)-(다)-(라)-(나) ④ (나)-(다)-(가)-(라)

14.

> (가) 스마트폰의 카메라 기능과 화질이 개선되면서 사진을 찍는 사람들이 많아졌다.
> (나) 초점을 맞추고 싶은 부분의 화면을 살짝 건드려 원하는 구성을 잡는 것이다.
> (다) 이들은 취미를 넘어 스마트폰으로 사진 작품을 완성하기도 한다.
> (라) 사진 작품에서 가장 중요한 것은 화면 구성이다.

① (다)-(라)-(나)-(가)　　② (가)-(다)-(라)-(나)
③ (다)-(라)-(가)-(나)　　④ (가)-(나)-(라)-(다)

15.

> (가) 이러한 퇴폐적인 가요가 특히 청소년들의 정서에 악영향을 주기 때문이다.
> (나) 사람들은 일을 하거나 물건을 살 때, 대중교통을 이용할 때도 자신의 의사와 관계없이 대중가요를 듣는다.
> (다) 그런데 대중가요들 중에 내용이 퇴폐적인 것들이 있어 문제가 되고 있다.
> (라) 오늘날 대중가요는 우리 생활과 깊은 관계를 가지고 있다.

① (라)-(나)-(다)-(가)　　② (나)-(가)-(라)-(다)
③ (라)-(나)-(가)-(다)　　④ (나)-(가)-(다)-(라)

[16~18] 다음을 읽고 (　　)에 들어갈 내용으로 가장 알맞은 것을 고르십시오. (각 2점)

16.

> 비가 많이 오지 않는 지역에 거주하는 사람들은 비가 적기 때문에 지붕을 평평히 하고, 주변에서 쉽게 구할 수 있는 흙으로 벽돌을 만들어 집을 지었다. 한편 눈이 많이 오는 지역에 사는 사람들은 지붕의 경사를 급하게 만들고 창문을 많이 만들지 않았다. 이처럼 사람들은 (　　　　　　).

① 집을 짓는 재료를 구하려고 노력하며 살아왔다
② 아름다운 건물을 짓는 것을 중요하게 생각한다
③ 자연환경에 적응하면서 다양한 문화를 형성한다
④ 다른 지역의 사람들끼리 경쟁하면서 건물을 짓는다

'문맥에 알맞은 말 고르기' 문제이다.
기존 토픽 문제에 출제된 유형이다.
전체 글의 내용을 파악해야 괄호 안에 들어갈 말을 찾을 수 있다.

괄호 앞과 뒤를 더 집중해서 읽어야 한다. 접속부사와 담화표지가 있을 경우 참고하자.

17.

인체 내부에는 시계와 비슷한 것이 있어서 시간에 따른 인체의 생체리듬을 관리하는데 이를 생체 시계라고 하며 사람이 밤이 되면 졸리고 아침에 깨는 것은 생체 시계의 조절 때문이다. 사람의 몸에서는 기분이 좋을 때 특정 호르몬이 나오는데 이것이 많으면 생체 시계가 느려지고 줄어들면 빨라진다고 한다. 이 호르몬은 (   ) 사람들이 나이가 들수록 시간이 빨리 지나간다고 느끼고 젊은 사람들은 시간이 천천히 흐르는 것처럼 느낀다고 한다.

① 남녀에 따라서 종류가 달라서
② 나이가 들수록 줄어들기 때문에
③ 생활환경이 변화하면 양도 변해서
④ 밤과 아침에 분비되는 양이 달라서

12.

우리는 분쟁이나 갈등이 발생했을 때 서로 합의가 이루어지지 않으면 법적인 절차를 통해 이를 해결한다. 법은 사회 질서를 유지하고 인권을 보장하기 위한 사회적 약속이므로 우리는 법을 존중해야 한다. 그러므로 자신의 권리를 빼앗기거나 분쟁이 발생하는 경우 (   ) 필요하다. 그러나 법질서를 존중한다는 것이 무조건적으로 복종하는 것을 의미하는 것은 아니다.

① 문제가 있는 사람들끼리 해결하는 것이
② 싸움이 생기기 않도록 참고 이해하는 것이
③ 합법적인 절차를 통해 문제를 해결하려는 태도가
④ 사람들의 의견을 물어서 누가 옳은지 결정하는 태도가

[19~20] 다음을 읽고 물음에 답하십시오. (각 2점)

쌀 재배에 필요한 재료의 가격과 인건비가 (   ) 30~40%나 올랐는데 이에 비해 쌀값은 10% 가까이 하락하여 농민들의 어려움과 고통이 날로 커지고 있다. 이는 빵, 라면, 피자 등과 같은 밀가루 식품의 소비 증가와 관련이 깊은데 밀가루가 쌀을 대신하는 비율이 점점 커져 쌀값이 하락한 것이다. 쌀을 원료로 하는 다양한 식품을 개발하여 밀가루 소비를 쌀 소비로 전환해야 한다.

'물음에 알맞은 답' 찾기 문제이다.

한 단락의 텍스트에 2개의 문항이 출제된다. 각 문제의 물음이 무엇인지 먼저 읽고 글을 읽으면서 문제를 푸는 것이 좋다.

19. ( )에 들어갈 알맞은 것을 고르십시오.

① 무려　　　　② 대개　　　　③ 대충　　　　④ 고작

'알맞은 말 고르기'
어휘 문제로 부사가 출제된다.
- 문장을 연결하는 부사를 알아 두자.

20. 이 글의 내용과 같은 것을 고르십시오.

① 쌀값이 올라서 농민의 소득이 증가했다.
② 쌀을 재배하는 데 필요한 경비가 줄어들고 있다.
③ 밀가루로 만든 음식의 소비가 늘고 쌀의 소비가 줄었다.
④ 생산비가 많이 들어가는 쌀 대신 밀가루를 많이 먹어야 한다.

'내용 파악하기'

[21~22] 다음을 읽고 물음에 답하십시오. (각 2점)

'물음에 알맞은 답' 찾기 문제이다.

세상에서 가장 힘이 세고 무서운 동물은 무엇일까? 아마도 그것은 사자나 코끼리처럼 몸집이 큰 동물일 것이다. 그렇다면 이러한 동물들도 무서워하는 것이 있을까? 그렇다. 세상에서 가장 힘이 세고 무서운 동물도 무서워하는 것이 있게 마련이다. 예를 들면, 사자는 모기를 무서워한다. 동물의 왕인 사자가 모기를 무서워한다니 ( ) 일이다. 또 코끼리는 피를 빨아 먹는 거머리를 무서워하고 하늘을 지배하는 독수리는 거미를 무서워한다. 이것은 몸집이 크고 힘이 강해서 세상에 두려울 것이 없어 보이는 것이라도 무서워하는 것이 있고 몸집이 작고 약한 것이라도 다른 동물에게 두려움을 줄 수 있다는 말이다.

21. ( )에 들어갈 알맞은 것을 고르십시오.

① 벽에 부딪칠　　　　② 손에 땀을 쥘
③ 알다가도 모를　　　　④ 색안경을 끼고 볼

'문맥에 알맞은 말 고르기'
관용표현이 출제된다.
- 알다가도 모르다
- 벽에 부딪치다
- 손에 땀을 쥐다
- 색안경을 끼고 보다

22. 이 글의 중심 생각을 고르십시오.

① 몸집이 작은 동물일수록 강하다.
② 다른 동물에게 해를 끼치는 동물은 몸집이 작다.
③ 동물의 세계에서는 몸집의 크기가 가장 중요하다.
④ 아무리 강하게 보이는 동물도 무서워하는 것이 있다.

'중심 생각 파악하기'

처음으로 도서관에 갔던 날을 기억한다. 나는 초등학교 1학년이었고 수업이 끝나고 건널목을 세 개나 건너 도서관을 찾아갔다. 여덟 살짜리 아이가 혼자 도서관을 찾아가는 일은 모험이나 다름없었다. 마침내 도서관이 보이기 시작했다. 발걸음은 빨라지고 가슴은 두근거렸다. 도서관으로 뛰어 들어가 어린이 열람실의 문을 열었다. 서가에 꽂힌 책들은 누군가 찾아와서 만져 주기를 기다리는 듯한 표정을 하고 있었다. 나는 책 한 권을 뽑아 들었다. 책장을 넘기는 속도가 점점 빨라져 가고 있었다. 그 책은 슬픈 내용의 동화였는데 나는 그 책을 읽으면서 울었고 그 책을 다 읽었을 때는 동화의 주인공 남자아이와 어느새 친구가 되어 있었다. 그 뒤로 나는 매일 학교가 끝나면 도서관으로 향했다.

23. 밑줄 친 부분에 나타난 나의 기분으로 알맞은 것을 고르십시오.

① 도서관에 가게 되어서 기쁘다.
② 도서관에 혼자 찾아오느라고 힘들다.
③ 혼자서만 도서관에 가게 되어 외롭다.
④ 도서관에 같이 오지 않는 친구가 원망스럽다.

24. 이 글의 내용과 같은 것을 고르십시오.

① 나는 친구들과 함께 도서관에 갔다.
② 나는 도서관에 갔다가 남자 아이를 만났다.
③ 나는 도서관에서 독서의 즐거움을 알게 되었다.
④ 나는 도서관에 가는 길이 힘들어 매일 가지는 않았다.

[25~27] 다음은 신문 기사의 제목입니다. 가장 잘 설명한 것을 고르십시오. (각 2점)

25.

김밥 할머니, 평생 김밥 장사로 번 돈 기부

① 김밥 장사로 모은 돈을 기부하였다.
② 할머니는 평생 김밥만 먹으면서 돈을 모았다.
③ 평생 김밥 장사를 한 할머니가 부자가 되었다.
④ 김밥 장사를 하면 기부할 만큼 돈을 많이 벌 수 있다.

'물음에 알맞은 답' 찾기 문제이다.

'심정 파악하기'
기분을 파악하기 위해서는 밑줄 친 부분만 파악하면 안 된다. 전체 내용을 파악해야만 이 부분에 나타난 반응을 알 수 있다.

'내용 파악하기'

'기사 제목 보고 내용 파악하기' 문제이다.
기존 토픽에서 고급 수준에서 출제된 문항이다.

신문 기사의 제목은 완전한 문장이 아닌 함축된 정보로 조사가 다 빠진 생략과 명사로 종결된다. 이것을 잘 설명한 문장을 찾는 것이다. 한자어가 많이 제시된다.

26.

나홀로족 증가, 소형 가전 인기 '급상승'

① 외롭게 사는 사람이 증가하여 전자제품이 잘 팔린다.
② 가전 회사에서 소형 제품 판매에 많은 신경을 쓰고 있다.
③ 소형 가전제품을 좋아하는 사람은 혼자 사는 사람들뿐이다.
④ 혼자 사는 사람의 수가 많아져서 작은 가전제품이 잘 팔린다.

27.

교과서 열심히 읽다 보면 눈이 번쩍, '공부의 기술' 어렵지 않아

① 공부의 기술은 어려워서 배울 수가 없다.
② 교과서만 공부하고 다른 책을 공부할 필요가 없다.
③ 교과서 내용을 열심히 공부하면 공부를 잘 할 수 있다.
④ 교과서를 너무 많이 읽으면 눈에 문제가 생길 수 있다.

[28~31] 다음을 읽고 (   )에 들어갈 내용으로 가장 알맞은 것을
고르십시오. (각 2점)

28.

사람들은 저마다 한두 가지의 징크스를 가지고 있다. 징크스는 으레 그렇게 될 수밖에 없는 악운으로 여겨지는데, 사람의 무의식 속에 은밀히 존재하여 언제 닥칠지 모르는 위험으로부터 자신을 보호하려는 의도에서 비롯한다. (   ) 것은 이 때문이다. 징크스를 지키지 않은 경우 심리적 불안 상태가 되기 때문에 되도록 징크스를 지키는 편을 선택하게 된다.

① 징크스로 인하여 사고가 발생하는
② 징크스에 걸리면 저항하기 쉽지 않은
③ 많은 사람이 징크스를 가지고 싶어 하는
④ 인간과 동물 모두에게 징크스가 있을 수 있는

'문맥에 알맞은 말 고르기' 문제이다.

[16~18]번의 문제 유형과 같다. 하지만 문제의 난이도가 앞에 것은 중급 수준이었다면 여기서는 고급 수준_5급이 출제된다.

텍스트 종류는 설명문, 기사문이다.
친숙하지 않는 내용이라 전체 내용을 파악하는 것이 관건이다.

29.

따뜻한 봄날이 되면, 자주 피곤해지고 오후만 되면 졸리고, 업무나 일상에도 의욕을 잃기도 하는데 이를 춘곤증이라고 한다. (   ) 일시적인 증상으로서, 봄철에 많은 사람이 흔히 느끼는 피로 증상이라고 해서 춘곤증이라는 이름으로 불린다. 춘곤증은 겨울 동안 활동을 줄였던 인체의 신진대사 기능이 봄을 맞아 활발해지면서 생기게 되는 피로 증세로서, 이는 자연스러운 생리 현상이며 질병은 아니다.

① 몸 안의 영양소가 부족할 때 생기는
② 적당한 운동을 하지 못할 때 몸에 발생하는
③ 신체에 문제가 있을 때 인간에게 경고를 하는
④ 계절의 변화에 우리 몸이 잘 적응을 못해서 생기는

30.

옛날부터 동지는 작은설이라고 하였는데 태양의 부활이라는 큰 의미를 지니고 있어서 설을 큰설, 동지를 작은설이라 했다. 동지의 대표적인 음식으로는 팥죽이 있다. 팥죽을 만들어서 먼저 각 방과 집 안의 여러 곳에 놓아 두었다가 식은 다음에 식구들이 모여서 먹었다. 집 안 곳곳에 놓는 것은 귀신을 쫓아낸다는 뜻이어서 집 안에 있는 악귀를 모조리 쫓아낸다고 믿었다. 이것은 (   ) 때문이다. 고춧가루를 사용한 음식을 제사상에 사용하지 않는데 이것도 비슷한 이유에서 비롯되었다.

① 뜨거운 음식이 건강에 좋다고 믿었기
② 귀신이 없어야 부자가 된다고 생각했기
③ 귀신이 죽 종류의 음식을 싫어한다고 생각했기
④ 붉은색이 귀신을 쫓는 데 효과가 있다고 믿었기

31.

걷기는 특별한 장비나 경제적인 투자 없이도 할 수 있는 가장 안전한 유산소 운동이다. 따라서 운동을 처음 시작하는 사람, 노약자, 임산부 그리고 건강이 좋지 않은 사람을 포함한 거의 모든 이들이 하기 쉬운 운동이며, 성인병의 예방과 치료 및 체중을 감소시키는 데에도 효과가 뛰어나다. 운동을 위한 걷기는 (   ). 운동으로서의 걷기는 자연스럽고 편안하게 하되, 천천히 걷기부터 시작하여 경쾌하면서도 약간 빠르게 해야 효과가 있다.

① 달리기처럼 강하고 빠르게 해야 효과가 있다
② 일상생활에서의 걷기와 약간 차이가 있어야 한다
③ 다른 운동에 비해서 운동의 효과가 별로 크지 않다
④ 신체가 건강하고 체력이 강한 사람만 하는 운동이다

[32~34] 다음을 읽고 내용이 같은 것을 고르십시오. (각 2점)

32.

> 편견이란 고정관념을 바탕으로 어떤 사회 구성원에 대해 갖고 있는 부정적인 태도를 말한다. 이러한 편견은 선천적으로 타고나는 것이 아니라 주로 학습의 결과로 발생하는데, 그 원인은 여러 가지가 있다. 정치·경제적 갈등이 계속되는 경우 이에 관계된 집단의 사람들은 상대방을 점점 더 부정적인 시각으로 보게 된다. 결국 사람들은 상대방을 적대시하고, 자신의 집단을 더 우수하다고 생각하게 되는 것이다.

① 편견은 태어날 때부터 가지고 있는 경우가 많다.
② 고정관념은 편견의 형성에 별로 영향을 주지 않는다.
③ 갈등이 있는 집단 사이에는 서로 좋지 않은 시선으로 보게 된다.
④ 편견은 특정한 원인에 의해 발생하며 오래 지속되는 특징이 있다.

33.

> 한 해외 유명 영화의 한국 촬영으로 과거 외국 영화에 나타난 한국의 모습에 대한 관심이 높아지고 있다. 그동안 많은 외국 영화에 한국이 등장했지만 영화 속 한국은 전쟁으로 가난한 상태의 모습이거나 분단국가임을 강조하는 내용이 많았다. 한국이 경제 성장과 더불어 인터넷 기술 강국으로 발전하면서 최근에 외국 영화에 등장하는 한국의 모습은 첨단 기술이 발전한 선진 사회의 모습으로 바뀌고 있으며 더 많은 외국 영화에 한국이 등장할 것으로 보인다.

① 경제 발전과 영화 촬영은 관계가 깊다.
② 외국 영화 속 한국 이미지가 변하고 있다.
③ 외국 영화에 한국이 등장한 적은 별로 없다.
④ 외국 영화를 통해 한국의 발전을 홍보해야 한다.

'내용 파악하기' 문제이다.
[11~12]번과 같은 유형의 문제이다.
한 단락 정도의 설명문과 보고서가 제시된다.

전문적인 내용이지만 전체 내용을 파악한다면 도전할 만하다.

34.

카페인은 커피나 차에 들어 있는 것으로 피로를 덜 느끼게 하고 잠이 오는 것을 일시적으로 막아 주기도 한다. 카페인은 과다 복용하지 않는다면 두통완화에 도움을 줄 수 있다. 혈관이 확장돼 한꺼번에 뇌로 많은 피가 흘러갈 경우에도 두통이 발생하는데, 카페인 성분은 혈관을 수축시키는 데 효과가 있다. 많은 두통약은 소량의 카페인을 함유하고 있어 빠른 체내 흡수를 돕지만 커피와 같은 카페인 음료를 너무 많이 마시다가 이를 줄일 경우 두통을 유발할 수 있다.

① 두통 완화에 도움을 주는 음식이 있다.
② 두통약에는 카페인 성분이 포함되면 안 된다.
③ 카페인이 많을수록 두통 완화에 큰 도움이 된다.
④ 혈관이 확장될 때 커피를 마시면 두통이 심해진다.

[35~38] 다음 글의 주제로 가장 알맞은 것을 고르십시오. (각 2점)

35.

정부가 온실가스 배출량을 줄이기 위해 보행로와 자전거 도로를 크게 늘리고, 자전거 주차장도 800곳 가까이 새로 마련하면서 보행과 자전거, 대중교통을 활성화하는 방안을 발표했다. 먼저 보행을 활성화하는 방안으로 사람 중심의 도로 환경을 만들기 위해 보행로를 새로 만들거나 보도와 차도를 분리한다. 자전거 이용을 확대하기 위해서는 전국적으로 자전거 도로를 새로 만들고 주차장도 많이 만들 계획이다.

① 환경을 위해 인간이 희생해야 한다.
② 온실가스를 줄이기 위해 노력해야 한다.
③ 보행과 자전거 이용은 건강에 도움이 된다.
④ 대기 오염을 줄이기 위해서 투자가 필요하다.

36.

당장은 힘들어도 스트레스를 극복함으로써 앞으로 삶이 더 나아질 수 있는 스트레스는 좋은 스트레스이고, 극복하려고 노력하는데도 불구하고 지속되는 스트레스는 불안이나 우울 등의 증상을 일으킬 수 있는 나쁜 스트레스라고 할 수 있다. 스트레스 요인이 전혀 없는 것도 반드시 건강에 좋은 것은 아니다. 때로는 지겨움이나 권태가 지속되면 의욕이 없는 상태가 되어 우울증 등이

'주제 파악하기' 문제이다.

한 단락 정도의 설명문이며 전문 용어의 개념과 어떤 현상과 실현 방법 등의 내용이 제시된다.
전체 내용이 무엇을 설명하고 있는지 파악하는 것이 중요하며, 주제 문장은 처음과 마지막에 주로 제시된다.

생길 수 있다. 적당한 스트레스가 정신건강과 신체적 건강에 도움이 되기도 한다.

① 스트레스가 심하면 우울증이 발생한다.
② 인간이 스트레스에 대처하는 것은 어렵다.
③ 사람에게 스트레스는 좋은 점보다 나쁜 점이 많다.
④ 스트레스는 적절하게 반응하면 꼭 나쁜 것만은 아니다.

37.

경쟁자들이 사라져 공급자가 하나만 있는 경우를 '독점'이라 하고, 소수의 몇몇만 있는 경우를 '과점'이라고 하며 이것을 합쳐서 '독과점'이라고 한다. 독과점의 나쁜 점은 생산자가 공급을 제한하기 때문에 계속 비싼 가격이 유지되고 선택이 불가능한 소비자들은 그 가격을 지불할 수밖에 없다는 것이다. 독과점은 해당 산업에도 피해를 준다. 경쟁할 대상이 없기 때문에 상품의 질이나 성능에 관심을 주지 않아서 그 분야의 발전이 없을 수 있다. 노력해서 물건을 만들지 않아도 망하지 않고 이익을 볼 수 있기 때문이다.

① 독과점은 경제에 여러 가지 피해를 준다.
② 독과점의 피해는 기업보다 소비자가 많이 본다.
③ 독과점을 하는 기업은 당장은 이익을 얻을 수 있다.
④ 소비자가 선호하는 제품을 많이 소비해서 독과점이 발생한다.

38.

전쟁 후 급격한 인구 증가를 겪은 한국은 꾸준하게 가족계획 사업을 펼쳐 출산율을 낮추기 위해 노력했다. 그런데 출산율이 점점 떨어지면서 출산율 저하는 심각한 사회문제가 되기 시작했다. 이에 정부는 지금까지와는 정반대의 정책을 펴면서 출산을 장려하고 있지만 결과는 만족스럽지 못하다. 출산 장려의 정책이 효과가 없는 이유는 양육비와 교육비 등의 경제적 부담과 취업 여성의 육아 부담이 제일 큰 요인이라고 할 수 있다. 정부는 출산을 하면 지원금을 지급하는 등의 정책을 펴고 있지만 효과가 그다지 좋지 않은 상황이다.

① 출산율 장려를 위해 근본적인 정책이 필요하다.
② 가족계획 사업의 실패로 경제적 부담이 되고 있다.
③ 출산율을 높이기 위해 정부의 강제적인 대책이 필요하다.
④ 출산은 개인적인 문제이기 때문에 정부에서 조절하기 어렵다.

39.

최근 들어 큰 키를 선호하는 현상이 확산되면서 키에 대한 관심이 늘어나고 있다. (㉠) 이로 인해 키를 크게 해 준다는 다양한 방법들이 등장하고 있다. (㉡) 그중에서 특정 운동을 하는 것만으로도 성장판이 자극되어 키 성장에 도움이 된다는 말을 많이 한다. (㉢) 운동이 키 성장에 도움이 되지만 특정 운동만 효과가 있는 것은 아니다. (㉣)

〈보기〉
신체를 적당하게 자극하는 운동이라면 어떤 종류의 운동이든 뼈 성장에 도움이 된다.

① ㉠   ② ㉡   ③ ㉢   ④ ㉣

40.

돈, 지위, 권력이 불평등하게 분배되고, 그에 따라 개인과 집단이 서열화 되는 것을 사회 계층화 현상이라고 한다. (㉠) 이러한 현상이 생기는 이유를 개인의 능력 차이로 인해 생긴다고 보는 관점이 있다. (㉡) 그러나 사회 계층화 현상이 지배 집단의 권력 유지가 원인이 된다는 주장도 있다. (㉢) 그 결과 집단 간의 대립을 가져오고, 사회 전체의 안정을 해치는 역할을 한다고 주장한다. (㉣)

〈보기〉
이는 능력에 따라 인재를 배치하면서 나타나는 현상이라고 주장한다.

① ㉠   ② ㉡   ③ ㉢   ④ ㉣

'적절한 위치에 문장 넣기' 문제이다.

제시된 문장이 주어진 텍스트에서 의미상 가장 알맞은 곳을 찾는 문제이다. 앞 뒤 문장의 내용을 파악하는 것이 가장 중요하다.

접속부사, 담화표지에 주의하면서 위치를 찾아보자.

41.

> 운석은 우주로부터 지구로 떨어진 돌이다. (㉠) 운석을 연구하면 우주가 어떻게 시작됐는지 알 수 있으며 다른 별을 이루는 물질의 종류를 찾아 그 별에 생명체가 사는지에 대한 비밀도 밝힐 수 있다. (㉡) 러시아에서는 운석을 넣은 특별한 올림픽 금메달을 선수들에게 주어서 화제가 되기도 했다. (㉢) 운석이 떨어진 것을 발견하면 큰 행운을 얻은 것이니 그야말로 별에서 온 선물이라고 할 수 있다. (㉣)

〈보기〉

> 운석의 이러한 귀한 연구 가치 때문에 종류에 따라서 다이아몬드보다도 훨씬 가격이 비싸기도 하다.

① ㉠   ② ㉡   ③ ㉢   ④ ㉣

[42~43] 다음을 읽고 물음에 답하십시오. (각 2점)

> 잎싹은 달걀을 얻기 위해 기르는 암탉이다. 잎싹은 양계장에 들어온 뒤부터 알만 낳으면서 일 년 넘게 살아왔다. 돌아다니거나 날개를 움직일 수 없고, 알도 품을 수 없는 철망 속에서 나가 본 일이 없다. 그런데도 남몰래 소망을 가졌다. 마당에 사는 암탉이 귀여운 병아리를 데리고 다니는 것을 본 뒤부터였다.
> '단 한 번만이라도 알을 품을 수 있다면, 그래서 병아리의 탄생을 볼 수 있다면……'
> 알을 품어서 병아리의 탄생을 보는 것, 잎싹은 이 소망을 한시도 잊은 적이 없었다. 하지만 알이 굴러 내려가도록 앞으로 기울어진 데다 알과 암탉이 가로막힌 철망 속에서는 불가능한 일이었다. 잎싹은 얼마 전부터 입맛을 잃었다. 알을 낳고 싶은 마음도 없어졌다. 주인 아주머니가 알을 가져갈 때마다 알을 낳았을 때 뿌듯하던 기분은 곧 슬픔으로 바뀌곤 했다. 발끝으로조차 만져 볼 수 없는 알, 바구니에 담겨 밖으로 나간 뒤에는 어떻게 되는지 알 수도 없는 알을 일 년 넘게 낳으면서 잎싹은 지쳐 버렸다.

42. 밑줄 친 부분에 나타난 닭의 감정으로 알맞은 것을 고르십시오.

① 비참하다   ② 거만하다
③ 뻔뻔하다   ④ 간절하다

'물음에 알맞은 답' 찾기 문제이다.
[42~47]번까지 한 텍스트에 두 문항이 출제된다. 고급_6급 수준의 문제가 출제된다고 할 수 있어 난이도가 높은 문제가 시작된다.

42~43번의 문제에서는 문학으로 소설이 제시된다.
소설이 제시된 부분에서의 문제는 주인공 혹은 등장인물의 심정, 어투, 태도를 묻는 문제가 출제된다.
소설의 전체 내용을 모르고 중간 발췌된 부분의 글이라 전체 내용을 파악하는 데 상당히 어렵다. 하지만 단락별로 사건 중심으로 제시되어 있으므로 전체 내용을 몰라도 문제를 풀 수 있으므로 포기하지 말자.

'심정 파악하기'
기분, 말투/어투를 파악하여 심정이 어떠한지 평가하는 문제이다. 성격, 성향을 물어보므로 그것과 관련된 어휘를 알아야 한다. 밑줄 친 부분은 파악했으나, 보기에 제시된 어휘의 뜻을 몰라 풀지 못하는 경우가 종종 있다.
- 비참하다, 거만하다, 뻔뻔하다, 간절하다 등등

43. 이 글의 내용과 같은 것을 고르십시오.

① 잎싹은 병아리를 키우고 있다.
② 잎싹은 양계장에서 알을 낳도록 키우는 닭이다.
③ 양계장 주인 아주머니는 잎싹의 이름을 알고 있다.
④ 잎싹이 낳은 알 하나는 병아리가 되어 마당에 산다.

'내용 파악하기'

[44~45] 다음을 읽고 물음에 답하십시오. (각 2점)

'물음에 알맞은 답' 찾기 문제이다.

> 초고령 사회의 노동력 부족에 대한 해법으로 임금 피크제가 제안되고 있다. 임금 피크제란 근무 연수에 따라서 임금을 증가시키다가 일정한 연령에 이르면 해마다 임금을 삭감하면서 정년을 보장하거나 연장할 수 있도록 하는 제도이다. 인간의 평균 수명이 늘어나는 상황에서 고령 인력을 활용하기 위해서 정년을 보장하고 60세 미만으로 되어있는 정년을 연장하는 방법을 생각할 수 있다. 그런데 이렇게 되면 기업이 고액의 임금을 부담해야 하고, 정년이 연장되는 만큼 (   ).
> 그러나 고령 인구의 상당수가 연금대신 임금을 받게 되면 젊은 층의 세금 부담을 덜어주는 효과가 있기도 하다.

44. 이 글의 주제로 알맞은 것을 고르십시오.

'주제 파악하기'

① 고령 인구의 경제 활동은 국가 경제에 도움이 된다.
② 임금 피크제는 고령화 시대에 고용 문제 해법이 될 수 있다.
③ 고령 인구가 연금 대신 임금을 받으면 국가 재정이 좋아진다.
④ 임금 피크제를 도입하게 되면 기업의 생산성이 떨어질 수 있다.

45. (   )에 들어갈 내용으로 알맞은 것을 고르십시오.

'문맥에 알맞은 말 고르기'

① 인건비가 늘어 사업 투자비용이 줄어들 것이다
② 국가는 세금을 많이 걷을 수 있어 재정이 좋아진다
③ 젊은이들은 일자리를 구하기가 어려워지는 문제가 있다
④ 정년이 연장된 직원들에게 더욱 많은 업무를 맡길 것이다

[46~47] 다음을 읽고 물음에 답하십시오. (각 2점)

> 한 가전회사가 냄새를 전달하는 후각 텔레비전을 개발하겠다고 하여 화제가 된 적이 있었다. 예를 들면 피자 광고가 나올 때 피자 냄새를 전달하여 시청자가 더 실감나게 느낄 수 있도록 하겠다는 것이다. (㉠) 후각 텔레비전이 어려운 이유는 후각이 시각이나 청각과는 근본적으로 다른 특성을 가지고 있기 때문이다. (㉡) 시각으로 인지되는 빛이나 소리는 파장으로 나타낼 수 있다. 빛과 소리는 물리적으로 표현될 수 있는 실체이기 때문에 송신이 비교적 자유롭다. (㉢) 반면에 냄새는 화학적인 결합을 통해 만들어지는 것이기 때문에 과정이 복잡하다. 지금까지 후각에 대해 많은 연구를 했지만 아직도 후각과 냄새에 대해 밝히지 못한 부분이 많다. (㉣)

'물음에 알맞은 답' 찾기 문제이다.

46. 다음 문장이 들어가기에 가장 알맞은 곳을 고르십시오.

> 그러나 입체 영상과 음향이 나오는 텔레비전이 상용화된 지금도 후각 텔레비전에 대한 이야기는 아이디어 수준에 머무르고 있다.

'적절한 위치에 문장 넣기'

① ㉠   ② ㉡   ③ ㉢   ④ ㉣

47. 이 글의 내용과 같은 것을 고르십시오.

'내용 파악하기'

① 후각과 청각은 기본적 원리가 비슷하다.
② 소리는 물리적으로 표현할 수 있는 실체가 아니다.
③ 냄새는 화학적 결합으로 만들어져 송신하기 어렵다.
④ 음식의 냄새를 맡을 수 있는 텔레비전이 상용화되었다.

다음을 읽고 물음에 답하십시오. (각 2점)

> 공정 무역 커피는 다국적 기업이나 중간 상인을 거치지 않고 커피 농가에 합리적인 가격으로 직접 지불하고 사는 커피를 말한다. 대부분의 커피는 가난한 농민들이 재배하는데 대기업이나 중간 상인들이 이 커피를 싸게 사서 소비자에게 비싼 가격으로 팔아 폭리를 취하기 때문에 생산자들은 여전히 가난하다. 이에 공정 무역 커피는 (   ) 커피의 최저가격을 보장하고, 생산자와 공평한 관계를 만들고자 생겨났다. 저개발국가의 소외된 생산자와 노동자에게 좋은 조건을 제공하며 그 권리를 보호하고 있는 것이다. 덕분에 5,000원 정도의 커피 값 중 원두 생산자에게 10원도 돌아가지 않는 현재 상황에서 벗어나 거래자가 직접 생산자에게 제값을 주고 커피를 구입하여 소비자에게 판매한다. 우리가 한 잔의 커피를 마시기까지 많은 과정을 거치고 수많은 사람의 노동력을 필요로 한다. 가볍게 즐기는 커피 한잔이지만 공정 무역 커피를 마시면 정직한 생산자로부터 좋은 원두를 지속적으로 공급받을 수 있게 되는 셈이다.

48. 필자가 이 글을 쓴 목적을 고르십시오.

① 커피를 생산하는 어려움을 알리기 위해
② 커피 재배자들이 가난한 이유를 알리기 위해
③ 공정 무역 커피를 알리고 소비를 권하기 위해
④ 커피 생산과 유통 과정의 복잡성을 설명하기 위해

49. (   )에 들어갈 내용으로 알맞은 것을 고르십시오.

① 소비자가 직접 가서 농사를 지어
② 생산자에게 가격을 낮추도록 해서
③ 생산자와 소비자의 직거래를 기본으로
④ 커피를 많이 생산할 수 있는 기술개발로

50. 밑줄 친 부분에 나타난 필자의 태도로 알맞은 것을 고르십시오.

① 커피 생산의 어려움을 모르는 사람을 비난하고 있다.
② 커피 생산자는 반드시 정직해야 한다고 역설하고 있다.
③ 커피의 소비를 줄이고 가난한 사람을 돕자고 제안하고 있다.
④ 공정 무역 커피는 생산자와 소비자에게 유익함을 주장하고 있다.

'물음에 알맞은 답' 찾기 문제이다.
텍스트 하나에 문제 세 개가 출제된다.
글의 종류는 논설문으로 의견+근거, 의견+장점/단점, 의견+방법/예시 등의 구조로 제시된다.
난이도가 가장 높은 문제로 내용도 전문적이고 친숙하지 않은 글이다.
생소한 전문 용어가 많이 제시된다.

'글의 목적 파악하기'

'문맥에 알맞은 말 고르기'

'태도 파악하기'

한·국·어·능·력·시·험·T·O·P·I·K

실전모의고사
1회 해설

듣기

1. ①	2. ②	3. ②	4. ④	5. ③	6. ②	7. ④	8. ③	9. ②	10. ①
11. ②	12. ④	13. ②	14. ②	15. ④	16. ①	17. ④	18. ③	19. ④	20. ④
21. ③	22. ③	23. ②	24. ②	25. ④	26. ①	27. ①	28. ①	29. ③	30. ④
31. ②	32. ④	33. ①	34. ③	35. ①	36. ②	37. ④	38. ④	39. ④	40. ②
41. ①	42. ④	43. ①	44. ②	45. ④	46. ②	47. ③	48. ③	49. ①	50. ③

읽기

1. ④	2. ②	3. ③	4. ②	5. ④	6. ①	7. ④	8. ④	9. ④	10. ①
11. ②	12. ②	13. ③	14. ②	15. ④	16. ④	17. ①	18. ①	19. ②	20. ④
21. ①	22. ③	23. ④	24. ①	25. ③	26. ①	27. ④	28. ②	29. ②	30. ③
31. ①	32. ③	33. ②	34. ③	35. ②	36. ④	37. ②	38. ①	39. ③	40. ②
41. ③	42. ②	43. ③	44. ③	45. ①	46. ②	47. ①	48. ④	49. ②	50. ④

해설 Explanation

듣기 (1번 ~ 50번)

[1~3] 다음을 듣고 알맞은 그림을 고르십시오.

1.

여자 : 저, 학교 근처에 있는 방을 하나 구하고 싶은데요.
남자 : 지금은 학기 중이라 방이 없는데, 언제 이사하실 거예요?
여자 : 빠를수록 좋아요. 짐이 많지 않아서 작은 방도 괜찮아요.

❶ 　②

③ 　④

종류 대화

해설
여자가 방을 구하러 부동산에 방문하여 중개사에게 문의하고 있는 상황이다. 1번이 답이 된다.
② 남녀가 방 안에서 방을 둘러보고 있는 상황
③ 남녀가 부동산 간판을 함께 바라보고 있는 상황
④ 남녀가 문 앞에 쌓여 있는 박스(짐)를 보고 있는 상황

단어 방을 구하다　부동산　공인중개사

2.

남자 : 이 모자 더 큰 사이즈는 없요? 좀 작은 거 같아서요.
여자 : 고객님, 흰색 모자는 그거 한 개 남았습니다.
남자 : 그럼 아까 써 봤던 저 줄무늬 모자로 할게요.

① 　❷

③ 　④

종류 대화

해설
남자가 모자를 써 보면서 사이즈를 문의하고 있으므로 2번이 답이 된다.
① 계산대에서 남자가 줄무늬 모자를 구매하는 상황
③ 남자가 거울 앞에서 줄무늬 모자를 써 보고 있는 상황
④ 남자는 줄무늬 모자, 여자는 하얀색 모자를 써 보고 있는 상황

단어 사이즈　아까　줄무늬

3.

남자 : 올해 한국에 거주하는 외국인 수가 200만 명에 달하는 것으로 조사되었습니다. 이는 전체 인구의 3.9%로 이들 중 절반은 중국인이며 그다음은 베트남 8.8%, 미국 4.7%가 그 뒤를 이었습니다. 외국인 수는 2007년 전체 인구의 2.1%로 100만 명을 넘어선 이후 빠르게 증가하였고 2021년에는 300만 명을 넘어서 전체 인구의 5.8%를 차지할 것으로 예상됩니다.

①
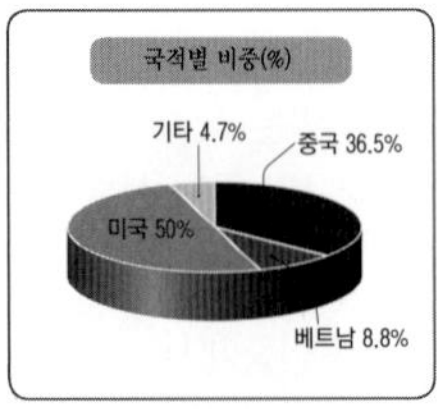

❷
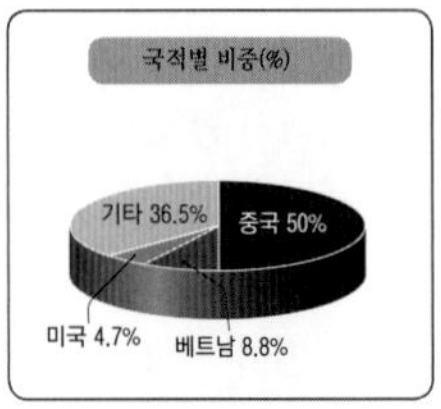

③
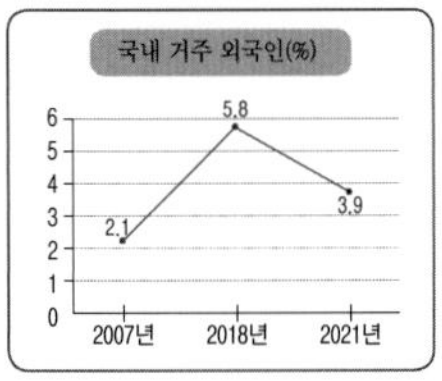

④
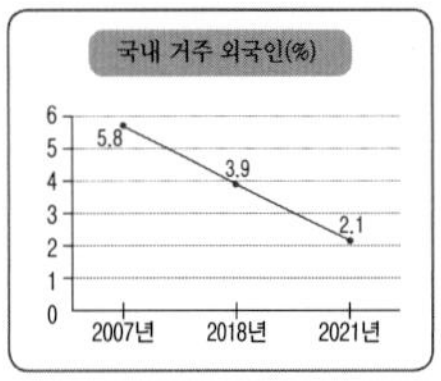

종류 담화_프레젠테이션

해설

한국에 거주하는 외국인 중 절반은 중국인이고 베트남, 미국은 순위로 나타나므로 2번이 답이다.

① 국내 거주 외국인 중 절반은 ~~미국인~~(→ 중국인)

③ 2021년 외국인 수는 전체 인구의 ~~3.9%~~(→ 5.8%)

④ 2007년 외국인 수는 전체 인구의 ~~5.8%~~(→ 2.1%)

단어 거주하다　절반　조사되다　뒤를 잇다　을/를 차지하다　에 달하다

[4~8] 다음 대화를 잘 듣고 이어질 수 있는 말을 고르십시오.

4.

남자 : 오늘 회의가 왜 연기되었어요?
여자 : 아, 회의실 에어컨이 고장 났어요.
남자 : ______________________

① 고쳐서 다행이네요.
② 회의가 일찍 끝났네요.
③ 에어컨이 너무 비싸요.
❹ 이번 달에만 벌써 세 번째네요.

종류 대화

해설

여자가 회의실 에어컨이 고장 났다고 말했기 때문에 이에 어울리는 대답은 4번이다.

단어 연기되다　고장(이) 나다

5.

남자 : 집주인이 재계약하려면 월세를 올려 달래.
여자 : 그래? 지금 월세도 만만치 않은데….
남자 : ______________________

① 방이 몇 개야?
② 집주인과 통화했어.
❸ 조금 더 싼 집을 알아볼까?
④ 월세를 올려 달라고 이야기해.

종류 대화

해설

여자는 지금 월세도 부담스러워 하는 상황이므로(→ 만만치 않다) 가장 어울리는 대답은 3번이다.

단어 재계약　만만치 않다　월세　전세

6.

남자 : 맛있는 한국 음식 좀 추천해 주세요.
여자 : 음, 매운 음식을 좋아하세요?
남자 : _____

① 네, 김치를 드세요.
❷ 네, 아무거나 다 잘 먹어요.
③ 아니요, 다른 식당으로 가요.
④ 아니요, 한국 음식 잘 알아요.

📂 종류 대화

🎧 해설
여자가 매운 음식을 좋아하냐고 물었기 때문에 이에 어울리는 대답은 3번이다.

단어 추천하다   아무거나

7.

남자 : 축하해. 이번에 또 장학금을 받는다면서?
여자 : 고마워. 그런데 어떻게 알았어?
남자 : _____

① 장학금 신청이 끝났어.
② 생각보다 시험이 쉬웠어.
③ 지난 학기에 이미 받았어.
❹ 학과 게시판에서 이름을 봤어.

📂 종류 대화

🎧 해설
남자가 여자에게 축하한다고 말하자 여자는 장학금 받게 된 사실을 어떻게 알았냐고 물었다. 이에 어울리는 답은 4번이다.

단어 장학금   게시판

8.

여자 : 도서관 내에 가방을 가지고 들어가도 되나요?
남자 : 개인 귀중품만 가지고 들어갈 수 있습니다. 저쪽 입구에 보관함이 있습니다.
여자 : _____

① 가방을 안 가지고 왔어요.
② 개인 귀중품을 잃어버렸어요.
❸ 비어 있는 보관함이 없어서요.
④ 책을 안에 가지고 가면 좋겠어요.

📂 종류 대화

🎧 해설
여자가 도서관에 가방을 가지고 들어가도 되냐고 묻자 직원은 입구에 있는 보관함을 이용하라고 한다. 이에 어울리는 답은 3번이다.

단어 귀중품   입구   보관함

[9~12] 다음 대화를 잘 듣고 여자가 이어서 할 행동으로 알맞은 것을 고르십시오.

9.

여자 : 민수 씨, 이번 달 업무 보고서 완성했어요?
남자 : 아니요, 지금 하고 있는데 한꺼번에 쓰려니까 생각이 잘 안 나요.
여자 : 제가 좀 봐 드릴까요? 부장님이 휴가 가셔서 지금 좀 한가하거든요.
남자 : 도와주시면 저는 너무 좋죠. 감사합니다.

📂 종류 대화

🎧 해설
여자가 보고서를 완성했는지 남자에게 문의하자 남자는 지금 하고 있지만 어렵다고 대답했다. 여자는 지금 한가해서 보고서를 봐 주겠다고 했으므로 남자의 보고서를 검토할 것이다.

단어 업무 보고서   한가하다   제출하다
검토하다   계획을 세우다

① 보고서를 제출한다.
❷ 보고서를 검토한다.
③ 휴가 계획을 세운다.
④ 부장님을 도와 드린다.

10.

여자 : 저, 실례합니다. 옆 사무실에서 왔는데 포장 테이프 좀 빌릴 수 있을까요?

남자 : 아, 저희도 다 써서 주문해야 하는데. 급한 거면 비품실에 한번 가 보시겠어요?

여자 : 네, 그럴게요. 그런데 비품실이 어디에 있나요? 제가 아직 신입이라 잘 몰라서요.

남자 : 1층 108호입니다.

❶ 1층으로 간다.
② 상자를 포장한다.
③ 사무실로 돌아간다.
④ 사무용품을 주문한다.

📁 종류 대화

💬 해설

여자가 남자에게 포장 테이프를 빌려달라고 하자 남자는 지금 가진 것은 없으니 비품실에 가 보라고 말했다. 여자가 비품실 위치를 물어보자 남자가 1층이라고 대답했으므로 여자는 1층으로 갈 것이다.

단어 포장(하다)   비품실   신입   사무용품

11.

여자 : 여보, 지금 홈쇼핑에서 팔고 있는 저 선풍기 어때요?

남자 : 좋은데요. 방송 중에 주문하면 책상용 선풍기도 사은품으로 주네요.

여자 : 그럼 빨리 전화해야겠어요. 제 지갑 좀 가져다주세요.

남자 : 잠깐만요, 지갑 어디 있어요?

① TV를 켠다.
❷ 전화를 건다.
③ 책상을 구입한다.
④ 지갑을 가져온다.

📁 종류 대화

💬 해설

남자와 여자는 홈쇼핑에서 팔고 있는 선풍기에 관해 이야기하고 있다. 남자가 그 선풍기가 좋다고 하자, 여자는 빨리 주문하고 계산하기 위해 남자에게 지갑을 갖다 달라고 했다. 주문이 계산보다 먼저 할 행동이므로 여자는 전화할 것이다.

단어 홈쇼핑   사은품   전화를 걸다

12.

여자 : 다음 주에 체육관 바닥 청소한다는 소식 들었어?

남자 : 그래? 그럼 다음 주에 우리 학과 신입생 오리엔테이션은 어떻게 해?

여자 : 글쎄, 안 그래도 행정실에서 메일을 보냈던데 확인해 볼게.

남자 : 큰일이네. 우리 일정이랑 겹치면 안 되는데. 나도 학과장님께 여쭤볼게.

📁 종류 대화

💬 해설

여자가 다음 주 체육관 청소 일정을 들었는지 물었고 남자는 신입생 오리엔테이션과 일정이 겹칠까 봐 걱정하고 있다. 여자가 행정실에서 보낸 메일을 확인하겠다고 했으므로 여자는 메일의 내용을 확인할 것이다.

단어 체육관   신입생   오리엔테이션   행정실
       학과장   겹치다

① 신입생 교육을 시작한다.
② 학과장님께 메일을 보낸다.
③ 학과 신입생 명단을 물어본다.
❹ 행정실에서 보낸 메일을 확인한다.

[13~16] 다음을 듣고 내용과 일치하는 것을 고르십시오.

13.

여자 : 어제 제안서 발표 어땠어요? 잘했어요?
남자 : 네, 처음에는 좀 긴장했었는데 준비한 대로 하다 보니 괜찮아지더라고요.
여자 : 다행이다. 고생한 보람이 있네요.
남자 : 고마워요. 부장님이 잘했다고 칭찬해 주셔서 기분도 아주 좋았어요.

① 여자는 어제 발표를 했다.
❷ 남자는 발표 준비를 열심히 했다.
③ 여자는 긴장을 해서 발표를 망쳤다.
④ 남자는 부장님을 도와 드리고 칭찬받았다.

🗂 **종류** 대화

🎓 **해설**
여자가 남자에게 제안서를 준비하는 동안 고생한 보람이 있다고 말하므로 답은 2번이다.
① ~~여자는~~ 어제 발표를 했다. (여자가 남자에게 어제 제안서 발표 어땠어? 잘했어?)
③ ~~여자는 긴장을 해서 발표를 망쳤다.~~ (남자가 말하기를 처음에는 좀 긴장했었는데 ~~ 괜찮아지더라고.)
④ 남자는 부장님을 ~~도와 드리고~~ 칭찬받았다. (발표에 대해 부장님이 잘했다고 칭찬해 주셔서 기분도 아주 좋았어.)

단어 제안서   긴장하다   보람   다행이다

14.

여자 : (연결음) 안녕하십니까, 고객님? 오늘도 저희 은행을 이용해 주셔서 감사드립니다. 지금은 폰뱅킹과 사고신고 접수 업무만 가능합니다. 업무 관련 상담은 은행 영업일 오전 9시부터 오후 6시 사이 또는 토요일 및 공휴일 오전 9시부터 오후 12시까지 전화해 주시기 바랍니다. 감사합니다. (삐이~)

① 폰뱅킹은 오후 6시 이후 사용할 수 없다.
❷ 사고신고 접수는 영업시간 이후에도 가능하다.
③ 업무 관련 상담은 은행에 직접 가서 해야 한다.
④ 토요일과 공휴일에는 전화 상담을 받지 않는다.

🗂 **종류** 담화_안내(전화)

🎓 **해설**
은행 영업시간 이후 이용 가능한 업무를 안내하면서 폰뱅킹과 사고신고 접수만 가능하다고 하였으므로 답은 2번이다.
① 폰뱅킹은 오후 6시 이후 ~~사용할 수 없다.~~ (지금은 폰뱅킹과 사고신고 접수 업무만 가능합니다.)
③ 업무 관련 상담은 은행에 ~~직접 가서 해야 한다.~~ (업무 관련 상담은 은행 영업일 … 전화해 주시기 바랍니다.)
④ 토요일과 공휴일에는 ~~전화 상담을 받지 않는다.~~ (토요일 및 공휴일 오전 9시부터 오후 12시까지 전화하여 주시기 바랍니다.)

단어 폰뱅킹   접수   영업일   공휴일

15.

남자 : 이어서 날씨 소식입니다. 오늘도 수도권은 불볕더위로 폭염 경보가 있었습니다. 제주도는 태풍의 영향으로 현재 바람이 불고 비가 내리고 있는데요, 이 비는 내일까지 이어지겠습니다. 따라서 이 지역은 한동안 25도 안팎의 기온을 보이는 반면 서울을 포함한 그 밖에 지역은 폭염 경보 속에 내일 한낮의 기온이 37도로 오늘보다 더 덥겠습니다.

🗂 **종류** 담화_뉴스(일기예보)

🎓 **해설**
내일 서울을 포함한 수도권 한낮 기온이 37도로 오늘보다 더 덥다고 했으므로 답은 4번이다.
① ~~수도권에는~~ 바람이 심하게 불고 있다. (제주도는 태풍의 영향으로 현재 바람이 불고 비가 내리고 있는데요.)
② ~~제주도에는~~ 폭염이 계속 이어지고 있다. (오늘도 수도권은 폭염이 심했다.)

① 수도권에는 바람이 심하게 불고 있다.
② 제주도에는 폭염이 계속 이어지고 있다.
③ 한동안 전국적으로 비가 내릴 전망이다.
❹ 내일 서울의 한낮 기온이 37도로 예상된다.

③ 한동안 전국적으로 <u>비가 내릴 전망이다</u>. (따라서 이 지역은 한동안 25도 안팎 기온을 보일 것이다.)
• 이어지다　例 섬들이 다리로 <u>이어져 있다</u>.
• 예상되다　例 우리 팀의 승리가 <u>예상된다</u>.
• 포함하다　例 우리 가족은 나를 <u>포함해서</u> 모두 세 명이다.

단어 수도권　폭염 경보　한낮　불볕더위

16.

여자 : 지난달 가수 겸 작곡가인 김지민 씨가 한국어로 낸 음반이 해외 차트에서 1위를 하며 큰 성공을 거두었는데요. 그 비결이 뭘까요?

남자 : 음, 저는 제 또래의 이야기를 음악에 담고 싶었습니다. 현실에 대한 고민과 사랑. 단순한 사랑 이야기뿐만 아니라 다양한 삶의 이야기를 춤과 뮤직비디오, 소셜미디어 콘텐츠로 보여 드리니 전 세계 팬들이 종합 선물 세트를 받는 것처럼 큰 즐거움을 느끼시는 것 같습니다.

❶ 최근 한국어로 된 음반을 냈다.
② 해외 차트에서 1위를 하는 것이 꿈이다.
③ 사랑 이야기가 담긴 노래를 주로 만든다.
④ 지난달 해외 팬들에게 종합 선물 세트를 받았다.

종류 대화_인터뷰

해설
여자가 지난달 남자가 한국어로 음반을 냈다고 소개했으므로 답은 1번이다.
② 남자는 해외 차트에서 1위를 <u>하는 것이 꿈이다</u>. (한국어로 낸 음반이 해외 차트에서 1위를 하며 큰 성공을 거두었는데요.)
③ 남자는 사랑 이야기가 담긴 노래를 <u>주로 만든다</u>. (제 또래의 이야기를 ~~. 현실에 대한 고민과 사랑.)
④ 남자는 지난달 해외 팬들에게 <u>종합 선물 세트를 받았다</u>. (전 세계 팬들이 종합 선물 세트를 받는 것처럼 큰 즐거움을 느끼시는 것 같습니다.)

단어 음반　차트　비결　또래　종합

[17~20] 다음을 듣고 <u>남자</u>의 중심 생각을 고르십시오.

17.

남자 : 요즘도 헬스장 다녀? 난 시간 내기가 힘들어서 집에서 운동을 시작했는데 효과도 좋고 돈도 아낄 수 있어서 진짜 괜찮은 거 같아.

여자 : 집에서 운동을 한다고? 혼자 규칙적으로 운동하기 힘들지 않아?

남자 : 응, 처음에는 힘들었는데, 유튜브 영상을 보면서 운동 따라 하고 운동 앱에 운동 일기를 기록하니까 꾸준히 하게 되더라고.

① 운동은 매일 규칙적으로 해야 한다.
② 운동은 헬스장에서 꾸준히 해야 한다.
③ 인터넷을 이용해서 운동 효과를 높일 수 있다.
❹ 집에서의 운동은 시간과 돈을 줄일 수 있어서 좋다.

종류 대화

해설
여자와 남자는 운동에 관해 이야기하고 있다. 남자는 집에서 하는 운동이 시간과 돈을 아낄 수 있다고 생각한다. 혼자서 꾸준히 하기 위해 운동 앱을 이용해서 하면 되기 때문에 답은 4번이다.
• 아끼다　例 용돈을 <u>아끼다</u>.

단어 규칙적　따라 하다

18.

남자 : 아이가 이제 겨우 열 살이에요. 혼자 유학 보내기에는 너무 어린 거 아니에요? 적어도 고등학교는 졸업해야 할 것 같은데.

여자 : 그렇지만 외국어는 공부에 대한 부담이 적을 때 배우는 게 좋잖아요. 어릴 때 배우면 발음도 좋고요.

남자 : 외국어 발음은 유학 가지 않아도 배울 수 있어요. 어린 나이에 혼자 유학을 가면 정서적으로 힘들어요. 가정교육도 중요한데 많은 부분을 놓치게 되잖아요.

① 외국어는 어릴 때 배우는 것이 좋다.
② 유학은 아이에게 정서적으로 도움이 된다.
❸ 아이들에게는 가정교육이 무엇보다 중요하다.
④ 자연스러운 외국어 발음은 외국에서 익힐 수 있다.

📁 종류 대화

💬 해설

여자와 남자는 조기 유학에 관해 이야기하고 있다. 남자는 어린 나이에는 가정교육이 더 중요하다고 생각하므로 3번이 답이다.

• 조기 유학 [예] 조기 유학을 하는 학생의 수가 증가하고 있다.

단어 적어도   부담   정서적

19.

여자 : 민수 씨, 혈액형이 뭐예요? 저는 A형이라서 늘 너무 소심한 게 문제예요.

남자 : A형이라서 소심하다고요? 저는 B형인데……. 혈액형하고 성격이 무슨 상관이에요?

여자 : 혈액형에 따라 성격을 알 수 있잖아요. B형 남자는 이기적인 데다가 주변에 모든 이성에게 친절해서 여자 친구를 속상하게 만든다던데요.

남자 : 정말요? 성격은 환경에 영향을 받는 거죠. 혈액형으로 성격을 알 수 있으면 세상에 모든 남자들 성격이 딱 네 가지로 나뉜다는 건데, 그게 말이 돼요?

① 사람의 성격과 혈액형은 관련이 있다.
② 혈액형은 주변 환경에 영향을 많이 받는다.
③ 남자들의 성격은 혈액형에 따라 네 가지로 나눠진다.
❹ 혈액형으로 성격을 알 수 있다는 것은 논리적이지 않다.

📁 종류 대화

💬 해설

여자와 남자는 혈액형에 관해 이야기하고 있다. 남자는 성격이 환경에 영향을 받는다고 생각하기 때문에 답은 4번이다. 2번에서 주변 환경에 영향을 받는 것은 혈액형이 아니고 성격이다.

• 영향을 받다 [예] 식물은 온도에 많은 영향을 받는다.

단어 소심하다   이기적   나누어지다

20.

여자 : 매년 휴가철마다 전국의 유명 해수욕장들이 쓰레기로 몸살을 앓고 있는데요. 무엇이 문제인가요?

남자 : 사람들이 쓰레기를 직접 가져가서 버리지 않고 해수욕장에 그냥 버리고 갑니다. '나 하나쯤은 괜찮겠지' 하는 인간의 작은 이기심 때문인데요. 이게 일반 쓰레기와는 달리 모래 속에 파묻히거나 섞이게 되면 치우기가 힘들고 안전사고의 원인이 되기도 합니다. 또 파도가 쳐서 이 쓰레기들이 바다로 가게 되면 해양 생물들이 죽거나 바다가 오염될 수도 있고요.

📁 종류 대화_인터뷰

💬 해설

남자는 인간의 이기심이 환경을 오염시킨다고 말했으므로 답은 4번이다.

• 원인이 되다 [예] 음주 운전이 교통사고의 원인이 되었다.

단어 휴가철   몸살을 앓다   이기심   파묻히다

① 해양 생물을 보호해야 한다.
② 안전사고의 원인을 제거해야 한다.
③ 해수욕장을 더 깨끗이 관리해야 한다.
❹ 사람들의 이기심이 환경을 오염시킨다.

[21~22] 다음을 듣고 물음에 답하십시오.

여자 : 박사님, 모기에 물렸을 때 가려움을 해결하는 방법으로 뭐가 있을까요?

남자 : 일반적으로 물린 부분에 알로에나 벌꿀을 바르거나 얼음 마사지를 하면 부기가 가라앉습니다. 하지만 발열과 구토 증세가 있다면 반드시 의사와 상담하세요. 모기는 심각한 질병을 옮길 수 있기 때문에 예방과 주의가 필요합니다.

여자 : 그렇군요. 그럼 예방법도 알려주시죠.

남자 : 모기는 땀을 잘 흘리는 사람, 몸에 열이 많은 사람을 좋아합니다. 그래서 체온을 너무 높이지 않는 것이 좋습니다. 또 야외 활동 시 선명한 색상의 옷은 피하고 피부에 붙지 않는 옷을 입는 것이 좋습니다.

21. 남자의 중심 생각으로 알맞은 것을 고르십시오.

① 모기 예방 방법으로 야외 활동은 피해야 한다.
② 모기는 질병을 옮길 수 있어서 모두 없애야 한다.
❸ 모기는 물리기 전에 예방하고 주의하는 것이 좋다.
④ 모기에 물린 부기는 반드시 의사에게 보여야 한다.

---

22. 들은 내용으로 맞는 것을 고르십시오.

① 얼음 마사지를 하면 가려움증이 증가된다.
② 알로에나 벌꿀을 바르면 모기를 쫓을 수 있다.
❸ 모기에 물리면 심각한 전염병에 걸릴 수 있다.
④ 몸에 딱 맞는 옷을 입으면 모기가 물지 못한다.

[23~24] 다음을 듣고 물음에 답하십시오.

남자 : 여보세요? 식물원이죠? 인터넷 블로그에서 본 적이 있는 것 같아서 문의 드리는데요. 혹시 강아지와 함께 입장이 가능한가요?

여자 : 네, 가능합니다. 목줄을 하고 배변 봉투를 가지고 오셔서 입구에서 확인 후 입장하실 수 있습니다.

남자 : 네, 알겠습니다. 그런데 혹시 식물원 안에 강아지와
　　　식사를 할 수 있는 곳이 있나요?
여자 : 따로 식당은 마련되어 있지 않습니다. 대신 푸드코
　　　트 반대편에 테이블이 있는 휴게 공간이 있는데요,
　　　거기에서 포장해 오신 음식을 드실 수 있습니다.

23. 남자가 무엇을 하고 있는지 고르십시오.

① 인터넷 블로그에 글을 쓰고 있다.
❷ 식물원 이용에 대해 물어보고 있다.
③ 규칙 위반 시 주의 사항을 설명하고 있다.
④ 푸드코트 내 휴게 공간의 위치를 확인하고 있다.

---

24. 들은 내용으로 맞는 것을 고르십시오.

① 식물원에서 목줄과 배변 봉투를 판매한다.
❷ 식물원에 반려견과 동반 입장이 가능하다.
③ 식물원에는 음식을 먹을 수 있는 장소가 없다.
④ 식물원의 휴게 공간은 사람들만 이용할 수 있다.

[25~26] 다음을 듣고 물음에 답하십시오.

여자 : 겨울철 털옷을 만들기 위해 수많은 동물이 희생되는
　　　데 이 점에 대해 어떻게 생각하세요?
남자 : 네. 사실은 여우나 곰 같은 야생 동물들이 좁은 곳에
　　　갇혀서 생활하고, 죽을 때도 굉장히 끔찍한 방법으
　　　로 털이 벗겨집니다. 또한 털의 상태를 좋게 하기 위
　　　해서 동물들에게 호르몬 주사를 맞히는데요. 이 호
　　　르몬 주사는 야생 동물의 뼈와 관절을 약화시켜서
　　　움직일 수 없게 만듭니다. 너무 잔인한 방법들입니
　　　다. 최근 동물의 희생 없이 털옷을 만들 수 있는 대
　　　체 섬유가 개발되었습니다. 이 섬유는 동물의 털보
　　　다 훨씬 더 따뜻하고 가격 또한 저렴하다는 장점이
　　　있습니다.

25. 남자의 중심 생각으로 맞는 것을 고르십시오.

① 겨울옷에는 야생 동물의 털이 필요하다.
② 야생 동물은 자연 상태에서 키워야 한다.
③ 야생 동물을 죽일 때에는 잔인하지 않게 해야 한다.
❹ 대체 섬유를 사용하여 야생 동물의 희생을 줄여야 한다.

- 이용객 **[예]** 주말에는 놀이공원에 이용객이 많다.

단어 블로그　　목줄　　배변 봉투　　문의하다

해설

여자가 식물원에 반려견과 동반 입장이 가능하다고 했기
때문에 답은 2번이다.
① 식물원에서 목줄과 배변 봉투를 ~~판매한다~~. (목줄을 하
　고 배변 봉투를 가지고 오셔서)
③ 식물원에는 음식을 먹을 수 있는 장소가 ~~없다~~. (푸드 코
　트 반대편에 테이블이 있는 휴게 공간이 있는데요.)
④ 식물원의 휴게 공간은 ~~사람들만 이용할 수 있다~~. (휴게
　공간에서 포장해 오신 음식을 드실 수 있습니다.)

종류 대화_인터뷰

해설

남자는 야생 동물 희생 없이 털옷을 만들 수 있는 대체 섬
유의 장점에 관해 이야기했으므로 답은 4번이다.

- 대체 **[예]** 다른 것으로 대체가 불가능하다.

단어 희생되다　　갇히다　　끔찍하다　　호르몬

26. 들은 내용으로 맞는 것을 고르십시오.

❶ 대체 섬유는 동물의 털보다 효과가 더 좋다.
② 과거에는 야생 동물들이 잔혹하게 희생되었다.
③ 야생 동물의 건강을 위해 호르몬 주사를 놓는다.
④ 야생 동물은 야생의 환경에 맞게 관리되고 있다.

🎓 해설
대체 섬유는 동물의 털보다 따뜻하고 저렴하다고 했기 때문에 답은 1번이다.
② 과거에는 야생 동물들이 잔혹하게 희생되었다. (겨울철 털옷을 만들기 위해 동물이 희생되는데.)
③ 야생 동물의 건강을 위해 호르몬 주사를 놓는다. (털의 상태를 좋게 하려고 동물들에게 호르몬 주사를 맞히는데요.)
④ 야생 동물은 야생의 환경에 맞게 관리되고 있다. (야생 동물들이 좁은 곳에 갇혀서 생활하고)

[27~28] 다음을 듣고 물음에 답하십시오.

남자 : 어젯밤에 응급실에 갔다 왔다면서?
여자 : 응. 저녁 내내 속이 불편하더니 토하고 열이 나서 새벽에 결국 응급실에 갔다 왔어.
남자 : 그랬구나. 지금은 괜찮은 거야? 요즘 계속 밥을 먹고 나면 속이 불편하다고 했잖아. 의사가 뭐래?
여자 : 위에 염증이 생겼다고 하더라고. 일주일간 약 잘 챙겨 먹고, 자극적인 음식을 피하면 괜찮아질 거래.
남자 : 계속 안 좋으면 위내시경을 받아 보는 게 좋을 것 같은데. 이번 주에 휴가 내고 병원에서 종합 검진을 받는 게 어때?

27. 남자가 여자에게 말하는 의도를 고르십시오.

❶ 자세한 검진을 권유하기 위해
② 식품의 안정성을 알리기 위해
③ 휴식의 중요성을 강조하기 위해
④ 위내시경의 효과를 알리기 위해

📁 종류 대화

🎓 해설
남자가 여자에게 위내시경과 종합 검진을 권유하고 있기 때문에 답은 1번이다.
• 권유하다　예 의사는 환자에게 운동을 권유했다.

단어 응급실　염증　자극적　내시경

---

28. 들은 내용으로 맞는 것을 고르십시오.

❶ 여자는 구토로 인해 응급실에 다녀왔다.
② 남자는 속이 불편해서 의사를 만나러 갔다.
③ 여자는 일주일간 병원에서 진료를 받아야 한다.
④ 남자는 종합 검진을 받기 위해 휴가를 낼 것이다.

🎓 해설
여자가 토하고 열이 나서 새벽에 응급실에 갔다고 했으므로 답은 1번이다.
② 남자는 속이 불편해서 의사를 만나러 갔다. (여자가 토하고 열이 나서 새벽에 결국 응급실에 갔다 왔어.)
③ 여자는 일주일간 병원에서 진료를 받아야 한다. (일주일간 약 잘 챙겨서 먹고)
④ 남자는 종합 검진을 받기 위해 휴가를 낼 것이다. (여자에게 말한다. 이번 주에 휴가 내고 병원에서 종합 검진을 받는 게 어때?)

[29~30] 다음을 듣고 물음에 답하십시오.

여자 : 최근 집에서 텃밭을 가꾸는 사람들이 많은데요. 함께 심으면 좋은 식물들이 따로 있다고요?

남자 : 네, 텃밭을 가꿀 때 서로 도움 주는 식물끼리 조합하면 관리가 쉽습니다. 예를 들어 해충이 붙기 쉬운 식물과 해충이 싫어하는 식물을 같이 심으면 약을 사용하지 않고 해충의 피해를 줄일 수 있죠.

여자 : 아, 그렇군요. 구체적으로 어떤 식물들이 있을까요?

남자 : 우리가 많이 먹는 파 같은 경우에는 오이, 수박, 호박 등과 바짝 붙여 심으면 좋습니다. 덩굴성 식물인 오이 등을 파와 같이 심으면 파뿌리에 있는 천연 항생 물질이 뿌리가 시드는 것을 예방합니다.

29. 남자는 누구인지 맞는 것을 고르십시오.

① 텃밭을 가꾸는 사람
② 해충을 없애는 사람
❸ 식물들의 조합을 연구하는 사람
④ 천연 항생 물질을 개발하는 사람

30. 들은 내용과 일치하는 것을 고르십시오.

① 일반인이 텃밭을 가꾸는 것은 쉽지 않다.
② 파뿌리의 항생 물질 때문에 오이 뿌리가 시든다.
③ 오이와 수박, 호박을 같이 심는 것이 효율적이다.
❹ 보완 관계에 있는 식물을 함께 심으면 관리가 편하다.

[31~32] 다음을 듣고 물음에 답하십시오.

남자 : 개의 키가 40cm 이상이면 모두 입마개를 착용해야 한다는 법안에 대해 애견인들의 반발이 높습니다. 개의 종류나 성격이 아닌 크기로만 이러한 의무사항을 부과하는 것은 납득하기 힘듭니다.

여자 : 아무래도 덩치가 큰 개들은 작은 개보다 사람에게 더 위협적일 수밖에 없는 것이 사실입니다.

남자 : 하지만 시각 장애인을 돕는 안내견들은 그 키가 40cm를 훌쩍 넘지만 온순합니다. 이러한 안내견들에게도 역시 입마개를 착용시킨다면 시각 장애인들이 위험에 닥쳤을 때 어떻게 합니까?

여자 : 그렇다면 개의 종류에 따라 좀 더 세분화하여 의무

🔲 **종류** 대화_인터뷰

🎓 **해설**

남자는 서로 보완 관계에 있는 식물들의 조합에 관해 설명하므로 식물들의 조합을 연구하는 사람일 것이다.

• 보완 　**[예]** 두 나라는 상호 보완 관계에 있다.

🔲 **단어** 텃밭을 가꾸다　조합하다　해충　구체적
　　　　항생물질

🎓 **해설**

남자는 텃밭을 가꿀 때 서로 보완 관계에 있는 식물끼리 조합하면 관리가 쉽다고 했으므로 답은 4번이다.

① 일반인이 텃밭을 가꾸는 것은 쉽지 않다. (최근 집에서 텃밭을 가꾸는 사람들이 많은데요.)
② 파뿌리의 항생 물질 때문에 오이 뿌리가 시든다. (오이 등을 파와 같이 심으면 파뿌리에 있는 천연 항생 물질이 뿌리가 시드는 것을 예방합니다.)
③ 오이와 수박, 호박을 같이 심는 것이 효율적이다. (파와 같이 오이, 수박, 호박 등과 바짝 붙여 심으면 좋습니다.)

🔲 **종류** 토론

🎓 **해설**

여자는 남자와 개의 입마개 착용 문제에 관해 이야기하고 있다. 여자는 덩치가 큰 개는 입마개를 착용해야 한다는 의견이지만 남자는 개의 크기만으로 입마개를 씌우는 것은 납득하기 어렵다고 말했으므로 답은 2번이다.

• 씌우다 　**[예]** 아이에게 우산을 씌웠다.

🔲 **단어** 입마개　법안　반발　부과하다
　　　　납득하다　세분화

를 부과하는 쪽으로 논의해보겠습니다.

31. 남자의 생각으로 맞은 것을 고르십시오.
① 키가 작은 개도 입마개를 착용해야 한다.
❷ 개의 크기로 입마개를 씌우는 기준은 옳지 않다.
③ 모든 개는 크기와 상관없이 사람에게 위협적이다.
④ 시각 장애인을 안내하는 안내견은 입마개가 필요하다.

32. 남자의 태도로 맞는 것을 고르십시오.
① 문제에 대한 해결책을 제시하고 있다.
② 자신의 주장을 예를 들며 증명하고 있다.
③ 상대방의 의견을 긍정적으로 평가하고 있다.
❹ 현재 논의되고 있는 법안에 대해 반발하고 있다.

🎓 **해설**
남자는 논의하고 있는 법안에 대해 이해할 수 없다는 태도로 반발하고 있으므로 답은 4번이다.

[33~34] 다음을 듣고 물음에 답하십시오.

여자 : 신라는 고대 삼국 중 하나로, 7세기에 백제와 고구려를 평정하여 삼국을 통일합니다. 이 신라에는 골품제라는 신분제도가 있습니다. 이 제도는 약 3백여 년간 신라의 정치와 사회를 규제하는 중요한 기초로 작용하였습니다. 이 제도는 개인의 신분에 따라 정치적인 출세는 물론, 결혼과 가옥의 크기, 의복의 빛깔 등 사회생활 전반에 걸쳐 여러 가지 특권과 제약을 가하는 제도입니다. 따라서 세습적인 성격이나 제도 자체의 엄격성으로 보아 흔히 인도의 카스트제도와 비교되고 있습니다. 골품제도는 성골과 진골이라는 두 개의 골과 일두품에서 육두품에 이르는 여섯 개의 두품을 포함해 모두 8개의 신분으로 나누어져 있습니다.

📂 **종류** 담화_강연

🎓 **해설**
신라의 골품제도와 그 특징에 대해서 말하고 있다.
• 엄격성 [예] 선거 제도에서 엄격성을 보여준다.
• 세습적 [예] 조선 시대는 세습적인 신분 사회였다.

📝 **단어** 평정하다   작용하다   신분   출세   특권

33. 무엇에 대한 내용인지 맞는 것을 고르십시오.
❶ 신라 골품제도의 설명
② 골품제도가 끼친 영향
③ 신라가 발전하는 과정
④ 신라의 삼국 통일 방법

34. 들은 내용으로 맞는 것을 고르십시오.

① 고대 삼국의 하나인 신라는 7세기에 만들어졌다.
② 골품제도는 3백 년간 유지된 신라의 정치제도였다.
❸ 골품제도는 신분에 따라 출세와 결혼 등이 달라졌다.
④ 골품제도의 신분은 크게 두 가지로 나누어져 있었다.

골품제도는 신분에 따라 출세와 결혼 등에 여러 가지 특권과 제약이 있었다고 했으므로 답은 3번이다.
① 고대 삼국의 하나인 신라는 7세기에 ~~만들어졌다.~~ (7세기에 백제와 고구려를 평정하여 삼국을 통일했죠.)
② 골품제도는 3백 년간 유지된 신라의 ~~정치제도였다.~~ (신라에는 골품제라는 신분제도가 있었는데요.)
④ 골품제도의 신분은 크게 ~~두 가지로~~ 나누어져 있었다. (모두 8개의 신분으로 나누어져 있습니다.)

[35~36] 다음을 듣고 물음에 답하십시오.

남자 : '조은 홈쇼핑' 창립 5주년 행사에 참석해 주신 직원 여러분께 감사의 말씀을 드립니다. 우리 회사는 초기의 부진을 견뎌내고 열심히 노력한 끝에 이 자리까지 오게 되었습니다. 특히 작년에는 매출 목표치의 200%를 초과 달성해 냈습니다. 신제품 개발부터 생산, 마케팅, 배송까지 모든 사원의 노력으로 이루어낸 성과입니다. 이른 아침부터 늦은 밤까지 최선을 다해 열심히 노력한 여러분이 오늘의 주인공입니다. 여러분이 없었다면 저는 창업이라는 일을 해내지 못했을 겁니다. 이 자리를 빌려 다시 한번 여러분께 진심으로 감사의 인사를 드립니다. 감사합니다.

🗂종류 담화_인사말

🎓해설
남자는 회사(홈쇼핑)의 대표로 창립 5주년 행사에서 감사 인사를 직원들에게 전하고 있다.
• 해내다 예 그 어려운 일을 해낸다.
• 표하다 = 드러내다, 표현하다
예 이번 제안에 대해 찬성의 뜻을 표하였다.

단어 창립   부진   목표치   초과 달성

35. 남자는 무엇을 하고 있는지 맞는 것을 고르십시오.

❶ 직원들의 노력에 감사를 표하고 있다.
② 제품 개발의 필요성을 강조하고 있다.
③ 작년의 제품 판매량을 설명하고 있다.
④ 회사 사원들의 역량을 평가하고 있다.

36. 들은 내용으로 맞는 것을 고르십시오.

① '조은 홈쇼핑'은 이번에 새롭게 창업했다.
❷ '조은 홈쇼핑'은 초기의 어려움을 이겨냈다.
③ 사원들은 주인공이 되기 위해 열심히 노력했다.
④ '조은 홈쇼핑'은 올해 매출 목표를 100% 달성했다.

🎓해설
남자는 초기의 부진을 견뎌냈다고 했으므로 답은 2번이다.
① '조은 홈쇼핑'은 이번에 ~~새롭게 창업했다.~~ ('조은 홈쇼핑' 창립 5주년 행사에 참석해 주신)
③ 사원들은 ~~주인공이 되기 위해~~ 열심히 노력했다. (열심히 노력한 여러분이 오늘의 주인공입니다.)
④ '조은 홈쇼핑'은 올해 매출 목표를 ~~100%~~ 달성했다. (우리 회사가 매출 목표치의 200%를 초과 달성해 냈습니다.)

남자 : 요즘 현대인들은 다이어트에 관심이 많습니다. 따라
서 다이어트에 효과가 좋다는 보조 제품들도 많이
나오고 있는데, 이런 제품들이 정말 다이어트에 도
움이 되나요?

여자 : 네, 어느 정도는 도움이 된다고 할 수 있습니다. 그
런데 무작정 이런 제품을 사용하기보다는 왜 살이
찌는지 그 원인을 먼저 생각해 보는 것이 좋습니다.
그리고 그에 맞는 방법을 찾아 해결하려는 노력이
필요하죠. 비만은 식습관이나 생활 습관 등이 그 요
인인 경우가 많습니다. 아무래도 현대인들은 먹는
칼로리에 비해 활동량이 적은 것이 문제인데요. 효
과가 좋다는 보조 제품을 사용해도 쉽게 살이 빠지
지 않는 이유가 여기에 있습니다.

37. 여자의 중심 생각으로 맞는 것을 고르십시오.

① 다이어트를 돕는 제품이 다양해져야 한다.
② 비만은 식습관이나 생활 습관에 영향을 미친다.
③ 다이어트 보조 제품의 특성을 잘 파악해야 한다.
❹ 비만 원인을 파악한 후 알맞은 해결책이 필요하다.

38. 들은 내용과 일치하는 것을 고르십시오.

① 다이어트에 효과가 좋다는 보조 제품들은 많지 않다.
② 살이 찌는 원인을 생각한 후에 보조 제품을 사용하는 것
이 좋다.
③ 비만에는 보조 제품을 사용하는 것이 식습관을 바꾸는
것보다 낫다.
❹ 현대인들은 활동량이 적어 보조 제품을 사용해도 살 빼
기가 힘들다.

🏷 종류 대화_인터뷰

💬 해설
여자는 살이 찌는 원인을 생각하고 그에 맞는 방법을 찾는
것이 중요하다고 했으므로 답은 4번이다.
• 칼로리 = 열량

단어 무작정   식습관   요인   칼로리   활동량

💬 해설
여자는 현대인들이 보조 제품을 사용해도 살이 빠지지 않는
이유가 활동량이 적기 때문이라고 했으므로 답은 4번이다.
① 다이어트에 효과가 좋다는 보조 제품들은 ~~많지 않다~~.
   (~ 보조 제품들도 많이 나오고 있는데요.)
② 살이 찌는 원인을 생각한 후에 ~~보조 제품을 사용하는~~
   ~~것이 좋다~~. (원인을 먼저 생각해 보는 것이 ~ 그에 맞
   는 방법을 찾아 해결하려는 노력이 필요하죠.)
③ 비만에는 보조 제품을 사용하는 것이 ~~식습관을 바꾸는~~
   ~~것보다 낫다~~. (어느 정도는 도움이 된다고 할 수 있습니
   다. 그런데 무작정 이런 제품을 사용하기보다는 … 해
   결하는 노력이 필요하죠.)

[39~40] 다음은 대담입니다. 잘 듣고 물음에 답하십시오.

여자 : 일정 시간 이상의 교육을 받으면 정부의 지원금을 받을 수 있다는 방금 그 말씀은 중요한 정보인 것 같습니다.

남자 : 네, 그렇습니다. 농촌에서 살기를 희망하는 예비 귀농인들에게는 각 지방이나 농업지원센터에서 진행하는 이러한 교육을 받는 것이 귀농 준비의 첫 단계라고 할 수 있겠습니다. 예비 귀농인이 인터넷상의 수많은 정보 가운데에서 자신에게 필요한 부분을 골라 습득하기란 쉽지 않죠. 예비 귀농인을 대상으로 하는 교육에는 귀농 생활에 필요한 중요한 정보도 제공하고 있습니다. 또한 귀농인에게 농사 시작에서부터 창업까지의 귀농 과정을 자세하게 들으실 수 있습니다.

39. 이 담화 앞의 내용으로 알맞은 것을 고르십시오.

① 예비 귀농인들을 위한 예비 학교가 있다.
② 인터넷을 통해 예비 귀농인들을 모집하고 있다.
③ 귀농을 준비하려면 먼저 선배 귀농인에게 설명을 들어야 한다.
❹ 정해진 시간의 교육을 받으면 정부로부터 지원금을 받을 수 있다.

40. 들은 내용과 일치하는 것을 고르십시오.

① 인터넷을 통해 선배 귀농인들의 과정을 엿볼 수 있다.
❷ 교육에 참여하면 귀농에 대한 좋은 정보들을 얻을 수 있다.
③ 예비 귀농인들은 인터넷상의 정보로 충분한 정보를 얻는다.
④ 귀농 준비의 첫 단계는 선배 귀농인들을 찾아가 만나는 것이다.

📁 **종류** 대화_대담

💬 **해설**
여자는 '일정 시간 이상의 교육을 받으면 정부의 지원금을 받을 수 있다'는 말이 중요하다고 말한다. 이에 남자가 그 말에 대해 다시 한번 언급하며 강조하고 있으므로 답은 4번이다.

📖 **단어** 지원금   귀농인   습득하다   창업

💬 **해설**
남자는 예비 귀농인 대상의 귀농 교육이 중요한 정보를 제공하고 있다고 했으므로 답은 2번이다.
① 인터넷을 통해 선배 귀농인들의 귀농 과정을 엿볼 수 있다. (각 지방이나 농업지원센터에서 진행하는 이러한 교육을)
③ 예비 귀농인들은 인터넷상의 정보로 충분한 정보를 얻는다. (인터넷상의 수많은 정보 가운데에서 자신에게 필요한 부분을 골라 습득하기란 쉽지 않죠. 즉, 어렵다.)
④ 귀농 준비의 첫 단계는 선배 귀농인들을 찾아가 만나는 것이다. (교육을 받는 것이 귀농 준비의 첫 단계라고 할 수 있겠습니다.)

[41~42] 다음은 강연입니다. 잘 듣고 물음에 답하십시오.

여자 : 요즘 '소확행'이라는 단어가 유행처럼 번지고 있는데
요. 들어 보셨나요? '소확행'이란 소소하지만 확실한
행복, 즉 일상에서 느낄 수 있는 작지만 확실하게 실
현 가능한 행복 또는 그러한 행복을 추구하는 삶을
말합니다. 이 단어는 일본의 유명 소설가 무라카미
하루키가 수필집에서 행복을 "갓 구운 빵을 손으로
찢어 먹는 것, 서랍 안에 반듯하게 정리된 속옷이 잔
뜩 쌓여 있는 것"이라고 정의하며 쓴 것인데요. 행복
은 크고 거창한 것이 아니라 작은 일상 속에서도 느
낄 수 있는 즐거움이 진정한 행복이라고 말하고 있
습니다. 이러한 추세에 따라 현대 사회의 젊은이들
은 주택 구입, 취업, 결혼 등 성취가 불확실한 행복
을 좇기보다는, 작지만 성취하기 쉬운 소소한 행복
을 추구하는 경향을 보이고 있습니다.

41. 이 강연의 중심 내용으로 맞는 것을 고르십시오.
❶ 행복은 작은 일상에서도 느낄 수 있는 즐거움이다.
② 큰 목표보다는 작은 일상에 더 집중하며 살아야 한다.
③ 주택 구입, 취업, 결혼 등은 행복의 중요한 지표가 된다.
④ 성취가 불확실한 목표를 좇는 것은 행복한 삶이 아니다.

42. 들은 내용과 일치하는 것을 고르십시오.
① 소확행이란 크고 확실한 행복을 뜻한다.
② 소확행은 일본 사회에서 유행하는 말이다.
③ 현대인들은 크고 거창한 것에서 행복을 느낀다.
❹ 현대 사회의 젊은이들은 소확행을 좇는 경향이 있다.

📁 **종류** 담화_강연

🎓 **해설**

여자는 '소확행'이란 의미처럼 작은 일상 속에서 느낄 수
있는 즐거움이 진정한 행복이고 현대 젊은이들은 이런 행
복을 추구하는 경향을 보이고 있다고 이야기하고 있으므
로 답은 1번이다.
- 찢다   예 공책 한 장을 찢었다.
- 반듯하다   예 모자를 반듯하게 쓰세요.
- 정의하다   예 인생을 한마디로 정의하기 힘들다.

단어 실현   추구하다   경향을 보이다   거창하다

🎓 **해설**

현대 사회의 젊은이들은 소소한 행복을 추구하는 경향이
있다고 했으므로 답은 4번이다.
① 소확행이란 ~~크고~~ 확실한 행복을 뜻한다. ('소확행'이란
   소소하지만 확실한 행복)
② 소확행은 ~~일본 사회에서~~ 유행하는 말이다. (요즘 '소확
   행'이라는 단어가 유행처럼 번지고 있는데요.)
③ 현대인들은 ~~크고 거창한 것~~에서 행복을 느낀다. (현대
   사회 젊은이들은 … 소소한 행복을 추구하는 경향을 보
   이고 있습니다.)

[43~44] 다음은 다큐멘터리입니다. 잘 듣고 물음에 답하십시오.

남자 : 반짝이는 브라질의 한 해안가. 어부들이 그물을 가지고 모여든다. 이곳의 어부들은 돌고래와 협력해서 물고기를 잡는다. 먼저 돌고래들이 물고기 떼를 몰고 와서 점프로 어부들에게 신호를 보낸다. 그러면 좁은 수로 입구에서 대기하던 어부들은 그물을 던져 물고기 떼를 잡는다. 이때 그물에서 빠져나오는 물고기들이 돌고래의 먹이가 된다. 이것은 돌고래와 인간 사이의 상부상조라고 할 수 있다. 이러한 사냥 기술은 수백 년간 이어져 오고 있는데 돌고래와 인간 모두에게 상당한 숙련도가 필요하다. 어부들은 자신의 아버지에게 이 기술을 배운 소수의 사람이고, 돌고래 또한 새끼 때부터 어미 옆에서 오랫동안 이 기술을 배워 온 암컷들이 대부분이라고 한다.

43. 이 이야기의 중심 내용으로 맞는 것을 고르십시오.

❶ 돌고래와 어부들의 협업으로 사냥을 하고 있다.
② 브라질의 사냥 방법이 사냥 기술에 영향을 미쳤다.
③ 이어져 오는 사냥 기술은 숙련된 어부들만 할 수 있다.
④ 돌고래의 출현으로 어부들의 고기잡이 기술이 발전했다.

44. 돌고래에 대한 설명으로 맞는 것을 고르십시오.

① 돌고래는 수로 밖까지 물고기를 몰아준다.
❷ 어부들과 협업하는 돌고래는 대부분 암컷이다.
③ 돌고래의 숙련도에 따라 점프 신호가 달라진다.
④ 돌고래는 어부들이 물고기를 던져 주기를 기다린다.

🗂 **종류** 담화_다큐멘터리

💬 **해설**
어부들은 돌고래와 상부상조하며 물고기를 잡고 그 기술은 돌고래와 인간 모두에게 숙련도가 필요하다고 했으므로 답은 1번이다.

・상부상조 예 이웃끼리 상부상조하면 좋다.
・빠져나오다 예 건물에서 무사히 빠져나왔다.

📘 **단어** 그물 협력하다 떼 몰다
신호를 보내다 수로 숙련도

💬 **해설**
돌고래들은 새끼 때부터 이 기술을 배워 온 암컷들이 대부분이라고 했으므로 답은 2번이다.

[45~46] 다음은 강연입니다. 잘 듣고 물음에 답하십시오.

여자 : 요즘 '워라밸'이란 말을 들어 보셨나요? '워라밸 (work life balance)'은, 일과 삶의 균형을 의미합니다. 이 표현은 1970년대 후반 영국에서 개인의 업무와 사생활 간의 균형을 묘사하는 단어로 처음 등장했습니다. 한국에서는 각 단어의 앞글자를 딴 '워라밸'이 주로 사용되는데요. 이는 일과 효율, 돈에만 집중했던 과거와는 달리 개인의 여가를 우선시하는 신세대의 경향을 반영하고 있다고 볼 수 있습니다. 과다한 업무에 지친 사람들이 돈보다 자신의 만족을 추구하는 방향으로 삶을 설계하면서 일과 삶의 균형은 더욱 중요한 가치가 되고 있습니다. 건강도 그렇듯이 삶에도 균형이 중요합니다. 이 균형이 깨진다면 개인의 삶은 더 불행해질 것이고 업무의 효율도 더 떨어지게 될 것입니다.

45. 들은 내용과 일치하는 것을 고르십시오.

① '워라밸'이라는 표현은 한국에서 처음 만들어졌다.
② 과거에는 사람들이 돈보다 자신의 만족을 추구하였다.
③ '워라밸'은 일보다 삶을 중요하게 생각하는 것을 말한다.
❹ '워라밸'이 깨지면 개인과 회사에 부정적인 영향을 주게 된다.

46. 여자가 말하는 방식으로 가장 알맞은 것을 고르십시오.

① 워라밸의 한계점을 지적하고 있다.
❷ 일과 삶의 균형의 중요성을 강조하고 있다.
③ 현대 사회의 물질만능주의를 비판하고 있다.
④ 현대인의 과다한 업무량에 대해 토로하고 있다.

🗂 **종류** 담화_강연

🎓 **해설**

일과 삶의 균형이 깨진다면 개인의 삶과 업무에 부정적 영향을 줄 것이라고 했으므로 답은 4번이다.
① '워라밸'이라는 표현은 한국에서 처음 만들어졌다.
   (1970년대 후반 영국에서 개인의 업무와 사생활 간의 균형을 묘사하는 단어로 처음 등장했습니다.)
② 과거에는 사람들이 돈보다 자신의 만족을 추구하였다.
   (일과 효율, 돈에만 집중했던 과거와는 달리)
③ '워라밸'은 일보다 삶을 중요하게 생각하는 것을 말한다. (일과 삶의 균형을 의미한다.)
   • 등장하다 예 소설에 주인공으로 등장하였다.
   • 반영하다 예 성적을 평가에 반영하겠다.
   • 추구하다 예 이익을 추구하게 된다.

단어 균형   묘사하다   우선시하다   집중하다
      추구하다

🎓 **해설**

여자는 워라밸에 대해 설명하면서 일과 삶의 중요성에 대해 강조하고 있으므로 답은 2번이다.
   • 토로하다 = 말하다, 털어놓다
   예 그들은 서로의 불만을 토로하고 있다.

[47~48] 다음은 대담입니다. 잘 듣고 물음에 답하십시오.

여자 : 국회의원들에게 지급되는 특수 활동비가 생긴 지 18년 만에 처음으로 공개되었습니다. 하지만 이를 폐지해야 한다는 목소리가 커지고 있는데요. 어떻게 보십니까?

남자 : 특수 활동비는 국가 기밀이나 기밀 유지가 필요한 정보나 사건의 수사, 국정 활동 등에 사용되는 경비를 말합니다. 그런데 이것은 영수증 증빙이 필요 없는 데다 현금으로 지급되어 당연히 감사도 받지 않는 실정이죠. 따라서 실제로 어떻게 쓰였는지를 쓴 사람 아니면 아무도 모른다는 치명적인 단점이 있습니다. 국가 정보기관이 아닌 입법기관인 국회에 이러한 특수 활동비를 지급하는 것은 그 목적에 맞지 않고요. 무엇보다 남는 특수 활동비를 개인적인 용도로 사용하는 사례도 있어서 폐지하는 것이 맞다고 봅니다.

47. 들은 내용과 일치하는 것을 고르십시오.

① 특수 활동비는 개인적인 용도로 사용할 수 있다.
② 특수 활동비는 18년간 모든 사람에게 공개되었다.
❸ 특수 활동비는 국가 기밀 유지 등에 쓰이는 돈이다.
④ 특수 활동비는 영수증이 있으면 현금으로 지급된다.

48. 남자의 태도로 가장 알맞은 것을 고르십시오.

① 특수 활동비의 지급 목적을 명확히 밝히고 있다.
② 특수 활동비가 국가 기밀유지에 미칠 영향을 우려하고 있다.
❸ 국회의원에게 지급되는 특수 활동비의 폐지를 주장하고 있다.
④ 국회의원의 특수 활동비 지급 방법을 적극적으로 검토하고 있다.

🔲 **종류** 대화_대담

🔵 **해설**

특수 활동비에 관해 이야기하고 있다. 남자는 국가 기밀 유지 등에 특수 활동비가 사용된다고 말했으므로 답은 3번이다.

① 특수 활동비는 ~~개인적인 용도로 사용할 수 있다.~~ (국가 기밀이나 기밀 유지가 필요한 정보나 사건의 수사, 국정 활동 등에 사용되는 경비를 말합니다.)
② 특수 활동비는 ~~18년 간 모든 사람에게~~ 공개되었다. (18년 만에 처음으로 공개되었습니다.)
④ 특수 활동비는 ~~영수증이 있으면~~ 현금으로 지급된다. (이것은 영수증 증빙이 필요 없는 데다 현금으로 지급되고)

• 공개되다 　 예 비밀이 언론에 공개되었다.
• 사례 　 예 사례를 들어 설명하고 있다.
• 폐지 　 예 국민들은 법안 폐지를 요구한다.

🔲 **단어** 지급되다　　목소리가 커지다　　기밀 유지
국정 활동　　증빙　　감사　　치명적

🔵 **해설**

남자는 특수 활동비의 단점을 설명한 뒤 폐지를 주장하고 있으므로 답은 3번이다.

• 우려하다 = 근심하다, 걱정하다
예 물가 인상에 대해 시민들이 우려하는 목소리가 커지고 있다.

[49~50] 다음은 강연입니다. 잘 듣고 물음에 답하십시오.

여자 : 얼음을 녹이면 물이 되고, 물을 가열하면 수증기가 된다는 것은 누구나 알고 있는 사실인데요. 수증기에서 더 높은 온도까지 계속 가열하면 어떻게 될까요? 물 분자는 양이온과 전자가 분리된 플라즈마 상태로 변하게 됩니다. 눈에 보이진 않지만 플라즈마는 사실 우주에서 가장 흔한 물질이고, 우주 물질의 99%는 플라즈마 상태에 있다고도 알려져 있습니다. 우리가 눈으로 확인할 수 있는 가장 일반적인 플라즈마는 번개입니다. 낙뢰로 보이는 "번개"는 초고온 및 고전압에 의해 이온화된 공기가 플라즈마 상태로 되어 발광하고 있는 상태입니다. 또한 위도가 높은 곳에서 종종 발생하는 "오로라"도 이러한 플라즈마의 하나입니다.

49. 들은 내용과 일치하는 것을 고르십시오.

❶ 수증기를 계속 가열하면 플라즈마 상태로 변한다.
② 플라즈마는 우리의 눈에 잘 보이는 우주 물질이다.
③ 번개는 고전압에 의해 발광하여 플라즈마로 변한다.
④ 눈으로 확인할 수 있는 일반적인 플라즈마가 오로라이다.

50. 여자의 태도로 가장 알맞은 것을 고르십시오.

① 플라즈마의 연구 결과를 분석하고 있다.
② 플라즈마 현상을 기준별로 분류하고 있다.
❸ 플라즈마의 생성 과정을 예를 들어 설명하고 있다.
④ 플라즈마와 물과의 관계를 실험으로 증명하고 있다.

🗂 **종류** 담화_강연

🔈 **해설**

수증기를 더 높은 온도까지 가열하면 플라즈마 상태로 변한다고 했으므로 답은 1번이다.
② 플라즈마는 우리의 눈에 ~~잘 보이는~~ 우주 물질이다. (눈에 보이진 않지만 플라즈마는 사실 우주에서 가장 흔한 물질이고)
③ 번개는 고전압에 의해 ~~발광하여~~ 플라즈마로 변한다. (초고온 및 고전압에 의해 이온화 된 공기가 플라즈마 상태로 되어 발광하고 있는 상태입니다.)
④ 눈으로 확인할 수 있는 일반적인 플라즈마가 ~~오로라~~이다. (가장 일반적인 플라즈마는 번개입니다)

• 전압   예 전압이 높다.
• 발광하다   예 반딧불이 발광하다.
• 위도   예 위치를 위도로 표시하다.

단어 가열하다   수증기   흔하다   물질

🔈 **해설**

여자는 번개, 오로라 등 플라즈마의 생성 과정을 예를 들어 설명하고 있으므로 답은 3번이다.

쓰기 (51번 ~ 54번)

[51~52] 다음을 읽고 ㈀과 ㈁에 들어갈 말을 각각 한 문장으로 쓰시오.

51.

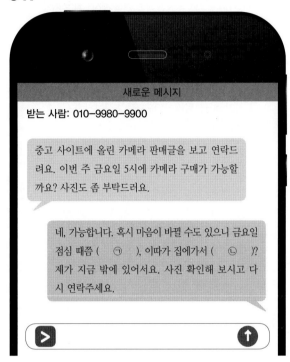

종류 문자 메시지

답안
㈀ 구매 문자 한번 더 보내 주세요 / 연락 한번 더 해 주세요
㈁ 사진을 보내드려도 될까요 / 사진을 보내도 될까요

채점

㈀	내용 (3점)	'혹시 ~~ 있으니'와 '금요일 점심 때쯤'의 의미로 다시 한번 구매 의사를 확인하고 싶은 마음이기 때문에 그런 의미를 나타내는 표현을 사용
	형식 (2점)	요청에 해당하는 표현 사용(-아/어 주세요)
㈁	내용 (2점)	'이따가 집에 가서'로 현재 외부에 있어 지금 당장 사진을 보낼 수 없다는 의미다. 그래서 나중에 보내어도 되는지를 물어보는 표현을 사용
	형식 (3점)	물음표로 되어 있어 의문형으로 문장을 종결해야 하고 제안 표현 사용(-(으)ㄹ 까요)

단어 사이트에 올리다   마음이 바뀌다

52.

　잠을 못 자는 이유는 정신적인 스트레스가 가장 흔하다. 코골이나 수면 무호흡증 등의 수면 질환이 있으면 (　㈀　). 깊은 잠을 자기 위해서는 일정한 시간에 자고 깨는 것이 중요하다. 잠이 안 오면 침대에서 일어나 다른 활동을 하다가 잠이 올 때 (　㈁　). 잠이 오지 않는데 억지로 누워 잠을 청하는 행동은 전혀 도움이 되지 않는다.

종류 설명문

답안
㈀ 깊은 잠을 잘 수 없다 / 깊게 잠을 자기 어렵다
㈁ 다시 눕는 것이 좋다 / 다시 누워야 한다

채점

㈀	내용 (2점)	'수면 질환이 있으면'과 호응하는 '할 수 없다/기 어렵다' 등을 이용한 부정적인 의미를 나타내는 표현 사용
	형식 (3점)	'-(으)면'의 가정이나 조건을 나타내는 것으로 호응하는 '할 수 없다/기 어렵다' 표현 사용
㈁	내용 (3점)	'다른 활동을 하다가 잠이 올 때'와 호응하는 '침대에 누워야 한다'의 의미를 나타내는 표현을 사용
	형식 (2점)	'~는 것이 좋다/해야 한다' 의 표현 사용

단어 정신적   흔하다   질환   억지로

53. 다음을 참고하여 '2018년 국적별 입국자와 입국 목적'에 대한 글을 200~300자로 쓰시오. 단, 글의 제목을 쓰지 마시오.

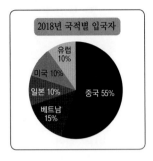

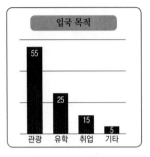

종류 도표

채점

과제1	2018년 국적별 입국자 그래프 읽기 그래프에 표시된 모든 정보 제시- 국적과 비율
과제2	입국 목적 그래프 읽기 그래프에 표시된 모든 정보 제시- 입국 목적과 비율

단어 입국자   기타

TIP
*조사 주제와 조사 대상을/를 살펴보면,
비율/수(으)로 가장 많고/높고
그다음으로는 항목, 항목, 순으로 나타난다.

'무슨 조사이며, 누구를 대상'으로 하였는지 처음에 작성한다

[과제1]

	국	적	별		입	국	자	의		분	포	와		입	국		목	적	을
살	펴	보	면	,		18	년	도	에	는		중	국	인	들	이		55	%	로
가	장		많	고		그	다	음	이		베	트	남	으	로		15	%	이
고		나	머	지		일	본	,	미	국	,	유	럽	이		10	%	로
동	일	한		비	율	이	다	.		이	들	의		입	국		목	적	을

[과제2]

	보	면	,		관	광	을		위	해		한	국	을		방	문	한		입	국
자	가		55	%	로		가	장		높	고		그	다	음	이		유	학	,
취	업		순	으	로		25	%	와		15	%	로		각	각		나	타
났	다	.		나	머	지		5	%	는		기	타		의	견	이	다	.	연
간		입	국	자	의		절	반		이	상	이		관	광	을		하	기
위	해		한	국	을		찾	는	다	는		사	실	을		알		수
있	다	.

54. 다음을 주제로 하여 자기 생각을 600~700자로 글을 쓰시오. 단, 문제를 그대로 옮겨 쓰지 마시오.

> "소 잃고 외양간 고친다."는 말이 있듯이 문제가 발생되기 전에 미리 대비해야 예방할 수 있다. 그러나 항상 일어나지 않은 문제를 예상하고 준비하는 것은 피곤한 삶이다. 아래의 내용을 중심으로 '문제에 대한 준비성이 미치는 영향과 문제를 대비하는 효율적인 방법'에 대해 자신의 의견을 쓰라.
>
> • 문제에 대한 준비성의 긍정적인 영향은 무엇인가?
> • 부정적인 영향은 무엇인가?
> • 문제를 대비하는 효율적인 방법은 무엇인가?

🗂 **종류** 논설문

✏ **채점**

과제1	**준비성의 긍정적인 영향** - 심리적인 상태의 안정성으로 문제를 객관적으로 분석할 수 있음
과제2	**준비성의 부정적인 영향** - 스트레스와 불안감으로 문제 해결보다 실수와 다른 문제를 일으킬 수 있음
과제3	**문제를 대비하는 효율적인 방법** - 긍정적인 마인드와 자신감을 가져야 함 - 어떤 문제가 다가와도 객관적 해결 방법을 생각할 수 있음

단어 발생하다　대비　효율적

[서론]

우리는 인생을 살아가면서 많은 문제에 부딪히는데 이 문제들을 해결하기 위해 미리 대비하기도 한다. 이런 문제에 대한 준비성이 미치는 긍정적인 영향도 있지만 부정적인 영향도 있다.

[과제 1]
[본론]

먼저 문제에 대한 준비성의 가장 긍정적인 면은 심리적인 상태일 것이다. 모든 문제에 대한 경우의 수를 예측하여 해결 방법을 준비할 수는 없겠지만 문제가 발생하면 어떻게 대응하고 해결해야 하는지 준비가 되어 있는 사람과 그렇지 않은 사람은 접근이 다를 것이다. 준비가 되어 있는 사람은 당황하지 않고 차분히 문제를 분석할 것이다.

[과제 2]
그러나 준비가 되어 있지 않은 사람은 극도의 스트레스를 받으며 불안감으

로　문제를　객관적으로　보지　못한다.　이
런　상태에서　문제　해결보다　또　다른
실수나　문제를　일으킬　수　있게　된다.
심신이　약한　사람은　패닉상태가　되기도
하고　모든　것을　놓고　현실도피를　선
택하기도　한다.

[과제 3] 그렇다면　문제를　대비하는　효율적인
방법은?　어떤　문제가　발생하더라도　그
것을　해결할　수　있다는　긍정적인　마인
드와　자신감을　가져야　한다고　생각한다.
이런　자세로　문제를　직면한다면　차분하
고　객관적인　해결　방법을　생각하여　찾
을　수　있을　것이다.　문제　해결에　대한
구체적이고　효율적인　방법을　생각하기
위해서는　그런　일을　할　수　있는　상태
가　되어야　한다.　나는　문제를　해결할
수　있다는　긍정적인　마인드와　나는　할
수　있다는　자신감이　있다면　어떤　문제
라도　해결할　수　있을　것이다.

의견 제시

[결론]

[1~2] ( )에 들어갈 가장 알맞은 것을 고르십시오.

1.

배가 ( ) 라면을 끓여 먹었다.

① 고프거든   ② 고프다가
③ 고파야지   ❹ 고프길래

[어휘·문법] 길래

[예] 머리가 <u>아프길래</u> 병원에 갔어.
① **-거든** : 어떤 행위를 가정하여 조건을 나타냄. 청자에게 명령,
         요청, 부탁하는 내용이 뒤에 제시된다.
  [예] 배가 <u>고프거든</u> 밥을 먹어라.
② **-다가** : 앞 내용의 어떤 행위나 상태가 뒤에 오는 내용의 부정
         적인 결과의 원인이나 이유를 나타냄.
  [예] 계속 <u>떠들다가</u> 교실에서 쫓겨나겠어요.
③ **-아/어야지** : 앞 내용이 뒤에 오는 내용의 필수 조건을 나타냄.
         어떤 행위에 대한 의지를 나타냄.
  [예] 공부를 열심히 <u>해야지</u> 대학에 갈 수 있어.

[종류] 문장

[해설]
'배가 고프기 때문에 라면을 먹었다'는 의미이므로 '고프길래'가 알맞다. '-길래'는 '-기에'의 구어적 표현으로 앞 내용의 행위나 상태가 뒤에 오는 내용의 원인임을 표현할 때 사용한다.

2.

친구도 만나고 영화도 ( ) 극장에 갔다.

① 본 줄   ❷ 볼 겸
③ 볼 텐데   ④ 보는 대로

[어휘·문법] -(으)ㄹ 겸

[예] 공부도 하고 책도 <u>읽을 겸</u> 도서관에 갔다.
① **-(으)ㄴ 줄** : 어떤 사실이나 방법에 대해 알거나 모른다는 의미
         를 나타냄.
  [예] 나는 이번 시험이 어려울 줄 알았다.
③ **-(으)ㄹ 텐데** : 어떤 내용에 대한 말하는 사람의 추측을 나타냄.
  [예] 오늘도 회사에서 늦게까지 <u>일할 텐데</u> 걱정이에요.
④ **-는 대로** : 어떤 동작이나 상태와 같은 모양을 나타냄.
  [예] 메시지를 <u>보는 대로</u> 나에게 전화해 줘.

[종류] 문장

[해설]
친구도 만나고 영화도 보는 행동을 모두 한다는 내용이므로 '볼 겸'이 알맞다. '-(으)ㄹ 겸'은 두 가지 이상의 동작이나 행위를 모두 할 때 사용한다.

[3~4] 다음 밑줄 친 부분과 의미가 비슷한 것을 고르십시오.

3.

갑자기 비가 많이 <u>오는 탓에</u> 일정이 취소되었다.

① 오는 김에   ② 오는 만큼

❸ 오는 바람에   ④ 오는 사이에

어휘·문법 –는 탓에

[예] 감기에 걸린 탓에 친구를 만날 수 없었다.

cf –는 바람에 : 부정적인 결과의 원인이나 이유를 나타냄.

   [예] <u>자는 바람에</u> 친구의 전화를 못 받았다.

① –는 김에 : 앞의 행위를 함에 더하여 그 기회에 다른 행위를 함께 함을 나타냄.

   [예] 혹시 <u>청소하는 김에</u> 내 방도 해 줄 수 있어?

② –는 만큼 : 정도나 수량이 비슷함을 나타냄. 또 근거나 이유를 나타냄.

   [예] 다른 친구들이 <u>공부하는 만큼</u> 공부해요.

   [예] 이 차는 <u>비싼 만큼</u> 성능이 좋아요.

④ –는 사이에 : 앞의 행위가 이루어지는 동안에 뒤의 행위가 이루어짐을 나타냄.

   [예] 음식을 <u>준비하는 사이에</u> 아기가 잠에서 깼어요.

🎓 **해설**

갑자기 비가 많이 내려서 일정이 취소되었다는 의미이므로 '–는 바람에'와 의미가 비슷하다. '–는 탓에'는 부정적인 내용에 대한 원인이나 까닭이 됨을 나타낼 때 사용하는 표현이다.

4.

식당에 사람이 많은 걸 보니 음식이 <u>맛있는 모양이다.</u>

① 맛있어졌다   ❷ 맛있는 듯하다

③ 맛있을 따름이다   ④ 맛있으면 좋겠다

어휘·문법 –는 모양이다

[예] 사람들이 우산을 쓰는 걸 보니 밖에 비가 <u>오는 모양이네.</u>

cf –는 듯하다 : 말하는 사람의 추측을 나타냄.

   [예] 남편이 전화를 안 받는 걸 보니 <u>운전 중인 듯하다.</u>

① –아/어지다 : 어떤 행위가 저절로 또는 외부에 의해 일어나게 되거나 이미 그런 상태가 됨을 나타냄.

   [예] 첫사랑을 오랜만에 봤는데 더 <u>예뻐졌더라.</u>

③ –을 따름이다 : 다른 선택의 가능성이 없음을 나타냄.

   [예] 생일을 기억해 줘서 <u>고마울 따름이다.</u>

④ –으면 좋겠다 : 말하는 사람의 희망을 나타냄. 또는 현실과 다른 상황을 바라거나 가정을 나타냄.

   [예] 동생이 내 생일파티에 꼭 <u>와 줬으면 좋겠다.</u>

🗂 **종류** 문장

🎓 **해설**

식당에 사람들이 많이 있으니 음식이 맛있을 것 같다는 추측의 의미이므로 '–는 듯하다'와 의미가 비슷하다. '–는 모양이다'는 말하는 사람의 추측을 나타낼 때 사용한다.

[5~8] 다음은 무엇에 대한 글인지 고르십시오.

5.

> **"당신의 개인 비서"**
> 일정도, 예약도, 통화도 이 하나로!

① 가방 　　　　　　　② 자동차
③ 텔레비전 　　　　　❹ 휴대 전화

📁 **종류** 상품 광고

💬 **해설**
사용자의 일정 관리, 예약을 잡는 것을 도와주는 것. 그리고 통화라는 말에서 전화라는 것을 추론할 수 있다. 개인 비서처럼 도와준다는 문구로 보아 휴대 전화 광고이다.

단어 개인　　비서　　일정　　예약

6.

> **여러분의 평생 금융 친구!**
> 소중한 재산을 지켜 드립니다.

❶ 은행 　　　　　　　② 학교
③ 경찰서 　　　　　　④ 부동산

📁 **종류** 기관 광고

💬 **해설**
살아가는 동안 재산(돈)을 맡아 관리하고 지켜 준다는 내용으로 보아 은행 광고이다.

단어 평생　　금융　　재산을 지키다

7.

> 잠깐 하는 **졸음운전**
> 평생 못 볼 **우리 가족**

① 자연보호 　　　　　② 가족사랑
③ 인생계획 　　　　　❹ 안전운전

📁 **종류** 공익 광고

💬 **해설**
운전하는 중간에 잠시 졸면 사고가 나서 가족을 못 볼 수도 있다는 내용으로 보아 안전운전을 권장하는 광고이다.
• 졸다　**예** 영희는 오늘 수업 시간에 졸았다.

단어 졸음운전

8.

> ☒ 2주 내에 **영수증**과 **카드**를 가지고 매장을 방문해 주세요.
> ☒ 같은 금액 내에서만 바꿀 수 있습니다.

① 사용 설명 　　　　② 배달 안내
③ 이용 순서 　　　　❹ 교환 방법

📁 **종류** 안내문

💬 **해설**
2주 안에 구매한 물건의 영수증과 살 때 사용한 카드를 가지고 와야 한다는 것과 같은 가격 이하의 범위에서만 바꿀 수 있다는 내용으로 보아 교환 방법에 대한 안내문임을 알 수 있다.

단어 영수증　　매장　　금액

[9~12] 다음 글 또는 그래프의 내용과 같은 것을 고르십시오.

9.

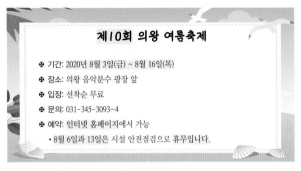

제10회 의왕 여름축제

✽ 기간: 2020년 8월 3일(금) ~ 8월 16일(목)
✽ 장소: 의왕 음악분수 광장 앞
✽ 입장: 선착순 무료
✽ 문의: 031-345-3093~4
✽ 예약: 인터넷 홈페이지에서 가능
 • 8월 6일과 13일은 시설 안전점검으로 휴무입니다.

① 축제는 일주일간 열린다.
② 축제는 올해 처음 시작한다.
③ 축제 참여는 전화로 예약해야 한다.
❹ 6일과 13일에는 축제가 열리지 않는다.

📁 종류 안내문(포스터)

💬 해설
6일과 13일은 시설 안전점검으로 휴무, 즉 축제가 열리지 않으므로 답은 4번이다.
① 축제는 일주일간 열린다. (8.3~16일까지, 2주일이다.)
② 축제는 올해 처음 시작한다. (올해로 제10회째이다.)
③ 축제 참여는 전화로 예약해야 한다. (인터넷 홈페이지에서 예약한다.)

단어 분수 선착순 시설 휴무

10.

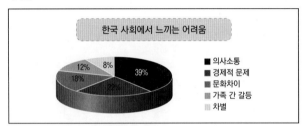

한국 사회에서 느끼는 어려움

■ 의사소통 39%
■ 경제적 문제 22%
■ 문화차이 18%
■ 가족 간 갈등 12%
□ 차별 8%

❶ 차별 때문에 어려움을 느끼는 사람의 수가 가장 적다.
② 의사소통에 어려움을 느끼는 사람이 전체의 반 이상이다.
③ 문화 차이와 가족 간 갈등의 어려움을 느끼는 비율이 같다.
④ 경제적 문제보다 문화 차이의 어려움을 느끼는 사람이 더 많다.

📁 종류 도표

💬 해설
한국 사회에서 차별 때문에 어려움을 느끼는 비율은 8%로 가장 적으므로 답은 1번이다.
② 의사소통에 어려움을 느끼는 사람이 전체의 반 이상이다. (50% 넘지 않는다.)
③ 문화 차이와 가족 간 갈등의 어려움을 느끼는 비율이 같다. (비율은 각각 18%와 12%로 다르다.)
④ 경제적 문제보다 문화 차이의 어려움을 느끼는 사람이 더 많다. (사람 수는 더 적다.)

단어 경제적 차별 갈등 비율

11.

　2018년 여행박람회가 내일부터 일주일간 열린다. 이번 박람회에는 인기 여행 상품을 가장 저렴하게 판매하는 기간으로 알뜰하게 해외여행을 떠나려는 방문객들에게 인기가 많다. 또 여행 상품을 구매하지 않아도 해외여행을 온 듯한 재미도 느낄 수 있다. 태국, 일본 등 여러 나라의 공연도 무료로 볼 수 있고 많은 나라의 대표적인 음식도 맛볼 수 있다.

① 여행박람회는 여행 상품을 살 수 없다.
❷ 가격이 싼 여행 상품을 찾는 사람들이 박람회를 찾는다.
③ 여행박람회에서 여행 상품을 구매하면 공연을 볼 수 있다.
④ 여행박람회에서 여러 나라의 대표 음식을 요리할 수 있다.

📋 **종류** 설명문

🎓 **해설**
여행박람회에서는 인기 여행 상품을 저렴한(싼) 가격에 판매하는 기간으로 알뜰하게 해외여행을 하려는 방문객들에게 인기가 많다고 했으므로 답은 2번이다.

단어 박람회　　저렴하다(싸다)　　알뜰하다　　대표

12.

　최근 전자 담배를 피우는 사람들이 많아졌다. 일반 담배에서 나오는 유해 물질이 전자 담배에는 없다고 생각하는 사람들이 많아지면서 전자 담배 소비량이 늘어난 것이다. 그러나 전문가의 말에 의하면 전자 담배 역시 일반 담배와 마찬가지로 인체에 해로운 물질이 포함되어 있고 주변 공기도 오염시킨다고 한다. 또한 흡연량을 줄이거나 금연하는 데에 전혀 도움이 되지 않는다고 한다.

① 전자 담배를 피울 때 주변 공기가 오염되지 않는다.
❷ 일반 담배에 있는 유해 물질이 전자 담배에도 있다.
③ 전자 담배를 피우면 일반 담배보다 적게 피우게 된다.
④ 최근 전자 담배 소비자보다 일반 담배 소비자가 더 늘었다.

📋 **종류** 설명문

🎓 **해설**
일반 담배에 있는 유해 물질이 전자 담배에는 없다고 생각하는 사람들이 있지만, 전문가가 전자 담배에도 유해 물질이 있다고 말했으므로 답은 2번이다.

단어 전자 담배　　유해 물질　　오염　　흡연량

[13~15] 다음을 순서대로 맞게 배열한 것을 고르십시오.

13.

(가) 이에 물건과 물건을 바꾸는 물물 교환이 이루어졌다.
(나) 그러나 보니 어떤 물건은 쓰고 남고, 어떤 물건은 만들기가 어려웠다.
(다) 옛날 사람들은 필요한 옷, 식량, 생활 도구 등을 스스로 만들어 사용하였다.
(라) 하지만 서로 필요한 것과 바꾸려는 것의 가치가 달라 결국 화폐를 만들게 되었다.

① (가) – (나) – (다) – (라)
② (가) – (다) – (라) – (나)
❸ (다) – (나) – (가) – (라)
④ (다) – (가) – (라) – (나)

📋 **종류** 설명문

🎓 **해설**
옛날 사람들은 필요한 물건들을 스스로 만들어 사용하였으나 자신이 만들기 어려운 물건은 다른 사람의 물건과 바꾸기 시작했다. 하지만 물건들의 가치가 서로 달라 화폐를 만들게 되었다.
・하지만 : 앞의 내용과 뒤의 내용이 서로 반대될 때 쓰는 말(=그러나)
　예 나는 피아노 치는 것을 좋아한다. 하지만 아주 잘 치지는 못한다.

단어 물물 교환　　식량　　가치　　화폐

14.

(가) 운동경기에서 심판은 선수를 도와주는 역할을 한다.

(나) 경제 활동에서 심판의 역할을 하는 것이 공정거래위원회이다.

(다) 이는 기업들이 자유롭고 공정한 경쟁을 하도록 규칙을 만들고 돕는다.

(라) 선수들이 반칙하는 것을 막고 규칙에 따라 경기를 하도록 돕는 것이다.

① (가) - (나) - (다) - (라)

❷ (가) - (라) - (나) - (다)

③ (나) - (가) - (다) - (라)

④ (나) - (라) - (가) - (다)

15.

(가) 향수는 나와 남의 기분이 좋을 만큼 적당히 뿌리는 것이 좋다.

(나) 그래서 어떤 사람들은 향수를 자주 뿌려 냄새를 없애려고 한다.

(다) 더운 여름에는 땀이 많이 나기 때문에 냄새에 신경 쓰는 사람이 많다.

(라) 그러나 너무 자주 뿌리면 냄새가 강해 다른 사람에게 피해를 줄 수 있다.

① (가) - (나) - (다) - (라)

② (가) - (다) - (나) - (라)

③ (다) - (가) - (나) - (라)

❹ (다) - (나) - (라) - (가)

[16~18] 다음을 읽고 (   )에 들어갈 내용으로 가장 알맞은 것을 고르십시오.

16.

안경은 눈이 나쁜 사람들에게 밝은 눈이 되어 준다. 하지만 눈이 나쁘지 않은 사람에게도 선글라스와 같은 안경은 아주 친숙하다. 안경의 색이나 모양에 따라 색다른 분위기를 낼 수 있다. 이제 안경은 단순히 시력을 교정하는 도구가 아니라 (   ) 물건으로도 관심을 받고 있다.

① 강한 빛을 막아주는

② 친숙한 인상을 만드는

③ 자신의 눈을 보호하는

❹ 각자의 개성을 표현하는

17.

사우디아라비아가 사상 최초로 여성에게 운전면허증을 발급하였다. 사우디 정부는 국제 운전면허증을 가진 여성 10명에게 신체검사와 간단한 시험을 거치게 한 뒤 자국 운전면허증을 발급하였다. 사우디는 그동안 전 세계에서 <u>유일하게</u> ( ) 나라였다.

❶ 여성 운전이 금지된
② 돈을 내고 면허증을 사는
③ 신체검사 없이 면허증을 주는
④ 가장 많은 운전면허증을 발급한

📂 **종류** 설명문

🎓 **해설**

사우디아라비아는 사상 최초로 여성에게 운전면허증을 발급하였다고 했으므로 전 세계에서 유일하게 여성 운전이 금지된 나라였다는 것이 적합하다.

• 유일하다 : 오직 하나밖에 없다.
> 예 6세 아동이 교통사고 현장에서 살아난 <u>유일한</u> 생존자였다.

단어 면허증 발급하다 정부

18.

광고란 상품이나 서비스에 대한 정보를 소비자들에게 널리 알리는 것이다. 광고를 통해 기업은 상품을 많이 판매할 수 있고 소비자들은 상품에 대한 정보를 얻을 수 있다. 하지만 잘못된 정보로 소비자들을 속이는 허위·과장 광고도 있다. 그러므로 소비자는 ( ) 늘 주의해야 한다.

❶ 가짜 광고에 속지 않도록
② 기업에 대한 오해가 없게
③ 상품 정보를 공유할 수 있으려면
④ 상품을 비싼 가격에 사지 않기 위해

📂 **종류** 설명문

🎓 **해설**

광고는 소비자들에게 상품에 대한 정보를 주지만 허위·과장 광고와 같은 잘못된 정보로 소비자를 속이는 일도 있다고 했으므로 가짜 광고에 속지 않도록 주의해야 한다는 것이 적합하다.

단어 속이다 허위 과장 공유하다 오해

[19~20] 다음을 읽고 물음에 답하십시오.

전국 아파트 곳곳에서 다양한 물건이 떨어져 사람이 다치거나 죽고 자동차가 파손되는 일이 이어지고 있다. 문제는 이러한 행위를 한 대부분이 어린 아이들이라는 것이다. 이에 시민들은 관련 범죄에 대한 처벌을 강화하고 만 14세 미만의 청소년도 처벌해야 한다고 주장하고 있다. ( ) 피해자들에게 현실적으로 보상하는 방안을 만드는 것이 무엇보다 중요하다.

19. ( )에 들어갈 알맞은 것을 고르십시오.
① 반면   ❷ 또한
③ 오히려   ④ 차라리

📂 **종류** 공고

🎓 **해설**

만 14세 미만의 청소년도 처벌해야 하며 추가로 피해자들에게도 보상 방안도 마련해야 한다는 의미이므로 '또한'이 적합하다.
① 반면 : 뒤에 오는 말이 앞에 오는 말과 반대임.
> 예 저 배우는 얼굴은 예쁜 <u>반면</u>에 연기는 좀 부족해.

③ 오히려 : 일반적인 예상이나 기대와는 전혀 다르거나 반대가 됨.
> 예 본인이 잘못하고서는 <u>오히려</u> 큰소리친다.

④ 차라리 : 여러 가지 사실이 모두 마음에 들지 않지만, 그래도 상대적으로 더 나음을 나타냄.
> 예 혼자 먹으니 <u>차라리</u> 안 먹는 게 낫겠다.

단어 곳곳 파손되다 이어지다 범죄
　　　강화하다 보상하다

20. 이 글의 내용과 같은 것을 고르십시오.

① 피해당하면 보상을 받을 수 있는 대책이 있다.
② 만 14세 미만의 청소년은 범죄에 대해 벌을 받는다.
③ 시민들의 주장 덕분에 범죄에 대한 처벌이 강화되었다.
❹ 아파트에서 물건을 떨어뜨린 사람은 대부분 아이들이다.

🔖 해설
아파트에서 물건이 떨어지는 사고가 자주 발생하는데, 문제는 이 행위를 한 대부분이 어린 아이들이라고 했으므로 답은 4번이다.

[21~22] 다음을 읽고 물음에 답하십시오.

지금까지 기부는 어려운 이웃을 위해 지원 단체에 직접 돈을 전달하는 방식이었다. 그러나 최근 기술이 발전하면서 기부 방법에도 많은 변화가 생겼다. 인터넷과 전화를 활용한 소액 기부 방식으로 언제 어디서나 쉽게 기부할 수 있게 되었다. 그리고 지원 단체가 아닌 자신이 기부할 대상을 (   ) 선택할 수도 있고, 기부금이 어디에 쓰였는지 공개되어 신뢰감을 주기 때문에 많은 사람들이 기부에 참여하게 되었다.

📂 종류 논설문

🔖 해설
예전에는 어려운 이웃을 위해 지원 단체에 직접 돈을 전달하는 방식이었지만 이제는 기술의 발전으로 자신이 직접 기부할 대상을 선택하여 기부할 수 있다는 의미이므로 '직접 보고'가 적합하다.

단어 전달하다   방식   기부하다   소액
      공개되다   신뢰감

21. (   )에 들어갈 알맞은 것을 고르십시오.

❶ 직접 보고   ② 알지 못하고
③ 계산해 보고   ④ 이웃에 소개하고

22. 이 글의 중심 생각을 고르십시오.

① 기부금 사용 내용을 공개해야 한다.
② 기부는 신뢰감을 주는 것이 중요하다.
❸ 기술의 발전으로 인해 기부자가 증가했다.
④ 기부금은 직접 전달하는 것보다 소액 기부가 편하다.

🔖 해설
기술의 발전으로 인터넷이나 전화로 어디서나 쉽게 기부할 수 있고 직접 기부 대상을 정할 수 있으며 기부금 사용 내역도 알 수 있어 많은 사람들이 기부에 참여하게 되었다는 내용이므로 기술의 발전으로 인해 기부자가 증가했다는 것이 적합하다.

[23~24] 다음을 읽고 물음에 답하십시오.

남자는 갑자기 나를 불렀다. 잠을 자다 말고 일어난 나는 그의 방으로 갔다. "세계 일주를 할 거야. 바로 지금. 그러니까 서둘러야 해." 갑작스러운 말에 머릿속이 하얘지고 심장이 빨리 뛰었다. "아무리 바빠도 여행 가방은 챙겨야지요." 나는 여행 가방을 찾으며 말했다. 하지만 남자는 여행 가방은 필요 없고 작은 손가방 하나만 있으면 된다고 말했다. 그리고 그 가방에 스웨터 두 벌하고 긴 양말 세 켤레 그리고 비옷과 여행용 담요, 좋은 구두 한 켤레를 넣어 달라고 했다. 나머지는 도중에 사면되니까 더 이상은 가방에 넣지 말라고 했다. 나는 뭔가 말을 하고 싶었지만 할 수가 없었다. 그의 방을 나와 내 방으로 와서 의자에 주저앉으며 "갑자기 세계여행이라고? 가방도 없이?"라고 혼자 말할 뿐이었다.

📂 종류 소설

🔖 해설
나는 예상치 못한 남자의 말에 머릿속이 하얘지고(→ 아무것도 생각나지 않는다) 심장이 빠르게 뛰었기(→ 가슴이 조마조마하거나 흥분되다) 때문에 '당황스럽다'가 적합하다.
① 기대되다 : 어떤 일이 이루어지기를 바라며 기다림.
  예 나는 다음 주에 있을 파티가 기대된다.
② 허전하다 : 무엇을 잃거나 없어진 것 같은 텅 빈 느낌.
  예 그녀와 헤어진 뒤로 마음이 계속 허전하였다.
③ 멋스럽다 : 매우 수준이 높고 분위기가 보기에 좋음.
  예 옷 색깔에 맞춰 신은 구두가 아주 멋스러웠다.

단어 세계 일주   머릿속이 하얘지다   심장이 뛰다

23. 밑줄 친 부분에 나타난 '나'의 심정으로 알맞은 것을 고르십시오.

① 기대되다　　　　　② 허전하다
③ 멋스럽다　　　　　❹ 당황스럽다

---

24. 이 글의 내용과 같은 것을 고르십시오.

❶ 나와 남자는 같은 집에서 살고 있다.
② 남자는 여행을 가기 위해 가방을 찾았다.
③ 남자는 여행에 필요한 물건을 직접 준비했다.
④ 여행 중에 필요한 물건은 여행 도중에 살 수 없다.

🔖 해설
나는 남자가 갑자기 불러서 잠을 자다 말고 그의 방으로 갔다는 내용이 있으므로 나와 남자는 같은 집에 살고 있다는 것이므로 답은 1번이다.

[25~27] 다음 신문 기사의 제목을 가장 잘 설명한 것을 고르십시오.

25.

숲속에 사는 기분! 친환경 건물

① 숲속에 지은 빌딩을 친환경 빌딩이라고 한다.
② 숲속에 살고 싶으면 친환경 건물을 지어야 한다.
❸ 빌딩에 나무를 심어 자연을 가깝게 느낄 수 있다.
④ 빌딩에서 사는 것보다 숲속에서 사는 것이 더 좋다.

📁 종류　신문 기사 제목

🔖 해설
자연에 사는 기분을 느낄 수 있도록 건물에 나무를 심어 친환경 건물로 꾸몄다는 의미이다.

단어　숲속　　친환경

26.

'경기 꺾이고 있다', 나라 안팎서 경고음

❶ 국가의 경제 사정이 점점 안 좋아지고 있다.
② 국가는 국민에게 경제에 대해 경고하고 있다.
③ 경제가 더 나빠지지 않도록 나라가 나서야 한다.
④ 곳곳에서 울리는 경고음 때문에 경제가 나빠졌다.

📁 종류　신문 기사 제목

🔖 해설
국가의 경제가 안 좋아 나라 안팎에서 좋지 않은 일들이 일어나고 있다는 내용이다.

단어　경기　　꺾이다　　사정　　경고음

27.

날아다니는 응급실 닥터 헬기, 위급 환자 구해

① 빠른 치료가 필요한 환자들이 닥터 헬기를 원했다.
② 응급실에 대기자가 너무 많아서 닥터 헬기를 만들었다.
③ 위급한 환자를 위해서 이동 가능한 응급실을 만들었다.
❹ 응급처치가 가능한 닥터 헬기 덕분에 위급한 환자를 살렸다.

📁 종류　신문 기사 제목

🔖 해설
차량이 아닌 헬리콥터(닥터 헬기)로 위급한 환자의 생명을 구했다는 내용이다.

단어　위급환자　　응급실　　응급처치

28.

한국에는 '이웃사촌'이라는 말이 있다. 이는 옛날부터 (   ) 지낸다는 뜻이다. 특히 예전에는 한 마을에 친척이 모여 사는 경우가 많았기 때문에 마을 주민과 한 식구처럼 다정하고 화목한 생활을 했다. 요즘에도 마을에 결혼이 있거나 누군가 죽어 장례를 치르면 이웃끼리 기쁨과 슬픔을 나누며 힘을 모아 일을 돕는다. 이렇게 이웃 간에 서로 돕고 지내는 상부상조의 전통은 조상들이 전해준 소중한 풍속이다.

① 친척들과 의좋게　　② 이웃들과 가족처럼
③ 모든 가족과 재미있게　④ 마을 주민들과 친구처럼

🗂 **종류** 설명문

💬 **해설**
예전에는 마을 주민과 한 식구처럼 다정하고 화목하게 지냈다고 했으므로 '이웃사촌'은 '이웃들과 가족처럼 지낸다'는 것이 적합하다.

단어 다정하다　풍속　화목하다　장례를 치르다
상부상조

29.

국민이라면 누구나 국가에 세금을 낸다. 하지만 모두 똑같은 금액으로 세금을 내지는 않는다. 그것은 (   ) 때문이다. 소득이나 재산이 많은 사람은 그렇지 않은 사람보다 더 많은 세금을 낸다. 이처럼 국가에서 세금을 걷는 가장 중요한 이유는 나라의 살림을 하기 위해서지만 부유층과 서민층과의 간격을 좁히는 기능도 한다. 이렇게 세금은 나라 살림을 꾸리고 모두가 더불어 사는 사회를 만드는 데 쓰인다.

① 나라 살림에 도움이 되지 않기
❷ 개개인의 소득과 재산이 다르기
③ 국가가 세금을 걷는 방식이 다르기
④ 국민들이 똑같은 금액을 원하지 않기

🗂 **종류** 설명문

💬 **해설**
세금으로 모두 같은 금액을 내지 않고 소득과 재산이 많은 사람이 더 많이 낸다고 했으므로 '개개인의 소득과 재산이 다르다'는 것이 적합하다.
• 살림을 꾸리다 : 재산을 관리하고 경영.
　예 영미는 결혼과 동시에 남편 대신 살림을 꾸려나가기 시작했다.

단어 세금　부유층　서민층　더불다

30.

에너지는 한 가지 형태로 고정된 것이 아니라 그 형태를 여러 가지로 바꿀 수 있다. 예를 들면, 위치 에너지가 운동 에너지로, 전기 에너지가 빛 에너지로 전환될 수 있다. 그런데 특이한 것은 에너지의 형태가 변해도 (   ) 점이다. 에너지는 형태만 달라질 뿐 새로 만들어지지 않아 에너지의 총량은 항상 일정하게 보존되는 것을 '에너지 보존 법칙'이라고 한다.

① 종류에 따라 다르다는
② 총량을 측정하기 어렵다는
❸ 에너지의 양은 그대로 있다는
④ 새로운 에너지라고 볼 수 없다는

🗂 **종류** 설명문

💬 **해설**
에너지는 형태만 달라질 뿐 새로 만들어지지는 않아 총량은 항상 일정하다고 했으므로 '에너지의 양은 그대로 있다'는 것이 적합하다.

단어 형태　고정되다　전환되다　특이하다
일정하다　보존되다

31.

　많은 학생들은 자신이 좋아하는 것과 잘하는 것이 무엇인지 알지 못해 고민한다. 자신의 적성과 흥미를 찾으려면 어린 시절부터 (　　　) 한다. 독서, 여행, 봉사 활동, 악기 연주, 미술 등 다양한 분야를 접하다 보면 그중 내가 가장 재미있어 하는 일이 무엇인지 찾을 수 있다. 또한 평소에 꾸준히 나의 적성과 흥미를 찾으려는 질문을 스스로에게 하고 대답해야 한다. 부모님, 선생님과 진로 상담을 하는 것도 좋은 방법이다.

❶ 많은 경험을 쌓아야
② 관련 분야에 대해 잘 알아야
③ 관심을 갖고 꾸준히 지켜봐야
④ 취미와 직업을 연결시켜 생각해야

📁 종류 설명문

🎓 해설

학생들이 독서, 여행, 봉사 활동, 악기 연주, 미술 등 다양한 분야를 접하다 보면 자신의 적성과 흥미를 찾을 수 있다고 했으므로 '많은 경험을 쌓아야 한다'는 것이 적합하다.

단어　적성　　흥미　　진로

[32~34] 다음을 읽고 내용이 같은 것을 고르십시오.

　'아이돌'은 '우상'이라는 뜻을 가진 영어 단어에서 유래되었는데 청소년의 나이대와 비슷하고 인기가 많은 가수 또는 연기자를 일컫는 말이다. 이들은 뛰어난 외모와 화려한 패션, 트렌디한 음악과 춤을 선보여 10대들 사이에서 우상과도 같은 존재로 통한다. 그런데 아이돌 그룹이 한류와 케이팝의 중심이 되자 10대뿐만 아니라 다양한 세대가 이들에게 열광하고 있다. 현재 아이돌은 막강한 영향력을 등에 업고 방송과 공연 등 문화산업 전반을 장악하고 있다.

32.

① 10대 영화배우로 활동하는 사람은 아이돌이 될 수 없다.
② 아이돌은 영어에서 유래된 것으로 청소년을 뜻하는 말이다.
❸ 아이돌은 방송과 공연 등 문화산업 전반에 큰 영향력을 미치고 있다.
④ 아이돌 때문에 다양한 세대가 한류와 케이팝 활동을 할 수 있게 되었다.

📁 종류 설명문

🎓 해설

아이돌은 한류와 케이팝의 중심이 되어 다양한 세대가 열광하고 있으며 이로 인해 방송과 공연 등 문화산업에 큰 영향을 주고 있다고 했으므로 아이돌은 방송과 공연 등에 영향력을 미치고 있다는 것이 적합하다.
① ~~10대 영화배우로 활동하는 사람은 아이돌이 될 수 없다.~~ (인기가 많은 가수 또는 연기자를 아이돌이라 일컫는다.)
② 아이돌은 영어에서 유래된 것으로 ~~청소년을 뜻하는 말이다.~~ ('우상'을 뜻한다.)
④ 아이돌 때문에 ~~다양한 세대가 한류와 케이팝 활동을 할 수 있게 되었다.~~ (10대뿐만 아니라 다양한 세대가 열광하고 있다.)
• 등에 업다 : 어떤 대상이 세력이나 힘을 얻어 두고 있다.
　예 동생은 엄마의 힘을 <u>등에 업고</u> 형에게 대들었다.

단어　우상　　유래되다　　일컫다　　열광하다
　　　막강하다　　전반　　장악하다

33.

　특수 분장사가 되려면 유학을 가거나 학원에 다니는 등 여러 방법이 있지만, 가장 좋은 방법은 현장에서 직접 배우는 것이다. 하지만 한국 영화 시장이 그렇게 크지 않고, 특수 분장사에 대한 수요도 그다지 많지 않은 편이다. 일단 특수 분장사가 되려면 미술적 감각은 기본적으로 필요하고, 영화에 관심이 많으며 평소 머릿속에 있는 생각을 손으로 표현하기 좋아하는 사람이어야 한다.

📁 종류 설명문

🎓 해설

특수 분장사가 되려면 평소 머릿속에 있는 생각을 손으로 표현하기 좋아하는 사람이어야 한다고 했으므로 평소에 생각하는 것들을 그려낼 수 있어야 한다는 것이 적합하다.
① ~~미술적 재능과 관계없이 특수 분장사로 일할 수 있다.~~ (미술적 재능이 필요하다.)

① 미술적 재능과 관계없이 특수 분장사로 일할 수 있다.
❷ 특수 분장사는 평소에 생각하는 것들을 그려낼 수 있어야 한다.
③ 특수 분장사가 되는 가장 좋은 방법은 해외에서 배워오는 것이다.
④ 한국 영화 시장 규모에 비해 특수 분장사들에 대한 수요는 높은 편이다.

34.

전 세계 바다에서 산호가 죽어 가고 있다. 화려한 색깔을 잃고 하얗게 변하면서 죽어 가는 백화 현상이 심각하다. 산호초는 바다의 열대 우림이라 불릴 만큼 다양한 생물 종이 서식하는 곳인데, 백화 현상으로 산호초가 황폐해지면 해양 생태계는 물론 어업에도 큰 타격을 줄 수밖에 없다. 백화 현상의 원인은 지구 온난화로 인한 수온 상승, 바닷물의 산성화, 바닷속 오염물질 등이 있다.

① 백화 현상이 어업에는 큰 영향을 미치지 않는다.
② 산호초의 다양한 생물들이 백화 현상으로 사라지고 있다.
❸ 산호가 죽어 가고 있는 현상은 전 세계적으로 일어나고 있다.
④ 백화 현상 때문에 바다 온도가 높아지고 바다가 산성화되었다.

[35~38] 다음 글의 주제로 가장 알맞은 것을 고르십시오.

어린이들은 텔레비전을 통해 유익한 정보를 얻을 수 있다. 뉴스나 다큐멘터리 프로그램 등을 통해 다양한 정보를 얻고, 관심을 가질 수 있는 계기를 마련할 수도 있다. 또한 가족과 함께 텔레비전을 시청하면서 프로그램에서 다루고 있는 주제에 대해 이야기함으로써 서로의 생각을 알게 되고, 사고력을 키우는 데에도 도움이 된다. 마지막으로 교육 프로그램을 통해서는 재미있고 흥미롭게 학습을 할 수도 있다.

35.

① 어린이들은 다양한 분야에 관해 관심을 두고 정보를 찾아야 한다.
❷ 어린이들에게 맞는 텔레비전 프로그램으로 많은 도움을 줄 수 있다.
③ 재미있는 학습을 위해 텔레비전의 학습 프로그램을 이용하는 것이 좋다.
④ 가족과 함께 텔레비전을 시청하는 것은 관계가 좋아지는 데 도움을 준다.

36.

　현대인들이 생각하는 행복은 목표를 이루는 것과 깊은 관계가 있다. 인생의 목표에는 국가 발전에 기여하는 것, 가문을 빛내는 것 등과 같은 큰 것도 있지만 주말에 가족과 시간을 보내는 것, 아침에 일찍 일어나는 것과 같은 일상적이고 소소한 목표도 존재한다. 즉 인생에서 행복을 결정하는 것은 목표의 크기가 아니라 그 목표에 대한 개인적 의미이다. 아무리 사회적으로 중요한 일이라도 개인에게 의미가 없다면 행복을 느끼기 어려울 것이다.

① 목표가 없는 인간의 삶은 아무런 의미가 없다.
② 현대인들은 큰 목표를 이루는 것에 관심이 많다.
③ 현대인들에게는 사회적으로 중요한 일이 우선시 된다.
❹ 자신과 관계가 있는 목표를 성취했을 때 행복을 느낀다.

📁 **종류** 논설문

🔖 **해설**
인생에서 행복을 결정하는 것은 목표의 크기가 아닌 목표에 대한 개인적 의미로 개인에게 의미가 없다면 행복을 느끼기 어려울 것이라고 했으므로 '자신과 관계가 있는 목표를 성취했을 때 적이고 행복을 느낀다'는 것이 적합하다.

단어 기여하다　　가문　　소소하다　　존재하다

37.

　한국에는 '빨리빨리'라는 독특한 문화가 있다. 문화를 한 사회의 생활 양식이라고 할 때 빨리빨리 문화는 장점과 단점이 양립하는 문화이다. 짧은 시간 내에 IT 등 기술의 발달을 가져와 한국 사회를 성장시키는 역할을 했다. 그러나 '세계 최고, 남보다 먼저'라는 말을 들으려고 서두르다 보니 일을 대충 빨리 끝내거나 기본을 소홀히 하는 태도가 만연하게 되었다. 또한 과정보다는 결과를 중요하게 여기는 성과 만능주의가 확산되어 결국 한국 사회 성장을 방해하는 역할도 했다. 빨리빨리 문화는 계승하고 발전시켜야 할 문화이기도 하지만 고쳐 나가야 할 문화라고도 할 수 있다.

① 한국은 독특한 문화를 통해 빨리 발전하고 있다.
❷ 빨리빨리 문화는 수정과 보완이 필요한 문화이다.
③ 한국의 미래를 위해 빨리빨리 문화를 계승해야 한다.
④ 한국인들은 독특한 문화를 통해 일하는 방법을 배운다.

📁 **종류** 논설문

🔖 **해설**
빨리빨리 문화는 장점과 단점이 양립하는 문화로 계승하고 발전시켜야 할 부분도 있고 고쳐 나가야 할 부분도 있다고 했으므로 '수정과 보완이 필요한 문화'라는 것이 적합하다.

단어 독특하다　　양립하다　　소홀하다　　만연하다
　　　 만능주의　　확산되다　　계승하다

38.

　사람마다 가지고 있는 소질과 재능이 다르다. 어떤 사람은 그림을 잘 그리고 어떤 사람은 노래를 잘한다. 그런데 자신을 남과 비교하며 남이 가진 것을 부러워하는 사람들이 있다. 최림은 나이를 먹도록 벼슬길에 오르지 못해 주위 사람들로부터 눈총과 손가락질을 받았다. 그러나 자신을 소중히 여기고 묵묵히 자기의 재능을 키우며 목표를 향해 앞으로 나아갔다. 그리하여 결국 그는 크게 성공할 수 있었다.

❶ 자신의 능력을 믿고 기다리는 자긍심을 가져야 한다.
② 다른 사람과 구별되는 자신만의 재능을 개발해야 한다.

📁 **종류** 논설문

🔖 **해설**
최림은 다른 사람들의 비난 속에서도 자신을 소중히 여기고 묵묵히 자기의 재능을 키우며 목표를 향해 앞으로 나아가 성공했다고 했으므로 '자신의 능력을 믿고 기다리는 자긍심을 가져야 한다'는 것이 적합하다.
• 자긍심 : 스스로에게 긍지를 가지는 마음.
　[예] 나는 우리 민족에 대한 자긍심을 가지고 있다.
• 긍지 : 자신의 능력을 믿음으로써 가지는 당당함.
　　　 (= 보람, 자랑)
　[예] 이강인은 긍지가 높은 선수이다.

③ 남과 비교하며 자신에게 없는 것을 부러워하면 안 된다.
④ 성공하는 사람은 다른 사람의 능력과 재능에 관심이 없다.

단어 소질   재능   눈총   손가락질   묵묵히

[39~41] 다음 글에서 〈보기〉의 문장이 들어가기에 가장
알맞은 곳을 고르십시오.

39.

인공지능은 인간에 비하면 좁은 범위의 일을 수행한다.
(㉠) 우선 개나 고양이, 자동차 같은 대상을 인식하고, 자
동차를 운전하며, 문장의 의미를 이해하고 특정 언어를 다
른 언어로 번역하는 것도 가능하다. (㉡) 이런 능력들은
대부분 '지도학습'으로 가능해졌는데 지도학습은 '기계학
습'의 방법 중 하나이다. (㉢) 기계학습은 문자 그대로, 기
계가 어떤 문제를 해결하기 위한 규칙을 습득한다는 의미
이다. (㉣)

> **보기**
> 학습이란 규칙을 익히는 작업으로 학습을 마치면
> 같은 유형의 다른 문제를 풀 수 있어야 한다.

① ㉠   ② ㉡
❸ ㉢   ④ ㉣

종류 설명문

해설
지도학습은 기계학습의 방법 중 하나라고 했고, 뒤에는 기
계학습을 설명하고 있다. 그렇다면 학습의 의미를 설명해
주는 〈보기〉의 위치는 3번(㉢)이 적합하다.

단어 인공지능   인식하다   해결하다   습득하다

40.

시간의 흐름에 따라 사회의 모습이나 질서에 일정한 변
화가 나타나는 현상을 사회 변동이라고 한다. (㉠) 사회
변동에 따른 일상생활의 변화가 다양한데 먼저 기계가 등
장하면서 사람들의 생활 양식이 크게 달라졌다. (㉡) 커피
를 즐길 수 있는 카페가 늘어나고, 이탈리아의 피자, 터키
의 케밥, 베트남의 쌀국수 등 다른 나라의 전통 음식을 그
나라에 가지 않고도 쉽게 먹을 수 있게 되었다. (㉢) 또 스
마트폰이 등장하면서 일생생활이 혁신적인 변화를 맞이하
게 된다. (㉣)

> **보기**
> 대량 생산과 대량 소비를 통해 사람들의 생활이 풍
> 족해졌고 생활 양식이 비슷해졌다.

① ㉠   ❷ ㉡
③ ㉢   ④ ㉣

종류 설명문

해설
기계를 통한 대량 생산과 대량 소비를 통해 사람들의 생활
이 풍족해지고 생활 양식이 비슷해졌다는 내용이므로 기
계가 등장하면서 생활 양식이 크게 달라졌다는 2번(㉡)에
위치하는 것이 적합하다.

단어 일정하다   혁신적   맞이하다   풍족하다

41.

배려란 내가 아닌 다른 사람을 위하는 마음에서 비롯된다. (㉠) 우리는 일상에서 작은 배려를 실천할 수 있다. (㉡) 자리 양보하기, 공공장소에서 큰 소리 내지 않기, 건물의 현관문을 지날 때 뒷사람을 위해 문을 잡아 주기 등은 어떻게 보면 사소한 일이라고 할 수 있을 만큼 쉽고 간단한 일이다. (㉢) 그래서 타인과 마찰을 빚는 경우가 줄어들고 서로를 이해하는 폭도 넓어져 웃는 사회를 만들 수 있다. (㉣) 사회 구성원 모두가 남을 위하고 배려하는 마음을 가지면 더 밝고 화목한 사회를 만들 수 있을 것이다.

보기

하지만 이 작은 배려가 다른 사람의 기분을 좋게 하고 감동을 준다.

① ㉠   ② ㉡

❸ ㉢   ④ ㉣

🗂 종류 설명문

🔍 해설

작은 배려가 다른 사람의 기분을 좋게 하고 감동을 줄 수 있다는 내용이므로 그로 인해 타인과의 마찰을 줄이고 서로를 이해하는 사회를 만들 수 있다는 3번(㉢)에 위치하는 것이 적합하다.

단어 비롯하다   실천하다   사소하다
마찰을 빚다

[42~43] 다음을 읽고 물음에 답하십시오.

엄마는 전자 키보드와 김치냉장고를 치우면 피아노 자리를 충분히 만들 수 있다며 의기양양했다. 어차피 김치 냉장고가 너무 오래돼서 제 기능을 못하고 있고 얼마 전에 바꾼 냉장고가 있으니 문제 될 게 없다는 거였다. 이모네 피아노는 최소 삼백만 원도 넘는 것일 테니 그 비싼 걸 얻는 데 김치냉장고 하나쯤은 당연히 포기해야 한다고 주장했다. 나는 고개를 끄덕일 수밖에 없었다. 누구라도 엄마의 눈빛을 봤다면 절대로 아무 말도 하지 못할 것이다.

결국 엄마는 곧바로 인터넷 중고 카페에 전자 키보드와 김치냉장고를 아주 싼 값에 올렸다. 그리고 사흘 뒤 깔끔하게 팔렸다. 피아노는 그로부터 이틀 뒤에 온다고 했다. 배달비에 조율비까지 해서 30만 원이 든다고 했다. 게다가 우리 집은 3층이라 사다리차까지 빌려야 한다는데도 엄마의 입꼬리는 자꾸만 올라갔다. 드디어 이틀 뒤, 사다리차가 집 앞에 먼저 도착했다. 엄마는 피아노가 아직 안 와서 어떡하느냐며 계단을 두세 칸씩 뛰어 내려갔다. 나는 거실 탁자 위에 앉아 창밖을 내다봤다. 덩치 큰 사다리차가 길을 막아서 사람들이 다니기 불편해 보였다. 사다리차의 창문이 열리더니 청색 모자를 쓴 아저씨가 고개를 내밀었다.

"아직 안 왔어요?"

"곧 올 거예요."

엄마는 아저씨를 쳐다보지도 않고 주변을 두리번거리며 대답했다.

🗂 종류 소설

🔍 해설

배달비, 조율비, 사다리차를 빌리는 데 돈이 많이 들더라도 피아노를 받아야 하므로 배달해 주는 사람에게 억지 미소를 지으면서까지 친절하게 대하고 있다. 그러므로 '상냥하다'가 적합하다.

• 상냥하다
  예 자신이 좋아하는 사람에게만 상냥한 미소를 보였다.
① 흡족하다 : 조금도 부족함이 없을 정도로 넉넉하여 만족함.
  예 그는 식당의 메뉴를 보고 흡족한 듯했다.
③ 비겁하다 : 비열하고 겁이 많음.
  예 잘못한 동생은 비겁한 변명을 늘어놓았다.
④ 조급하다 : 참을성이 없이 매우 급함
  예 요즘 사람들은 여유 없이 너무 조급하게 행동한다.

단어 의기양양하다   포기하다   깔끔하다
조율비

42. 밑줄 친 부분에 나타난 '엄마'의 심정으로 알맞은 것을 고르십시오.

① 흡족하다   ❷ 상냥하다
③ 비겁하다   ④ 조급하다

---

43. 위 글의 내용과 같은 것을 고르십시오.

① 김치 냉장고가 고장 나서 새 냉장고를 사야 한다.
② 집 앞 사다리차 덕분에 사람들이 길을 지나다니기에 편리했다.
❸ 사다리차를 제외한 피아노 배달비와 조율비에 30만 원이 들었다.
④ 엄마는 사다리차 아저씨를 통해 전자 키보드와 김치냉장고를 팔았다.

🎓 **해설**
배달비에 조율비까지 해서 30만 원이 든다고 했으므로 사다리차를 제외한 가격이 30만 원이 들었다가 적합하다.

[44~45] 다음을 읽고 물음에 답하십시오.

　2016년 1월 스위스 다보스 포럼에서 기존 산업 분류에 정의되지 않은 모든 산업이 가져올 세계 경제 변화를 제4차 산업혁명이라고 부르기 시작했다. 이전까지의 공장 자동화는 미리 입력된 프로그램에 따라 생산 시설이 수동적으로 움직이는 것을 의미했다. 하지만 4차 산업혁명에서 생산설비는 제품과 상황에 따라 능동적으로 작업 방식을 결정하게 된다. 지금까지는 생산설비가 (　　) 4차 산업혁명에서는 각 기기가 개별 공정에 알맞은 것을 판단해 실행하게 된다. 이것은 모든 산업 설비가 각각의 인터넷 주소를 갖고 무선 인터넷을 통해 서로 대화할 수 있기 때문에 가능한 일이다.

📁 **종류** 설명문

🎓 **해설**
제4차 산업혁명을 설명하면서 이전 산업과 다른 점은 작업 방식의 능동성을 이야기하고 있다. 그러므로 답은 3번이 적합하다.

단어 분류　　정의하다　　능동적　　자동화　　공정
　　　판단하다

44. 위 글의 주제로 알맞은 것을 고르십시오.

① 4차 산업혁명을 통해 미래의 경제 상황을 예측할 수 있다.
② 기존 산업분류에 정의되지 않은 산업들이 계속 증가하고 있다.
❸ 4차 산업혁명에서 가장 중요한 것은 작업 방식의 능동성이다.
④ 산업 설비에 무선 인터넷을 연결해 작업 효율성을 높여야 한다.

45. ( )에 들어갈 내용으로 가장 알맞은 것을 고르십시오.

❶ 중앙 집중화된 시스템의 통제를 받았지만
② 여러 단계를 거쳐 까다롭게 구현되었지만
③ 각각의 프로그램에 의해 개별적으로 실행되었지만
④ 빅데이터를 기반으로 상황에 맞게 디자인되었지만

🔖 해설

지금까지의 생산 방식과 제4차 산업혁명의 생산 방식을 비교하고 있는데 제4차 산업혁명에서의 기기는 능동적으로 판단하여 공정한다 했으므로 괄호의 내용으로는 1번이 적합하다.

단어 근무제 단축하다 허용하다 사례
참조하다 규정하다 도입하다

[46~47] 다음을 읽고 물음에 답하십시오.

주 52시간 근무제는 주당 법정 근로 시간을 이전 68시간에서 52시간으로 단축하여 종업원 300인 이상의 사업장과 공공기관을 대상으로 2018년 7월 1일부터 시행되었다. (㉠) 하루 최대 8시간에 휴일 근무를 포함한 연장 근로를 총 12시간까지만 법적으로 허용하는 것이다. (㉡) 관계 부처에서 관련 가이드북을 내놓았지만 정작 기업들이 궁금해 하는 질문의 답은 없어 도움이 안 된다는 지적도 있다. (㉢) 경제계는 미국과 일본 등 선진국 사례를 참조해 정책을 현실에 맞게 고쳐야 한다고 주장한다. 일본은 월 45시간, 연 360시간 이상의 추가 근로를 못하게 규정하고 있다. 하지만 '특별한 사정'이 있으면 월 80시간, 연 720시간까지 추가 근로를 허용한다. (㉣) 고액 연봉을 받는 전문직은 근로 시간 제한에서 아예 제외한다. 미국도 고소득 전문직을 근로 시간 상한 제도에서 빼는 정책을 도입했다. 유럽연합 역시 노동자가 원하면 초과 근무가 가능하다.

📁 종류 논설문

🔖 해설

제도가 도입됐지만 어디까지를 근로 시간으로 볼지에 대한 기준이 모호하다는 지적도 많다는 내용이므로 주 52시간 근무제를 시행하였고 이 근무제에 관해 설명한 문장 뒤에 오는 것이 적합하다.

46. 위 글에서 〈보기〉의 글이 들어가기에 가장 알맞은 곳을 고르십시오.

> **보기**
>
> 제도가 도입됐지만 어디까지를 근로 시간으로 볼지에 대한 기준이 모호하다는 지적도 많다.

① ㉠   ❷ ㉡
③ ㉢   ④ ㉣

---

47. 위 글의 내용과 같은 것을 고르십시오.

❶ 일본의 고액 연봉자들은 근로 시간 제한이 따로 없다.
② 근로자들의 주당 법정 근로 시간이 전과 비교해 큰 차이가 없다.
③ 정부는 가이드북을 통해 새로운 근로 제도에 대한 이해를 도왔다.
④ 주 52시간 근무제는 선진국의 사례를 참조해 현실에 맞게 만들었다.

🔖 해설

월 45시간, 연 360시간 이상의 추가 근로를 못하게 규정하고 있지만 고액 연봉을 받는 전문직은 근로 시간 제한에서 아예 제외한다고 했으므로 고액 연봉자들은 근로 시간 제한이 따로 없다는 것이 적합하다.

　　한국의 몰카 범죄는 매년 꾸준히 증가하고 있는 추세인데, 이는 넥타이, 볼펜, 물병, 탁상시계, 안경, 벨트 등에 장착되는 초소형 카메라가 아무런 제약 없이 판매되고 있기 때문이다. <u>원래 초소형 카메라는 의료 및 산업용으로 만들어져서 통증이 적고 회복이 빠른 수술을 하는 등 해당 분야에서 중요한 역할을 하고 있다.</u> 그러나 계속되는 몰카 범죄로 인해 국민의 분노와 두려움이 사회 전반으로 확산된 상황이고, 아예 초소형 카메라 판매를 금지해야 한다는 요구도 높은 상황이다. 하지만 <u>초소형 카메라는 몰카와 의료, 산업용 카메라와의 (　　　) 판매 금지가 범죄를 막기는커녕 오히려 부작용만 낳을 수도 있어서 판매를 법으로 규제하는 것은 현실적으로 어렵다.</u> 결국 몰카 범죄는 초소형 카메라 자체의 문제가 아니므로 판매를 무조건 금지하면 논란만 더 확산될 것이다.

48. 위 글을 쓴 목적으로 알맞은 것을 고르십시오.

① 초소형 카메라 남용 문제를 제기하기 위해서
② 몰카 범죄에 대한 정부의 정책을 설명하기 위해서
③ 몰카 범죄의 내용과 처벌 방법을 설명하기 위해서
❹ 초소형 카메라 판매 금지에 대한 변화를 촉구하기 위해서

49. (　　　)에 들어갈 내용으로 가장 알맞은 것을 고르십시오.

① 역할이 서로 다르고
❷ 뚜렷한 구별이 힘들고
③ 높은 가격 차이가 있고
④ 장단점을 모두 가지고 있어

50. 밑줄 친 부분에 나타난 필자의 태도로 알맞은 것을 고르십시오.

① 초소형 카메라 판매에 대한 규제를 요구하고 있다.
② 초소형 카메라 판매 금지 결과에 대해 우려하고 있다.
③ 초소형 카메라를 만들게 된 배경에 대해 설명하고 있다.
❹ 초소형 카메라가 사회에 기여한 바를 높이 평가하고 있다.

종류 논설문

해설
몰카 범죄는 초소형 카메라 자체의 문제가 아니기 때문에 초소형 카메라 판매를 금지하면 논란만 더 확산될 것이므로 이에 대한 변화를 주장하고 있다.

단어 몰래 카메라(몰카)　　추세　　초소형　　제약
　　　 통증　　확산되다　　규제하다

해설
원래 초소형 카메라는 의료 및 산업용으로 만들어져서 해당 분야에서 중요한 역할을 하고 있으므로 사회에 기여한 바를 높이 평가하고 있다.

해설
원래 초소형 카메라는 의료 및 산업용으로 만들어져 해당 분야에서 중요하게 사용되고 있어 그 역할의 중요성을 기술하고 있으므로 4번이 적합하다.

한·국·어·능·력·시·험·T·O·P·I·K

실전모의고사
2회 해설

듣기

1. ④	**2.** ①	**3.** ①	**4.** ④	**5.** ②	**6.** ①	**7.** ②	**8.** ③	**9.** ②	**10.** ①
11. ③	**12.** ③	**13.** ①	**14.** ④	**15.** ④	**16.** ③	**17.** ①	**18.** ③	**19.** ②	**20.** ③
21. ①	**22.** ②	**23.** ①	**24.** ②	**25.** ③	**26.** ③	**27.** ③	**28.** ②	**29.** ②	**30.** ④
31. ②	**32.** ①	**33.** ③	**34.** ①	**35.** ③	**36.** ③	**37.** ②	**38.** ③	**39.** ④	**40.** ④
41. ④	**42.** ①	**43.** ④	**44.** ④	**45.** ①	**46.** ①	**47.** ②	**48.** ①	**49.** ①	**50.** ①

읽기

1. ③	**2.** ①	**3.** ①	**4.** ④	**5.** ③	**6.** ②	**7.** ③	**8.** ③	**9.** ①	**10.** ①
11. ③	**12.** ④	**13.** ①	**14.** ②	**15.** ①	**16.** ②	**17.** ④	**18.** ④	**19.** ②	**20.** ②
21. ②	**22.** ④	**23.** ①	**24.** ③	**25.** ③	**26.** ③	**27.** ④	**28.** ②	**29.** ①	**30.** ④
31. ④	**32.** ④	**33.** ③	**34.** ④	**35.** ④	**36.** ④	**37.** ④	**38.** ③	**39.** ①	**40.** ①
41. ④	**42.** ④	**43.** ②	**44.** ②	**45.** ③	**46.** ②	**47.** ①	**48.** ②	**49.** ④	**50.** ②

듣기 (1번 ~ 50번)

[1~3] 다음을 듣고 알맞은 그림을 고르십시오.

1.

여자 : 어, 버스 온다. 아직 커피가 많이 남았는데 어떡하지?

남자 : 그냥 천천히 마시고 다음 버스를 타자. 돈 주고 산 건데 버리기 아깝잖아.

여자: 미안, 아까 편의점에서 너처럼 물을 살 걸 그랬어.

①  ②

③  ❹

🗂 종류 대화

💬 해설

여자와 남자가 버스를 기다리고 있는데 버스가 왔다. 그런데 다 마시지 않은 커피를 들고 있어서 탈 수 없는 상황이다. 4번이 답이 된다.

① 남녀가 커피숍에서 앉아 있는 상황

② 남녀가 걷다가 넘치는 쓰레기통을 보고 있는 상황

③ 남녀가 편의점 계산대 앞에서 물과 커피를 계산하고 있는 상황

단어 남다   천천히   편의점

2.

남자 : 맨 앞에 앉으니까 앞에 사람들도 없고 좋은데.

여자 : 그렇기는 한데 화면이랑 너무 가까워서 전체 화면이 다 안 보여.

남자 : 좀 그러네. 그럼 다른 자리로 바꿀 수 있는지 나가서 물어볼게.

❶  ②

③  ④

🗂 종류 대화

💬 해설

영화관 맨 앞 좌석에 앉아 화면과의 거리가 너무 가깝다고 말하고 있으므로 1번이 답이 된다.

② 남녀가 영화관 뒷자리 앉아 영화 보기 전에 이야기하는 상황

③ 남녀가 상영관 입구에서 표를 들고 좌석 배치도를 보고 있는 상황

④ 남녀가 티켓(표) 판매대 앞에서 표를 사고 있는 상황

단어 맨 앞   화면   자리를 바꾸다

3.

남자 : 최근 헬스장 대신 집에서 혼자 운동하는 사람들, 즉 '홈트족'이 늘고 있다고 합니다. 지난 8월 성인 천 명을 대상으로 조사한 결과, 스스로가 '홈트족'이라고 대답한 사람이 전체 평균 53.7%로 나타났습니다. 여성의 경우 60%로, 남성의 49%보다 높았습니다. 이런 홈트족이 증가하는 이유로는 '별도 비용이 들지 않아서'가 38%로 가장 높았고 '남들 시선을 신경 쓰지 않아도 돼서' 30%, '시간 제약이 없어서'가 25%로 나타났습니다.

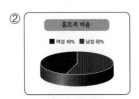

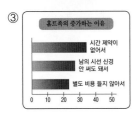

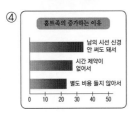

📁 종류 담화_프레젠테이션

💡 해설
홈트족의 성별 비율과 증가하는 이유에 관해 이야기하고 있으므로 1번이 답이다.
② 홈트족 비율 중 ~~남성~~(→ 여성)의 비율은 60%, ~~여성~~(→ 남성)은 49%다.
③ 홈트족이 증가하는 이유는 '시간 제약이 없어서'가 ~~38%~~(→ 25%)로 가장 ~~높다~~(→ 낮다).
④ 홈트족이 증가하는 이유는 '~~남의 시선 신경 안 써도 돼서~~'(→ 별도 비용이 들지 않아서)가 38%로 가장 높다.

단어 N보다 높다   증가하다   별도   신경 쓰다

[4~8] 다음 대화를 잘 듣고 이어질 수 있는 말을 고르십시오.

4.

남자 : 학교 앞에 새로 제과점이 생겼다면서?

여자 : 응, 며칠 전에 가 봤는데 식빵만 팔아. 시간에 따라 나오는 식빵도 다르더라고.

남자 : _____

① 그 빵은 만든 지 오래됐어.
② 나는 배가 불러서 이제 그만 먹을래.
③ 학교 근처에 제과점이 있으면 좋을 텐데.
❹ 요즘 맛있는 빵이 먹고 싶었는데 잘 됐다.

📁 종류 대화

💡 해설
남자가 학교 앞에 새로 제과점이 생겼냐고 물었고 여자는 가 봤다고 대답했기 때문에 이에 어울리는 대답은 4번이다.

단어 새로   제과점   며칠

5.

남자 : 산에서 일출을 보려면 적어도 4시에는 출발해야 돼요.

여자 : 4시예요? 산 정상에 있는 전망대까지 얼마나 걸리는데요?

남자 : _____

📁 종류 대화

💡 해설
여자가 전망대까지 걸리는 시간을 물었기 때문에 이에 가장 어울리는 대답은 2번이다.

단어 일출   적어도   정상   전망대

① 해는 4시에 뜰 거예요.
❷ 한 시간 정도면 충분해요.
③ 전망대는 산꼭대기에 있어요.
④ 등산을 좋아하는 사람들이 많아요.

6.

남자 : 왜 저렇게 학생들이 많이 모여 있지?
여자 : 아, 맞다. 오늘 축구 결승전이 있잖아. 같이 모여서 응원하려나 보네.
남자 : _____

❶ 그래? 시합이 몇 시인데?
② 아니, 나는 축구를 잘 못해.
③ 아, 정말 아깝게 지고 말았어.
④ 그럼 너도 오늘 같이 운동할래?

🗂 종류 대화

🖾 해설
남자는 왜 학생들이 모여 있는지 궁금해한다. 여자는 축구 결승전이 있다고 말하고 있으므로 어울리는 대답은 1번이다.

단어 모이다   결승전   응원

7.

남자 : 안녕하세요? 최신형 노트북 좀 보려고요.
여자 : 네, 찾는 모델이나 브랜드가 따로 있으신가요?
남자 : _____

① 아니요, 이건 너무 무거워요.
❷ 요즘 어떤 게 제일 잘 나가나요?
③ 그냥 새로 사는 게 나을 것 같아요.
④ 대학생들에게 인기가 많은 모델이에요?

🗂 종류 대화

🖾 해설
남자가 노트북을 사려고 최신 모델을 보려고 하자 여자(직원)가 찾는 모델이나 브랜드가 있는지 물어봤으므로 가장 어울리는 대답은 2번이다.

단어 최신형   모델   브랜드   따로   나가다

8.

여자 : 죄송하지만, 여기에서 담배를 피우시면 안 됩니다.
남자 : 아, 그래요? 건물 밖이라서 괜찮을 줄 알았는데요.
여자 : _____

① 근처에 안내 표지판이 없습니다.
② 저도 담배를 끊은 지 오래됐습니다.
❸ 우리 학교는 캠퍼스 전체가 금연 구역입니다.
④ 건물 밖으로 나가서 오른쪽으로 가면 됩니다.

🗂 종류 대화

🖾 해설
여자가 남자에게 담배를 피우면 안 된다고 하자 남자가 건물 밖이라서 괜찮을 줄 알았다고 했다. 이에 어울리는 대답은 3번이다.

단어 안내 표지판   캠퍼스   금연 구역
담배를 끊다

[9~12] 다음 대화를 잘 듣고 여자가 이어서 할 행동으로 알맞은 것을 고르십시오.

9.

여자 : 인터넷으로 예매한 입장권 찾으러 왔는데요.
남자 : 네, 휴대 전화로 보내드린 예약 번호 말씀해 주세요.
여자 : 어? 배터리가 없어서 휴대 전화가 꺼졌는데 어쩌죠?
남자 : 저쪽 안내 데스크에 충전기가 마련되어 있습니다.

① 예약 번호를 찾는다.
❷ 휴대 전화를 충전한다.
③ 인터넷으로 표를 산다.
④ 남자에게 배터리를 빌린다.

📁 종류 대화

🎓 해설
여자의 휴대 전화 배터리가 없어서 전화가 꺼졌다고 하자 남자가 충전기의 위치를 안내했으므로 여자는 휴대 전화를 충전할 것이다.

단어 예매하다   입장권   배터리   충전기
충전하다

10.

남자 : 죄송하지만 여기서부터는 보안상 액체류를 가지고 들어갈 수 없습니다.
여자 : 그냥 물이에요. 줄 서 있는 동안 마시려고요.
남자 : 죄송합니다. 안쪽으로 이동하시기 전에 다 마시거나 버려 주세요.
여자 : 네, 방금 돈 주고 산 건데 버리기는 아깝죠.

❶ 물을 마신다.
② 휴대품을 검사한다.
③ 안쪽으로 이동한다.
④ 음료수를 새로 산다.

📁 종류 대화

🎓 해설
공항에서 액체류 반입에 관해 이야기하고 있다. 남자(직원)가 물을 다 마시거나 버려야 한다고 하자 여자가 버리기 아깝다고 했으므로 여자는 물을 마실 것이다.

단어 보안   액체류   방금

11.

여자 : 요즘 읽기 좋은 책 한 권만 추천해 주세요.
남자 : '마술가게'라는 책 어떠세요? 읽으면 읽을수록 마음이 따뜻해지는 책이에요
여자 : 마음이요? 어떤 마술인지 궁금해지는데요. 이걸로 할게요.
남자 : 후회하지 않으실 거예요. 노래로도 나왔으니까 나중에 한번 들어 보세요.

① 가게에 간다.
② 마술을 배운다.
❸ 책을 구입한다.
④ 음악을 듣는다.

📁 종류 대화

🎓 해설
서점에서 여자가 책을 구입하기 위해 남자(직원)에게 추천해 달라고 하자 남자가 '마술가게'라는 책을 추천했고 여자가 '이걸로 하겠다'고 했으므로 여자는 책을 살 것이다.

단어 요즘   추천하다   마술   후회하다

12.

여자 : 중간고사가 다음 주 금요일로 연기되었다고 교수님
　　　께서 메일 보내셨던데.
남자 : 뭐라고? 우리 그날 서울에서 면접이 있어 학교에 못
　　　온다고 교수님께 말씀드렸잖아.
여자 : 그러니까. 혹시 우리 따로 시험 볼 수 있는지 직접
　　　여쭤볼까?
남자 : <mark>그러자. 빨리 가서 말씀드리자.</mark>

① 메일을 확인한다.
② 면접을 연기한다.
❸ 교수님을 만나러 간다.
④ 같이 시험공부를 한다.

종류 대화

해설

여자와 남자는 중간고사 시험에 관해 이야기하고 있다. 변경된 시험 날짜에 면접이 있어서 여자가 따로 시험을 볼 수 있는지 직접 여쭤보자고 했다. 이에 남자가 빨리 가서 말씀드리자고 했으므로 여자는 교수님을 만나러 갈 것이다.

단어 연기되다　　면접　　따로　　직접

[13~16] 다음을 듣고 내용과 일치하는 것을 고르십시오.

13.

여자 : 과장님도 내일 서준 씨 결혼식에 가시죠?
남자 : 저는 못 갈 것 같아요. 큰아이 생일인데 올해 또 깜
　　　박할 뻔했어요.
여자 : 잠깐이라도 들렀다 가시면 안 되나요? 과장님 안 오
　　　시면 서준 씨가 섭섭해 할 텐데.
남자 : 아니에요, 잘못하면 저 집에 못 들어가요. 지영 씨가
　　　저 대신 축의금 좀 전해 주세요.

❶ 여자는 내일 결혼식에 갈 것이다.
② 남자는 서준 씨의 생일을 잊고 있었다.
③ 여자는 과장님 때문에 속상한 일이 있다.
④ 남자는 요즘 바빠서 일찍 퇴근할 수 없다.

종류 대화

해설

남자(과장님)가 여자에게 대신 축의금을 전해 달라고 말하므로 답은 1번이다.
② 남자는 ~~요즘 바빠서 일찍 퇴근할 수 없다.~~ (아니에요. 잘못하면 저 집에 못 들어가요. 내일 집에서 생일 축하해줘야 한다.)
③ 남자는 ~~서준 씨의 생일을 잊고 있었다.~~ (저희 큰아이 생일인데 올해 또 깜빡할 뻔했어요.)
④ ~~여자는~~ 과장님 때문에 속상한 일이 있다. (과장님 안 오시면 서준 씨가 섭섭해 할 텐데)
• 전해 주다　**예** 영화가 갑자기 결혼 소식을 전해 주었다.

단어 과장님　　깜빡하다　　섭섭하다　　축의금

14.

여자 : (딩동댕) 안녕하십니까, 오늘도 저희 도서 전시회를
　　　찾아 주신 분들께 감사드리며 잠시 안내 말씀드리겠
　　　습니다. 잠시 후 1층 이벤트 홀에서 '작가와의 만남'
　　　행사가 시작될 예정입니다. 관심이 있는 관람객께서
　　　는 지금 행사장으로 이동해 주시기 바랍니다. 행사
　　　가 끝나면 경품 추첨을 통해 총 50분께 작가의 사인
　　　이 담긴 책을 선물로 드리니 여러분의 많은 참여를
　　　부탁드립니다. 감사합니다. (딩동댕)

① 관람객들은 전시회에서 책을 살 수 있다.
② 도서 전시회에는 총 50권의 책을 감상할 수 있다.

종류 담화_안내(방송)

해설

도서 전시회에서 열리는 행사에 관해 안내하면서 경품 추첨을 통해 선물을 준다고 하였으므로 답은 4번이다.
① 관람객들은 전시회에서 책을 ~~살 수 있다.~~ (작가의 사인이 담긴 책을 선물로 드리니)
② 도서 전시회에는 ~~총 50권의 책을 감상할 수 있다.~~ (총 50분께 작가의 사인이 담긴 책을 선물로 드리오니)
③ 이벤트 홀에서 유명 작가의 ~~사인회가 열리고 있다.~~ (이벤트 홀에서 '작가와의 만남' 행사가 시작될 예정입니다.)

단어 이벤트　　전시회　　잠시　　참여

③ 이벤트 홀에서 유명 작가의 사인회가 열리고 있다.
❹ 행사에 참여하면 선물을 받을 수 있는 기회가 생긴다.

15.

남자 : 지난 11일 새우잡이가 한창인 인천 강화도 앞바다에서 어부가 들어 올린 그물에 폐비닐이 가득했습니다. 1977년 만들어진 과자봉지가 원래 모습 그대로 새우, 물고기 등과 함께 그물에 올라온 것입니다. 40년 전 사람들이 무심코 버린 비닐이 썩지 않고 바닷속을 떠돌고 있는 것입니다. 과연 오늘 우리가 버린 비닐 쓰레기들은 몇 년이 지나야 없어질지 우리 모두 고민해 봐야 할 문제인 것 같습니다.

① 어부들이 바닷속 쓰레기를 청소하고 있다.
② 바다가 오염되어 새우와 물고기가 잡히지 않는다.
③ 1977년에 생산된 과자가 썩지 않고 그대로 발견되었다.
❹ 사람들이 무심코 버리는 비닐이 앞으로 문제가 될 수 있다.

🗂 종류 담화_뉴스

🎓 해설
남자가 사람들이 무심코 버린 비닐 쓰레기들이 몇 년이 지나야 없어질지 고민해 봐야 하는 문제라고 했으므로 답은 4번이다.
① 어부들이 바닷속 쓰레기를 ~~청소하고 있다.~~ (어부가 들어 올린 그물에 폐비닐이 가득했습니다.)
② 바다가 오염되어 새우와 물고기가 ~~잡히지 않는다.~~ (폐비닐이 새우, 물고기 등과 함께 그물에 올라온 것입니다.)
③ 1977년에 ~~생산된 과자가~~ 썩지 않고 그대로 발견되었다. (1977년 만들어진 과자봉지가 원래 모습 그대로)
• 가득하다 　예 방 안에 사람들이 가득하네요.
• 떠돌다 　예 배를 타고 바다를 떠도는 여행을 하고 싶어요.

단어 한창　어부　그물　폐비닐　무심코

16.

여자 : 한 대형 쇼핑몰에 '남편 보관소'라는 휴식 공간이 생겨서 화제인데요. 이곳을 처음 만든 관계자분들께 직접 물어보겠습니다. '남편 보관소'는 어떻게 만들어진 건가요?

남자 : 지난해부터 운영하기 시작한 이 휴식 공간의 원래 목적은 쇼핑객들을 위한 흡연 공간이었습니다. 하지만 곧 아내나 여자 친구를 기다리는 남성들이 이곳을 더 많이 찾게 되었죠. 그래서 이분들이 긴 시간을 좀 더 유익하게 보낼 수 있도록 각종 서적과 잡지, 무료 와이파이 등을 제공하면서 지금의 인기를 얻게 된 것 같습니다.

① 최근 '남편 보관소'가 쇼핑몰에 생겼다.
② 대형 쇼핑 공간은 금연 구역으로 지정되었다.
❸ 대형 쇼핑몰에 남자들을 위한 휴식 공간을 만들었다.
④ 쇼핑몰에서 여성을 기다리는 남성들에게 책과 잡지를 판매했다.

🗂 종류 대화_인터뷰

🎓 해설
여자가 대형 쇼핑몰에 남편을 위한 휴식 공간이 생겼다고 했으므로 답은 3번이다.
① 최근 '남편 보관소'가 쇼핑몰에 생겼다. (한 대형 쇼핑몰에 '남편 보관소'라는 휴식 공간이 생겨서 화제이다.)
② 대형 쇼핑 공간은 금연 구역으로 ~~지정되었다.~~ (휴식 공간의 원래 목적은 쇼핑객들을 위한 흡연 공간이었습니다.)
④ 쇼핑몰에서 여성을 기다리는 남성들에게 책과 잡지를 ~~판매했다.~~ (각종 서적과 잡지, 무료 와이파이 등을 제공하면서)

단어 보관소　관계자　유익하다

[17~20] 다음을 듣고 남자의 중심 생각을 고르십시오.

17.

남자 : 난 요즘 과소비를 부추기던 욜로 보다 작지만 확실한 행복을 찾는 소확행이 훨씬 더 마음에 와닿는 것 같아.

여자 : 욜로? 아, 인생은 한 번뿐이라고 '지금 즐기자'라고 했던 말. 근데 소확행은 또 뭐야?

남자 : 소소하지만 확실한 행복이란 뜻이야. 유명한 작가가 제일 처음 썼던 말인데 먼 미래의 거창한 행복보다 자주 느낄 수 있는 작은 행복에 더 만족한다는 의미지. 나도 세계여행을 꿈꾸며 출근을 피곤해하는 삶보다는 매일 산책하듯이 출근하고 여행하듯이 퇴근하며 살려고.

❶ 행복한 삶은 먼 곳에 있지 않다.
② 인생은 한 번뿐이니 즐겁게 살자.
③ 미래의 거창한 계획은 실현 가능성이 작다.
④ 출퇴근이 즐거우면 만족스러운 인생을 살 수 있다.

🗂 종류 대화

💬 해설

여자와 남자는 소확행에 대해 이야기하고 있다. 남자는 먼 미래의 행복보다 작지만 확실한 행복이 더 마음에 와닿는다고 생각하므로 답은 1번이다.

• 와닿다   예 그 음악이 마음에 와닿았다.

단어 과소비   부추기다   거창하다

18.

남자 : 휴가철마다 유기 동물 보호소에 들어오는 유기견이 평소보다 40% 이상 늘어난다니 정부에서 4년 전부터 실시한 반려견 등록 의무화 정책도 별 효과가 없는 거 같아요.

여자 : 맞아요. 유기 동물 보호소 시설도 부족한 것 같고, 실제로 반려견 중 등록된 반려견은 몇 마리 안 된다고 해요.

남자 : 등록을 안 하면 60만 원 이하의 벌금을 내야 하지만 단속이 거의 이루어지지 않고 있어요. 하루빨리 반려동물 주인들의 인식 개선과 함께 미등록자에 대한 처벌을 강화하는 대책이 나왔으면 좋겠어요.

① 반려견 등록 정책을 의무화해야 한다.
② 관광지의 유기 동물 보호소 시설을 늘려야 한다.
❸ 반려동물 미등록자에 대한 단속과 처벌을 강화해야 한다.
④ 동물 등록제의 실효성을 높여 유기견 발생을 막아야 한다.

🗂 종류 대화

💬 해설

여자와 남자는 반려견 등록 의무화 정책 유기견에 관해 이야기하고 있다. 남자는 반려동물 주인들의 인식 개선과 반려동물 미등록자에 대한 처벌을 강화해야 한다고 했으므로 답은 3번이다.

• 강화하다
  예 이번에 컴퓨터 보안 시스템을 더욱 강화하였다.

단어 휴가철   유기견   단속   인식 개선

19.

남자 : 저기요, 앞자리 등받이가 뒤로 너무 젖혀져 있어서 불편해요. 얘기 좀 해 주세요.

여자 : 죄송합니다만 좌석 등받이는 비행기 이착륙과 식사 시간에만 원위치로 옮겨 달라고 요구할 수 있습니다. 그 외의 시간에는 자유롭게 이용하실 수 있기 때문에 양해 부탁드립니다.

남자 : 장거리 비행인데 이렇게 좁은 공간에서 등받이를 끝까지 젖히는 건 다른 사람에 대한 배려가 부족한 거 아닌가요?

여자 : 등받이는 좌석을 사용하는 승객의 권리입니다. 하지만 제가 한번 말씀은 드려 보겠습니다.

① 이착륙과 식사시간에 좌석 등받이는 원위치로 해야 한다.
❷ 좌석 간격이 좁은 비행기 안에서는 서로에 대한 배려가 필요하다.
③ 등받이를 끝까지 젖혀서 사용하려면 다른 사람에게 양해를 구해야 한다.
④ 좌석 등받이는 그 자리에 앉은 사람이 언제든지 자유롭게 이용할 수 있다.

🗂 종류 대화

🎓 해설
남자는 비행기처럼 좁은 공간에서 등받이를 심하게 뒤로 젖히는 것은 상대방에 대한 배려가 부족한 행동이라고 했으므로 답은 2번이다.
• 젖히다 예 의자를 뒤로 젖혀 몸을 누일 수 있었다.

단어 등받이   이착륙   원위치   요구하다

20.

여자 : 최근 어린이 교육용 프로그램을 만드는 업계에서는 어떻게 하면 디지털 기기로 교육적 효과를 얻을 수 있을지에 대해 관심이 크다고 합니다. 맞습니까?

남자 : 네, 요즘 아이들은 "엄마 뱃속에서 스마트폰 사용법을 배워서 나온다."라는 말이 있을 정도로 디지털 기기에 친숙합니다. 그렇기 때문에 양방향 소통이 가능한 TV나 인공지능 기술을 이용해 체험이나 외국어 학습 등에 잘 활용한다면 아이들의 창의적인 학습활동에 도움을 줄 수 있습니다. 아이들이 재미있게 놀면서 학습을 할 수 있도록 스마트 기기가 도와주는 것이지요.

① 온라인을 통한 어린이 교육 프로그램을 늘려야 한다.
② 스마트폰 사용법을 일찍 익힌 아이들은 창의성이 높다.
❸ 디지털 기술을 활용한 학습활동이 어린이 교육에 도움이 된다.
④ 스마트 기기를 이용하면 아이들이 재미있게 놀면서 공부할 수 있다.

🗂 종류 대화_인터뷰

🎓 해설
남자는 양방향 소통이 가능한 디지털 기기(TV나 인공지능 기술)를 이용해 아이들의 창의적인 학습활동에 도움을 줄 수 있다고 했으므로 답은 3번이다.
• 활용하다 예 빈 땅을 주차장으로 활용할 수 있다.

단어 교육용   업계   디지털 기기   교육적

[21~22] 다음을 듣고 물음에 답하십시오.

여자 : 최근 실직이나 이혼 등의 이유로 불안한 중년 1인 가구 수가 급격히 증가하고 있는데요. 이분들이 사회적으로 고립되면서 소득이나 건강, 주거 등에서도 위기를 겪는 이유가 뭘까요?

남자 : '나 홀로 중년'이 늘어나면서 일부 지자체에서 이들을 위한 심리치료나 건강진단 프로그램 등이 생기기는 했습니다. 하지만 실제로 사회보장제도가 주로 노년층과 청년층을 기준으로 만들어져 있어 혜택을 받기 어렵습니다.

여자 : 소득이 낮은 4, 50대 1인 가구의 경우는 더 힘들다는 말씀이시군요.

남자 : 네, 중년 1인 가구가 겪고 있는 문제들을 제때 해결해야 이들의 가난과 질병이 노년으로 이어지는 것을 막을 수 있습니다. 이를 위해서 정부는 이들이 공적인 서비스를 받을 수 있도록 다양한 복지 정책과 제도를 확대해야 합니다.

21. 남자의 중심 생각으로 알맞은 것을 고르십시오.

❶ 중년 1인 가구를 위한 복지를 늘려야 한다.
② 불안한 중년 1인 가구의 위기를 예방해야 한다.
③ 심리치료나 건강진단 프로그램을 확대해야 한다.
④ 공적 서비스를 받을 수 있는 기준을 바꿔야 한다.

22. 들은 내용으로 맞는 것을 고르십시오.

① 중년 1인 가구의 사회적 활동이 증가하고 있다.
❷ 일부 지자체에 '나 홀로 중년'을 위한 프로그램이 있다.
③ 노년층과 청년층을 위한 복지 정책이 다양해지고 있다.
④ 소득이 낮은 1인 가구의 가난과 질병 문제들을 해결하고 있다.

🗁 종류　대화_인터뷰

🔖 해설

남자는 중년 1인 가구의 문제에 관해 이야기하고 있다. 혼자 사는 중년들을 위해 정부가 복지 정책을 확대해야 한다고 했으므로 답은 1번이다.

• 불안하다　예 집에 혼자 있기 불안해요.
• 증가하다　예 경기가 좋아 소비가 증가하고 있다.
• 고립되다　예 배가 고장 나서 무인도에 하루 동안 고립되었다.

단어　실직　급격히　소득　위기　가난　노년

🔖 해설

일부 지자체에서 심리치료나 건강진단 프로그램 등이 생겼다고 했으므로 답은 2번이다.
① 중년 1인 가구의 ~~사회적 활동이 증가하고 있다.~~ (이분들이 사회적으로 고립되면서 ~~)
③ 노년층과 청년층을 위한 복지 정책이 ~~다양해지고 있다.~~ (노년층과 청년층을 기준으로 만들어져 있어)
④ 소득이 낮은 1인 가구의 가난과 질병 문제들을 ~~해결하고 있다.~~ (중년 1인 가구가 겪고 있는 문제들을 제때 해결해야 이들의 가난과 질병이 노년으로 이어지는 것을 막을 수 있습니다.)

[23~24] 다음을 듣고 물음에 답하십시오.

남자 : 아버지 은퇴 선물로 뭐가 좋을지 생각해 봤어? 지금 인터넷 쇼핑몰을 몇 시간째 뒤져 보고 있는데 뭐로 하면 좋을지 진짜 모르겠네.

여자 : 그러게. 아버지께서 늘 필요한 거 없다, 괜찮다고 하시니까 선물하기가 너무 어려워.

남자 : 그치? 인터넷에서도 자꾸 내가 사고 싶은 것만 보게 돼. 우리 그냥 이번에는 현금으로 드릴까? 좀 성의 없게 보이려나?

여자 : 음, 그럼 백화점 상품권은 어때? 우리가 같이 돈을 모아서 상품권으로 드리면 금액도 괜찮고 아버지도 마음에 드는 걸 직접 사실 수도 있으니까 말이야.

23. 남자가 무엇을 하고 있는지 고르십시오.

❶ 인터넷에서 선물을 찾고 있다.
② 아버지께 은퇴 선물을 드리고 있다.
③ 백화점에서 상품권을 구입하고 있다.
④ 사려는 상품의 가격을 비교하고 있다.

24. 들은 내용으로 맞는 것을 고르십시오.

① 백화점에서 몇 시간째 쇼핑하고 있다.
❷ 아버지께 드릴 선물은 고르기가 쉽지 않다.
③ 상품권보다는 현금으로 선물하는 것이 더 낫다.
④ 물건은 백화점에서 직접 보고 고르는 것이 편하다.

[25~26] 다음을 듣고 물음에 답하십시오.

여자 : 최근 경기도의 한 관공서에서 건물의 벽면을 식물로 덮는 '그린 커튼'을 설치했는데요. 에너지를 절약하는데 효과적인 방법이 맞나요?

남자 : 네. 창문 한쪽을 다 덮은 덩굴도 있어서 '커튼'이라고 부르는데요. 온도를 재보니 건물 외벽은 복사열 때문에 59도까지 올랐지만, 덩굴식물로 그늘진 곳은 31도에 그쳤습니다. 덩굴식물은 화분만 있으면 심을 수 있고 10월쯤에 치우기 때문에 벽면에 식물을 영구재배하는 '벽면녹화'보다 효율적입니다. 그야말로 친환경 공법이라고 할 수 있죠. 조사에 따르면 '그린 커튼'을 단 곳은 그렇지 않은 곳과 비교해 연간 150

📁 **종류** 대화

💬 **해설**

남자와 여자는 아버지의 은퇴 선물에 관해 이야기하고 있다. 남자는 인터넷 쇼핑몰에서 아버지의 선물을 찾고 있다.

단어 은퇴   뒤지다   성의   상품권   금액

💬 **해설**

여자가 아버지의 선물을 고르기 어렵다고 했기 때문에 답은 2번이다.
① 백화점에서 몇 시간째 쇼핑하고 있다. (인터넷 쇼핑몰을 몇 시간째 뒤져 보고 있는데)
③ 상품권보다는 현금으로 선물하는 것이 더 낫다. (상품권으로 드리면 금액도 괜찮고 마음에 드는 걸 직접 사실 수도 있으니까 말이야.)
④ 물건은 백화점에서 직접 고르는 것이 편하다. (아버지도 직접 마음에 드는 걸 사실 수 있으니까 말이야.)

📁 **종류** 대화_인터뷰

💬 **해설**

남자는 '그린 커튼'으로 건물 온도를 낮출 수 있다고 했고, 마지막에 '그린 커튼'이 에너지 절약에 좋은 방법이라고 했으므로 답은 3번이다.
• 절감되다 **예** 인터넷을 이용하면 비용과 시간이 절감된다.

단어 관공서   벽면   효율적   연간   절약

만 원의 전기 요금이 절감된다고 하니 에너지 절약에 좋은 방법이라고 할 수 있습니다.

25. 남자의 중심 생각으로 맞는 것을 고르십시오.

① 관공서는 전기 요금을 절약해야 한다.
② 친환경 공법으로 불볕더위에 대비해야 한다.
❸ 그린 커튼을 사용해서 에너지 절약을 실천할 수 있다.
④ 온도를 낮춰 더위를 막는데 그린 커튼을 사용할 수 있다.

26. 들은 내용으로 맞는 것을 고르십시오.

① 관공서에서 그린 커튼 설치는 필수이다.
② 초록색 커튼을 사용하면 실내 온도가 낮아진다.
❸ 그린 커튼을 설치하면 일정 금액의 전기 요금을 아낄 수 있다.
④ 실내 온도를 낮추는 데 벽면녹화가 그린 커튼보다 더 효율적이다.

🎧 **해설**

'그린 커튼'을 단 곳은 연간 150만 원의 전기 요금이 절감된다고 했으므로 답은 3번이다.
① 관공서에서 그린 커튼 설치는 ~~필수이다~~. (최근 경기도의 한 관공서에서 건물의 벽면을 식물로 덮는 '그린 커튼'을 설치했는데요.)
② ~~초록색 커튼을 사용하면 실내 온도가 낮아진다.~~ (덩굴식물로 그늘진 곳은 31도에 그쳤습니다.)
④ 실내 온도를 낮추는 데 ~~벽면녹화가 그린 커튼보다 더 효율적이다.~~ (덩굴식물은 ··· 벽면에 식물을 영구재배하는 '벽면녹화'보다 효율적입니다.)

[27~28] 다음을 듣고 물음에 답하십시오.

남자 : 독일 지사에서 인터뷰를 봤다면서요?
여자 : 네. 지난달 독일 출장 때, 경력 직원을 채용하길래 한번 경험 삼아 시도해 봤어요.
남자 : 그래요? 좋은 기회네요. 그런데 해외에 가서 사는 게 그렇게 쉽지는 않을 것 같은데?
여자 : 맞아요. 하지만 아이들 교육 등을 생각하면 좀 어렵더라도 기회가 생기면 이민을 가려고요.
남자 : 그렇군요. 외국에서 생활하다 보면 문화 차이를 극복하는 게 어렵다고들 하더라고요. 아이들에게는 더더욱 말이에요.

27. 남자가 여자에게 말하는 의도를 고르십시오.

① 해외 이주를 권유하기 위해
② 문화 차이를 강조하기 위해
❸ 이민의 어려움을 알려주기 위해
④ 교육의 중요성을 설명하기 위해

📂 **종류** 대화

🎧 **해설**

남자가 여자에게 외국에서 생활하다 보면 문화 차이를 극복하는 게 어렵다고 했으므로 답은 3번이다.
• 극복하다 [예] 언어 차이를 극복하는 것은 쉬운 일이 아니다.

📘 **단어** 지사   출장   채용하다   이민

28. 들은 내용으로 맞는 것을 고르십시오.

① 남자는 독일 지사에 가고 싶어 한다.

❷ 여자는 지난달 독일에 출장을 다녀왔다.

③ 남자는 아이들의 교육 때문에 해외에 가려고 한다.

④ 여자는 문화 차이를 극복하는 것이 어렵다고 생각한다.

🔊 해설

여자가 지난달 독일 출장 때 인터뷰를 봤다고 했으므로 답은 2번이다.

① 남자는 독일 지사에 가고 싶어 한다. (여자는 경력 직원을 채용하길래 한번 경험 삼아 시도해 봤어.)

③ 남자는 아이들의 교육 때문에 해외에 가려고 한다. (여자는 좀 어렵더라도 기회가 생기면 이민을 가려고.)

④ 여자는 문화 차이를 극복하는 것이 어렵다고 생각한다. (남자는 외국에서 생활하다 보면 문화 차이를 극복하는 게 어렵다고들 하더라고.)

[29~30] 다음을 듣고 물음에 답하십시오.

여자 : 최근 계속되는 폭염의 원인이 '열돔 현상' 때문이라고 하던데요. '열돔 현상'이 뭔가요?

남자 : 열돔은 말 그대로 열기가 돔에 갇혀 나가지 못하고 계속해서 달궈지는 현상을 의미합니다. 아시다시피 돔이란 둥근 지붕처럼 생긴 것을 말하는데요. 이러한 형태의 열막을 형성하여 뜨거운 공기를 지면에 가두기 때문에 더위가 심해지고 있는 것입니다.

여자 : 이러한 폭염은 한국뿐 아니라 일본, 중국 등 동북아시아 일대에 공통된 현상이라고요?

남자 : 네. 최근의 기록적인 더위는 이 '열돔 현상'이 유라시아 지역에 넓게 걸쳐 나타나면서 발생하는 것으로 보입니다.

29. 남자는 누구인지 맞는 것을 고르십시오.

① 폭염의 원인을 관리하는 사람

❷ 기상의 흐름을 연구하는 사람

③ 열돔같이 둥근 지붕을 만드는 사람

④ 동북아시아의 지리를 관찰하는 사람

📋 종류 대화_인터뷰

🔊 해설

남자는 폭염의 원인인 '열돔 현상'에 대해 말하면서 폭염이 한국뿐 아니라 유라시아 지역에 넓게 걸쳐 나타난다고 말하고 있으므로 기상의 흐름을 연구하는 사람일 것이다.

• 달구다   예 높은 온도로 무쇠를 달구어요.

• 형성하다   예 가정 교육이 아이들의 가치관을 형성하는 데 영향을 미친다.

단어 열기   형태   가두다   기록적

---

30. 들은 내용과 일치하는 것을 고르십시오.

① 계속되는 폭염으로 동북아시아에 열돔이 만들어진다.

② 열돔 현상은 둥근 지붕 모양과 같은 땅에 주로 나타난다.

③ 열돔은 달구어진 열기가 위로 빠져나가는 현상을 말한다.

❹ 열돔 현상은 유라시아 지역 전반에 걸쳐 넓게 발생하고 있다.

🔊 해설

남자는 최근의 기록적인 더위는 '열돔 현상'이 유라시아 지역에 넓게 걸쳐 나타나면서 발생하는 것이라고 했으므로 답은 4번이다.

① 계속되는 폭염으로 동북아시아에 열돔이 만들어진다. (최근 계속되는 폭염의 원인이 '열돔 현상' 때문이라고 하던데요.)

② 열돔 현상은 둥근 지붕 모양과 같은 땅에 주로 나타난다. (돔이란 둥근 지붕처럼 생긴 것을 말하는데요.)

③ 열돔은 달구어진 열기가 위로 빠져 나가는 현상을 말한다. (열돔은 말 그대로 열기가 돔에 갇혀 나가지 못하고 계속해서 달궈지는 현상을 의미합니다.)

[31~32] 다음을 듣고 물음에 답하십시오.

남자 : 최근 음식점, 카페 등에서 아이들의 출입을 거부하는 '노키즈존'이 늘어 가는 것에 아이를 가진 부모들이 불만을 표하고 있습니다. 아이들을 잠재적 위험 집단으로 설정하고 사전에 차단해 버리는 것은 이해하기 어렵습니다.

여자 : '노키즈존'은 성인 손님에 대한 배려와 영유아 및 어린이의 안전사고 방지를 위해 필요하다고 생각합니다.

남자 : 헌법상 평등의 원리에 어긋나는 업주의 과잉 조치가 아닙니까?

여자 : '노키즈존'은 헌법에 따른 영업의 자유라 볼 수 있습니다. '노키즈존'을 찬성하는 입장에서 특정 손님의 입장 거부는 법적 계약 과정에서 손님을 선택하고 서비스를 제공하지 않을 수 있는 자유에 속합니다.

31. 남자의 생각으로 맞은 것을 고르십시오.

① 아이들은 잠재적 위험 집단으로 설정해야 한다.
❷ 평등의 원리에 어긋나는 노키즈존은 바람직하지 않다.
③ 노키즈존은 아이들의 안전사고를 방지하는 데 필요하다.
④ 특정 손님의 입장 거부는 영업의 자유이므로 보장되어야 한다.

32. 남자의 태도로 맞은 것을 고르십시오.

❶ 현재 상황에 대해 부정적이다.
② 상대방의 의견에 공감하고 있다.
③ 문제에 대한 해결책을 제시하고 있다.
④ 자신의 주장을 상대방에게 강요하고 있다.

[33~34] 다음을 듣고 물음에 답하십시오.

여자 : 세종대왕의 한글 창제 이야기는 너무나 잘 알려져 있는데요. 세종대왕은 한자가 너무 어려워서 많은 백성들이 자신의 의사를 충분히 표현하지 못함을 안타깝게 여기고, 집현전 학자들과 연구하여 한글을 만들어 냈습니다. 그러나 세종대왕의 업적은 이것뿐만이 아닙니다. 안정된 국력을 바탕으로 압록강에서 두만강까지 국토를 확장하여 현재의 영토 모습을 만들었죠. 또한 과학 분야에도 많은 발전을 이뤘는데요. 특히 강수량을 측정하는 측우기는 세계 최초의 비 측정 기계입니다. 시간을 알 수 있는 해시계와 물시계도 빼놓을 수 없겠죠. 또 농사직설이라는 책을 펴내어 농업 기술 발전에도 힘썼습니다.

종류 토론

해설

여자와 남자는 '노키즈존'에 대해 이야기하고 있다. 남자는 '노키즈존'이 평등의 원리에 어긋나는 과잉 조치라고 했으므로 답은 2번이다.

• 거부하다 **예** 야구 선수는 해외 스카우트 제안을 거부하였다.
• 설정하다 **예** 장래 계획을 설계할 때 목표를 설정하는 것이 좋다.
• 방지하다 **예** 사고를 방지하기 위한 안전책이 필요하다.

단어 불만을 표하다　잠재적　사전　차단
　　　평등　업주　과잉 조치

해설

남자는 '노키즈존'에 대한 여자의 의견에 반대되는 부정적인 입장이므로 답은 1번이다.

• 공감하다 = 동감하다
　예 남편도 내 말에 공감하는 눈치였다.

종류 담화_강연

해설

세종대왕이 세운 여러 가지 업적에 대해 말하고 있다.

단어 창제　의사　충분히　안타깝다　업적
　　　강수량　영토　분야　확장하다

33. 무엇에 대한 내용인지 맞는 것을 고르십시오.

① 한글이 만들어진 배경
② 현재 국경이 만들어진 시기
❸ 세종대왕의 여러 가지 업적
④ 조선 시대 과학 발전의 역사

---

34. 들은 내용으로 맞는 것을 고르십시오.

❶ 세종은 백성을 위해 한글을 만들었다.
② 전쟁으로 압록강과 두만강까지 면적을 넓혔다.
③ 농업이 발전하여 농업 분야의 책을 펴낼 수 있었다.
④ 해시계와 물시계는 세계 최초의 시계로 알려져 있다.

🔍 **해설**

세종대왕은 백성들이 자신의 의사를 충분히 표현하지 못함을 안타깝게 여기고 한글을 창제했다고 했으므로 답은 1번이다.

② ~~전쟁으로~~ 압록강과 두만강까지 면적을 넓혔다. (안정된 국력을 바탕으로 압록강에서 두만강까지 국토를 확장하여)
③ ~~농업이 발전하여~~ 농업 분야의 책을 펴낼 수 있었다. (농사직설이라는 책을 펴내어 농업 기술 발전에도 힘썼습니다.)
④ 해시계와 물시계는 ~~세계 최초의 시계로~~ 알려져 있다. (강수량을 측정하는 측우기는 세계 최초의 비 측정 기계)

[35~36] 다음을 듣고 물음에 답하십시오.

남자 : 제12회 비디오 게임 엑스포에 오신 여러분을 환영합니다. 올해 엑스포의 공식 후원사인 리얼 게임 회사의 회장 박홍식입니다. 이번 엑스포에는 많은 게임 업체들이 참가하여 새로운 게임을 선보이고 있으니 직접 체험해 보시면 좋겠습니다. 저는 오늘 여기 계신 여러분께 큰 이벤트를 알려 드리고자 이 자리에 섰습니다. 오늘 선보일 '판타스틱 어드벤처'라는 게임을 체험해 보시고 게임에 대한 의견을 주십시오. 여러분의 다양한 의견이 필요합니다. 의견이 채택되신 다섯 분께는 내년 부산에서 개최하는 비디오 게임 엑스포의 참가비와 여행비 전액을 지원해 드립니다. 여러분의 많은 참여를 부탁드립니다. 감사합니다.

📁 **종류** 담화_인사말

🔍 **해설**

남자가 무엇을 하고 있는지 고르는 문제로 게임 회사 회장이 이벤트를 홍보하고 있다.

• 선보이다 예 최신 신곡을 <u>선보일</u> 예정이다.

단어 공식   후원사   업체   체험하다
개최하다   홍보하다

35. 남자는 무엇을 하고 있는지 맞는 것을 고르십시오.

① 새로운 게임을 평가하고 있다.
② 의견의 중요성을 강조하고 있다.
❸ 엑스포 이벤트를 홍보하고 있다.
④ 비디오 게임의 시작을 알리고 있다.

36. 들은 내용으로 맞는 것을 고르십시오.

① 엑스포에는 공식 후원사만 참여할 수 있다.
② 많은 게임 업체들은 큰 이벤트를 준비하였다.
❸ 내년 비디오 게임 엑스포는 부산에서 열린다.
④ 이벤트에 응모하면 엑스포 참가비용을 내야 한다.

🔍 **해설**

남자는 내년에 부산에서 비디오 게임 엑스포가 개최된다고 했으므로 답은 3번이다.
① 엑스포에는 ~~공식 후원사만~~ 참여할 수 있다. (이번 엑스포에는 많은 게임 업체들이 참가하여)
② ~~많은 게임 업체들은 큰 이벤트를 준비하였다.~~ (저는 오늘 여기 계신 여러분께 큰 이벤트를 알려 드리고자 이 자리에 섰습니다.)
④ 이벤트에 응모하면 엑스포 참가비용을 ~~내야 한다.~~ (참가비와 여행비 전액을 지원해 드립니다.)

[37~38] 다음은 교양 프로그램입니다. 잘 듣고 물음에 답하십시오.

남자 : 본격적인 여름을 맞아 무더위가 계속되고 있습니다. 특히 이런 더위에 취약한 노약자들은 건강관리에 각별한 주의가 필요할 텐데요. 어떤 것을 조심해야 할까요?

여자 : 네, 일반인보다 노약자들은 더위에 취약하므로 평소보다 더욱 세심한 관리가 필요합니다. 여름에는 땀을 많이 흘리게 되는데요. 이러한 땀을 통해 무기질들이 배출되므로 영양을 갖춘 삼시 세끼를 챙겨 먹는 것이 중요합니다. 또한, 세균 번식 등으로 오는 질병이 많은 여름에는 질병 방지를 위해 손을 항상 청결하게 해야 합니다. 그리고 더위에 목이 말라 시원한 음료를 찾게 되는데요. 이때, 음료수 대신 물을 많이 마시는 것이 갈증 해소에 더욱 효과적입니다.

🗂 **종류** 대화_인터뷰

🔍 **해설**

여자는 일반인보다 노약자들이 더위에 취약하므로 더욱 세심한 관리가 필요하다고 했다. 그러므로 답은 2번이다.
· 취약하다 [예] 취약한 부분을 보완해야 한다.
· 세심하다 [예] 성격이 세심한 편이다.

단어 노약자　무기질　배출되다　영양　세균

---

37. 여자의 중심 생각으로 맞는 것을 고르십시오.

① 노약자들은 항상 건강관리에 주의해야 한다.
❷ 여름철 노약자들은 세세한 관리가 필요하다.
③ 노약자들은 영양이 잘 갖춰진 식사를 해야 한다.
④ 노약자들은 충분한 물 섭취로 건강을 관리할 수 있다.

---

38. 들은 내용과 일치하는 것을 고르십시오.

① 일반인과 노약자들은 더위에 약하다.
② 땀을 많이 흘리면 갈증 해소에 도움이 된다.
❸ 질병 예방을 위해 손을 깨끗하게 씻는 것이 좋다.
④ 목이 마를 때는 음료수나 물을 많이 마시는 것이 효과적이다.

🔍 **해설**

질병 방지를 위해 손을 항상 청결하게 해야 한다고 했으므로 답은 3번이다.
① ~~일반인과~~ 노약자들은 더위에 약하다. (특히 여름철 노약자들은 더위에 취약하므로 건강관리에 주의)
② ~~땀을 많이 흘리면~~ 갈증 해소에 도움이 된다. (음료수 대신 물을 많이 마시는 것)
④ ~~목이 마를 때는 음료수나~~ 물을 많이 마시는 것이 효과적이다. (음료수 대신 물을 많이 마시는 것이 갈증 해소에 더욱 효과적이다.)

[39~40] 다음은 대담입니다. 잘 듣고 물음에 답하십시오.

여자 : 최근 소형 아파트의 인기가 1인 가구 증가와 관련이 깊다는 말씀은 중요한 것을 시사하는 것 같습니다.

남자 : 네, 주택산업연구원 자료에 따르면, 집값은 높아지고 혼자 사는 1인 가구가 증가하면서 소형 아파트 수요가 늘었고, 전체 주택 공급도 꾸준히 늘고 있다고 합니다. 현재 건설사들은 큰 집보다는 작은 집을 많이 짓고 있는데요. 게다가 통계청 자료를 보면, 한국의 총인구는 계속 줄고 있는 반면, 1인 가구는 가파르게 증가하고 있음을 알 수 있습니다. 또한 1인 가구는 대부분 방 하나짜리의 원룸에 거주하거나 소형 아파트에 거주합니다. 따라서 이러한 현상은 인구 감소에 따른 자연스러운 것이라 할 수 있겠죠.

39. 이 담화 앞의 내용으로 알맞은 것을 고르십시오.

① 집값이 높아져서 소형 아파트가 많아졌다.
② 인구가 감소하여 혼자 사는 사람이 늘어났다.
③ 통계청은 매년 한국의 인구를 측정하고 있다.
❹ 1인 가구가 늘어남에 따라 소형 주택을 찾고 있다.

40. 들은 내용과 일치하는 것을 고르십시오.

① 한국의 총인구와 1인 가구는 빠르게 증가하고 있다.
② 건설사들은 현재 작은 집보다 큰 집을 많이 짓고 있다.
③ 대부분의 사람들은 원룸이나 소형 아파트에 살고 싶어 한다.
❹ 소형 아파트의 인기는 인구 감소에 따른 자연스러운 현상이다.

[41~42] 다음은 강연입니다. 잘 듣고 물음에 답하십시오.

여자 : 우리 생활 속에서는 많은 색이 활용되고 있는데요. 이때 색의 고유한 느낌을 이용하고 있죠. 빨강, 주황, 노랑 등 붉은 계통의 따뜻한 색은 태양이나 불을 연상시키고, 파랑 계통의 색은 차가움, 침착함, 안정된 느낌을 주면서 공기나 물을 연상하게 합니다. 여기 화면에서 보시다시피 따뜻한 색은 앞으로 진출하고 팽창하는 느낌을 주고요. 차가운 색은 뒤로 물러서거나 수축하는 느낌을 주죠. 자, 이 그림을 보세요. 여기 왼쪽과 같이 노란색 바탕 위의 검은색은 확실하게 눈에 띄고, 오른쪽 그림처럼 빨간색은 어디

종류 대화_대담

해설
여자가 소형 아파트의 인기가 1인 가구의 증가와 관련이 깊다고 요약했으므로 답은 4번이 된다.
• 시사하다 **예** 우리의 교육 현실을 시사하고 있다.
• 가파르다 **예** 가파른 언덕길
• 거주하다 **예** 형은 외국에 거주하고 있다.

단어 소형   관련이 깊다   수요   현상

해설
남자는 소형 아파트의 인기가 증가하는 현상은 인구 감소에 따른 자연스러운 현상이라고 했으므로 답은 4번이다.
① 한국의 총인구와 1인 가구는 빠르게 증가하고 있다. (한국의 총인구는 계속 줄고 있는 반면)
② 건설사들은 현재 작은 집보다 큰 집을 많이 짓고 있다. (건설사들은 큰 집보다는 작은 집을 많이 짓고 있는데요.)
③ 대부분의 사람들은 원룸이나 소형 아파트에 살고 싶어 한다. (대부분 방 하나짜리의 원룸에 거주하거나 소형 아파트에 거주합니다.)

종류 담화_강연

해설
여자는 생활 속에서 색의 느낌을 살려 생활에 편리함을 더하고 있다고 했으므로 답은 4번이다.
• 고유하다 **예** 나라마다 고유한 문화가 있다.
• 팽창하다 **예** 뜨거운 물 속에 들어가자 부피가 팽창하게 되었어요.
• 연상시키다 **예** 그 노래는 즐거운 여행을 연상시킨다.

단어 활용되다   계통   진출하다   물러서다   수축하다   바탕

서나 눈에 잘 띕니다. 생활 속에서는 색의 이러한 느
낌을 살려서 표지판이나 안내판 등에 사용하여 생활
에 편리함을 더하고 있죠.

41. 이 강연의 중심 내용으로 맞는 것을 고르십시오.

① 색의 특징을 이해하는 것이 중요하다.
② 사람들의 느낌에 따라 색을 배치하는 방법이 다르다.
③ 표지판이나 안내판에 다양한 색을 사용하는 것이 좋다.
❹ 색의 고유한 느낌을 사용하여 생활에 편리함을 주고 있다.

42. 들은 내용과 일치하는 것을 고르십시오.

❶ 차가운 색은 줄어드는 느낌을 준다.
② 생활 속에는 따뜻한 색이 많이 쓰인다.
③ 노란색과 검은색은 어디서나 눈에 잘 띈다.
④ 빨강은 눈에 확실하게 들어와서 태양을 연상시킨다.

🗨 **해설**

차가운 색은 뒤로 물러서거나 수축하는 느낌을 준다고 했
으므로 답은 1번이다.
② 생활 속에는 ~~따뜻한~~ 색이 많이 쓰인다. (우리 생활 속에
　서는 많은 색이 활용되고 있는데요.)
③ 노란색과 검은색은 ~~어디서나~~ 눈에 잘 띈다. (노란색 바
　탕 위의 검은색은 확실하게 눈에 띄고)
④ 빨강은 눈에 확실하게 들어와서 ~~태양을 연상시킨다.~~
　(붉은 계통의 따뜻한 색은 태양이나 불을 연상시키고,)

[43~44] 다음은 다큐멘터리입니다. 잘 듣고 물음에 답하십시오.

남자 : 등산을 하다 보면 쉽게 볼 수 있는 것이 바로 버섯이
다. 버섯은 보통 나무 밑에서 자라고 식용으로 쓰여
서 사람들은 종종 버섯을 식물로 착각하는 경우가
있다. 그러나 버섯은 식물처럼 보이지만 사실 식물
이 아니다. 버섯은 곰팡이와 함께 균류에 속한다. 식
물은 광합성을 통해 살아가는 데 필요한 양분을 스
스로 만드는 데, 버섯은 스스로 영양분을 만들지 못
한다. 버섯에는 또한 식물과 같은 뿌리가 없다. 버섯
은 보통 나무껍질이나 낙엽, 동물의 사체 등 죽어 가
는 생물에서 자라면서, 죽은 생물로부터 영양분을
얻어 살아간다. 이렇게 생물에서 영양분을 얻는 과
정에서 생물들의 사체를 아주 작게 분해하고, 점점
더 썩게 하여 흙을 기름지게 만든다.

📁 **종류** 담화_다큐멘터리

🗨 **해설**

버섯은 스스로 양분을 만들지 못하고 생물에서 영양분을
얻으므로 식물과 다른 균류이므로 답은 4번이다.
• 착각하다 　예　그는 날 귀신으로 착각했다.
• 분해하다 　예　카메라를 분해해 가방에 넣었다.

단어 식용　균류　광합성　양분　사체
　　　기름지다

43. 이 이야기의 중심 내용으로 맞는 것을 고르십시오.

① 죽은 생물에 버섯은 꼭 필요하다.
② 산은 버섯이 자랄 수 있는 환경을 제공한다.
③ 사람이 먹을 수 있는 버섯은 식물로 봐야 한다.
❹ 버섯은 식물처럼 보이지만 곰팡이와 같은 균류이다.

44. 버섯에 대한 설명으로 맞은 것을 고르십시오.

① 버섯은 나무와 함께 식용으로 널리 쓰인다.
② 버섯은 곰팡이와는 다르게 광합성을 하는 식물이다.
③ 버섯은 생물의 영양분을 흡수하여 결국 생물을 죽게 만든다.
❹ 버섯은 자라는 데 필요한 양분을 스스로 만들어 낼 수 없다.

🎓 해설
버섯은 스스로 영양분을 만들지 못한다고 했으므로 답은 4번이다.

[45~46] 다음은 강연입니다. 잘 듣고 물음에 답하십시오.

여자 : 자, 방금 들으신 소리가 어떠신가요? 기분이 좋아지나요? 아니면 마음이 좀 차분해지시나요? 방금 들은 소리는 '자율감각 쾌락반응'이라고 하는 것인데요. 자율감각 쾌락반응이란 뇌를 자극해 심리적인 안정을 유도하는 것으로 바람이 부는 소리, 연필로 글씨를 쓰는 소리, 바스락거리는 소리 등이 이에 해당합니다. 힐링을 얻고자 하는 청취자들이 이 소리를 들으면 기분 좋은 느낌을 받는다고 하는데요. 이러한 소리의 쾌감은 사람마다 다릅니다. 그러나 이 현상은 과학적 증거나 검증된 자료가 거의 없기 때문에 이와 같은 소리에 대해서는 여전히 논란이 있습니다. 불면증 치료 등에 효과가 있다고는 하나, 이에 대해서는 입증된 자료가 없어서 의학적 목적으로 사용하거나 이를 맹신하면 안 되겠습니다.

📁 **종류** 담화_강연

🎓 **해설**
'자율감각 쾌락반응'이란 뇌를 자극해 심리적 안정을 유도하는 것이라고 했으므로 답은 1번이다.
② '자율감각 쾌락반응'은 불면증 치료에 탁월한 효과가 있어 ~~의학용으로 쓰인다~~. (불면증 치료 등에 효과가 있다고는 하나, … 의학적 목적으로 사용하거나 이를 맹신하면 안 되겠습니다.)
③ 사람들은 ~~기분이 좋거나 마음이 차분할 때~~ '자율감각 쾌락반응' 소리를 듣는다. (이 소리를 들으면 기분 좋은 느낌을 받는다고 하는데요.)
④ 모든 사람들은 '자율감각 쾌락반응' 소리를 통해 받는 소리의 쾌감은 ~~동일하게 받는다~~. (이러한 소리의 쾌감은 사람마다 다릅니다.)
• 유도하다 **예** 감독은 경기 참여를 유도하였다.

단어 뇌   심리적   바스락거리다   쾌감
자극하다   맹신하다

45. 들은 내용과 일치하는 것을 고르십시오.

❶ '자율감각 쾌락반응'이란 뇌를 자극해 심리적인 안정을 유도하는 소리이다.
② '자율감각 쾌락반응'은 불면증 치료에 탁월한 효과가 있어 의학용으로 쓰인다.
③ 사람들은 기분이 좋거나 마음이 차분할 때 '자율감각 쾌락반응' 소리를 듣는다.
④ 모든 사람들은 '자율감각 쾌락반응' 소리를 통해 소리의 쾌감을 동일하게 받는다.

---

46. 여자가 말하는 방식으로 가장 알맞은 것을 고르십시오.

❶ '자율감각 쾌락반응'의 장단점을 설명하고 있다.
② '자율감각 쾌락반응'의 효율성을 역설하고 있다.
③ '자율감각 쾌락반응'을 통한 치료를 권장하고 있다.
④ '자율감각 쾌락반응'의 부작용에 대해 우려하고 있다.

🎓 **해설**
'자율감각 쾌락반응'의 장점과 단점을 예를 들어 설명하고 있으므로 답은 1번이다.
• 역설하다 **예** 통일의 중요성에 대해 역설하고 있다.

[47~48] 다음은 대담입니다. 잘 듣고 물음에 답하십시오.

여자 : 최근 계속되는 폭염으로 가정의 에어컨 사용량이 늘어 전기요금에 대한 걱정이 높습니다. 그래서 주택용 누진제를 폐지해야 한다는 목소리가 커지고 있는데요. 어떻게 보십니까?

남자 : 누진제란 전기 사용량에 따라 전기요금의 단가를 높이는 제도로, 고유가 상황에서 에너지 절약을 유도하기 위해 1974년에 처음 실행되었습니다. 현행 전기요금은 전기를 사용하는 용도에 따라 주택용, 일반용, 교육용, 산업용 등으로 구분하여 차등 적용하고 있는데요. 그러나 이러한 제도가 주택용 전기요금에만 적용돼 있어 형평성 논란이 계속되고 있는 상황입니다. 가정용 전기 사용량이 국가 전체 사용량의 15%도 안 되는데, 에너지 절감의 부담을 지게 하는 것은 불합리하다고 생각합니다.

47. 들은 내용과 일치하는 것을 고르십시오.

① 전기요금 인상으로 가정에서 에어컨 사용량이 줄었다.
❷ 누진제란 사용량에 따라 전기요금을 더 내는 제도이다.
③ 누진제는 주택용, 일반용, 교육용, 산업용으로 구분된다.
④ 가정용 전기 사용량은 국가 전체 사용량의 15%를 넘는다.

48. 남자의 태도로 가장 알맞은 것을 고르십시오.

❶ 가정에 부과된 누진제를 비판하고 있다.
② 누진제 시행의 중요성을 강조하고 있다.
③ 전기요금을 용도에 따라 분류하고 있다.
④ 누진제 적용 기준을 명확히 밝히고 있다.

🗂 **종류** 대화_대담

🎓 **해설**

주택용 누진제에 관해 이야기하고 있다. 남자는 누진제란 전기 사용량에 따라 전기요금의 단가를 높이는 제도라고 했으므로 답은 2번이다.

① 전기요금 인상으로 가정에서 에어컨 사용량이 줄었다. (가정의 에어컨 사용량이 늘어 전기요금에 대한 걱정이 높습니다.)
③ 누진제는 주택용, 일반용, 교육용, 산업용으로 구분된다. (그러나 이러한 제도가 주택용 전기요금에만 적용돼 있어)
④ 가정용 전기 사용량은 국가 전체 사용량의 15%를 넘는다. (가정용 전기 사용량이 국가 전체 사용량의 15%도 안 되는데)
• 폐지하다 ┃**예**┃ 노예제도를 폐지해야 한다.
• 불합리하다 ┃**예**┃ 불합리한 신분 제도를 비판하고 있다.

📖 **단어** 사용량   목소리가 커지다   현행

🎓 **해설**

남자는 누진제에 관해 설명한 후 가정에만 부과되는 누진제를 비판하고 있으므로 답은 1번이다.

[49~50] 다음은 강연입니다. 잘 듣고 물음에 답하십시오.

여자 : 블록체인이란 블록에 데이터를 담아서 체인 형태로 연결하고, 이것을 수많은 컴퓨터에서 동시에 복제하여 저장하는 분산형 데이터 저장기술입니다. 이는 중앙 서버에 거래 기록을 보관하지 않고, 거래에 참여하는 모든 사용자에게 거래 내역을 보내 주는데요. 거래 때마다 모든 참여자들이 이러한 정보를 공유함으로써 데이터의 위조를 할 수 없게 되어있습니다. 또한 블록체인에 저장할 수 있는 정보는 매우 다양하므로 이를 활용할 수 있는 분야도 매우 광범위합니다. 대표적으로 가상 화폐를 예로 들 수 있습니다. 블록체인은 이 밖에도 전자 결제나 디지털 인증뿐만 아니라 원산지부터 유통까지의 전 과정을 추적하거나 예술품의 진품 감정, 전자투표 등 신뢰성이 요구되는 다양한 분야에 활용할 수 있다는 장점이 있습니다.

49. 들은 내용과 일치하는 것을 고르십시오.

❶ 블록체인은 분산형 데이터 저장기술이다.
② 블록체인은 중앙 서버에 거래 기록을 보관한다.
③ 블록체인은 가상 화폐에서만 사용되는 기술이다.
④ 블록체인에 저장 가능한 정보는 극히 제한적이다.

50. 여자의 태도로 가장 알맞은 것을 고르십시오.

❶ 블록체인의 장점을 분석하고 있다.
② 블록체인의 문제점을 지적하고 있다.
③ 블록체인의 필요성을 제기하고 있다.
④ 블록체인의 위험성을 증명하고 있다.

🗂 **종류** 담화_강연

🎧 **해설**

블록체인에 대한 강연으로 블록체인은 분산형 데이터 저장기술이라고 했으므로 답은 1번이다.
② 블록체인은 중앙 서버에 거래 기록을 ~~보관한다~~. (이는 중앙 서버에 거래 기록을 보관하지 않고)
③ 블록체인은 ~~가상 화폐에서만~~ 사용되는 기술이다. (대표적으로 가상 화폐를 예로 들 수 있습니다.)
④ 블록체인에 저장 가능한 정보는 ~~극히 제한적이다~~. (블록체인에 저장할 수 있는 정보는 매우 다양하므로)
• 복제하다 **예** 유명 작가의 작품을 복제하여 판매하였다.
• 공유하다 **예** 아기 탄생의 기쁨을 모든 가족들이 공유하였다.

📖 **단어** 분산형   기록   거래 내역   위조   광범위   가상 화폐   원산지   추적

🎧 **해설**

여자는 블록체인을 활용할 수 있는 다양한 방법을 예로 들어 장점을 분석하고 있으므로 답은 1번이다.

[51~52] 다음을 읽고 ㉠과 ㉡에 들어갈 말을 각각 한 문장으로 쓰시오.

51.

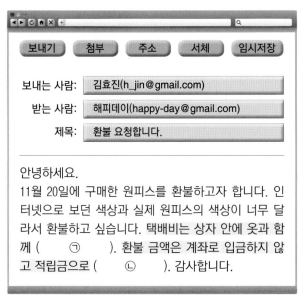

안녕하세요.
11월 20일에 구매한 원피스를 환불하고자 합니다. 인터넷으로 보던 색상과 실제 원피스의 색상이 너무 달라서 환불하고 싶습니다. 택배비는 상자 안에 옷과 함께 (㉠   ). 환불 금액은 계좌로 입금하지 않고 적립금으로 (㉡   ). 감사합니다.

📁 **종류** 이메일

🎓 **답안**
㉠ 넣어서 보내도록 하겠습니다 / 넣어서 보내겠습니다 / 동봉했습니다
㉡ 전환(대체)해 주세요 / 전환(대체) 부탁드립니다 / 바꿔 주세요

✏️ **채점**

㉠	내용 (3점)	제목이 '환불 요청합니다'로 봐서 구매한 원피스를 취소하고자 하는 것이다. 환불할 때 택배비를 '옷과 함께'라는 표현이 있으므로 같이 넣어서 보낸다는 의미를 나타내는 표현을 사용
	형식 (2점)	방식을 나타내는 표현(-도록)과 상자 안에 '넣다'와 '보내다'라는 어휘 사용
㉡	내용 (2점)	환불 금액은 계좌로 입금하지 마시고 적립금으로 받고 싶다는 내용이 나타나야 한다.
	형식 (3점)	환불 금액을 '적립금'으로 '전환하다, 대체하다, 바꾸다'의 어휘를 사용해야 하고 부탁이나 요청 표현을 사용

단어 환불 구매하다 택배비 색상 계좌 입금 적립금

52.

　사람은 졸리기 시작하면 손과 발이 따뜻해진다. 이는 혈액 속의 열이 방출되고 체온을 떨어뜨리는 작용이 일어나기 때문이다. 또 졸릴 때 눈꺼풀이 무거워져 (㉠   ). 이는 눈물샘 조직의 활동이 느려져 눈물의 생산량이 감소하여 눈을 자주 비비게 되는 것이다. 이런 현상들은 (㉡   ) 인체의 신호이다.

📁 **종류** 설명문

🎓 **답안**
㉠ 눈을 깜박이게 된다 / 눈을 감게 된다
㉡ 졸음이 온다는/ 잠이 온다는/ 졸립다는

✏️ **채점**

㉠	내용 (2점)	'졸릴 때 눈꺼풀이 무거워져'와 호응하는 '눈을 감다, 눈을 깜박이다'는 의미를 나타내는 표현 사용
	형식 (3점)	앞의 말이 나타내는 상태나 상황이 됨을 나타내는 '-게 되다' 표현 사용
㉡	내용 (3점)	'눈물의 생산량이 감소하여 눈을 자주 비비게 되는 현상'은 잠이 온다는 신호를 의미하므로 '졸음이 오다, 잠이 오다, 졸리다' 표현 사용
	형식 (2점)	앞의 내용을 인용하여 전달하면서 그 뒤에 오는 '인체의 신호이다'를 꾸며 주는 '~는다는' 표현 사용

단어 혈액 방출되다 작용 눈꺼풀 조직 비비다 인체

53. 다음을 참고하여 '다문화 가정 자녀의 학업 중단 현황'에 대한 글을 200~300자로 쓰시오. 단, 글의 제목을 쓰지 마시오.

다문화 자녀의 학업 중단 현황

학업 중단자 비율의 변화

0.8(%)   0.9   1.0

2017년   2018년   2019년

중단 이유	1. 친구, 선생님과의 관계 2. 한국어가 어려움
대안	맞춤형 교육 실시

🗂 **종류** 도표

✏ **채점**

과제1	**학업 중단자 비율의 변화 그래프 읽기**
	1) 그래프에 표시된 모든 정보 제시
	  - 년도와 비율
	2) 비율의 변화 읽기
	  - 2017년에서 2019년까지의 학업 중단 비율의 변화(증가하다, 늘어나다)

과제2	**학업 중단 이유와 대안 밝히기** 1) 친구, 선생님과의 관계와 한국어의 어려움 2) 다문화 가정 자녀들에게 맞춤형 교육 실시

단어 다문화 중단 대안 맞춤형

[과제 1]

다문화 가정 자녀의 학업 중단 현황을 살펴보면, 2017년에는 0.8%인 것이 2018년에는 0.9%, 2019년에는 1%로 조금씩 늘어나고 있는 것을 알 수 있다. 학업 중단 비율이 1% 이하였던 것이 2019년에는 1%가 되어 학교를 졸업하지 못하는 학생들이 늘어나는 추세이다.

[과제 2]

이는 첫째, 친구 또는 선생님과의 관계가 원만하지 못하고 둘째, 한국어가 어려워 학업을 따라갈 수 없다는 것이다. 이런 문제를 해결하는 방법으로는 이 학생들의 눈높이에 맞는 맞춤형 교육을 시행하는 것이 대안으로 제시되고 있다.

54. 다음을 주제로 하여 자기 생각을 600~700자로 글을 쓰시오. 단, 문제를 그대로 옮겨 쓰지 마시오.

> 우리는 살면서 화를 내게 되는 경우가 있다. 하지만 분노에 휩싸이게 되면 정신적으로나 신체적으로 건강에 좋지 않고 인간관계도 나빠질 수 있다. '분노조절의 중요성과 방법'에 대해 아래의 내용을 중심으로 자신의 생각을 써라.
>
> • 분노조절은 왜 중요한가?
> • 분노조절이 잘 이루어지지 않는 이유는 무엇인가?
> • 효과적인 분노조절의 방법은 무엇인가?

📁 **종류** 논설문

✏️ **채점**

과제1	**분노조절의 중요성** – 분노조절을 하지 못하면 뇌 신경세포들도 변하고 신체 질환도 생길 수 있음
과제2	**분노조절이 안 되는 이유** – 과도한 자기애와 개인주의
과제3	**효과적인 분노조절 방법** – 자기 뜻을 밝힌다. – 타인의 경계를 넘지 않도록 주의한다. – 분노를 삭이는 습관을 길러보자.

단어 분노   휩싸이다   조절   효과적

[서론]

우리는 살아가다가 화를 내야겠다고 생각하는 순간, 그 판단은 순식간에 이루어지고 화를 내는 것도 자동적으로 이루어진다. 이는 아무런 제어장치 없이 행동으로 연결될 때 '문제적 분노'가 표출되는 것이고 이것이 문제되지 않도록 스스로 조절해야 한다. [과제 1] 조절하지 못하고 오랫동안 습관적으로 화를 내다 보면, 뇌의 신경세포들도 변할 뿐만 아니라 신체 질환도 생길 수 있으므로 분노조절은 매우 중요하다.

[본론]

[과제 2] 그러나 말처럼 쉬운 일이 아니다. 사람들은 과도한 자기애와 개인주의로 이 분노조절을 잘하지 못한다. 어린 시절부터 경쟁해야 하는 사회에 익숙해져 자존감이 높아지고 자신의 사회적 입지에

대한　　불만과　　열등감으로　　피해의식이　　생
기게　　된다.　그　　결과　　조금만　　무시당한다
는　　느낌을　　받으면　　감정을　　조절하지　　못
하고　　충동을　　행동으로　　표출한다.

[과제 3] 그렇다면　　효과적인　　분노조절　　방법은
무엇이　　있을까?　　먼저　　자기　　뜻을　　분명
히　　밝힌다.　부당하다는　　생각이　　들면　　참
을　수　없는　　지경에　　이르기　　전에　　상대
방에게　　자신이　　느끼는　　문제점을　　말한다.
반대로　　자신도　　상대방이　　문제를　　느끼는
정도까지　　가지　　않도록　　선을　　지키는　　것
이　　중요하다.　마지막으로　　분노를　　삭히는
습관을　　길러보자.　몸의　　감정을　　조절하는
화학물질은　　6초간　　지속된다고　　한다.　마
음속으로　　여섯을　　세면서　　분노를　　삭이는
습관을　　기른다면　그　　사이　　우리의　　이성
은　　돌아올　　것이다.

[결론]

[1~2] (   )에 들어갈 가장 알맞은 것을 고르십시오.

1.

부모(   ) 자식 사랑하지 않는 사람은 없다.

① 커녕   ② 대로
❸ 치고   ④ 나마

어휘·문법 **치고**

예 아이치고 병원 가기 좋아하는 아이 없어.
① **커녕** : 앞에 있는 것은 말할 것도 없이 그보다 덜한 것이나 못한 것까지도 부정을 나타냄.
   예 점심커녕 아침도 못 먹었어요.
② **대로** : 앞에 오는 말에 근거함을 나타냄.
   예 우리는 계획대로 유럽으로 배낭여행을 갔다.
④ **나마** : 마음에 들지 않거나 부족하지만 아쉬운 대로 받아들임을 나타냄.
   예 소나기가 와서 잠시나마 시원하네요.

종류 **문장**

해설

부모 중에 자식을 사랑하지 않는 부모는 없다는 의미이므로 '치고'가 알맞다. '치고'는 그 전체가 예외 없이 모두 뒤의 내용과 같음을 나타낼 때 사용한다.

2.

매주 일요일이면 아이들을 데리고 공원에 (   ).

❶ 가곤 했다   ② 갈 듯 하다
③ 가는 중이다   ④ 가기 달렸다

어휘·문법 **-고는/곤 하다**

예 나는 초등학생 때 저녁까지 놀이터에서 놀곤 했다.
② **-(으)ㄹ 듯 하다** : 앞의 말의 내용을 추측한다는 뜻을 나타냄.
   예 왠지 하늘을 보니 내일은 비가 올 듯하다.
③ **-는 중이다** : 어떤 일이 진행되고 있음을 나타냄.
   예 그는 지금 밥을 먹고 있는 중이다.
④ **-기 달리다** : 어떤 상황이 원인이 되어 달라질 수 있음을 나타냄.
   예 이번 성적은 네가 하기 달렸다.

종류 **문장**

해설

일요일마다 아이들을 데리고 공원에 갔었다는 의미이므로 '-고는/곤 했다'가 알맞다. '-고는/곤 했다'는 같은 상황이 반복됨을 나타낼 때 사용한다.

[3~4] 다음 밑줄 친 부분과 의미가 비슷한 것을 고르십시오.

3.

전에는 며칠 밤을 새워도 <u>괜찮더니</u> 요즘은 그렇지 못하다.

❶ 괜찮았는데   ② 괜찮으므로
③ 괜찮았기에   ④ 괜찮거니와

어휘·문법 -더니

예 아침엔 비가 <u>오더니</u> 지금은 안 온다.
cf -는데 : 앞 절의 내용과 다른 상황이나 결과가 뒤 절에 이어짐을 나타냄.
     예 아침엔 비가 <u>왔는데</u> 지금은 안 온다.
② -(으)므로 : 원인이나 이유를 나타냄.
     예 비가 많이 <u>내리므로</u> 외출을 삼가시기 바랍니다.
③ -기에 : 앞 절의 행위나 상태가 뒤 문장에 대한 원인임을 나타냄.
     예 밖에서 큰 소리가 <u>나기에</u> 모두 밖으로 나갔다.
④ -거니와 : 앞 절의 사실을 인정하면서 뒤의 사실을 덧붙임을 나타냄.
     예 경은이는 공부도 <u>잘하거니와</u> 성격도 좋아서 주변 사람들에게 인기가 많다.

종류 문장

해설
예전에는 며칠 밤을 새워도 몸이 괜찮았지만, 요즘은 밤을 새우면 몸이 좋지 않다는 의미이므로 '-는데'와 의미가 비슷하다. '-더니'는 과거의 사실에 대해 반대되는 사실을 나타낼 때 사용한다.

4.

아무리 화가 <u>나더라도</u> 폭력은 안 된다.

① 나니   ② 나려야
③ 나자마자   ❹ 날지라도

어휘·문법 -더라도

예 <u>바쁘더라도</u> 식사는 꼭 챙겨 먹어라.
cf -(으)ㄹ지라도 : 어떤 상황을 제시하거나 가정해도 관계가 없거나 반대를 나타냄.
     예 <u>바쁠지라도</u> 식사는 꼭 챙겨 먹어라.
① -(으)니 : 이유나 근거를 나타냄.
     예 밥을 <u>먹으니</u> 기분이 좋아졌어.
② -(으)려야 : 의도를 나타냄.
     예 배가 아파 <u>먹으려야</u> 먹을 수가 없어요.
③ -자마자 : 연달아 일어나는 사건, 동작을 나타냄.
     예 선생님의 전화를 <u>받자마자</u> 끊었다.

종류 문장

해설
아무리 화가 나도 폭력은 안 된다는 의미이므로 '-지라도'와 의미가 비슷하다. '-더라도'는 앞 절을 가정하거나 인정해도 뒤 절은 그 기대에 어긋남을 나타낼 때 사용한다.

[5~8] 다음은 무엇에 대한 글인지 고르십시오.

5.

> 커피 자국, 김치 자국 더 이상 걱정하지 마세요.
> **이 하나로 쏙!**

① 요리   ② 양념
❸ 세제   ④ 빨래

📂 **종류** 상품 광고

🎓 **해설**
커피 자국도 김치 자국도 모두 진한 색인데 걱정 없이 없어진다는 내용으로 보아 세탁에 필요한 세제 광고이다.

📝 **단어** 자국   쏙   세제   양념

6.

> 아이에게 자신감을 선물합니다.
> **시험 준비 무료 특강!**

① 은행   ❷ 학원
③ 도서관   ④ 편의점

📂 **종류** 기관 광고

🎓 **해설**
아이의 시험 준비를 도와줄 무료 특강이 있다는 내용으로 보아 학원 광고이다.

📝 **단어** 자신감   특강   학원   편의점

7.

> 깨끗한 하늘,
> 나눠서 버리면 오래 보고 합쳐서 버리면 곧 못 봅니다.

① 시력 보호   ② 날씨 정보
❸ 분리 배출   ④ 시간 절약

📂 **종류** 공익 광고

🎓 **해설**
쓰레기를 나눠서 버리면 깨끗한 하늘을 오래 보고 나누지 않고 버리면 깨끗한 하늘을 못 본다는 내용으로 보아 분리 배출를 권장하는 광고이다.

📝 **단어** 나누다   합치다   분리   배출

8.

> ☞ 들어오신 순서대로 **번호표**를 뽑고 자리에 앉아서 기다려 주세요.

① 사용 설명   ② 배달 안내
❸ 이용 순서   ④ 주의 사항

📂 **종류** 안내문

🎓 **해설**
들어온 순서대로 번호표를 뽑은 뒤 기다려 달라는 내용으로 보아 이용 순서에 대한 안내임을 알 수 있다.

📝 **단어** 번호표를 뽑다

[9~12] 다음 글 또는 그래프의 내용과 같은 것을 고르십시오.

9.

기부 불가 도서

☕ 잡지, 전문서, 사전, 만화책, 아동도서
☕ 똑같은 책 여러 권
☕ 전집은 소설류만 가능
※ 밑줄, 메모, 이름을 쓴 책은 안 됩니다.

기부 불가한 도서는 폐기 처리합니다.
문의 : 02) 123-4567

❶ 똑같은 책 여러 권은 기부할 수 없다.
② 기부하기 전에 전화로 예약해야 한다.
③ 기부 도서에는 이름을 써서 내야 한다.
④ 기부 불가 도서는 다시 가져가야 한다.

📂 **종류** 안내문

💬 **해설**
기부 불가 도서 목록에 똑같은 책 여러 권이 있으므로 답은 1번이다.
② 기부하기 전에 ~~전화로 예약해야 한다.~~ (문의가 있을 경우 전화한다.)
② 기부 도서에는 ~~이름을 써서 내야 한다.~~ (도서에 이름을 쓰면 기부할 수 없다.)
③ 기부 불가 도서는 ~~다시 가져가야 한다.~~ (폐기 처리된다.)

📖 **단어** 기부 불가 전문서 전집 폐기

10.

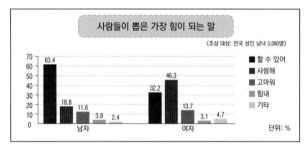

사람들이 뽑은 가장 힘이 되는 말

(조상 대상: 전국 성인 남녀 3,000명)

■ 할 수 있어 ■ 사랑해 ■ 고마워 ■ 힘내 ■ 기타

남자: 63.4, 18.8, 11.6, 3.8, 2.4
여자: 32.2, 46.3, 13.7, 3.1, 4.7

단위: %

❶ 여자는 남자보다 사랑한다는 말을 들을 때 더 힘이 난다.
② 힘내라는 말은 남자보다 여자의 비율이 조금 높은 편이다.
③ 고맙다는 말을 들을 때 힘이 난다는 비율은 남자와 여자가 같다.
④ 남자는 할 수 있다는 말을 들을 때 힘이 난다는 비율이 절반 이하이다.

📂 **종류** 도표

💬 **해설**
여자는 사랑한다는 말을 들을 때 힘이 나는 비율이 46.3%로 남자보다 높으므로 답은 1번이다.
② 힘내라는 말은 ~~남자보다 여자의~~ 비율이 조금 높은 편이다. (남자가 좀 더 높다.)
③ 고맙다는 말을 들을 때 힘이 난다는 비율은 ~~남자와 여자가 같다.~~ (남자보다 여자가 더 높다.)
④ 남자는 할 수 있다는 말을 들을 때 힘이 난다는 비율이 ~~절반 이하이다.~~ (가장 높다.)

📖 **단어** 비율 절반 이하

11.

서울에 네 번째 '휴대폰 집단상가'가 생긴다. 2019년에 시작하게 될 새로운 통신 서비스에 맞추어 이동 통신 시장이 활성화될 것을 예상하고 만들어지는 것이다. 집단상가에서 스마트폰과 스마트워치 등 무선 이동 통신 서비스 이외에 유선 통신, 사물 인터넷 서비스 등도 판매할 계획이다. 특별히 싼 가격에 비해 성능이 좋은 전자기기를 많이 판매하는 것을 강점으로 하는 방안도 논의하고 있다.

① 서울에 휴대폰 집단상가가 처음으로 만들어졌다.

📂 **종류** 설명문

💬 **해설**
집단상가에서 무선 이동 통신 서비스 이외에 유선 통신, 사물 인터넷 서비스 등도 판매할 계획이라고 했으므로 유·무선통신 서비스를 모두 구매할 수 있으므로 답은 3번이다.

📖 **단어** 상가 활성화 성능 논의하다

② 이미 시작한 새 통신 서비스 때문에 휴대폰 집단상가를 만들었다.
❸ 휴대폰 집단상가에서 유 · 무선통신 서비스를 모두 구매할 수 있다.
④ 새 집단상가에서 판매하는 소형 전자기기의 성능은 좋지만 가격이 비싸다.

12.

현대 영어에서 자주 사용되는 단어를 매달 모아 분석하는 옥스퍼드 영어사전은 최근에 '셀피'라는 단어를 선정했다. 셀피는 스스로 찍은 사진을 뜻하는 단어로, 한국에서 통용되는 셀카와 같은 말이다. 2002년에 처음 등장한 셀피는 스마트폰이 일반화된 2012년부터 널리 사용하는 단어가 되었다. 최근에는 자동 보정 기능이 강화된 앱을 통해 단순히 사진뿐 아니라 다양한 이미지와 영상을 찍거나 만들 수 있다.

① 셀피와 셀카는 비슷하지만 서로 다른 의미의 단어이다.
② 옥스퍼드 영어사전은 매년 자주 사용되는 단어를 분석한다.
③ 셀피는 2012년 스마트폰 사용이 일반화되면서 만들어진 말이다.
❹ 스마트폰의 발달로 인해 앱으로 다양한 사진과 영상을 찍을 수 있다.

🗀 **종류** 설명문

☂ **해설**
스마트폰이 일반화되고 앱을 통해 단순히 사진뿐 아니라 다양한 이미지와 영상을 찍거나 만들 수 있다고 했으므로 답은 4번이다.

단어 통용되다   보정   일반화

[13~15] 다음을 순서대로 맞게 배열한 것을 고르십시오.

13.

(가) 그래서 옛날부터 소금물의 농도를 확인하기 위해 달걀을 사용했다.
(나) 이처럼 과학은 옛날부터 우리 생활 주변에서 쉽게 경험할 수 있었다.
(다) 한국에서 장을 담글 때 소금물의 농도를 맞추는 것이 가장 중요하다.
(라) 달걀이 소금물에서 100원짜리 동전 크기로 뜨면 농도가 적당한 것이다.

❶ (다) – (가) – (라) – (나)
② (다) – (나) – (가) – (라)
③ (라) – (가) – (다) – (나)
④ (라) – (나) – (다) – (가)

🗀 **종류** 설명문

☂ **해설**
한국에서 장을 담글 때 소금물의 농도를 맞추는 것이 가장 중요했다. 그래서 소금물의 농도를 확인하기 위해 달걀을 사용했다. 즉, 과학은 옛날부터 우리 생활 주변에서 쉽게 경험할 수 있다.

단어 농도   장을 담그다   뜨다

14.

(가) 숭례문은 한국의 국보 제1호이다.
(나) 그래서 국보는 국가가 지정하여 법률로 보호하고 있다.
(다) 그리고 제작 연대가 오래되고 그 시대를 대표하는 문화재이어야 한다.
(라) 국보는 한 나라의 보물로 역사적, 학술적, 예술적 가치도 높아야 한다.

① (가) – (나) – (라) – (다)
❷ (가) – (라) – (다) – (나)
③ (라) – (가) – (다) – (나)
④ (라) – (나) – (가) – (다)

📁 **종류** 설명문

🔖 **해설**

숭례문은 한국의 국보이다. 국보는 한 나라의 보물로 역사적, 학술적, 예술적 가치가 높아야 하며 시대를 대표하는 문화재이어야 한다. 그래서 국보는 나라에서 보호하고 있다.

단어 보호하다 대표하다 문화재 가치 학술적

15.

(가) 그러나 유행이 지나면 금방 버리게 되어 환경 오염의 주범으로 비판을 받기도 한다.
(나) 패스트 패션이란 생산에서 유통까지의 시간을 최대한 단축한 의류 전문점을 말한다.
(다) 이는 1986년 미국 청바지 회사가 최초로 도입한 방식으로 대형 직영점으로 운영된다.
(라) 패스트 패션업체는 유행할 만한 것이 있으면 기획, 디자인, 생산, 유통까지 즉시 진행한다.

❶ (나) – (다) – (라) – (가)
② (나) – (라) – (가) – (다)
③ (라) – (가) – (나) – (다)
④ (라) – (나) – (다) – (가)

📁 **종류** 설명문

🔖 **해설**

패스트 패션이란 생산에서 유통까지의 시간을 최대한 단축한 의류 전문점을 말하는데 이는 대형 직영점으로 운영된다. 패스트 패션업체는 유행할 만한 것이 있으면 기획부터 유통까지 즉시 진행한다. 하지만 유행이 지나면 버리게 되어 환경 오염의 주범으로 비판을 받기도 한다.

단어 주범 직영점 유통 단축하다 도입하다 기획

[16~18] 다음을 읽고 (   )에 들어갈 내용으로 가장 알맞은 것을 고르십시오.

16.

여름 방학을 맞아 대학들은 고교생이 참여하는 캠프나 전공 체험 등 다양한 프로그램을 운영하고 있다. 시 교육청이나 기업과 함께 캠프를 열어 (   ) 지식과 현장 체험을 통해 경험도 하고, 고교 교육과정의 한 부분으로 직업을 미리 탐색하도록 해 진로와 진학을 돕고 있다.

① 캠프에 적용하기 적당한
❷ 고등학교에서 배우기 힘든
③ 대입시험에 합격하기 충분한
④ 고등학생이 공부하기 어려운

📁 **종류** 설명문

🔖 **해설**

고교생이 참여하는 캠프나 전공 체험 등의 다양한 프로그램을 통해 직업을 미리 탐색하도록 해 진로와 진학을 돕고 있다고 했으므로 고등학교에서 배우기 힘든 지식과 현장 체험을 통해 경험하는 것이 적합하다.

단어 탐색하다 진로 진학

17.

사람들은 대체로 계획과 준비를 중요하게 여기므로 즉흥적인 행동에 익숙하지 않은 경우가 많다. 사소한 것이라도 미리 약속을 정하고 (   ) 타인과의 관계를 오래 유지하는 방법이다. 혹시 정해진 약속에 참석하지 못할 경우에는 반드시 미리 연락해 양해를 구해야 한다.

① 자주 만나는 것이
② 항상 준비하는 것이
③ 매일 확인하는 것이
❹ 그대로 실천하는 것이

종류 설명문

해설

사람들은 계획과 준비를 중요하게 여기며 사소한 것이라도 미리 약속을 정하고 참석하지 못할 때 반드시 미리 연락해 양해를 구해야 한다고 했으므로 계획과 준비한 것은 그대로 실천한다는 것이 적합하다.

단어 여기다   즉흥적   사소하다   유지하다
양해를 구하다

18.

국제 평화와 안전 유지를 위해 창설된 유엔은 규모가 크기 때문에 운영비도 많이 드는데 회원국들이 내는 분담금으로 운영된다. 분담금은 (   ) 정해짐으로 잘 사는 나라는 많이 내고 가난한 나라는 적게 낸다. 이 분담금은 주로 세계 평화 유지 활동을 위해 쓰이게 된다.

① 각 나라의 크기에 따라
② 각 나라의 인구수에 따라
③ 각 나라의 전쟁 유무에 따라
❹ 각 나라의 국민 소득에 따라

종류 논설문

해설

유엔은 회원국들이 내는 분담금으로 운영이 되는데 잘사는 나라는 많이 내고 가난한 나라는 적게 낸다고 했으므로 각 나라의 국민 소득에 따라 정해진다는 것이 적합하다.
• 창설되다   예 1994년 WTO(국제무역기구)가 창설되었다.

단어 회원국   규모   분담금

[19~20] 다음을 읽고 물음에 답하십시오.

우리는 현재 수많은 인공지능 시스템에 둘러싸여 살고 있다. 전문가들은 인공지능이 이해할 수 있는 방식의 과제라면 무엇이든 인간을 앞지를 것이라고 말한다. 그래서 미래에는 일자리 종류도 많은 수가 줄어들 것이라고 한다. 숫자와 언어의 비중이 큰 교육도 역시 인공지능으로 대체될 수 있다고 예상하고 있다. (   ) 대체될 수 없는 능력은 무엇일까? 음악이나 미술 등 예술 영역에서 창의적으로 표현할 수 있는 능력 그리고 질문에 대답하는 것이 아닌 의문스러운 것에 대한 질문 능력일 것이다.

19. (   )에 들어갈 알맞은 것을 고르십시오.

① 역시
❷ 과연
③ 게다가
④ 그다지

종류 논설문

해설

인공지능으로 대체될 수 있는 능력에는 숫자와 언어의 비중이 큰 교육이 포함되는데 대체될 수 없는 능력은 무엇이 있는지 물어보고 있으므로 '과연'이 적합하다.
① 역시 : 또한
　예 그도 역시 수석으로 졸업했다.
③ 게다가 : 그러한 데다가
　예 어제는 날씨가 무척 흐렸고 게다가 바람까지 강하게 불었다.
④ 그다지 : 그렇게까지는
　예 날씨가 그다지 춥지 않았다.

단어 둘러싸이다   대체하다   창의적

20. 이 글의 내용과 같은 것을 고르십시오.

① 인공지능은 이미 인간의 능력을 넘어 발전하였다.

❷ 인공지능의 발달로 일자리와 교육의 변화가 예상된다.

③ 인공지능 시스템은 현재 인간의 생활에서 찾아보기 어렵다.

④ 인공지능으로 대체할 수 없는 인간의 능력은 존재하지 않는다.

🎓 해설

미래에는 많은 교육과 일자리가 인공지능으로 대체될 것이라 했으므로 인공지능의 발달로 일자리와 교육의 변화가 예상된다는 것이 적합하다.

[21~22] 다음을 읽고 물음에 답하십시오.

최근 3년간 교통사고 사망자 수는 연평균 사천 명 이상에 달하고 있다. 이 중 길을 걷다가 사고를 당해 사망하는 보행 사망자가 절반 정도가 되는데, 특히 10월~12월 사이에 가장 많이 발생했다. 가을부터 보행자 사망률이 높아지는 이유는 해가 짧아져 어두워지는 시간대에 운전자의 눈은 아직 어둠에 익숙해지지 않기 때문이다. (   ) 사고가 발생하므로 가을, 겨울철에는 운전자와 보행자의 각별한 주의가 필요하다.

🗂 종류 논설문

🎓 해설

가을부터 겨울까지 보행자 사망률이 높은 이유는 해가 짧아 어두운 시간대가 길어졌기 때문이다. 따라서 운전자의 눈이 아직 어둠에 익숙해지지 않아 짧은 순간에 사고가 날 수 있다는 의미이므로 2번이 답이다.

① 게 눈 감추듯 : 음식을 매우 급하게 먹는 모습.

　예 그 많은 음식을 게 눈 감추듯 다 먹어 버렸다.

③ 눈에 핏발이 서다 : 화가 나서 벼르거나 흥분하다.

　예 아빠는 사기를 억울하게 당해 눈에 핏발을 세우며 경찰에게 항의했다.

④ 눈 뜨고 볼 수 없다 : 눈앞의 상황이 비참하고 끔찍해서 차마 볼 수 없다.

　예 붕괴 사고의 끔찍한 상황을 차마 눈 뜨고 볼 수 없었다.

21. (   )에 들어갈 알맞은 것을 고르십시오.

① 게 눈 감추듯   ❷ 눈 깜짝할 사이

③ 눈에 핏발이 선   ④ 눈 뜨고 볼 수 없는

---

22. 위 글의 중심 생각을 고르십시오.

① 계절에 따라 교통사고의 피해가 달라진다.

② 보행자가 사망하는 사고는 가을부터 증가한다.

③ 가능하면 운전은 어두워지는 시간대를 피해서 해야 한다.

❹ 운전자와 보행자 모두 교통사고 예방을 위해 조심해야 한다.

🎓 해설

어두운 시간대가 길어진 가을, 겨울철에 길을 걷다가 교통사고를 당하는 경우가 많으므로 운전자와 보행자 모두 교통사고 예방을 위해 조심해야 한다는 것이 적합하다.

[23~24] 다음을 읽고 물음에 답하십시오.

나는 놀랐지만 마음을 가다듬고 울음소리가 들리는 쪽으로 갔다. 한 아주머니가 아기를 안고 울고 있었다. 나는 나도 모르게 아주머니의 어깨를 쓰다듬으며 말했다. "아주머니, 여기 오래 계시면 안 돼요. 어서 피해야 한다고요." 내가 일어서자 아주머니도 아기를 안고 일어섰다. 그때 무언가 양쪽 옆으로 지나가는 것이 있었다. 어깨 옆을 날아와 자갈밭에 튕기며 쉴 새 없이 소리가 났다. "학생! 총알이야 총알!" 아주머니가 비명과 같은 소리를 질렀다. 그리고 아기를 안고 강 쪽으로 달리기 시작했다. 정신이 번쩍 든 나

🗂 종류 소설

🎓 해설

비가 오듯 날아오는 총알에 죽을 수도 있었기 때문에 '두렵다'가 적합하다.

② 우습다 : 웃고 싶거나 웃음이 나는 상태.

　예 그의 행동이 우스워서 웃음을 참을 수가 없었다.

③ 섭섭하다 : 서운하고 아쉬움.

　예 친구가 다음 달에 고향으로 돌아간다니 무척 섭섭하였다.

도 달리기 시작했다. 나와 아주머니는 강을 넘어가서야 숨을 헐떡이며 뒤를 돌아보았다. 아직도 강가에서는 비가 오듯 총알이 날아들었다. <u>보기만 해도 등줄기가 서늘했다.</u>

23. 밑줄 친 부분에 나타난 나의 심정으로 알맞은 것을 고르십시오.

❶ 두렵다
② 우습다
③ 섭섭하다
④ 억울하다

24. 이 글의 내용과 같은 것을 고르십시오.

① 나는 강을 넘어가서 아주머니를 만났다.
② 아주머니는 아기와 헤어져서 울고 있었다.
❸ 나는 울음소리를 듣고 아주머니에게 갔다.
④ 아주머니와 나는 총알을 피해서 산으로 갔다.

[25~27] 다음 신문 기사의 제목을 가장 잘 설명한 것을 고르십시오.

25.

> 조선에 또 칼바람. 연말 대규모 감원 우려

① 조선 산업은 계절에 따라 대규모 인원 이동이 있다.
② 조선 업체가 연말 배 만드는 것에 대해 걱정하고 있다.
❸ 연말에 조선 산업에서 많은 근로자가 일자리를 잃게 될 것이다.
④ 연말에 있었던 대규모 감원으로 인해 조선업이 어려워지고 있다.

26.

> 폭염에 금값이 된 '금치'

① 금은 여름에 비싸게 팔 수 있다.
② 더운 여름에는 김치를 잘 먹지 않는다.
❸ 폭염 때문에 김치 가격이 많이 올랐다.
④ 폭염 때문에 금 가격이 김치만큼 떨어졌다.

④ **억울하다** : 아무 잘못 없이 꾸중을 듣거나 벌을 받아 분하고 답답함.
[예] 억울한 누명을 쓰고 감옥에 들어갔다.

🔖 **단어** 쓰다듬다   자갈밭   팅기다   서늘하다

🎓 **해설**

울음소리가 들리는 쪽으로 가니 한 아주머니와 아기가 있었으므로 나는 울음소리를 듣고 아주머니에게 갔다는 것이 적합하다.

📁 **종류** 신문 기사 제목

🎓 **해설**

연말에 조선 산업 직원을 많이 줄여야 하는 상황을 걱정하면서 이런 상황을 '칼바람'에 비유했다.

🔖 **단어** 조선 산업   감원

📁 **종류** 신문 기사 제목

🎓 **해설**

폭염으로 인해 배추 농사가 잘되지 않아 김치 가격이 많이 올랐다는 내용이다.

🔖 **단어** 폭염

27.

50년을 힘들게 키운 숲속 나무, 종이컵으로 한 번에 사라져

① 숲은 50년 이상 키운 나무들로 이루어져 있다.
② 종이컵 때문에 숲에서 나무를 키우는 것이 힘들다.
③ 숲속 나무는 50년을 키운 후 한 번에 사용해야 한다.
❹ 종이컵 사용은 힘들게 키운 나무를 한 번에 없애는 것과
같다.

🗂 종류 신문 기사 제목

🗨 해설
50년을 힘들게 키운 숲속 나무가 종이컵을 만드는 재료가
되어 모두 사라지고 있다는 내용이다.

단어 키우다   사라지다

[28~31] 다음을 읽고 (   )에 들어갈 내용으로 가장
알맞은 것을 고르십시오.

28.

평균 수명 증가와 출산율 감소로 고령 인구가 늘고 있다.
고령화도 저출산과 마찬가지로 국가의 큰 문제가 되고 있
다. 생산보다 소비가 많은 노인 인구의 증가로 저축과 투
자가 줄어들고, 노동력이 부족하게 되어 (   ) 된다. 또한
지급해야 할 돈이 늘어 국가 재정에 부담을 주며, 노인 빈
곤과 질병 및 소외 등 많은 문제를 발생시키고 있다.

① 국가 재정이 바닥나게
❷ 국가 경제가 활력을 잃게
③ 노인 노동력이 무의미하게
④ 노인들의 구직 활동이 활발하게

🗂 종류 설명문

🗨 해설
출산율 감소와 고령화 문제로 노인 인구가 증가해 저축과
투자가 줄고 노동력이 부족하게 되어 '국가 경제가 활력을
잃게 된다'는 것이 적합하다.

단어 저축   투자   재정   빈곤   소외

29.

커피를 즐겨 마시는 직원들을 위해 한 회사가 회사 내부
에 로봇 카페를 도입했다. 회사에서 공급한 로봇 카페 '비트'
가 설치된 후 회사 직원들은 맛있는 커피를 (   ) 즐길 수
있게 되었다. 비트는 주문부터 결제까지 앱 하나로 간편하
게 이용할 수 있는 것이 특징이고 커피와 음료 등 고객이 주
문한 다양한 메뉴를 시간당 최대 90잔까지 제조할 수 있다.

❶ 편리하고 재미있게
② 신속하고 저렴하게
③ 개인별 취향에 맞게
④ 회사의 예산에 맞게

🗂 종류 설명문

🗨 해설
회사에 커피를 즐겨 마시는 직원들을 위해 로봇 카페를 도
입하여 앱 하나로 간편하게 이용할 수 있게 되었다는 내용
이므로 '편리하고 재미있게 즐길 수 있다'는 것이 적합하다.

단어 도입하다   공급하다   설치하다   제조하다

30.

최근 '손풍기'라고 불리는 휴대용 선풍기가 유행이다. 이 제품은 휴대가 간편하고 시원해서 남녀노소가 모두 애용하고 있다. 그런데 얼마 전 손풍기에서 전자파가 검출된다는 뉴스가 나왔다. 백혈병이나 암을 유발할 수 있는 전자파는 특히 성장기 어린이에게 치명적이다. 그러므로 가능한 (   ) 사용하고 사용량을 줄이는 것이 좋다.

① 충분히 충전하여
② 병원에 자세히 알려
③ 다른 전자기기와 바꿔
❹ 신체에서 멀리 떨어뜨려

종류 설명문

해설
휴대용 선풍기에서 나오는 전자파는 백혈병이나 암과 같은 질병을 발생시킬 수 있으므로 '신체에서 멀리 떨어뜨려 사용하라'는 것이 적합하다.

단어 애용하다   전자파   검출되다   성장기
치명적

31.

태풍으로 인해 아파트나 주택의 창문이 깨지는 일이 자주 발생한다. 이를 막기 위해 창문에 신문지를 바르거나 테이프를 붙이곤 하는데 그것보다 더 중요한 것이 있다. 바로 창문을 완전히 닫고 잘 고정되도록 잠금장치를 걸어두는 것이다. 태풍으로 창문이 깨지는 이유는 열어둔 창문 사이로 들어오는 바람의 압력이 평소보다 (   ). 외부의 강한 바람이 좁은 틈을 통해 실내로 들어올 때 그 힘은 갑자기 세지기 때문이다.

① 갑자기 줄어들다
② 서서히 강해진다
③ 그대로 없어진다
❹ 두 배로 높아진다

종류 설명문

해설
태풍이 불 때 창문을 열어두면 외부의 강한 바람이 좁은 틈을 통해 실내로 들어올 때 갑자기 세져 창문이 깨지기 쉽다고 했으므로 '바람의 압력이 평소보다 두 배로 높아진다'는 것이 적합하다.

단어 주택   깨지다   바르다   압력

[32~34] 다음을 읽고 내용이 같은 것을 고르십시오.

32.

요즘 키 때문에 스트레스를 받는 사람들이 많다. 특히 아이를 키우는 부모들은 내 아이가 얼마나 클 것인지, 언제까지 클 수 있을지를 미리 알고 싶어 한다. 사람의 키에 영향을 미치는 요인은 크게 두 가지가 있다. 하나는 유전적인 요인이고 또 하나는 환경적인 요인이다. 유전적인 요인으로는 민족, 성, 부모 등이 있고, 환경적인 요인은 활동량, 영양 상태, 질병 유무 등이 있다.

① 스트레스 때문에 키가 안 크는 사람이 많다.
② 키에 영향을 미치는 유전적 요인에 질병이 있다.
③ 환경적인 요인이 성장에 미치는 영향은 매우 적다.
❹ 요즘 아이를 키우는 부모들은 아이들의 키에 관심이 많다.

종류 설명문

해설
아이를 키우는 부모들은 자신 아이의 키가 얼마나 그리고 언제까지 클 수 있을지를 알고 싶어 한다고 했으므로 '부모들은 아이들의 키에 관심이 많다'는 것이 적합하다.
① 스트레스 때문에 키가 안 크는 사람이 많다. (요즘은 단순히 키 때문에 스트레스를 받는 사람이 많다.)
② 키에 영향을 미치는 유전적 요인에 질병이 있다. (질병 유무는 환경적 요인에 해당된다.)
③ 환경적인 요인이 성장에 미치는 영향은 매우 적다. (영향은 크다.)

단어 요인   유전적   영양

33.

최근 노인들을 위한 복지 차원으로 새롭게 시작된 '노노케어'가 활발히 진행되고 있다. '노노케어'란 노인 두 명이 한 조가 되어 독거노인 한 명을 돌보는 제도이다. 노인 지원자들은 독거노인 집에 월 10회 방문하고 보수를 받는다. 사회, 경제, 문화적으로 소외된 노인들을 상대적으로 여유롭고 건강한 노인들이 돌보도록 하는 이 제도는 노인들의 일자리 창출과 돌봄 확대 등의 긍정적인 성과를 거두고 있다.

① 노노케어 서비스에 지원한 노인들은 무료로 일을 하고 있다.
② 노노케어는 노인 한 명당 독거노인 한 명을 돌보는 제도이다.
❸ 노노케어는 고령화 시대에 노인들을 위한 새로운 서비스이다.
④ 노노케어는 여유있고 건강한 노인들이 받을 수 있는 서비스이다.

🗁 종류   설명문

☖ 해설

'노노케어'는 최근 노인들을 위한 복지 차원으로 시작된 제도로 '고령화 시대에 노인들을 위한 새로운 서비스'라는 것이 적합하다.
① 노노케어 서비스에 지원한 노인들은 ~~무료로 일을 하고 있다.~~ (보수를 받으며 일을 하고 있다.)
② 노노케어는 ~~노인 한 명당 독거노인 한 명을 돌보는 제도이다.~~ (노인 두 명이 한 조가 되어 독거노인 한 명을 돌보는 제도이다.)
④ 노노케어는 ~~여유있고 건강한 노인들이 받을 수 있는 서비스이다.~~ (사회, 경제, 문화적으로 소외된 노인들이 받을 수 있는 서비스이다.)

단어 복지 차원   상대적   창출   성과

34.

관광 산업은 '굴뚝 없는 공장'으로 불리는 고부가 가치 산업이다. 한 지역이 관광지로 개발되면 음식점은 물론 숙박 시설과 상점 등 다양한 분야에서 수익을 얻을 수 있다. 실제로 외국의 경우 유명한 관광지 한 곳에서 벌어들이는 수익이 자동차 몇천 대를 판매하는 것과 맞먹는 경우도 있다. 또한 관광 산업은 서비스 산업으로 많은 일자리 창출을 이끌 수도 있다.

① 관광 산업은 공장 지역을 중심으로 시작되었다.
② 관광 산업의 발달과 일자리 창출은 큰 관계가 없다.
③ 유명한 관광지의 수익은 자동차 판매 수익과 비교한다.
❹ 한 지역이 관광지로 개발되면 부가 수익을 기대할 수 있다.

🗁 종류   설명문

☖ 해설

관광 산업으로 한 지역이 관광지로 개발되면 음식점, 숙박 시설, 상점 등 다양한 분야에서 이익을 얻을 수 있다고 했으므로 '한 지역이 관광지로 개발되면 부가 수익을 기대할 수 있다'는 것이 적합하다.
① 관광 산업은 ~~공장 지역을 중심으로 시작되었다.~~ (굴뚝 없는 공장이라 불리는 산업으로 공장 지역을 중심으로 시작된 것은 아니다.)
② 관광 산업의 발달과 ~~일자리 창출은 큰 관계가 없다.~~ (서비스 산업으로 많은 일자리 창출을 이끌 수 있다.)
③ 유명한 관광지의 수익은 ~~자동차 판매 수익과 비교한다.~~ (자동차 판매 수익과 비교할 때 맞먹는 경우도 있다.)

단어 고부가 가치   수익   맞먹다   창출

[35~38] 다음 글의 주제로 가장 알맞은 것을 고르십시오.

35.

미국 뉴올리언스는 도시 대부분이 평균 해수면보다 낮아 크고 작은 홍수 피해가 자주 발생한다. 2005년 8월에는 엄청난 비를 동반한 허리케인이 이 지역을 통과하면서 도시의 반 이상이 물에 잠기는 큰 피해를 보았다. 이 지역의 피해가 큰 이유는 강과 주변의 호수보다 낮은 지역에 도시를 만들었기 때문이다. 또한 무분별한 지하수 개발로 낮아진 지반과 낙후된 운하도 피해를 키운 원인 중 하나이다.

🗁 종류   설명문

☖ 해설

뉴올리언스에 크고 작은 홍수 피해가 자주 일어나는 원인은 사람들이 해수면보다 낮은 지역에 도시를 세우고 무분별한 개발을 했기 때문이므로 '인위적인 환경 변화는 자연재해의 피해를 유발한다'라는 것이 적합하다.

단어 해수면   동반하다   무분별   지반   운하
     낙후되다

① 자연재해는 예측하기 어렵다.
② 지역마다 자연재해가 동일하게 나타난다.
③ 강과 호수 주변은 자연재해가 자주 발생한다.
❹ 인위적인 환경 변화는 자연재해의 피해를 유발한다.

36.

풍부한 자원을 효율적으로 이용해 경제 성장을 이루는 현상을 '자원의 축복'이라고 한다. 반대로 풍부한 자원이 있는데도 자원 수출로 얻은 이익이 일부에게만 돌아가면서 경제 성장이 늦어지고 국민 삶의 질도 낮아지는 현상은 '자원의 저주'라고 한다. 최근 단순한 자원 생산에 머무르지 않고, 풍부한 자원과 많은 인구를 바탕으로 자원의 저주에서 벗어나고 있는 국가들이 늘어나고 있다.

① 자원은 국민 삶의 질을 떨어뜨린다.
② 자원이 풍부할수록 빈부 격차가 줄어든다.
③ 경제 성장으로 자원의 수출이 증가하고 있다.
❹ 자원을 이용하는 방법에 따라 국가 경제가 변한다.

종류 설명문

해설

자원을 효율적으로 이용하여 경제 성장을 이루는 것을 자원의 축복, 반대로 자원을 비효율적으로 이용하여 경제 성장이 늦어지고 국민 삶의 질도 낮아지는 것을 자원의 저주라고 했으므로 '자원을 이용하는 방법에 따라 국가 경제가 변한다'는 것이 적당하다.

단어 풍부하다   효율적   축복   저주

37.

다문화 가정 자녀 수가 20만 명을 넘어섰다. 이에 따라 정부는 다문화 유치원과 다문화 어린이집 수를 늘려 영유아의 언어 및 기초 학습을 지원하기로 하였다. 한편 청소년기 학생들을 위해서는 학업 역량을 개발하고 사회성 발달을 돕는 프로그램을 기획, 운영한다. 또한 다문화 가정 학생을 대상으로 성년기에 필요한 직업 교육과 취업 연계를 강화하여 사회 진출의 기회를 확대하기로 하였다.

① 다문화 가정은 정부와 함께 교육 프로그램을 만들었다.
② 다문화 가정 영유아와 청소년에 대한 이해가 필요하다.
③ 유아기에 필요한 교육은 사회 환경에 따라 선택이 가능하다.
❹ 다문화 가정 자녀 세대에 맞게 제도적, 정책적 노력이 필요하다.

종류 설명문

해설

다문화 가정이 늘어나면서 정부는 영유아부터 성년기까지 다문화 가정 자녀를 위한 여러 가지 제도를 통해 지원하겠다고 했으므로 '다문화 가정 자녀 세대에 맞게 제도적, 정책적 노력이 필요하다'는 것이 적당하다.

단어 넘어서다   지원하다   역량   연계
강화하다   진출

38.

환경 호르몬이 심각한 이유는 생물체의 성장과 생식을 담당하는 호르몬과 비슷한 작용을 하기 때문이다. 환경 호르몬은 아주 적은 양으로 생물체에 치명적인 영향을 미칠 수 있다. 오염된 지역에서 등이 굽은 물고기가 발견되는 것도 이 때문인데 환경 호르몬은 정상적인 호르몬에 이상을 일으켜 생물체의 면역력을 약하게 해서 아토피나 알레르기와 같은 질병과 암, 기형을 일으키고 성장을 막기도 한다.

① 생물체의 몸속에는 두 가지 종류의 호르몬이 있다.
② 환경 호르몬이 일으키는 대표적인 질병은 아토피이다.
❸ 환경 호르몬은 생명체에 치명적인 문제를 일으킬 수 있다.
④ 성장과 생식에 관계된 호르몬은 환경 호르몬과 비슷한 역할을 한다.

📁 종류 　논설문

💬 해설

환경 호르몬은 생물체에 아토피, 알레르기, 암과 같은 여러 가지 질병을 유발하여 좋지 않은 영향을 미치므로 '생명체에 치명적인 문제를 일으킬 수 있다'는 것이 적합하다.

📕 단어 　생식 　담당하다 　작용 　치명적
　　　　　면역력 　기형

[39~41] 다음 글에서 〈보기〉의 문장이 들어가기에 가장 알맞은 곳을 고르십시오.

39.

운동선수만 운동 경기를 하고 가수만 노래하는 것은 아니다. (㉠) 이처럼 작가가 아니더라도 누구나 수필을 쓸 수 있다. (㉡) 사람들은 타인이 하는 것을 보는 것보다 자신이 직접 만들고 즐길 때 더 큰 만족감을 느낀다. (㉢) 처음에는 어렵게 느껴지더라도 직접 수필을 써 보면 수필의 맛과 멋을 느끼게 되고 쓰면 쓸수록 더 큰 감동을 느낄 수 있을 것이다. (㉣)

보기
평범한 사람들도 누구나 운동을 하거나 노래를 부르고 즐길 수 있다.

❶ ㉠　　　　　　　② ㉡
③ ㉢　　　　　　　④ ㉣

📁 종류 　논설문

💬 해설

전문가가 아니더라도 누구나 무언가를 만들 수 있고 즐길 수 있다는 내용이므로 운동선수만 운동하고 가수만 노래할 수 있는 것이 아니라는 수필 역시 작가만 쓸 수 있는 것이 아니라는 의미로 1번(㉠)이 적합하다.

📕 단어 　수필 　만족감 　평범하다

40.

한 사회의 구성원들이 반드시 지켜야 할 규칙을 사회 규범이라고 한다. (㉠) 도덕은 양심에 따라 자발적으로 지키도록 하는 사회 규범이고, 법은 국가가 지키도록 요구하는 사회 규범이다. (㉡) 도덕은 인간이 마땅히 지켜야 할 도리이고 법은 다른 사람의 권리를 침해하거나 사회 질서를 어지럽히는 행위의 규제를 중시한다. (㉢) 또한 모든 사람이 차별받지 않고 공평한 기회를 얻으며 자신의 능력과 노력에 따른 정당한 대가를 받는 사회를 만드는 것을 목적으로 한다. (㉣)

📁 종류 　논설문

💬 해설

첫 문장에서 사회 규범의 의미를 설명하고 있다. 〈보기〉의 문장은 사회 규범의 필요성이다. 그리고 ㉠에서부터 사회 규범의 종류(도덕과 법)를 설명하고 있으므로 의미 뒤 1번(㉠)이 적합하다.

• 자발적 : 남에게 의존하지 않고 자기 스스로 나서서 하는 모습.

<보기>

사회 규범은 사회의 혼란을 막고 질서를 유지하기 위해 꼭 필요하다.

❶ ㉠
② ㉡
③ ㉢
④ ㉣

[예] 그는 누구도 안 하려 하는 어려운 업무를 자발적으로 한다.

단어 구성원   양심   공평하다   정당하다
대가

41.

흰쌀과 밀가루, 백설탕 같은 백색 식품은 병균처럼 우리 몸에 직접적인 병을 일으키지는 않는다. (㉠) 그러나 이런 식품을 많이 먹으면 영양소를 골고루 섭취하지 못하고 살이 찔 위험이 크기 때문에 문제가 된다. (㉡) 왜냐하면 백색 식품은 에너지를 만드는 탄수화물로만 이루어져 있고 다른 영양소는 거의 없다. (㉢) 원래 몸에 좋은 영양소가 있어도 유통과정에서 다 깎여 나가기도 한다. (㉣) 그리고 비만은 심장병, 고혈압, 당뇨 같은 병을 일으킬 수 있다.

<보기>

이러한 백색 식품을 너무 많이 먹으면 활동하는 데 쓰고 남은 탄수화물이 지방으로 변해 우리 몸에 쌓여 비만의 위험이 있다.

① ㉠
② ㉡
③ ㉢
❹ ㉣

종류 설명문

해설
백색 식품을 많이 섭취하면 비만의 위험이 있고 이 비만은 심장병과 같은 다른 병을 일으킬 수 있다는 4번(㉣)에 위치하는 것이 적합하다.

단어 직접적   골고루   섭취하다   영양소

[42~43] 다음을 읽고 물음에 답하십시오.

나는 방으로 들어가 책상에 앉았다. 여느 때 같으면 바로 공부를 시작했겠지만, 오늘은 이런저런 생각이 많았다. 나는 오른손으로 연필을 뱅글뱅글 돌리며 하루 동안 벌어진 일을 생각했다. 수정이랑 만난 일이 자꾸 떠올랐다. 수정이도 지금쯤 아빠랑 저녁을 먹었겠지? 수정이는 내가 자기 집에 와서 정말로 기뻤을까? 내가 전교 부회장이 아니었다면 나를 초대했을까? 초대는 했더라도 떡볶이까지 만들어 주지는 않았을지도 모른다. 갑자기 나는 수정이에게 친구들을 왜 소개시켜 주겠다고 했을까? 왜 그렇게 귀찮은 일을 굳이 한다고 했을까?

나는 수정이 생각을 떨쳐 버리려고 애쓰며 책을 넘겼다. 그런데 이상하게도 내게 계속 손을 흔들던 수정이 모습이 자꾸만 머릿속에 맴돌았다. 나는 책상 서랍에서 우리 반 비상 연락망을 꺼냈다. 수정이는 휴대 전화가 없는지 집 전화번호만 적혀 있었다. 나는 전화를 한번 걸어 볼까 잠시 고민했다. 그러다가 내가 그런 생각을 한다는 데 놀랐다.

종류 소설

해설
'나'는 수정이에게 굳이 친구들을 소개시켜 주겠다고 했을까? 즉, 안 해도 되는 일을 한다고 한 것에 대해 '후회스럽다'가 적합하다.
① 만족스럽다 : 모자람이 없이 매우 마음에 듦.
　　[예] 나는 이번에 받은 성적이 매우 만족스럽다.
② 의심스럽다 : 근거가 없어 믿지 못할 만한 부분이 있음.
　　[예] 경찰은 죽은 여자의 남자친구를 의심스럽게 생각하고 있다.
③ 감격스럽다 : 마음속 깊이 크게 감동이 됨.
　　[예] 한국팀의 마지막 골은 매우 감격스러웠다.

단어 뱅글뱅글   돌리다   비상 연락망   망설이다

집에 놀러 가고 저녁에 전화로 이야기까지 나눈다면 진짜 친구가 되는 건가? 만약, 정말로 만약에, 수정이가 내 친구가 된다면 어떨까? 수정이와 친구가 된다면 여자애들끼리만 하는 이야기를 실컷 나눌 수 있을지도 모른다. 아니, 꼭 친구가 아니더라도 왠지 지금은 수정이에게 전화를 걸고 싶었다. 나는 한동안 망설이다 마침내 수정이네 집 전화번호를 눌렀다.

42. 밑줄 친 부분에 나타난 '나'의 심정으로 알맞은 것을 고르십시오.

① 만족스럽다   ② 의심스럽다

③ 감격스럽다   ❹ 후회스럽다

---

43. 위 글의 내용과 같은 것을 고르십시오.

① 수정이는 휴대 전화를 사용하고 있다.

❷ 나는 오늘 수정이네 집에 놀러 갔었다.

③ 나는 보통 책상에 앉으면 이런저런 생각을 한다.

④ 수정이는 보통 학교에서 여자애들하고만 말한다.

🔖 해설
'나'는 오늘 수정이네 집에 초대되어 떡볶이까지 먹고 왔으므로 나는 오늘 수정이네 집에 놀러 갔었다가 적합하다.

[44~45] 다음을 읽고 물음에 답하십시오.

한 전자 상거래 사이트에 가입된 회원들의 아이디, 비밀번호, 이름, 주민등록 번호 등이 유출되는 사건이 일어났다. 경찰 수사 결과 이 사이트 외에도 여러 사이트가 해킹을 당한 것으로 밝혀져 보안 대책과 제재 수단의 필요성이 커지고 있다. 그런데 개인정보 해킹뿐만 아니라 기업의 실수로 스미싱 등 2차 피해까지 발생하면서 (   ) 보안 경고음이 크게 울리고 있다. 갈수록 교묘하고 치밀해지는 해커들로부터 정보를 지키고 재발 방지를 위해 처벌 수위를 더욱 강화해야 한다는 목소리가 힘을 받고 있다.

🗂 종류 설명문

🔖 해설
해커들에 의해 여러 사이트 회원들의 정보가 유출되는 사건이 일어나 해커들로부터 보안 대책과 재발 방지를 위한 수단의 필요성과 해커에 대한 처벌 수위를 강화해야 한다고 말하고 있으므로 개인정보 유출을 방지하기 위해 정부와 기업의 노력이 필요하다는 것이 주제로 적당하다.

단어 전자 상거래   유출되다   수사하다
      해킹   보안   교묘하다   치밀하다

44. 위 글의 주제로 알맞은 것을 고르십시오.

① 정보 격차 심화는 현대 정보사회의 대표적인 문제 중 하나이다.

❷ 개인정보 유출을 방지하기 위해 정부와 기업의 노력이 필요하다.

③ 특정 업체의 정보 독점 문제 때문에 소비자들의 불편이 커지고 있다.

④ 인터넷 기업과 소비자 간 대립 심화로 인해 여러 문제가 일어나고 있다.

45. ( )에 들어갈 내용으로 가장 알맞은 것을 고르십시오.

① 경찰 수사 대상에 대한
② 해커들을 찾아내기 위한
❸ 전자 상거래 전반에 걸친
④ 해외 유출 가능성을 의심하는

해킹에 의한 여러 가지 피해로 보안과 제재가 무너져 전자 상거래 사이트 전반에 걸친 보안 경고음(위험성에 대한 경고)이 크게 울리고 있다는 것이 적합하다.

[46~47] 다음을 읽고 물음에 답하십시오.

'적극적 안락사'는 불치병 등의 이유로 죽음을 원하는 사람이 의사의 도움을 받아 약물 등으로 목숨을 끊는 능동적인 행위이다. 스위스에서는 안락사가 불법이 아니다. 안락사 비용은 이천만 원 정도가 들고 안락사 비용을 모으기 위한 투자를 하기도 한다. (㉠) 한국에서는 회생 가능성이 없는 환자가 자기의 결정이나 가족의 동의로 연명치료를 받지 않을 수 있도록 하는 '소극적 안락사'만이 허용된다. 환자의 연명 결정에 관한 법률이 2018년 2월부터 시행됐다. (㉡) 적극적 안락사에 대한 정의와 기준 등을 위한 논의가 필요한 상황이다. 적극적 안락사를 허용하는 나라는 스위스 외 네덜란드, 벨기에, 룩셈부르크 등 5개국이다. (㉢) 그 밖의 다른 나라에서는 존엄하게 죽을 인간의 권리와 삶에 대한 선택권을 존중해야 한다는 의견과 인간의 목숨을 끊는 것은 엄연한 살인이라는 목소리가 충돌하며 안락사 합법화가 이루어지지 않고 있다. (㉣)

📄 **종류** 설명문

연명의료 중단은 합법화가 됐지만, 아직 활발히 적용되지 않고 있다는 내용이므로 소극적 안락사만이 허용되고 있고 환자의 연명 결정에 관한 법률이 2018년 2월부터 시행되었다는 문장 뒤에 오는 것이 적합하다.
• 존엄하다 **예** 모든 생명은 존엄하다.

단어 불치병　능동적　투자　회생　연명
엄연하다　충돌하다　합법화

46. 위 글에서 〈보기〉의 글이 들어가기에 가장 알맞은 곳을 고르십시오.

> **보기**
> 이처럼 연명의료 중단은 합법화됐지만, 적극적 안락사는 입법, 의료계 등 어느 분야에서도 아직 활발히 논의되지 않고 있다.

① ㉠　　　　　　　　❷ ㉡
③ ㉢　　　　　　　　④ ㉣

---

47. 위 글의 내용과 같은 것을 고르십시오.

❶ 한국에서는 소극적 안락사만이 허용되고 있다.
② 현재 적극적 안락사가 합법인 나라는 스위스뿐이다.
③ 두 가지 의견이 맞서면서 안락사 합법화가 통과되었다.
④ 한국에서는 적극적 안락사에 대한 정의와 기준이 마련되었다.

한국에서는 회생 가능성이 없는 환자가 자기의 결정이나 가족의 동의로 연명치료를 받지 않을 수 있도록 하는 '소극적 안락사'만이 허용된다고 했다.

[48~50] 다음을 읽고 물음에 답하십시오.

치열한 경쟁이 일상이 된 현대 사회에서는 뒤처지지 않기 위해 무한 질주를 해야 한다. 그러다 보니 일에 대한 강박관념에 시달리는 사람들이 늘어나고 있다. 미국의 정신분석 의사가 처음 사용한 심리학 용어 '번아웃 증후군'은 탈진 증후군, 소진 증후군이라고도 불리는데 어떠한 일에 몰두하다가 신체적, 정신적 스트레스가 계속 쌓여 무기력증이나 심한 불안감과 자기 혐오, 분노, 의욕 상실 등에 빠지는 증상을 말한다. <u>번아웃 증후군은 단순한 스트레스의 차원을 넘어 수면장애, 우울증, 대인 관계 악화, 인지 기능 저하 등 다양한 질병을 유발할 수 있으므로 단순한 질병으로 분류해서는 안 된다.</u> 번아웃 증후군에 걸리지 않기 위해서는 자신을 잃어버리지 않도록 (   ) 탈출구를 찾는 것이 가장 중요하다. 실현 가능한 목표를 세우고 현재 하는 일을 줄이면서 마음의 여유를 갖는 것이 중요하다. 자신의 마음을 들여다보고 진짜 원하는 것을 찾아내고 내면에 귀 기울이며 면밀히 살펴봐야 한다.

48. 위 글을 쓴 목적으로 알맞은 것을 고르십시오.

① 번아웃 증후군의 의미를 설명하기 위해서
❷ 번아웃 증후군의 심각성을 제기하기 위해서
③ 번아웃 증후군에 걸리지 않는 방법을 제시하기 위해서
④ 번아웃 증후군에 걸리는 사람들의 특성을 분석하기 위해서

49. (   )에 들어갈 내용으로 가장 알맞은 것을 고르십시오.

① 일을 피할 수 있는
② 상황이 이해될 수 있는
③ 실패가 용납될 수 있는
❹ 스스로 충전할 수 있는

50. 밑줄 친 부분에 나타난 필자의 태도로 알맞은 것을 고르십시오.

① 번아웃 증후군과 유사한 증상의 질병들을 나열하고 있다.
❷ 번아웃 증후군이 가벼운 증상이 아닌 것을 강조하고 있다.
③ 번아웃 증후군에 이어 나타나는 다양한 증상들을 설명하고 있다.
④ 번아웃 증후군에 이어 등장하게 될 질병에 대해 예고하고 있다.

한·국·어·능·력·시·험·T·O·P·I·K

실전모의고사
3회 해설

듣기

1. ④	2. ①	3. ②	4. ④	5. ③	6. ②	7. ①	8. ②	9. ④	10. ④
11. ④	12. ③	13. ③	14. ②	15. ①	16. ②	17. ①	18. ④	19. ④	20. ②
21. ②	22. ②	23. ①	24. ①	25. ②	26. ①	27. ③	28. ①	29. ①	30. ③
31. ④	32. ②	33. ②	34. ①	35. ④	36. ②	37. ③	38. ③	39. ③	40. ④
41. ②	42. ③	43. ③	44. ①	45. ③	46. ④	47. ④	48. ①	49. ③	50. ④

읽기

1. ④	2. ③	3. ②	4. ①	5. ③	6. ②	7. ①	8. ④	9. ①	10. ③
11. ③	12. ②	13. ①	14. ②	15. ①	16. ②	17. ④	18. ③	19. ①	20. ③
21. ③	22. ④	23. ②	24. ③	25. ③	26. ④	27. ④	28. ③	29. ③	30. ④
31. ①	32. ③	33. ③	34. ②	35. ④	36. ④	37. ④	38. ②	39. ①	40. ③
41. ②	42. ①	43. ①	44. ④	45. ③	46. ②	47. ③	48. ③	49. ②	50. ④

듣기 (1번 ~ 50번)

[1~3] 다음을 듣고 알맞은 그림을 고르십시오.

남자 : '어벤져스'로 성인 두 명이요.
여자 : 상영 시간이 2시, 5시가 있습니다.
남자 : 2시로 주세요.

① 　②

③ 　❹

📁 **종류** 대화

💬 **해설**
남자가 여자(직원)에게 영화표를 사고 있는 상황이다. 4번이 답이 된다.
① 남녀가 줄을 서서 영화를 고르는 상황
② 극장 내에서 영화 상영을 기다리는 상황
③ 극장 매점에서 여자가 팝콘과 콜라를 사는 상황

📝 **단어** 성인　상영 시간

2.
남자 : 서울역에 가려면 몇 호선을 타야 하죠?
여자 : 음, 여기서 2호선을 타세요. 가다가 1호선으로 갈아
　　　타면 되는데….
남자 : 아, 시청에서 갈아타면 되겠군요.

❶ 　②

③ 　④

📁 **종류** 대화

💬 **해설**
남자가 여자에게 지하철로 서울역 가는 방법을 물어보고 있다. 지하철 노선도를 보고 대화하는 상황이므로 1번이 답이다.
② 지하철 안에서 남녀가 대화하고 있는 상황
③ 지하철 안에서 여자와 남자가 내리고 있는 상황
④ 지하철역 밖으로 남녀가 나오는 상황

📝 **단어** 호선　갈아타다

3.

남자 : 최근 소득과 여가 시간이 늘어나 해외 여행이 급증하고 있습니다. 설문 조사 결과에 따르면 해외 여행자의 수가 2017년 이후 계속해서 증가하였습니다. 여행자 비율을 살펴보면 '30대'가 가장 많았으며 그 뒤로 '40대'와 '50대'의 순으로 나타났습니다.

① 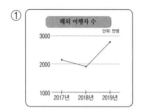 ❷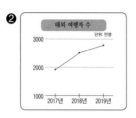

③ 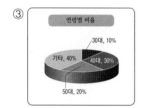 ④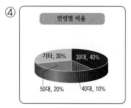

📁 종류 담화_프레젠테이션

🎓 해설

해외 여행자 수와 연령별 비율에 관해 이야기하고 있다. 2017년 이후 해외 여행자의 수가 계속 증가했다고 했으므로 답은 2번이다.
① 해외 여행자 수가 2017년 이후 감소(→ 증가)
③ 30대의 비율이 가장 낮다(→ 많다).
④ 연령별 비율이 30대가 가장 높고 50대, 40대(→ 40대, 50대)의 순으로 나타났다.

단어 소득   순   N에 따르면

[4~8] 다음 대화를 잘 듣고 이어질 수 있는 말을 고르십시오.

4.

남자 : 피곤해 보이네요. 요즘 일이 많아요?
여자 : 네, 벌써 3일째 야근이에요.
남자 : _____

① 오늘도 야근이에요.
② 피곤하지만 괜찮아요.
③ 일이 많아서 힘들어요.
❹ 너무 무리하지 마세요.

📁 종류 대화

🎓 해설

여자가 3일째 야근이라고 했기 때문에 건강을 걱정하는 대화가 적합하다. 이에 어울리는 대답은 4번이다.

단어 째   야근   무리하다

5.

남자 : 퇴근 시간이라 그런지 길이 막히네요.
여자 : 괜히 택시를 탔나 봐요. 지하철을 탈 걸 그랬어요.
남자 : _____

① 지금 퇴근하세요?
② 택시 타고 갈까요?
❸ 내려서 지하철을 탈까요?
④ 지금 길이 많이 막히나요?

📁 종류 대화

🎓 해설

여자가 지하철을 탈 걸 그랬다며 후회하고 있으므로 이에 가장 어울리는 대답은 3번이다.

단어 퇴근   길이 막히다   괜히

6.

남자 : 어, 우산 가져 왔네요. 오늘 비 온대요?
여자 : 네, 일기 예보에서 소나기가 온다고 했어요.
남자 : _____

① 우산을 꼭 가져오세요.
❷ 우산을 하나 빌려야겠네요.
③ 비가 그칠 때까지 나가지 마세요.
④ 일기 예보를 미리 확인했어야지요.

🗂 종류 대화

🔖 해설
남자가 오늘 비가 오냐고 묻자 여자가 일기 예보에서 소나기가 온다고 했으므로 이에 어울리는 대답은 2번이다.

단어 일기 예보   소나기   미리

7.

남자 : 주말에 전주에 가는데 거기서 꼭 먹어 봐야 하는 음식이 있나요?
여자 : 네, 비빔밥 한번 드셔 보세요. 전주비빔밥이 유명해요.
남자 : _____

❶ 저도 꼭 먹어 봐야겠네요.
② 전주에 가면 꼭 드셔 보세요.
③ 다음에는 비빔밥을 주문해야겠어요.
④ 채소와 고기를 같이 비벼야 맛있어요.

🗂 종류 대화

🔖 해설
남자가 전주에서 꼭 먹어 봐야 하는 음식에 관해 묻자 여자는 비빔밥을 추천했다. 이에 어울리는 대답은 1번이다.

단어 유명하다   비비다   한번

8.

남자 : 배송된 물건이 인터넷에서 본 것과 아주 달라서 환불하고 싶은데요.
여자 : 네, 고객님. 죄송합니다. 반품 신청 사유서를 작성해서 보내 주시면 됩니다.
남자 : _____

① 물건은 언제 받을 수 있나요?
❷ 반품 신청 후 언제 환불이 되죠?
③ 인터넷 주문이 생각보다 복잡하네요.
④ 인터넷으로 물건을 살 때는 신중해야 해요.

🗂 종류 대화

🔖 해설
남자가 환불을 요구하자 여자가 반품 신청 사유서를 작성해서 보내라고 했으므로 남자가 언제 환불이 되는지 묻는 대답으로 2번이다.

단어 배송되다   환불   사유서   반품
작성하다   신중하다

실전모의고사 | 3회

다음 대화를 잘 듣고 <u>여자</u>가 이어서 할 행동으로 알맞은 것을 고르십시오.

9.

여자 : 아, 날씨도 너무 덥고 오래 걸어서 다리도 아프다.
남자 : 저기 보이는 카페에서 시원한 커피 마시고 갈래?
여자 : 난 커피 말고 시원한 주스 마시고 싶어.
남자 : 그럼 먼저 들어가 있어. 나 잠깐 화장실에 들렀다가 갈게.

① 병원에 간다.
② 화장실에 간다.
③ 커피를 마신다.
❹ 커피숍에 들어간다.

종류 대화

해설
남자가 여자에게 카페에 먼저 들어가 있으라고 했으므로 여자는 카페에 들어갈 것이다.

단어 먼저　잠깐　들르다

10.

여자 : 여보세요? 선배, 뉴스 들었어요?
남자 : 어, 어젯밤에 내린 눈 때문에 시내 곳곳에 난리가 났다며?
여자 : 네, 오늘 동아리에서 자전거 타러 가기로 했잖아요. 어쩌죠?
남자 : 길도 미끄러울 테니까 다음에 가야겠다. 네가 모임 취소 메시지 좀 보내 줄래?

① 뉴스를 확인한다.
② 자전거를 타러 나간다.
③ 선배와 동아리 모임에 참석한다.
❹ 동아리 회원들에게 메시지를 보낸다.

종류 대화

해설
여자가 남자(선배)에게 동아리에서 자전거를 타러 가기로 했는데 눈이 많이 와서 어떡하냐고 묻자 남자가 여자에게 취소 메시지를 보내 달라고 부탁했다. 여자는 동아리 회원들에게 메시지를 보낼 것이다.

단어 시내　난리　미끄럽다　모임

11.

여자 : 내일 아침에 쓸 회의 자료 복사했어요?
남자 : 아직요. 복사기가 고장 나서 수리 기사가 다녀갔는데 또 안 돼요.
여자 : 그럼 2층 사무실에 가서 해야겠네요. 제가 도와 드릴게요.
남자 : 괜찮아요. 제가 할게요. 미안하지만 수리 신청 좀 다시 해 줄래요?

① 2층 사무실에 간다.
② 회의 자료를 복사한다.
③ 고장 난 복사기를 수리한다.
❹ 복사기 고장 수리를 신청한다.

종류 대화

해설
남자와 여자는 복사기에 관해 이야기하고 있다. 남자가 복사기가 고장 났다고 하자 여자가 도와주겠다고 했다. 하지만 남자가 자신이 할 테니 수리 신청을 해달라고 부탁했으므로 여자는 복사기 수리 신청을 할 것이다.

단어 복사하다　고장　수리하다

12.

여자 : 계속 앉아 있었더니 몸이 너무 무거워요. 목도 아프고, 허리도 아프고.

남자 : 운동이 부족해서 그런 거 같은데 밖에 나가서 산책이라도 하는 건 어때요?

여자 : 그러고 싶지만 시간이 없어요. 일이 밀려서 컴퓨터 앞을 떠날 수 없네요.

남자 : 그럼 쉬는 시간에 가볍게 스트레칭이라도 해요. 제가 몇 가지 간단하게 가르쳐 드릴게요.

① 산책하러 나간다.
② 병원 예약을 한다.
❸ 스트레칭 동작을 배운다.
④ 컴퓨터로 밀린 일을 한다.

종류 대화

해설
여자가 운동하고 싶지만 시간이 없어서 할 수 없다고 하자 남자가 가벼운 스트레칭을 가르쳐 주겠다고 했으므로 여자는 남자에게 스트레칭 동작을 배울 것이다.

단어 부족하다   스트레칭

[13~16] 다음을 듣고 내용과 일치하는 것을 고르십시오.

13.

여자 : 집에 화분이 많네요. 싱싱하고 예쁜 걸 보니 관리도 잘 해 주시나 봐요.

남자 : 식물 가꾸는 게 취미거든요.

여자 : 잎이 반짝반짝 빛나는데 약품을 뿌려 주시나요?

남자 : 아뇨. 식초 물을 뿌리거나 젖은 천으로 자주 닦고 있어요.

① 여자의 취미는 식물 가꾸기이다.
② 여자는 약품으로 식물의 잎을 관리한다.
❸ 남자는 식물에게 약품을 사용하지 않는다.
④ 남자는 식물을 좋아하지만 관리는 잘 안 한다.

종류 대화

해설
여자가 약품을 뿌리느냐고 묻자 남자가 아니라고 했으므로 답은 3번이다.
① ~~여자의~~ 취미는 식물 가꾸기이다. (남자가)
② ~~여자는~~ ~~약품으로~~ ~~식물의 잎을 관리한다.~~ (잎이 반짝반짝 빛나는데 약품을 뿌려 주시나요?)
④ 남자는 식물을 좋아하지만 ~~관리는 잘 안 한다.~~ (식초 물을 뿌리거나 젖은 천으로 자주 닦고 있어요.)

단어 화분   싱싱하다   관리   약품   천

14.

여자 : (음악) 안녕하세요. 서울 병원입니다. 서비스 품질 관리를 위하여 상담 내용은 녹음되고 있음을 알려드립니다. 또한 진료 시간은 요일마다 다르니, 확인 후 방문해 주시기 바랍니다. 점심시간은 12시부터 1시까지입니다. (휴지) 입원 상담은 0번, 진료 예약은 1번, 원무과 2번, 간호과는 3번, 병실은 각 병실 번호를 눌러 주세요. 다시 듣고 싶으시면 별표를 눌러 주세요.

① 병원에 전화한 내용은 모두 녹음된다.
❷ 병원 업무에 따라 연결 번호가 다르다.
③ 점심시간 외에 언제든지 진료를 받을 수 있다.
④ 병실에 전화할 때는 간호과에 먼저 연락해야 한다.

종류 담화_안내(전화)

해설
병원 이용 시 주의사항을 말하면서 업무에 따라 다른 번호를 눌러야 한다고 했으므로 답은 2번이다.
① 병원에 전화한 내용은 ~~모두~~ 녹음된다. (상담 내용은 녹음되고 있음을 알려드립니다.)
③ 점심시간 외에 ~~언제든지~~ 진료를 받을 수 있다. (진료 시간은 요일마다 다르니, 확인 후 방문해 주시기 바랍니다.)
④ 병실에 전화할 때는 ~~간호과에~~ ~~먼저~~ 연락해야 한다. (병실은 각 병실 번호를 눌러 주세요.)

단어 서비스 품질 관리   방문하다   진료   원무과   간호과

15.

남자 : (콜록콜록) 안녕하세요. 요즘 계절이 바뀌면서 저같이 기침하는 분들이 많으실 텐데요. 기침에도 예절이 있는 거 아시나요? 기침 예절은 남을 위한 배려이며 감기와 같은 질병을 예방할 수 있는 중요한 습관입니다. 기침할 때는 손이 아니라 휴지나 옷소매 아래쪽을 이용해 입과 코를 가려 주세요. 오늘부터 기침 예절 실천하기 어때요?

❶ 기침 예절로 감기를 예방할 수 있다.
② 기침할 때는 손으로 가리고 해야 한다.
③ 계절이 바뀔 때 기침은 예방이 중요하다.
④ 기침 예절은 다른 사람보다 나를 위해 해야 한다.

종류 담화_방송

해설

남자가 기침 예절은 감기와 같은 질병을 예방할 수 있다고 했으므로 답은 1번이다.
② 기침할 때는 ~~손으로 가리고~~ 해야 한다. (기침할 때는 손이 아니라 휴지나 옷소매 아래쪽을 이용해 입과 코를 가려 주세요.)
③ 계절이 바뀔 때 기침은 ~~예방~~이 중요하다. (기침 예절은 남을 위한 배려이며 감기와 같은 질병을 예방할 수 있는 중요한 습관입니다.)
④ 기침 예절은 ~~다른 사람보다 나를 위해~~ 해야 한다. (기침 예절은 남을 위한 배려이며)
• 실천하다 **예** 방학 계획을 계획표대로 실천하였다.

단어 계절   예절   습관   배려   옷소매

16.

남자 : 작품마다 180도 다른 캐릭터로 변신해 관객들을 놀라게 하는 배우 이고은 씨를 모셨습니다. 이번에 새로 개봉되는 영화에 대해서 말씀해 주시겠어요?
여자 : KM 청취자 여러분, 만나서 반갑습니다. 이 영화는 자신의 가족을 위해 모든 것을 희생하는 한 여자의 삶을 그린 영화입니다. 영화를 보시는 동안 따뜻한 가족 간의 사랑을 확인하실 수 있습니다. 10월 1일, 사랑과 감동이 가득한 '나의 어머니' 꼭 보러 오세요.

① 이 영화는 여자의 첫 번째 작품이다.
❷ 남자는 라디오 프로그램의 진행자이다.
③ 이 영화는 10월 1일까지 극장에서 볼 수 있다.
④ 가족의 희생으로 행복을 찾은 여자에 대한 영화이다.

종류 대화_인터뷰

해설

여자(배우)는 청취자들에게 자신의 영화를 소개하고 있으므로 답은 2번이다.
① 이 영화는 여자의 ~~첫 번째 작품~~이다. (작품마다 180도 다른 캐릭터로 변신해 관객들을 놀라게 하는 배우 이고은 씨를 모셨습니다.)
③ 이 영화는 10월 1일~~까지~~ 극장에서 볼 수 있다. (10월 1일, 사랑과 감동이 가득한 '나의 어머니' 꼭 보러 오세요.)
④ ~~가족의 희생으로 행복을 찾은~~ 여자에 대한 영화이다. (자신의 가족을 위해 모든 것을 희생하는 한 여자의 삶을 그린 영화입니다.)
• 변신하다 **예** 젊은 나이에 일찍 선수에서 감독으로 변신하였다.
• 희생하다 **예** 이곳에 있는 분들은 나라를 위해 자신을 희생했다.

단어 관객   개봉되다   청취자   감동

[17~20] 다음을 듣고 남자의 중심 생각을 고르십시오.

17.

남자 : 아까 회의 시간에 왜 자꾸 농담한 거예요?
여자 : 분위기가 너무 안 좋았잖아요. 긴장도 풀 겸 분위기도 바꿀 겸 농담 좀 했지요. 유머가 직장 생활의 필수라고 하잖아요?
남자 : 물론 적절한 유머가 긴장을 풀어주는 데 좋지만 아무 때나 하면 안 된다고 생각해요. 때와 장소에 맞게 해야죠. 진지한 내용이 오가는 상황에서 장난스러운 대화는 아닌 것 같아요.

종류 대화

해설

여자와 남자는 회의 시간에 하는 농담에 관해 이야기하고 있다. 남자는 농담은 때와 장소에 맞게 해야 한다고 생각하기 때문에 답은 1번이다.
• 진지하다 **예** 평소에 다르게 진지한 표정으로 이야기를 시작했다.

단어 농담   유머   필수   긴장을 풀다

❶ 유머는 상황에 맞게 해야 한다.
② 직장 생활에서 유머는 꼭 필요하다.
③ 회의 시간에 생기는 긴장은 풀어야 한다.
④ 직장에서는 장난스러운 대화를 하면 안 된다.

18.

남자 : 이 쇼핑센터에도 동물원이 있네.

여자 : 동물을 직접 만질 수 있고 먹이도 줄 수 있어서 아이들에게 인기가 좋잖아.

남자 : 하지만 햇빛도 없고 흙도 없잖아. 저기 있는 큰 새는 천장이 낮아서 제대로 날지도 못하겠다. 사람들과 너무 가깝게 있어서 스트레스도 많이 받을 거 같고. 원래 살던 곳과 비슷한 환경은 아니더라도 동물들의 생활이나 행동에 맞는 환경 제공이 필요해.

① 아이들이 동물을 만질 수 없도록 해야 한다.
② 동물원에 아이들의 체험 공간을 늘려야 한다.
③ 쇼핑센터에 동물원 만드는 것을 금지해야 한다.
❹ 동물의 생활 환경에 맞는 공간을 만들어 줘야 한다.

🗂 **종류** 대화

🎓 **해설**

여자와 남자는 동물원에 관해 이야기하고 있다. 남자는 동물들의 생활이나 행동에 맞는 환경이 필요하다고 했으므로 답은 4번이다.

단어 흙   천장   공간

19.

여자 : 요즘 회사를 옮길까 말까 생각 중이에요.

남자 : 연봉도 높고 함께 일하는 팀장님과 동료들도 좋다고 하지 않았어요?

여자 : 네, 하지만 일이 너무 많아요. 매일 늦게까지 일하고 주말에도 회사에 나가느라고 내 생활이 없어요. 연봉이 적어도 휴가가 긴 곳에서 일하고 싶어요.

남자 : 시간이 많아도 돈이 없으면 좋아하는 것을 하기 힘들어요. 어떤 회사든지 어려운 점이 있기 마련이니까 좀 더 생각해 보는 게 좋을 것 같네요.

① 자기 생활이 많은 직장이 좋은 직장이다.
② 회사 생활에서 어려운 점은 팀장과 상의해야 한다.
③ 시간 여유가 많고 연봉이 높은 직장을 구해야 한다.
❹ 어떤 회사든지 힘든 일이 있으니 옮길 때 신중해야 한다.

🗂 **종류** 대화

🎓 **해설**

여자와 남자는 이직에 관해 이야기하고 있다. 남자는 어떤 회사든지 어려운 점은 있으니 회사를 옮길 때 신중해야 한다고 했으므로 답은 4번이다.

• 이직 **예** 이직을 위해 회사를 그만두려고 한다.

단어 연봉   옮기다   -기 마련이다

20.

여자 : 이번 올림픽에서 역전승으로 금메달의 꿈을 이루셨는데요. 소감 한 말씀 부탁드립니다.

남자 : 말로 표현할 수 없을 만큼 기쁘고요, 응원해 주신 팬 여러분께 진심으로 감사드립니다. 이번 경기에서 짧은 시간에도 많은 일이 일어날 수 있다는 것을 알게 되었습니다. 부상당한 선수들이 많았지만 동료들을 믿고 끝까지 집중해서 경기한 결과 승리할 수 있었습니다.

① 끝까지 집중하지 않으면 역전 당한다.
❷ 승리를 위해서 경기에 집중해야 한다.
③ 금메달을 따려면 부상당하지 않아야 한다.
④ 올림픽 경기에서 국민들의 응원이 중요하다.

🗂 종류 대화_인터뷰

💬 해설

남자는 동료들을 믿고 경기에 집중했기 때문에 승리할 수 있었다고 했으므로 답은 2번이다.
• 집중하다 예 박사님은 연구를 시작하면 아무 소리도 못 듣고 집중하세요.

단어 역전승   소감   부상당하다   동료

[21~22] 다음을 듣고 물음에 답하십시오.

여자 : 선배, 이번 '신입생 환영회'는 어디로 가는 게 좋을까요? 날씨도 더운데 지난번처럼 바다로 갈까요?

남자 : 음, 바다에 갔을 때 재미있기는 했지만 개인적으로 노는 시간이 많았던 것 같아. 행사와도 잘 안 맞고. 이번엔 등산을 하는 건 어떨까? 산을 오르면서 서로 돕고 더 가까워질 수 있을 거 같은데.

여자 : 좋은 생각이에요. 요즘엔 산에 스포츠 시설도 많이 생겼더라고요. 새로운 체험도 해 보면 좋을 것 같아요.

남자 : 좋아, 구체적인 계획은 다음 모임에서 정하도록 하자.

21. 남자의 중심 생각으로 알맞은 것을 고르십시오.

① 산을 오를 때는 서로 도와야 한다.
❷ 등산이 행사의 목적에 더 맞는 것 같다.
③ 바다로 신입생 환영회를 가는 것이 좋다.
④ 스포츠 체험으로 등산을 재미있게 해야 한다.

🗂 종류 대화

💬 해설

여자와 남자는 신입생 환영회에 관해 이야기하고 있다. 남자는 신입생 환영회 행사와 다 같이 할 수 있는 등산이 서로 돕고 가까워질 수 있다고 했으므로 답은 2번이다.

단어 개인적   체험   구체적   모임

---

22. 들은 내용으로 맞는 것을 고르십시오.

① 지난 신입생 환영회는 산으로 갔었다.
❷ 바다로 갔던 행사에서 개인 활동이 많았다.
③ 이번 모임에서 행사 계획을 준비해야 한다.
④ 요즘 바다에서 하는 스포츠 시설이 인기있다.

💬 해설

바다에 갔을 때 재미있었지만 개인적으로 노는 시간이 많았다고 했으므로 답은 2번이다.
① 지난 신입생 환영회는 ~~산으로~~ 갔었다. (날씨도 더운데 지난번처럼 바다로 갈까요?)
③ 이번 모임에서 행사 계획을 준비해야 한다. (구체적인 계획은 다음 모임에서 정하도록 하자.)
④ 요즘 ~~바다에서 하는 스포츠 시설이 인기있다.~~ (요즘엔 산에 스포츠 시설도 많이 생겼더라고요.)

[23~24] 다음을 듣고 물음에 답하십시오.

남자 : 지금 방송하는 남자 정장 바지를 사고 싶은데요. 다
　　　섯 가지 색상 중에서 선택할 수 있는 거죠?

여자 : 네, 흰색, 남색, 회색, 검정색, 체크무늬 중에서 세
　　　가지를 선택하실 수 있습니다. 색상과 사이즈를 말
　　　씀해 주시겠습니까?

남자 : 34인치로 흰색, 회색, 검정색 보내 주세요.

여자 : 고객님, 죄송합니다만 방금 검정색이 매진되었습니
　　　다. 남색 바지는 주문 가능한데 남색으로 보내 드릴
　　　까요?

23. 남자가 무엇을 하고 있는지 고르십시오.

❶ 홈쇼핑에서 바지를 주문하고 있다.
② 상담원에게 상품 교환을 문의하고 있다.
③ 자신에게 어울리는 색상을 고민하고 있다.
④ 구입한 물건의 빠른 배송을 요청하고 있다.

24. 들은 내용으로 맞는 것을 고르십시오.

❶ 현재 검정색을 구매할 수 없다.
② 남자는 36인치 사이즈를 원한다.
③ 남자는 남색을 구매하고 싶어 한다.
④ 색상 중에서 두 가지를 선택할 수 있다.

[25~26] 다음을 듣고 물음에 답하십시오.

여자 : 오늘 해양 생물을 연구하는 김상호 박사님을 모시고
　　　이야기 나눠 보도록 하겠습니다. 박사님, 우리가 바
　　　르는 선크림이 해양 생물을 죽이고 있다고 하는데
　　　무슨 얘기죠?

남자 : 여러분, 여름 바다하면 뜨거운 태양과 내리쬐는 햇
　　　빛을 생각하실 겁니다. 우리는 피부를 보호하기 위
　　　해 바다에 갈 때 선크림을 꼭 챙기게 됩니다. 하지만
　　　우리의 피부를 보호하는 선크림이 다른 생명에게는
　　　치명적인 피해를 준다는 사실을 알고 계십니까? 한
　　　연구팀이 선크림에 들어있는 일부 물질을 해양 생물
　　　에 실험한 결과, 성장과 번식에 문제가 발생했을 뿐
　　　만 아니라 집단 죽음을 일으키기까지 했습니다. 따
　　　라서 앞으로는 선크림을 고를 때 성분을 잘 보시고
　　　내 피부만 지키는 선크림이 아닌 바다도 지키는 제
　　　품을 구매하시라는 말씀을 드리고 싶습니다.

📁 **종류** 대화

💬 **해설**

남자가 '지금 방송하는 남자 정장 바지를 사고 싶다'는 말
로 홈쇼핑에서 판매하는 바지를 주문하려고 한다. 여자는
상담원이고 남자는 바지를 구매하는 고객이다.

📄 **단어** 방송하다　　정장　　선택하다　　색상
　　　　　매진되다

💬 **해설**

여자가 검정색 바지가 매진되었다고 했으므로 답은 1번이다.
② 남자는 ~~36인치~~ 사이즈를 원한다. (34인치로 흰색, 회색,
　검정색 보내 주세요.)
③ 남자는 ~~남색~~을 구매하고 싶어 한다. (흰색, 회색, 검정
　색 보내 주세요.)
④ 색상 중에서 ~~두 가지~~를 선택할 수 있다. (네, 흰색, 남
　색, 회색, 검정색, 체크무늬 중에서 세 가지를 선택하실
　수 있습니다.)

📁 **종류** 대화_인터뷰

💬 **해설**

남자는 마지막에 선크림을 고를 때 성분을 잘 보고 피부뿐
만 아니라 바다도 지킬 수 있는 제품을 고르라고 했으므로
답은 2번이다.
• 바르다　　**예** 엄마가 상처에 약을 발라 주셨다.
• 연구하다　**예** 밤을 새며 치료법을 연구하느라 한 끼도
　　　　　　　못 먹었다.
• 실험하다　**예** 하루 종일 기계의 성능을 실험하였다.

📄 **단어** 해양　　선크림　　내리쬐다　　치명적　　번식

25. 남자의 중심 생각으로 맞는 것을 고르십시오.

① 뜨거운 햇빛으로부터 피부를 보호해야 한다.
❷ 선크림을 살 때 성분을 확인하고 선택해야 한다.
③ 바다를 지키기 위해 선크림 사용을 금지해야 한다.
④ 해양 생물에 피해를 주지 않는 선크림을 사용해야 한다.

---

26. 들은 내용으로 맞는 것을 고르십시오.

❶ 일부 선크림은 바다 생물의 성장을 방해한다.
② 선크림에 들어 있는 성분은 피부에 피해를 준다.
③ 잘못된 실험으로 해양 생물들이 집단 죽음을 당할 수 있다.
④ 바다 생물이 번식하는 시기에는 선크림 사용이 좋지 않다.

🎓 **해설**

남자는 선크림에 들어 있는 일부 성분이 바다 생물의 성장과 번식에 문제를 일으킨다고 했으므로 답은 1번이다.
② 선크림에 들어 있는 성분은 ~~피부에 피해를 준다.~~ (선크림에 들어있는 일부 물질을 해양 생물에 실험한 결과, 성장과 번식에 문제)
③ ~~잘못된 실험으로~~ 해양 생물들이 집단 죽음을 당할 수 있다. (선크림에 들어있는 일부 물질을 해양 생물에 실험한 결과, … 집단 죽음을 일으키기까지 했습니다.)
④ ~~바다 생물이 번식하는 시기에는 선크림 사용이 좋지 않다.~~ (선크림에 들어있는 일부 물질을 해양 생물에 실험한 결과, 성장과 번식에 문제)

[27~28] 다음을 듣고 물음에 답하십시오.

남자 : 요즘 성인을 대상으로 하는 적성 검사가 부쩍 인기를 끌고 있대.
여자 : 적성 검사는 학생 때 하는 거 아냐?
남자 : 아니, 뒤 늦게 적성을 고민하는 직장인이 늘어나면서 검사하는 사람이 많대.
여자 : 음, 알 것 같아. 지금 하고 있는 일이 나와 잘 맞지 않는다면 자신의 적성에 대해 더욱 궁금할 것 같아.
남자 : 맞아. 오랜 시간 공부하고 힘들게 취업했는데 적성에 맞지 않아서 새로운 일을 시작해야 한다면 시간과 돈이 너무 아깝잖아. 그러니까 전공을 선택하기 전부터 적성 검사를 통해 자신에 대해 아는 것이 중요해.

27. 남자가 여자에게 말하는 의도를 고르십시오.

① 적성 검사 방법을 안내하기 위해
② 적성 검사의 문제점을 지적하기 위해
❸ 적성 검사의 필요성을 주장하기 위해
④ 성인을 위한 적성 검사를 홍보하기 위해

📙 **종류** 대화

🎓 **해설**

남자가 전공을 선택하기 전부터 적성 검사를 통해 자신에 대해 아는 것이 중요하다고 했으므로 답은 3번이다.

📘 **단어** 성인   적성   인기를 끌다   고민하다

28. 들은 내용으로 맞는 것을 고르십시오.

❶ 적성 검사를 받는 직장인이 늘어나고 있다.
② 시간과 돈 때문에 적성을 고민하는 학생이 많다.
③ 적성 검사로 인한 직장인의 고민이 증가하고 있다.
④ 적성에 맞는 전공을 공부하는 데 오랜 시간이 든다.

🎓 **해설**

남자는 적성을 고민하는 직장인이 늘어나면서 검사하는
사람이 많다고 했으므로 답은 1번이다.
② 시간과 돈 때문에 적성을 고민하는 학생이 많다. (적성
을 고민하는 직장인이 늘어나면서)
③ 적성 검사로 인한 직장인의 고민이 증가하고 있다. (적
성을 고민하는 직장인이 늘어나면서)
④ 적성에 맞는 전공을 공부하는 데 오랜 시간이 든다. (오랜
시간 공부하고 힘들게 취업했는데 적성에 맞지 않아서)

[29~30] 다음을 듣고 물음에 답하십시오.

여자 : 이번에 출간된 책이 화제가 되고 있는데요, 간단한
소개 부탁드립니다.
남자 : 현대인의 건강을 위해 가장 필요한 것이 스트레스를
어떻게 관리하느냐 하는 것입니다. 스트레스는 뇌세
포를 변화시키고 우울증과 불안 같은 뇌 질환을 일
으킬 수 있습니다. 이 책은 기억력과 지능, 집중력을
높여 뇌 건강을 돕는 음식을 소개하고 있습니다.
여자 : 그렇다면 대표적인 음식 몇 가지만 말씀해 주시겠어요?
남자 : 네, 가장 대표적인 음식인 달걀노른자는 기억력을
좋게 하는 성분을 가지고 있고 연어는 두뇌 발달에
중요한 영양소를 가지고 있습니다. 또한 초콜릿은
스트레스를 줄이고 집중력을 높이는 성분이 많지만
많이 섭취하면 비만 등 건강에 해로울 수 있으므로
주의가 필요합니다. 마지막으로 음식을 오래 씹을수
록 뇌가 활발하게 활동하므로 오래 씹는 습관도 필
요합니다.

📁 **종류** 대화_인터뷰

🎓 **해설**

남자는 책을 소개하면서 달걀노른자와 연어 등 음식의 성
분에 관해 이야기했으므로 음식의 성분을 연구하는 사람
일 것이다.
• 관리하다 **예** 주임은 창고를 관리하는 업무를 나에게
맡겼다.

단어 출간되다 화제 뇌세포 불안 대표적
집중력 씹다

---

29. 남자는 누구인지 맞는 것을 고르십시오.

❶ 음식의 성분을 연구하는 사람
② 뇌에 좋은 음식을 요리하는 사람
③ 스트레스를 관리 방법을 안내하는 사람
④ 스트레스로 인한 뇌 질환을 치료하는 사람

🎓 **해설**

남자는 음식을 오래 씹을수록 뇌가 활발하게 운동하기 때
문에 오래 씹는 습관이 필요하다고 했으므로 답은 3번이다.
① 적당한 스트레스는 기억력과 집중력을 높여 준다. (스
트레스는 뇌 세포를 변화시키고 우울증과 불안 같은 뇌
질환을 일으킬 수 있습니다.)
② 초콜릿은 성분이 좋아서 많이 섭취하는 것이 좋다. (많
이 섭취하면 비만 등 건강에 해로울 수 있으므로 주의
가 필요합니다.)
④ 달걀노른자와 연어를 많이 먹으면 건강에 해로울 수 있다.
(달걀노른자는 기억력을 좋게 하는 성분을 가지고 있고
연어는 두뇌 발달에 중요한 영양소를 가지고 있습니다.)

---

30. 들은 내용과 일치하는 것을 고르십시오.

① 적당한 스트레스는 기억력과 집중력을 높여 준다.
② 초콜릿은 성분이 좋아서 많이 섭취하는 것이 좋다.
❸ 뇌 건강을 위해 음식을 오래 씹는 습관을 가져야 한다.
④ 달걀노른자와 연어를 많이 먹으면 건강에 해로울 수 있다.

[31~32] 다음을 듣고 물음에 답하십시오.

남자 : 노인들에게 제공되고 있는 지하철 무료 서비스는 공평하지 못한 면이 있어 이 서비스를 다시 생각해 봐야 합니다. 65세 이상이면 누구에게나 똑같이 제공되어야 하지만 지하철이 없는 지역에서는 서비스를 받을 수 없거든요.

여자 : 지역마다 시설의 차이가 있기는 하지만 기존 시설을 이용한다는 면에서 불공평하다고 말할 수는 없을 것 같습니다.

남자 : 그것뿐만 아니라 이 서비스로 인해 지하철 회사의 손실액도 급증하고 있습니다.

여자 : 지하철 회사의 손실액이 증가하는 것에 대해 해결 방법이 필요하다는 것은 저도 동의합니다. 하지만 서비스가 공평하지 않다거나 손실 금액이 크다고 해서 무조건 서비스를 없애는 것은 옳지 않다고 생각합니다. 문제점을 파악하고 해결 방안을 마련해야 한다고 생각합니다.

31. 남자의 생각으로 맞은 것을 고르십시오.

① 지역마다 시설의 차이를 좁혀야 한다.
② 노인들을 위해 지하철 서비스를 개선해야 한다.
③ 지하철 회사의 문제점에 대한 해결 방안 찾아야 한다.
❹ 노인들에게 제공되는 지하철 무료 서비스를 없애야 한다.

32. 남자의 태도로 맞은 것을 고르십시오.

① 해결 방안을 제시하고 있다.
❷ 문제에 대해서 비판하고 있다.
③ 상대방의 주장을 인정하고 있다.
④ 주제에 대해 예를 들어 말하고 있다.

[33~34] 다음을 듣고 물음에 답하십시오.

여자 : 혹시 영화관 의자가 무슨 색인지 기억하십니까? 네, 대부분 빨간색입니다. 그런데 왜 빨간색인 걸까요? 여러 의견이 있지만 첫 번째 이유는 세탁 때문입니다. 영화관은 하루 종일 수많은 사람들이 머물다 가지만 의자를 세탁하거나 바꾸기 어렵습니다. 그런데 빨간색은 더러워져도 더러움이 잘 보이지 않기 때문에 많이 사용된다고 합니다. 두 번째는 빨간색은 어둠 속에서 잘 보이지만 영화를 볼 때 방해되지 않는 색입니다. 의자가 어두운 색이라면 캄캄한 영화관에서 자리를 찾기 어렵겠죠? 하지만 밝은 색이라면 영화를 볼 때 방해가 될 것입니다. 그런데 빨간색은 어

🗂 **종류** 토론

💬 **해설**

여자와 남자는 노인들의 지하철 무료 서비스에 대해 이야기하고 있다. 남자는 지하철 무료 서비스는 공평하지 않고 손실액도 커서 다시 생각해 봐야 한다고 했으므로 답은 4번이다.

단어 제공되다   공평하다(↔ 불공평하다)   손실액
        급증하다   동의하다

💬 **해설**

남자는 지하철 무료 서비스에 대한 문제점을 예를 들어 비판하고 있으므로 답은 2번이다.

🗂 **종류** 담화_강연

💬 **해설**

영화관의 의자가 빨간색인 이유에 대해 말하고 있으므로 답은 2번이다.

단어 세탁   캄캄하다   머무르다   방해되다
        성질   묻히다

두운 곳에서 잘 보이면서 어둠 속에 묻히는 성질이 있습니다. 따라서 영화관뿐만 아니라 어두운 곳에서 관람하는 공연장의 의자가 대부분 빨간색으로 되어 있는 것입니다.

33. 무엇에 대한 내용인지 맞는 것을 고르십시오.

① 빨간색 색상의 성질
❷ 영화관 의자가 빨간색인 이유
③ 의자 색상이 눈에 미치는 영향
④ 영화관 의자가 빨간색이 된 과정

---

34. 들은 내용으로 맞는 것을 고르십시오.

❶ 빨간색은 오염이 잘 보이지 않는다.
② 빨간색 의자는 어두운 곳에서 찾을 수 없다.
③ 공연장과 다르게 영화관에는 빨간색 의자가 많다.
④ 영화관 의자 색이 밝아야 영화에 방해되지 않는다.

빨간색은 더러워져도 더러움이 잘 보이지 않기 때문에 많이 사용된다고 했으므로 답은 1번이다.
② 빨간색 의자는 어두운 곳에서 ~~찾을 수 없다.~~ (빨간색은 어둠 속에서 잘 보이지만)
③ 공연장과 ~~다르게~~ 영화관에는 빨간색 의자가 많다. (영화관뿐만 아니라 어두운 곳에서 관람하는 공연장의 의자가 대부분 빨간색으로 되어 있는 것입니다.)
④ 영화관 의자 ~~색이 밝아야~~ 영화에 방해되지 않는다. (하지만 밝은 색이라면 영화를 볼 때 방해가 될 것입니다.)

[35~36] 다음을 듣고 물음에 답하십시오.

남자 : 존경하는 국회의원 여러분. 국민의 삶이 어려운 근본 원인은 바로 일자리입니다. 전체 실업률은 이미 11%를 넘었고 청년 4명 중 1명이 실업자입니다. 게다가 소득 분배도 심각합니다. 고소득 계층과 저소득 계층 간의 소득 격차가 더 벌어지고 있습니다. 대기업 중심의 경제는 더 좋아지고 있는데 소규모 사업자들은 더 힘들어졌다고 말합니다. 이런 흐름을 바로 잡지 않으면 국민들은 행복할 수 없습니다. 해결 방법은 좋은 일자리를 늘리고 고용 없는 성장이 계속되는 것을 막는 것입니다. 국회의원 여러분, 한 번에 모든 문제를 해결할 수 없지만 이번 추가 예산으로 지금의 문제에 긴급 처방을 할 수 있습니다. 국민들의 목소리에 우리 함께 응답합시다. 일자리에서부터 국회와 정부가 협력한다면 국민들에게 큰 위안이 될 것입니다. 감사합니다.

🗂 종류 담화_연설

🔑 해설
남자(대통령)가 일자리 문제 해결을 위해 국회에서 국회의원들에게 협조를 요청하고 있다.
• 협력하다 예 국가 이익을 위해 서로 협력해야 한다.

단어 국회의원　심각하다　계층　격차　고용　예산　긴급　처방　응답하다

35. 남자는 무엇을 하고 있는지 맞는 것을 고르십시오.

① 경제 활성화 방안을 바꾸고 있다.
② 정부의 일자리 정책을 의심하고 있다.

③ 경제 문제 발생의 원인을 살피고 있다.
❹ 문제 해결을 위해 협조를 요청하고 있다.

---

36. 들은 내용으로 맞는 것을 고르십시오.

① 실업률이 10%에 다가가고 있다.
❷ 고용을 통해서 경제 흐름을 바꿀 수 있다.
③ 대기업과 소규모 사업자들의 경제가 나빠지고 있다.
④ 추가 예산을 통해 소득 분배 문제를 해결할 수 있다.

🎓 해설

남자는 좋은 일자리를 늘려야 현재의 경제 흐름을 바꿀 수 있다고 말했으므로 답은 2번이다.
① 실업률이 ~~10%에 다가가고 있다.~~ (전체 실업률은 이미 11%를 넘었고)
③ ~~대기업과~~ 소규모 사업자들의 경제가 나빠지고 있다. (대기업 중심의 경제는 더 좋아지고 있는데)
④ 추가 예산을 통해 ~~소득 분배 문제를~~ 해결할 수 있다. (추가 예산으로 지금의 문제에 긴급 처방을 할 수 있습니다.)

[37~38] 다음은 교양 프로그램입니다. 잘 듣고 물음에 답하십시오.

남자 : 한국은 유전자 변형 옥수수의 대표적 수입국입니다. 그런데 유전자 변형 옥수수로 인해 감자튀김, 아이스크림, 스테이크 등이 문제가 되고 있다고 하네요. 이런 음식들이 옥수수와 어떤 관련이 있고 왜 문제가 되는 거죠?

여자 : 감자튀김을 만들 때 옥수수기름을 사용하고, 옥수수로 만든 시럽은 아이스크림과 같은 단맛을 내는 음식에 사용됩니다. 이 시럽은 설탕보다 6배 정도 저렴하니 거의 모든 가공 식품에 들어있다고 보시면 됩니다. 뿐만 아니라 옥수수는 소의 사료로 사용되기 때문에 스테이크와도 직접적인 관련이 있습니다. 유전자 변형 옥수수의 안전성이 검증되지 않았기 때문에 이를 이용한 식품에 대해 소비자들이 알 권리가 있는데 아직까지 유전자 변형 식품 표시가 법으로 정해져 있지 않습니다. 하루 빨리 제도 도입이 절실합니다.

🗂 종류 대화_인터뷰

🎓 해설

여자는 유전자 변형을 이용한 식품에 대해 소비자가 알 수 있도록 표시를 해야 한다고 했다. 그러므로 3번이 답이다. 아직 법은 도입되지 않아 필요하다고 주장하고 있다.
• 밝혀지다 예 숨겨진 사건의 진실이 밝혀지고 있다.

단어 유전자 변형   저렴하다   검증되다   표시
      도입   절실하다

37. 여자의 중심 생각으로 맞는 것을 고르십시오.

① 옥수수로 만드는 음식을 다양화해야 한다.
② 유전자 변형 식품 표시법을 엄격히 적용해야 한다.
❸ 소비자가 알 수 있게 유전자 변형 식품을 표시해야 한다.
④ 국민의 건강을 위해 유전자 변형 식품 수입을 금지해야 한다.

38. 들은 내용과 일치하는 것을 고르십시오.

① 설탕은 옥수수 시럽보다 6배 정도 저렴하다.
② 스테이크는 유전자 변형 옥수수와 관련이 없다.
❸ 유전자 변형 옥수수의 안전성이 밝혀지지 않았다.
④ 한국은 유전자 변형 옥수수의 수입을 금지하고 있다.

3회 | 실전모의고사

📚 해설

여자가 유전자 변형 옥수수의 안정성이 검증되지 않았다고 했으므로 답은 3번이다.
① ~~설탕은 옥수수 시럽보다~~ 6배 정도 저렴하다. (옥수수 시럽이 설탕보다 6배 정도 저렴하니)
② ~~스테이크는 유전자 변형 옥수수와 관련이 없다.~~ (뿐만 아니라 옥수수는 소의 사료로 사용되기 때문에 스테이크와도 직접적인 관련이 있습니다.)
④ 한국은 유전자 변형 옥수수의 수입을 ~~금지하고 있다.~~ (한국은 유전자 변형 옥수수의 대표적 수입국입니다.)

[39~40] 다음은 대담입니다. 잘 듣고 물음에 답하십시오.

여자 : 정말 플라스틱 빨대를 대신할 친환경 소재들은 생각보다 많네요. 그 중 쌀을 선택하신 이유는 무엇입니까? 이유와 함께 향후 전략도 궁금합니다.

남자 : 빨대는 입이 닿는 제품입니다. 거부감이 없이 사용할 수 있어야 하죠. 한국 사람들은 누구나 쌀을 먹으니 쌀을 이용하면 좋겠다고 생각했습니다. 그래서 쌀에 타피오카를 섞고 비율을 조정해서 먹을 수 있는 재료로만 제품을 개발했습니다. 하지만 문제는 가격입니다. 아무리 환경에 좋아도 너무 비싸면 팔리지가 않죠. 특히 빨대는 가게 운영자가 부담하는 비용이라서 가격에 더욱 민감합니다. 그래서 생산 공장을 쌀이 풍부한 국가에 세우고 자동화 시스템과 대량 생산을 통해 최대한 가격 경쟁력을 갖추려고 노력 중입니다. 먹는 빨대 이후에는 포크, 나이프 등 다른 제품으로 확대할 계획입니다.

📋 종류 대화_대담

📚 해설

여자가 플라스틱 빨대를 대신할 친환경 소재들이 많다고 요약했으므로 답은 3번이 된다.

단어 빨대 친환경 제품 조정하다 경쟁력
거부감 부담하다 민감하다

39. 이 담화 앞의 내용으로 알맞은 것을 고르십시오.

① 쌀을 이용해 빨대를 만드는 방법을 개발했다.
② 플라스틱 빨대는 심각한 환경 문제 중 하나이다.
❸ 플라스틱 빨대를 대체할 자연 친화적 소재가 많다.
④ 친환경 플라스틱 빨대의 가격 경쟁력 확보가 필요하다.

40. 들은 내용과 일치하는 것을 고르십시오.

① 쌀로 만든 빨대는 플라스틱 빨대보다 저렴하다.
② 빨대뿐만 아니라 포크, 나이프도 생산을 시작했다.
③ 빨대는 가게 운영자가 비용을 내므로 조금 비싸도 괜찮다.
❹ 자동화 시스템과 대량 생산으로 제품 가격을 낮출 수 있다.

📚 해설

남자는 자동화 시스템과 대량 생산을 통해 최대한 가격 경쟁력을 갖추려고 노력한다고 했으므로 답은 4번이다.
① ~~쌀로 만든 빨대는 플라스틱 빨대보다 저렴하다.~~ (생산 공장을 쌀이 풍부한 국가에 세우고 대량 생산으로 가격을 낮추려고 노력 중입니다.)
② 빨대뿐만 아니라 포크, 나이프도 생산을 ~~시작했다.~~ (먹는 빨대 이후에는 포크, 나이프 등 다른 제품으로 확대할 계획입니다.)
③ 빨대는 가게 운영자가 비용을 내므로 ~~조금 비싸도 괜찮다.~~ (특히 빨대는 가게 운영자가 부담하는 비용이라서 가격에 더욱 민감합니다.)

[41~42] 다음은 강연입니다. 잘 듣고 물음에 답하십시오.

여자 : 동양인과 서양인의 사고방식은 서로 다릅니다. 이를 증명하는 실험을 하나 소개해 드리죠. 여기 원숭이, 판다 그리고 바나나 그림이 있습니다. 세 가지 중에서 두 가지를 묶어보라고 한다면 여러분은 무엇과 무엇을 하나로 묶겠습니까? 이 실험에서 대부분의 동양인들이 원숭이와 바나나라고 대답한 반면에 대부분의 서양인들은 원숭이와 판다라고 대답했습니다. 동양인과 서양인의 차이를 알 수 있겠습니까? (잠시 후) 동양인들은 원숭이가 바나나를 먹는다는 사물 간의 관계에 주목한 반면, 서양인들은 원숭이와 판다가 같은 동물이라는 분류에 주목했기 때문입니다. 즉, 동양인은 '먹는다'라는 동사를 통해 두 사물 간의 관계성을 설명하려 하고 서양인은 '동물'이라는 명사를 통해 분류한다는 것을 알 수 있습니다. 이러한 동사 중심의 사고와 명사 중심의 사고는 동양인과 서양인의 큰 차이 중에 하나입니다.

41. 이 강연의 중심 내용으로 맞는 것을 고르십시오.

① 동서양에 따라 동물의 분류가 다르다.
❷ 동양인과 서양인의 사고방식에는 차이가 있다.
③ 사물을 분류하기 위해서 관계성을 파악해야 한다.
④ 동양인과 서양인의 분류 방법 차이에 주목해야 한다.

42. 들은 내용과 일치하는 것을 고르십시오.

① 동양인은 동물끼리 분류했다.
② 서양인은 동사를 중심으로 관계를 파악한다.
❸ 원숭이와 바나나를 묶는 것은 관계 중심적 사고이다.
④ 동양인과 서양인은 공통적으로 명사 중심의 사고를 한다.

🗂 **종류** 담화_강연

🎧 **해설**

여자는 동양인과 서양인의 사고방식에 대해 예를 들어 차이를 설명하고 있으므로 답은 2번이 된다.

• 증명하다 **예** 변호사는 재판에서 피고의 결백을 증명하기 위해 노력하였다.
• 주목하다 **예** 올해 해외에서도 K-POP 가수를 주목하게 되었다.

단어 동양인   서양인   사고방식   분류   관계성

🎧 **해설**

여자가 동양인이 원숭이가 바나나를 먹는다는 사물 간의 관계에 주목한다고 했으므로 답은 3번이다.
① 동양인은 동물끼리 분류했다. (서양인은 '동물'이라는 명사를 통해 분류한다는 것을 알 수 있습니다.)
② 서양인은 동사를 중심으로 관계를 파악한다. (서양인은 '동물'이라는 명사를 통해 분류한다는 것을 알 수 있습니다.)
④ 동양인과 서양인은 공통적으로 명사 중심의 사고를 한다. (동양인은 '먹는다'라는 동사를 통해 …… 서양인은 '동물'이라는 명사를 통해 분류한다는 것을 알 수 있습니다.)

[43~44] 다음은 다큐멘터리입니다. 잘 듣고 물음에 답하십시오.

남자 : 우리는 태풍하면 여름마다 찾아오는 자연재해를 떠올린다. 태풍은 강한 비바람을 동반하는 열대성 저기압으로 발생 지역에 따라 태풍, 허리케인, 사이클론, 윌리윌리 등 이름도 다양하다. 태풍은 열대 바다에서 발생하는데 온도가 높고 습기가 많은 공기가 주원인이다. 이 공기는 불안정해서 기압이 주변보다 약한 곳이 생기면 주변의 공기가 몰려들어 작은 소용돌이를 만든다. 이 소용돌이가 바람에 의해 한 곳에 모여 세력이 커지면 태풍이 되는 것이다. 이러한 태풍은 강한 바람과 많은 비를 포함하기 때문에 지나가는 곳마다 인명 피해와 재산 피해를 준다. 반면에 물 부족 현상을 해소하기도 하고 적도의 에너지를 지구의 남쪽과 북쪽으로 이동시켜 지구의 온도 균형을 유지시켜주는 역할도 한다. 또한 해수를 뒤섞어 순환시킴으로써 바다 생태계를 활성화시키는 두렵고도 고마운 존재이다.

43. 이 이야기의 중심 내용으로 맞는 것을 고르십시오.
① 열대 바다에서 발생하는 태풍은 큰 피해를 준다.
② 태풍은 지구의 에너지를 분산시키는 역할을 한다.
❸ 태풍은 긍정적인 면과 부정적인 면을 모두 가지고 있다.
④ 태풍의 이름을 통해 많은 지역에 영향을 미쳤음을 알 수 있다.

44. 태풍에 대한 설명으로 맞은 것을 고르십시오.
❶ 열대 바다에서 만들어져 다른 곳으로 이동한다.
② 태풍으로 인해 에너지의 균형이 깨지기도 한다.
③ 열대성 저기압으로 지역에 상관없이 태풍으로 불린다.
④ 강한 바람으로 해수를 뒤섞어 바다 생태계를 위협한다.

🗂 종류 담화_다큐멘터리

🎓 해설
남자는 태풍의 긍정적인 면과 부정적인 면을 설명하면서 두렵고도 고마운 존재라고 했으므로 답은 3번이다.
• 활성화 [예] 소극장의 설립이 공연 활성화로 이루어졌다.

단어 자연재해　　동반하다　　습기　　기압
　　　소용돌이　　해소하다　　균형　　순환

🎓 해설
태풍은 열대 바다에서 발생하고 지나가는 곳마다 피해를 준다고 했으므로 답은 1번이다.

[45~46] 다음은 강연입니다. 잘 듣고 물음에 답하십시오.

여자 : 인공 지능 기술은 우리의 생활 속으로 빠르게 파고들고 있습니다. 단순 반복 업무부터 전문직까지 조금씩 인간의 자리를 대체하고 있습니다. 그럼 인공 지능이 인간을 대체하는 곳을 살펴볼까요? 첫 번째, 미국의 한 슈퍼마켓에서는 로봇이 매장 관리를 합니다. 제품의 수량과 가격표를 확인하는 일을 하는데 놀랍게도 인간보다 더 빠르고 정확하다고 하네요. 두 번째, 일본의 IT 기업에서는 인공 지능으로 직원을 뽑습니다. 기존 방식으로 채용한 직원보다 인공 지능 면접관이 뽑은 직원의 업무 성과가 더 좋았다고 합니다. 그 외에도 인공 지능은 뉴스 기사를 쓰고 각국의 언어를 번역하며 의사, 변호사 등의 전문 업무도 시작했습니다. 인공 지능은 인간의 일자리를 빼앗을 거라는 비관론과 관련 일자리가 늘어날 거라는 낙관론이 공존하고 있습니다. 하지만 인공 지능은 이미 피할 수 없는 흐름이 되었습니다. 이제는 안전하고 효과적인 사용과 방법에 대해 생각해야 할 때입니다.

45. 들은 내용과 일치하는 것을 고르십시오.

① 인공 지능은 단순 반복 업무를 주로 하고 있다.
② 인공 지능 관련 일자리가 지속적으로 늘어나고 있다.
❸ 인공 지능은 직원을 채용하고 뉴스를 쓰는 일도 한다.
④ 슈퍼마켓 로봇 점원은 인간보다 정확하지만 빠르지 않다.

46. 여자가 말하는 방식으로 가장 알맞은 것을 고르십시오.

① 인공 지능에 대한 비관론과 낙관론을 비교하고 있다.
② 인공 지능의 사용 확대로 인한 일자리 감소를 반대하고 있다.
③ 인간의 업무를 대체하는 인공 지능의 위험성을 촉구하고 있다.
❹ 생활 속에 사용되고 있는 인공 지능을 예를 들어 설명하고 있다.

📑 **종류** 담화_강연

💬 **해설**

인공 지능은 직원을 뽑기도 하고 뉴스 기사를 쓰기도 한다고 했으므로 답은 3번이다.

① 인공 지능은 단순 반복 업무를 ~~주로 하고 있다~~. (단순 반복 업무부터 전문직까지 조금씩 인간의 자리를 대체하고 있습니다.)
② 인공 지능 관련 일자리가 지속적으로 ~~늘어나고 있다~~. (인공 지능은 인간의 일자리를 빼앗을 거라는 비관론과 관련 일자리가 늘어날 거라는 낙관론이 공존하고 있습니다.)
④ 슈퍼마켓 로봇 점원은 인간보다 정확하지만 ~~빠르지 않다~~. (인간보다 더 빠르고 정확하다고 하네요.)

📖 **단어** 파고들다 대체하다 공존하다
비관론 ↔ 낙관론

💬 **해설**

여자는 인간의 자리를 차지하고 있는 인공 지능에 대해 예를 들어 설명하고 있으므로 답은 4번이다.

[47~48] 다음은 대담입니다. 잘 듣고 물음에 답하십시오.

여자 : 이번에 세종시에서 예산 낭비를 줄이기 위해 시민 감시단을 모집한다고 들었습니다. <mark>시민 감시단에 관해 설명 부탁드립니다.</mark>

남자 : 세종시에서는 예산 낭비에 대한 경각심을 고취시키고 자율적인 감시 체계를 만들기 위해서 시민 감시단을 모집합니다. 세종시의 예산 운영에 관심이 있고 열정이 있는 시민이라면 누구나 신청하실 수 있습니다. 시민 감시단이 되셔서 투명하고 효율적인 예산 운영을 위한 여러분의 참신한 아이디어를 기부해 주세요. 8월 6일부터 8월 31까지 이메일 또는 우편으로 지원하실 수 있습니다. 시민 감시단이 되시면 지방 자치 단체의 예산 낭비 신고, 예산 낭비 관련 현장 조사 및 관련 제도 개선, 감시단 역량 강화를 위한 교육과 활동 등에 참여하시게 됩니다. <mark>자세한 내용은 시청 홈페이지에 게시되어 있으니 많은 관심 부탁드립니다.</mark>

47. 들은 내용과 일치하는 것을 고르십시오.

① 시청 홈페이지 게시판에서 지원할 수 있다.
② 시민 감시단이 되면 예산 운영 교육을 해야 된다.
③ 우편과 이메일을 통해 더 많은 예산을 신청할 수 있다.
❹ 시민 감시단은 예산 낭비를 신고하고 현장 조사에 참여한다.

48. 남자의 태도로 가장 알맞은 것을 고르십시오.

❶ 시민 감사단 모집을 선전하고 있다.
② 효율적인 예산의 사용을 당부하고 있다.
③ 자율 감시 체계의 필요성을 지지하고 있다.
④ 지방 자치 단체의 예산 낭비를 우려하고 있다.

📁 **종류** 대화_대담

🎓 **해설**

시민 감시단 모집에 관해 이야기하고 있다. 남자는 시민 감시단이 되면 예산 낭비를 신고하고 현장을 조사하는 역할을 한다고 했으므로 답은 4번이다.
① ~~시청 홈페이지 게시판에서~~ 지원할 수 있다. (이메일 또는 우편으로)
② 시민 감시단이 되면 ~~예산 운영 교육을 해야 된다.~~ (시민 감시단이 되면 ~~~ 교육과 활동 등에 참여하시게 됩니다.)
③ 우편과 이메일을 통해 ~~더 많은 예산을 신청할 수 있다.~~ (8월 6일부터 8월 31까지 이메일 또는 우편으로 지원하실 수 있습니다.)
• 고취시키다　**예** 분위기를 고취시키다.
• 참신하다　**예** 아이디어가 참신하다.

📖 **단어** 경각심　열정　투명하다　역량

🎓 **해설**

남자는 시민 감시단에 지원하는 방법을 설명하면서 사람들에게 선전하고 있으므로 답은 1번이다.

[49~50] 다음은 강연입니다. 잘 듣고 물음에 답하십시오.

여자 : 사람은 울고 웃고 화내고 기뻐하면서 표정으로 감정을 표현합니다. 다른 사람의 표정을 보고 감정을 읽고 말없이 의사소통하기도 하죠. 다른 사람의 표정을 보고 감정을 맞추는 실험을 하면 대부분 같은 대답이 나옵니다. 이는 같은 얼굴 근육을 사용하기 때문인데요. 하지만 문명이 발달하지 않은 곳에서 같은 실험을 하면 다른 대답이 나오는 경우도 있습니다. 이를 통해 표정은 인간의 가장 기본적인 감정 표현이면서 후천적인 사회적 학습의 결과라는 것을 알 수 있습니다. 실제로 기쁘거나 슬픈 표정은 모든 사람이 같지만, 당황했을 때의 표정은 의식적인 근육 사용의 결과로 문화에 따라 다르게 나타납니다. 살면서 어떤 표정을 자주 지었느냐에 따라 특정 얼굴 근육이 발달하게 되고 인상이 달라진다는 것을 알 수 있죠. 즉, 표정은 우리 스스로 만드는 운명이니 밝고 좋은 표정을 많이 짓는 게 좋지 않을까요?

49. 들은 내용과 일치하는 것을 고르십시오.

① 표정만으로 의사소통하는 것은 불가능하다.
② 후천적 학습으로도 표정을 바꾸기는 어렵다.
❸ 기쁘거나 슬픈 표정은 누구나 같은 얼굴 근육을 사용한다.
④ 문명이 발달하지 않은 곳에서도 사람의 표정은 모두 같다.

50. 여자의 태도로 가장 알맞은 것을 고르십시오.

① 감정 표현의 학습 방법에 대해 진단하고 있다.
② 표정과 언어의 상호 보완 관계를 역설하고 있다.
③ 문화별 감정 표현 방법을 비교하여 분석하고 있다.
❹ 표정과 인상의 관련성을 근거로 밝은 표정을 권장하고 있다.

🗂 **종류** 담화_강연

💬 **해설**

사람의 표정에 대한 강연으로 사람이 다른 사람의 표정을 보고 감정을 맞추는 것은 같은 얼굴 근육을 사용하기 때문이라고 했으므로 답은 3번이다.
① 표정만으로 의사소통하는 것은 ~~불가능하다~~. (다른 사람의 표정을 보고 감정을 읽고 말없이 의사소통하기도 하죠.)
② 후천적 학습으로도 표정을 ~~바꾸기는 어렵다~~. (살면서 어떤 표정을 자주 지었느냐에 따라 특정 얼굴 근육이 발달하게 되고 인상이 달라진다는 것을 알 수 있죠.)
④ 문명이 발달하지 않은 곳에서도 사람의 표정은 ~~모두 같다~~. (문명이 발달하지 않은 곳에서 같은 실험을 하면 다른 대답이 나오는 경우도 있습니다.)
• 당황하다 **예** 평소와 다른 그의 태도에 나는 당황했다.

🔖 **단어** 근육   문명   후천적   의식적   운명

💬 **해설**

여자는 사람의 표정과 인상에 대해 근거를 들어 설명하면서 자주 짓는 표정에 따라 인상이 달라진다고 했으므로 답은 4번이다.
• 진단하다 : 사람이 현상이나 문제를 자세히 판단함.
  예 경제 문제를 진단하는 토론회가 어제 개최되었다.
• 권장하다 : 어떤 사람이 다른 사람에게 일을 권하여 하도록 함.
  예 교장 선생님이 컴퓨터를 활용하여 학생들을 가르칠 것을 권장했다.

[51~52] 다음을 읽고 ㉠과 ㉡에 들어갈 말을 각각 한 문장으로 쓰시오.

51.

> **✂ 모 집 ✂**
>
> 기타 동아리 '새 빛'입니다.
> 이번에 저희 기타 동아리에서 함께 연주할 회원을 모집합니다.
> 기타에 관심 있는 학생이면 (㉠   ).
> (㉡   )?
> 그래도 걱정하지 마십시오. 처음부터 천천히 가르쳐 드립니다.
> 다음 주 금요일까지 학생회관 201호에서 신청하십시오.

📁 **종류** 모집 공고

🎓 **답안**

㉠ 누구나 지원(신청하다, 참여하다, 들어오다)할 수 있습니다 / 누구나 참여(신청하다, 들어오다, 지원하다)하세요 / 참여 가능합니다

㉡ 기타를 배운 적이 없습니까 / 없다고요 / 기타를 칠 줄 모르십니까 / 모른다고요

✏ **채점**

㉠	내용 (3점)	제목이 '모집'으로 봐서 일정 조건 아래 널리 알려 뽑고자 하는 공고문이다. 기타 동아리에서 연주할 회원을 뽑고자 하는 것이다. 조건이 기타에 관심이 있는 학생이면 모두 지원 가능하다는 의미를 나타내는 표현을 사용
	형식 (2점)	가능을 나타내는 표현(-을/를 수 있다) 또는 권유를 나타내는 표현(-(으)세요)과 '지원하다, 참여하다, 신청하다, 들어오다'라는 어휘 사용
㉡	내용 (2점)	뒤 문장의 내용이 기타 초보자도 가르쳐 준다고 했으므로 처음 배우는 분들도 지원 가능하다는 내용이 나타나야 한다.
	형식 (3점)	종결 형태가 ?(물음표)이기 때문에 의문 형태로 써야 하고 기타를 쳐본 경험과 능력을 나타내는 표현을 사용

단어 기타   연주하다   모집하다   신청하다

52.

개미는 개미집이라는 공간에서 살아간다. 개미는 개미집을 아무 곳에나 만들지 않고 자신들이 살아가기에 적합한 공간인지 매우 신중하게 (㉠   ). 개미집의 방은 각각 (㉡   ). 애벌레를 키우는 방, 여왕개미가 알을 낳는 방 등이 있는데 인간들이 방을 구분해서 사용하는 것과 비슷한 방식이다.

📁 **종류** 설명문

🎓 **답안**

㉠ 결정(선택, 판단)해서 집을 만든다 / 판단하여 집을 짓는다

㉡ 기능이 다르게 구분되어 있다 / 기능이 나누어져 있다 / 역할이 다르다

✏ **채점**

㉠	내용 (2점)	'개미집을 아무 곳에나 만들지 않고'와 '매우 신중하게' 선택해서 집을 짓는다는 의미를 나타내야 한다.
	형식 (3점)	'적합한 공간인지'에서 판단을 나타냈기 때문에 이와 호응하는 표현 사용
㉡	내용 (3점)	인간들이 방을 구분해서 사용하는 것과 비슷하게 애벌레 키우는 방, 여왕개미가 알을 낳는 방이 있다고 했으므로 '개미집의 방은 각각'의 기능 또는 역할이 있게 구분되어 있다는 의미의 표현 사용
	형식 (3점)	결과 상태 지속을 나타내는 '-어 있다' 또는 '-아지다'를 사용해서 표현

단어 공간   적합하다   신중하다   구분하다   방식

53. 다음을 참고하여 '중 · 고등학생의 두발 규제 자율화가 필요한가'에 대한 글을 200~300자로 쓰시오. 단, 글의 제목을 쓰지 마시오. (30점)

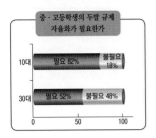

📁 **종류** 도표

✏️ **채점**

과제1	중 · 고등학생의 두발 자율화가 필요한가에 대한 질문에 10대와 30대의 응답 비율의 그래프 읽기 1) 그래프에 표시된 모든 정보 제시 – 세대와 비율 2) 10대와 30대의 응답 차이 – 10대는 82%가 필요하다고 하였지만 30대는 절반 정도만 필요하다고 응답
과제2	'필요하다'라고 응답한 이유의 그래프 읽기 1) 10대와 30대의 1위와 2위 2) 비교하기

단어 두발 규제 　 자율화 　 개성 　 인격 　 개선
　　　 창의력 　 증진

	중	·	고	등	학	생	의		두	발		규	제		자	율	화	가
필	요	한	가	에		대	한		응	답		결	과	,		세	대		간	의
차	이	가		확	연	히		드	러	났	다	.		10	대	는			거	의
대	다	수	(	82	%	)	가		필	요	하	다	고		응	답	한		반
면	,		30	대	는		절	반		이	상		약		52	%	만	이		필
요	하	다	고		하	였	다	.		'	필	요	하	다	'		고		응	답	한
이	유	를		보	면		사	고	방	식	의		차	이	를		더		자
세	히		알		수		있	다	.		10	대	들	은		두	발		자	유
화	를		각	자		개	성	을		표	현	할		수		있	고		학
습		분	위	기	도		개	선	될		것	이	라	는		응	답	이
순	차	적	으	로		많	았	다	.		30	대	들	은		어	리	지	만
인	격		존	중	해	줘	야		한	다	는		것	이		1	위	로
나	왔	고		자	유	로	운		분	위	기	에	서		학	생	들	의
창	의	력	이		증	진	될		수		있	다	는		의	견	이		2
위	를		차	지	하	였	다	.

[과제1]

[과제2]

54. 다음을 주제로 하여 자기 생각을 600~700자로 글을 쓰시오. 단, 문제를 그대로 옮겨 쓰지 마시오.

> 최근 대학 내 선·후배 간의 과도한 예절을 강요하는 문화가 정당한 것인지에 대한 논란이 일고 있다. 하지만 한국 사회는 아직까지 서열 문화가 사회를 효율적으로 움직이는 역할을 하고 있다고 생각하는 사람들도 있다. 아래의 내용을 중심으로 '서열 문화'에 대해 자신의 생각을 쓰라.
>
> • 서열 문화의 긍정적 양향은 무엇인가?
> • 서열 문화의 부정적 영향은 무엇인가?
> • 서열 문화의 올바른 발전 방향은 무엇인가?

📁 **종류** 논설문

✏️ **채점**

과제1	**서열 문화의 긍정적 영향** - 경쟁을 통한 치열한 삶의 태도 - 급속도로 발전시키는 원동력
과제2	**서열 문화의 부정적 영향** - 사람들의 생활이 일과 성공 - 인생이 피로
과제3	**서열 문화의 올바른 발전 방향** - 올바른 위계질서 확립 - 분명한 명령 체계 확립 - 성과 중심 문화 만들기

단어 과도하다 강요하다 정당하다 서열 효율적

[서론]

　한국 사람들은 처음 만나는 사람에게 나이를 물어본다. 나이에 따라 위, 아래 서열이 생기고 서로를 부르는 호칭과 존댓말의 유무가 결정되면서 관계가 형성된다.

[본론]

[과제 1] 　한국의 서열 문화가 경쟁을 통한 치열한 삶의 태도를 바꾸는데 긍정적인 영향을 끼쳤다. 다른 사람보다 다른 회사보다 더 열심히 노력해 1등 또는 성공하자는 주동적인 태도는 한국 사회와 국가를 발전시키는 원동력이 되었다.

　그러나 [과제2] 지나친 경쟁의식으로 일과 성공에만 집중하는 부정적인 영향도 미쳤다. 　맹목적인 성공에만 몰두하다 보면 올바르지 않은 방법으로 쟁취하기도 하고

인생 자체가 피로와 불행의 삶이 되기도 한다.

[과제3] 서열 문화의 부정적인 영향에도 불구하고 올바른 위계질서 확립으로 발전 방향으로 이끌 수 있다. 즉, 위계를 어떻게 활용하느냐에 따라 더 나은 성과를 만들 수 있는 것이다. 그렇다면 올바른 위계질서는 어떻게 만들까?

첫째, 분명한 명령 체계가 확립되어야 한다. 위계질서는 명령을 주고받는 대상이 명확할 때 가장 잘 이루어진다. 둘째, 성과 중심 문화를 만들어야 한다. 아랫사람의 성과를 윗사람이 생색내는 수직 조직 체계가 아닌 수평 조직 체계로 성과를 낸 사람이 인정받을 수 있도록 만들어야 한다. 이런 수평적인 문화에서는 일과 생활의 균형을 이룰 수 있고 구성원들도 성취감도 만족감을 느낄 수 있을 것이다.

[결론]

166

[1~2] (　　)에 들어갈 알맞은 것을 고르십시오.

1.

지하철에서 (　　) 내려야 할 역을 지나쳤다.

① 졸고서　　　　　　　② 졸려면
③ 졸든지　　　　　　　❹ 졸다가

어휘·문법 **-다가**

예 버스를 타고 <u>가다가</u> 회의 시간에 늦겠어요.
① -고서 : 앞의 동작과 뒤의 동작이 시간의 순서대로 일어난 것
임을 나타냄.
　예 전화를 <u>받고서</u> 바로 밖으로 나갔다.
② -(으)려면 : 미래에 일어날 일을 가정할 때.
　예 수업이 <u>끝나려면</u> 아직도 십 분이나 남았어요.
③ -든지 : 나열된 동작이나 상태, 대상 중에서 어느 것이든 선택
될 수 있음을 나타냄.
　예 시끄러우니까 조용히 <u>하든지</u> <u>나가든지</u> 해 주세요.

종류 문장

해설

목적지 역에서 내려야 하는데 졸아서 내리지 못했기 때문
에 '졸다가'가 알맞다. '-다가'는 어떤 행위나 상태가 부정
적인 원인이나 이유를 나타낼 때 사용한다.

2.

그 영화는 (　　) 예매율 1위를 차지하였다.

① 개봉한다고　　　　　② 개봉하도록
❸ 개봉하자마자　　　　④ 개봉하다시피

어휘·문법 **-자마자**

예 내 친구는 수업이 <u>끝나자마자</u> 집으로 갔다.
① -ㄴ/는다고 : 근거나 이유, 목적 및 의도를 나타냄.
　예 한국어 공부를 <u>한다고</u> 밤새 드라마를 보았다.
② -도록 : 행위에 대한 목적을 나타냄.
　예 실수하지 <u>않도록</u> 쭉 연습해야 해요.
④ -다시피 : 청자가 알고 있는 것과 같거나 어떤 동작과 유사함
을 나타냄.
　예 여자들이 다이어트를 하면서 거의 <u>굶다시피</u> 해요.

종류 문장

해설

영화가 개봉한 후에 바로 예매율 1위를 차지했다는 연달아
일어난 동작이기 때문에 '개봉하자마자'가 알맞다. '-자마자'
는 연달아 일어나는 사건이나 동작을 나타낼 때 사용한다.

[3~4] 다음 밑줄 친 부분과 의미가 비슷한 것을 고르십
시오.

3.

구름이 많이 낀 것을 보니 눈이 <u>오려나 보다</u>.

① 오고 있다　　　　　　❷ 올 것 같다
③ 올 지경이다　　　　　④ 올 리가 없다

종류 문장

해설

구름이 많이 낀 상황을 보니 비가 올 것 같다고 추측하는
의미이므로 '-(으)ㄹ 것 같다'와 의미가 비슷하다. '-(으)ㄹ
것 같다'는 어떤 상황을 보고 자신의 추측을 나타낼 때 사
용한다.

어휘·문법 **-(으)려나 보다**

예 그가 고향에 돌아가려나 보다.
① -고 있다 : 진행을 나타냄.
　　예 친구가 음악실에서 피아노를 치고 있다.
③ -(으)ㄹ 지경이다 : 어떠한 상태가 매우 심함을 나타냄.
　　예 시험 때문에 숨이 막힐 지경이다.
④ -(으)ㄹ 리가 없다 : 앞 내용에 대해 그럴 이유나 가능성이 없
　　　　　　　　　음을 나타냄.
　　예 그의 말이 사실일 리가 없다.

4.

시험을 못 봐서 합격이 <u>어렵게 되었다</u>.

❶ 어려워졌다　　　　　② 어려워야겠다
③ 어려워도 된다　　　　④ 어려워야 한다

어휘·문법 **-아/어지다**

예 수술을 받은 후로 정말 건강해졌습니다.
② -어야겠- : 어떤 행위나 상황에 대한 의지를 나타냄.
　　예 작년보다 신제품을 더 많이 팔아야겠다.
③ -어도 되다 : 어떤 행동에 대한 허락이나 허용을 나타냄.
　　예 여기에서는 사진을 찍어도 됩니다.
④ -어야 하다 : 어떤 일을 하거나 어떤 상황에 이르기 위한 의무
　　　　　　　적인 행동이거나 필수적인 조건임을 나타냄.
　　예 친구가 어려움에 부닥쳤을 때는 도와주어야 한다.

🍵 **종류** 문장

🎓 **해설**
시험을 못 봐서 합격이 안 될 것 같다, 어려워졌다는 의미
이므로 '-아/어지다'와 의미가 비슷하다. '-아/어지다'는
어떤 상태가 조금씩 변화하는 과정을 나타낼 때 사용한다.

[5~8] 다음은 무엇에 대한 글인지 고르십시오.

5.

> ### 바를수록 촉촉하게 **빛나는 피부**
> 매일 피부에 수분 공급하세요.

① 비누　　　　　　② 연고
❸ 화장품　　　　　④ 영양제

🍵 **종류** 상품 광고

🎓 **해설**
피부를 위해 수분을 주어 촉촉해지고 빛난다는 내용으로
보아 화장품 광고이다.

단어 바르다　촉촉하다　수분　공급　비누
　　　연고　영양제

6.

> 우리 가족이 마시는 물
> ### 더 건강하게! 더 깨끗하게!

① 냉장고　　　　　❷ 정수기
③ 선풍기　　　　　④ 라디오

🍵 **종류** 상품 광고

🎓 **해설**
더 건강하고 깨끗한 물을 마셔야 한다는 내용으로 보아 정
수기 광고이다.

단어 건강하다　정수기

7.

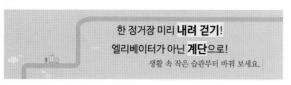

한 정거장 미리 **내려 걷기!**
엘리베이터가 아닌 **계단**으로!
생활 속 작은 습관부터 바꿔 보세요.

❶ 건강 관리
② 전기 절약
③ 화재 예방
④ 안전 수칙

📂 종류 공익 광고

🎓 해설
한 정거장을 미리 내려서 걸어가거나 엘리베이터를 이용하지 않고 계단을 이용하는 생활 속 작은 습관을 바꿔 건강을 관리하자는 광고이다.

단어 정거장   습관   바꾸다

8.

1. 학생증이 있어야 책을 빌릴 수 있습니다.
2. 대여 기간은 **10일**이며 1인당 **3권**까지 가능합니다.

한국대학 도서관

① 교환 방법
② 사용 설명
③ 주의 사항
❹ 대출 안내

📂 종류 안내문

🎓 해설
학생증이 있어야 책을 빌릴 수 있다는 내용과 대여 기간 설명으로 보아 도서관 도서 대출 안내임을 알 수 있다.

단어 빌리다   대여   가능하다

[9~12] 다음 글 또는 그래프의 내용과 같은 것을 고르십시오.

9.

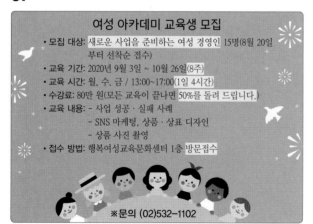

여성 아카데미 교육생 모집
• 모집 대상: 새로운 사업을 준비하는 여성 경영인 15명(8월 20일부터 선착순 접수)
• 교육 기간: 2020년 9월 3일 ~ 10월 26일(8주)
• 교육 시간: 월, 수, 금 / 13:00~17:00(1일 4시간)
• 수강료: 80만 원(모든 교육이 끝나면 50%를 돌려 드립니다.)
• 교육 내용: - 사업 성공 · 실패 사례
          - SNS 마케팅, 상품 · 상표 디자인
          - 상품 사진 촬영
• 접수 방법: 행복여성교육문화센터 1층 방문접수

※문의 (02)532-1102

❶ 모든 교육이 끝나면 40만 원을 돌려받는다.
② 교육 신청은 전화로 하거나 방문해야 한다.
③ 관심이 있는 사람은 누구나 참여할 수 있다.
④ 일주일에 4시간씩 8주 동안 교육을 받는다.

📂 종류 안내문(포스터)

🎓 해설
모든 교육이 끝나면 50%를 돌려 드린다고 했으므로 80만 원의 50%는 40만 원이므로 답은 1번이다.
② 교육 신청은 ~~전화로 하거나~~ 방문해야 한다. (접수는 방문만 가능하다.)
③ ~~관심이 있는 사람은 누구나~~ 참여할 수 있다. (새로운 사업을 준비하는 여성 경영인이 모집 대상이다.)
④ 일주일에 4시간씩 8주 동안 교육을 받는다. (하루에 4시간씩, 주 3일)

단어 모집   선착순   방문 접수   상표

10.

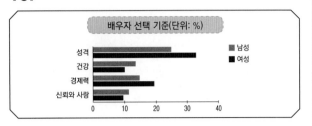

배우자 선택 기준(단위: %)

- 남성
- 여성

성격
건강
경제력
신뢰와 사랑

0 10 20 30 40

① 남성은 건강을 우선으로 생각한다.
② 경제력은 선택 기준에서 가장 낮은 기준이다.
❸ 남성은 여성보다 신뢰와 사랑을 중요하게 생각한다.
④ 여성에게 배우자의 성격은 선택 기준이 되지 않는다.

종류 도표

해설

남성의 배우자 선택 기준에서 신뢰와 사랑이 여성보다 높으므로 답은 3번이다.
① 남성은 <u>건강을</u> 우선으로 생각한다. (성격을)
② <u>경제력은</u> 선택 기준에서 가장 낮은 기준이다. (신뢰와 사랑이 선택 기준에서 가장 낮은 기준이다.)
④ 여성에게 <u>배우자의 성격은 선택 기준이 되지 않는다.</u> (성격을 가장 우선으로 본다.)

단어 배우자   기준   경제력   신뢰   경제력
우선

11.

　사람들이 원하는 집의 모습과 역할은 끊임없이 변화하고 있다. 이전의 집은 주로 잠을 자고 밥을 먹고 물건을 두는, 의식주의 실용적인 역할이 강조됐다. 하지만 최근에는 집에서 가족 간의 관계 회복, 휴식과 힐링 등 여러 가지 감성적인 욕구를 충족하려는 사람들이 많아지고 있다. 이러한 변화는 가구의 배치나 집 내부의 색 배치 등 인테리어의 변화를 가져왔다.

① 최근 들어 집의 실용적인 역할이 강조되었다.
② 집 내부의 인테리어를 바꿔야 힐링을 할 수 있다.
❸ 사람들의 다양한 욕구로 집의 역할이 변하고 있다.
④ 예전부터 집에서 감성적인 욕구를 채울 수 있었다.

종류 대화_대담

해설

예전에는 의식주의 실용적인 욕구가 강조됐던 집이 최근에는 가족 관계 회복, 휴식 등의 감성적인 욕구를 충족하는 공간으로 변화하고 있으므로 사람들의 다양한 욕구로 집의 역할이 변하고 있다는 것이 적합하다.

단어 변화하다   실용적   회복   감성적   배치

12.

　음식을 먹을 때는 30번 이상을 씹는 것이 건강에 좋다. 우리가 음식을 씹을 때 자극이 맛을 느끼게 되고 뇌에도 전달되어 많이 씹으면 씹을수록 뇌 기능이 발달해 머리가 좋아진다. 게다가 '파로틴'이라는 호르몬도 많이 분비되어 노화 방지에도 좋다. 뇌가 자극을 받으려면 30분 정도의 시간이 필요하므로 식사 시간에는 여유를 가지고 천천히 먹는 것이 좋다.

① 뇌가 자극을 받아야 음식을 잘 씹는다.
❷ 음식을 많이 씹게 되면 머리가 좋아진다.
③ 맛을 느끼는 것과 씹는 것은 상관이 없다.
④ 음식을 많이 씹으면 호르몬이 적게 나온다.

종류 설명문

해설

음식을 먹을 때는 많이 씹는 것이 건강에 좋으며 많이 씹으면 씹을수록 뇌 기능이 발달해 머리가 좋아진다고 했다.
• 분비되다 예 사람은 스트레스를 받으면 스트레스 호르몬이 <u>분비된다.</u>

단어 자극   호르몬   노화   방지

[13~15] 다음을 순서대로 맞게 배열한 것을 고르십시오.

13.

(가) 개는 동물 중에 후각이 뛰어난 동물로 알려져 있다.
(나) 이제는 질병의 조기 발견에도 큰 도움을 줄 수 있을 것
이라 기대된다.
(다) 최근 개의 후각을 이용해 암을 발견하려는 연구가 활
발히 진행되고 있다.
(라) 사람의 1억 배 이상인 개의 후각 능력은 마약 탐지견,
재해 구조견 등 여러 분야에서 많은 도움을 주고 있다.

❶ (가) – (라) – (다) – (나)
② (가) – (다) – (라) – (나)
③ (다) – (나) – (가) – (라)
④ (다) – (라) – (나) – (가)

🗂 **종류** 설명문

🗨 **해설**
개는 동물 중에 후각이 뛰어난 동물로, 사람보다 1억 배 이
상의 후각 능력을 가지고 있다. 이 후각 능력을 이용하여
최근에는 암을 발견하는 연구가 진행되고 있어 질병의 조
기 발견에 큰 도움을 줄 수 있을 것이라 기대하고 있다.

단어 후각   조기   활발하다

14.

(가) 건강한 생활을 하기 위해서는 손을 잘 씻어야 한다.
(나) 손가락 사이와 손바닥을 차례로 문질러 주고 나면 손
등을 문질러 준다.
(다) 마지막으로 흐르는 물에 손을 씻은 후, 수건으로 물기
를 완전히 닦아야 한다.
(라) 먼저 손에 비누를 묻힌 후, 손톱 끝과 엄지손가락을 돌
려주면서 문질러 준다.

① (가) – (나) – (다) – (라)
❷ (가) – (라) – (나) – (다)
③ (다) – (가) – (라) – (나)
④ (다) – (라) – (가) – (나)

🗂 **종류** 설명문

🗨 **해설**
건강한 생활을 하기 위해서는 손을 잘 씻어야 한다. 먼저
손에 비누를 묻혀 손톱 끝과 엄지손가락을 돌려주면서 문
질러 준다. 그다음 손가락 사이와 손바닥을 문질러 주고
손등을 문질러 준다. 마지막으로 흐르는 물에 손을 씻은
후 물기를 완전히 닦는다.

단어 문지르다   물기   닦다   돌려주다   손등

15.

(가) 세계에서 많은 사랑을 받고 있는 감자칩은 우연히 만
들어진 음식이다.
(나) 한 식당에서 감자튀김을 시킨 손님이 튀김이 너무 두
껍다고 주방으로 돌려보냈다.
(다) 하지만 손님은 아주 맛있게 먹었고, 그 뒤 그 식당에서
가장 인기 있는 메뉴가 되었다.
(라) 이에 화가 난 주방장은 일부러 감자를 아주 얇게 썰어
서 튀긴 다음 소금을 뿌려 주었다.

❶ (가) – (나) – (라) – (다)
② (가) – (라) – (나) – (다)
③ (나) – (다) – (가) – (라)
④ (나) – (가) – (다) – (라)

🗂 **종류** 설명문

🗨 **해설**
감자칩은 우연히 만들어진 음식이다. 한 식당에서 감자튀
김을 시킨 손님이 튀김이 너무 두껍다는 불평에 주방장은
감자를 아주 얇게 썰어서 튀겨 손님에게 주었다. 손님은
아주 맛있게 먹었고, 감자칩은 그 식당에서 가장 인기 있
는 메뉴가 되었다.

단어 우연히   두껍다   주방   일부러   뿌리다

[16~18] 다음을 읽고 (   )에 들어갈 내용으로 가장
알맞은 것을 고르십시오.

16.

　한글 간판이나 상품명이 새삼 시선을 끌고 있다. 몇 년
전까지만 해도 간판이나 상품에 새겨지는 글씨는 대부분
영어나 프랑스어 같은 외국어였다. 낯설지만 남달라 보이
는 인상을 준다고 여겼기 때문이다. 하지만 요즘은 반대로
(   ) 소리를 듣는다. 외국어도 한글로 표기해야 더 멋진
시대다. 10대~20대일수록 한글 디자인에 더욱 열광한다.

① 외국어 표기가 색다르다는
❷ 한글 표기가 더 근사하다는
③ 한글로 된 간판을 없애자는
④ 글씨를 선명하게 표기하자는

종류 설명문

해설
몇 년 전까지만 해도 간판이나 상품에 새겨지는 글씨는 외
국어였으나 요즘은 한글 간판이나 상품명이 시선을 끌고
있어서 한글 표시가 더 근사하다는 소리가 나온다는 것이
적합하다.
• 시선을 끌다　**예** 그 식당은 새롭고 도전적인 메뉴로 많
　　　　　　　　　은 사람의 시선을 끌었다.
• 근사하다　　　**예** 이 레스토랑 분위기가 아주 근사해.

단어 간판　　새삼　　새겨지다　　낯설다
　　　　남다르다　　열광하다

17.

　문화에 따라 언어가 다르듯이 '몸짓'으로 이야기하는 신
체 언어도 나라마다 다르다. 미국에서는 엄지손가락과 검
지손가락을 붙여 동그랗게 만드는 것이 '좋다'라는 긍정
의 표시이다. 하지만 프랑스에서 그것은 '형편없다'라는 의
미로 사용된다. 대부분의 나라에서 헤어질 때 상대방에게
(   ) 것은 '안녕'이라는 의미이지만 그리스에서는 '당신
의 일이 잘되지 않기를 바란다'라는 의미로 사용된다.

① 귀를 잡는
② 윙크를 하는
③ 머리를 끄덕이는
❹ 손바닥을 보여주는

종류 설명문

해설
대부분의 나라에서 헤어질 때 상대방에게 손바닥을 보여
주며 흔드는 동작의 인사를 하므로 손바닥을 보여준다는
것이 적합하다.

단어 동그랗다　　긍정　　형편없다　　윙크를 하다

18.

　젊은 시절 월트 디즈니는 창의성이 부족하다는 이유로
신문사에서 해고당한 적이 있다. 디즈니랜드를 만들기 전
까지는 사업에 완전히 실패한 적도 있다. 그러나 월트 디즈
니는 뛰어난 기업가였다. 여러 위험한 요소에도 불구하고
스스로 판단하고 결정한 후 행동에 옮겨서 (   ) 능력 있
는 기업가다. 그는 변화하는 환경 속에서 기업의 어려움을
극복하고 새로운 가치를 창조해 사람들에게 꿈과 희망을
주는 기업가로 기억되고 있다.

① 기업 간의 정보를 공유하는
② 새로운 기업을 끊임없이 만들어 내는
❸ 새로운 가치와 일자리를 만들어 내는
④ 기업의 이윤을 확대하기 위해 노력하는

종류 논설문

해설
월트 디즈니는 변화하는 환경 속에서 기업의 어려움을 극복
하고 새로운 가치를 창조해 많은 사람에게 꿈과 희망을 주
었다고 했으므로 일자리를 만들어 준다는 것이 적합하다.
• 극복하다　**예** 중기는 수많은 어려움을 극복하고 한 회
　　　　　　　　　사의 사장이 되었다.

단어 창의성　　해고당하다　　창조하다　　기업가
　　　　이윤　　확대하다

[19~20] 다음 글을 읽고 물음에 답하십시오.

아파트 단지 내 재활용품을 수거하는 재활용 업체들이 있다. 최근 이 업체들이 폐비닐과 스티로폼은 물론 플라스틱까지 재활용품으로 분리수거하지 않겠다고 하여 혼란을 빚었다. 중국이 '환경보전과 위생 보호'라는 이름 아래 고체 폐기물 24종의 수입을 중단한 것이 가장 큰 원인이었다. 여기에 폐기물의 가격까지 하락하자 국내 재활용 업체마저도 수거를 꺼리게 된 것이다. 환경을 위해 어쩔 수 없는 조치라는 중국의 태도에 불만을 가질 수는 없다. (   ) 아무런 대책 없이 고정된 시장 구조만 바라보고 서로의 책임으로 미루는 정부, 지방자치단체, 아파트 단지, 재활용업체 등 모두 반성해야 한다.

19. (   )에 들어갈 알맞은 것을 고르십시오.
❶ 오히려　　　　　② 이처럼
③ 마침내　　　　　④ 그토록

20. 이 글의 내용과 같은 것을 고르십시오.
① 중국은 환경보호에 관심이 없다.
② 재활용품은 정부가 직접 수거한다.
❸ 재활용품 가격의 하락으로 수거가 어려워졌다.
④ 플라스틱은 재활용품으로 분리수거 대상이 아니다.

[21~22] 다음 글을 읽고 물음에 답하십시오.

거절하지 못하는 사람들은 타인 중심적 사고를 가지고 있는데 이들은 타인에게만 관심을 둘 뿐 자신의 감정은 무시한 채 살아간다. 그러다 어느 날 인생에 자신이 없다는 것을 깨달았을 때 회의감에 빠지게 된다. 행복한 삶을 위해서는 자기중심으로 이루어진 삶을 살아야 한다. 자신의 마음에 (   ) 자신의 가치관, 생각을 단단히 세워 자기 삶을 사랑하고 주인이 되어야 한다는 것이다. 그러기 위해서는 내가 싫은 것, 좋은 것을 분명하게 전달해야 한다.

21. (   )에 들어갈 알맞은 것을 고르십시오.
① 눈독을 들이고　　② 시치미를 떼고
❸ 귀를 기울이고　　④ 찬물을 끼얹고

22. 이 글의 중심 생각을 고르십시오.

① 나 자신을 위해 거절을 잘해야 한다.
② 다른 사람이 주인이 되는 삶을 살아야 한다.
③ 자신의 행복한 삶을 위해 타인의 감정을 무시해야 한다.
❹ 다른 사람이 아닌 나 자신이 중심이 되는 삶을 살아야 한다.

📖 해설
타인에게만 관심을 둘 뿐 자신의 감정은 무시한 채 살아가다 보면 회의감이 들 수 있다. 따라서 행복한 삶을 위해서는 자기중심으로 이루어진 삶을 살아야 한다는 내용이므로 '나 자신이 중심이 되는 삶을 살아야 한다'는 것이 적합하다.

[23~24] 다음 글을 읽고 물음에 답하십시오.

진혁은 반장인 준하네 집에 묵게 되었다. 준하는 작은 것에도 놀라는 진혁을 보며 참 재미있었다. 조금이라도 노출이 심한 아가씨들을 보면 귀까지 빨개지며 민망해 하는가 하면 머리에 노란 물을 들이고 귀걸이를 하고 다니는 또래 아이들을 보면 길길이 날뛰기도 했다. 이러한 진혁을 보면서 순수한 모습이 좋아도 보였지만 한편으로는 서로가 화합하는데 장애가 될 것 같다는 예감은 지울 수 없었다. 단정한 외모에 사람을 끄는 묘한 매력을 지닌 진혁은 단연 여학생들 사이에서도 인기가 높았다. 교실에서 공부하는 진혁의 모습을 삼삼오오 짝지어서 몰래 훔쳐보는가 하면 잠시 자리를 비운 사이 진혁의 책상 속에 무언가를 살짝 놓고 가는 아이들도 있었다.

23. 밑줄 친 부분에 나타난 '나'의 심정으로 알맞은 것을 고르십시오.

① 허전하다   ❷ 걱정되다
③ 아찔하다   ④ 부담되다

📁 종류 소설

📖 해설
준하는 진혁의 모습을 보면서 순수한 모습이 좋아도 보였지만 한편으로는 그 모습이 서로가 화합하는데 어려움이 있을 것 같다는 불안함을 느꼈기 때문에 '걱정된다'는 것이 적합하다.
• 걱정되다 예 요즘 그의 어두운 얼굴을 보니 매우 걱정된다.
① 허전하다 : 무엇을 잃거나 의지할 곳이 없는 것 같아 서운한 느낌.
　예 정들었던 집을 떠나는 날이 되자 마음이 매우 허전했다.
③ 아찔하다 : 갑자기 정신이 조금 어지러움.
　예 교통사고가 날 뻔한 아찔한 상황.
④ 부담되다 : 감당하기 어렵거나 힘들게 느껴짐.
　예 무엇보다 교수님 앞에서 발표하는 것이 매우 부담되었다.

단어 묵다   노출   민망하다   화합하다
　　　예감   묘하다   단연   삼삼오오

---

24. 이 글의 내용과 같은 것을 고르십시오.

① 준하는 사람을 끄는 매력을 지녔다.
② 진혁은 여학생들과 짝지어서 다녔다.
❸ 준하와 진혁은 한집에서 생활하고 있다.
④ 진혁은 교실에서 자리를 비우지 않는다.

📖 해설
진혁은 반장인 준하의 집에서 묵게(=머무르다) 되었다고 했으므로 한집에서 생활하고 있다는 것이 적합하다.

[25~27] 다음 신문 기사의 제목을 가장 잘 설명한 것을 고르십시오.

25.

> 활기 띠는 경제, 서민들 지갑 연다

① 서민들의 지갑 구매 욕구가 늘었다.

📁 종류 신문 기사 제목

📖 해설
경제가 활기를 띠기 시작해 서민들이 소비를 활발히 한다는 내용이다. '지갑을 열다'는 돈을 쓰는 소비 활동을 비유한 표현이다.

단어 서민   활기를 띠다

② 경제를 활발히 하기 위해서 서민들이 노력하고 있다.
❸ 경제가 살아나서 서민들이 소비 활동을 하기 시작했다.
④ 경제를 살리기 위해 할인 행사로 서민들이 소비 활동을 하고 있다.

26.

> 늘어나는 감기 환자, 병원마다 일손 부족

① 병원에서 일하는 사람들이 점점 적어지고 있다.
② 감기 환자의 전염성 때문에 병원이 문을 닫고 있다.
③ 병원에서 일하는 사람들이 감기에 많이 걸리고 있다.
❹ 감기에 걸린 사람들이 많아져서 병원에서 일하는 사람이 부족하다.

📂 **종류** 신문 기사 제목

💬 **해설**
감기에 걸린 환자가 너무 많아져서 병원에서 일하는 사람이 부족할 정도라는 내용이다.

단어 일손   전염성

27.

> 채소값도 고공행진, 학교 급식 비상

① 학교 급식 문제 때문에 채소값이 오르고 있다.
② 학교 급식에 채소가 나오는 것을 학생들이 싫어하고 있다.
③ 학교 급식에서 채소 반찬이 인기가 많아 급식 가격이 상승했다.
❹ 채소 가격이 상승하여 학교 급식에서 채소 반찬을 먹기 어렵다.

📂 **종류** 신문 기사 제목

💬 **해설**
채소값이 매우 올라 학교 급식에서도 채소를 사용하기 힘들어졌다는 내용이다.

단어 고공행진   급식   비상   상승하다

[28~31] 다음을 읽고 (   )에 들어갈 내용으로 가장 알맞은 것을 고르십시오.

28.

　호흡기 질환 바이러스는 기침·재채기를 할 때 나오는 침에 섞여 퍼지는 경우가 많다. 기침보다 폭발력이 큰 재채기를 하면 한 번에 4만~10만 개의 침방울이 시속 160km로 퍼져 나간다고 한다. 큰 침방울은 가까이 떨어지지만 가벼운 침방울은 최대 8m까지 멀리 날아간다. 그래서 질병 바이러스를 가진 사람이 (   ) 기침이나 재채기를 하면 주변 사람들이 감염되는 건 순식간이다.

① 고개를 돌려서
② 치료를 받다가
❸ 입을 막지 않고
④ 마스크를 쓴 채로

📂 **종류** 설명문

💬 **해설**
감기 바이러스는 기침과 재채기를 할 때 나오는 침에 섞여 퍼진다는 내용이므로 입을 막지 않고 기침이나 재채기를 하면 주변 사람들이 감염될 수 있다는 것이 적합하다.

단어 호흡기   재채기   폭발력   감염되다

29.

　문화잡지 '빅이슈'는 자립을 원하는 노숙자만 판매사원이 될 수 있다. 노숙자가 '빅이슈 판매사원'이 되어 거리에서 잡지를 판매하며 독자들과 직접 교류함으로서 (　　) 돕는 것이다. 빅이슈 판매사원, 즉 '빅판'들은 배정된 자리에서만 잡지를 판매하며 잡지 판매 수익금의 절반 이상을 받고 있다. 이러한 빅이슈 판매를 통해 많은 노숙자들이 새로운 삶을 살고 있다.

① 크게 성공할 수 있도록
② 독자들과 친구가 될 수 있도록
❸ 자존감과 자신감을 회복하도록
④ 수익금의 전부를 받을 수 있도록

30.

　우리가 안고 있는 가장 큰 환경 문제 중 하나가 바로 '쓰레기 문제'이다. '슬로우 패션'은 이러한 환경 문제를 해결하기 위해 등장하였다. '슬로우 패션'이란 천연 옷감을 이용하여 천천히 그리고 정성 들여 만든 옷을 말한다. 이 옷들은 천연 옷감을 사용했기 때문에 버려졌을 때에 분해가 빨라 환경에 해를 끼치지 않는다. 그리고 유행에 민감하지 않아 (　　) 옷으로, 버려지는 속도가 느려서 쓰레기를 줄이는데도 도움이 된다.

① 매번 사야 하는
② 디자인이 화려한
③ 비용이 많이 드는
❹ 오래 입을 수 있는

31.

　'디마케팅'은 기업이 제품 판매를 억제하는 마케팅 기법이다. 예를 들어 의류에 '세탁 시 줄어듦', '탈색됨' 등과 같이 제품의 단점을 표시하고, 담배의 유해성 경고문을 상품 겉면에 부착하는 것을 말한다. 이는 얼핏 보면 고객을 차버리는 행위로 보이지만 의도적으로 (　　) 고객을 줄여서 제품의 이미지와 브랜드의 가치를 높이는 것이다. 이러한 디마케팅 기법은 단순한 매출보다는 확실한 수익 확보를 하겠다는 기업의 전략이라 할 수 있다.

❶ 돈 안 되는
② 충성도 높은
③ 불만이 많은
④ 신뢰할 수 있는

[32~34] 다음을 읽고 내용이 같은 것을 고르십시오.

32.

간접 광고란 'PPL'이라고도 하며 영화, 드라마 등에 상품을 등장시켜 간접적으로 광고하는 마케팅 기법의 하나이다. 간접 광고의 유형은 제품을 직접 사용하거나 보여주지는 않고, 언급하거나 제품의 로고가 배경에 등장하게 하는 것이다. 또한 특정 장소에 방문하여 장소를 광고하는 것도 대표적인 유형이다. 간접 광고를 이용하면 시청자들의 거부감을 줄여 브랜드를 자연스럽게 인식시킬 수 있는 장점이 있다.

① 장소를 광고할 때는 간접 광고로 할 수 없다.
② 간접 광고 하는 상품이 영화에 직접 나와도 괜찮다.
❸ 간접 광고를 본 시청자들은 거부감을 느끼지 않는다.
④ 드라마 주인공이 상품을 사용하는 모습도 간접 광고이다.

종류 설명문

해설
간접 광고를 이용하면 시청자들의 거부감을 줄여 브랜드를 자연스럽게 인식시킬 수 있는 장점이 있다고 했으므로 시청자들이 거부감을 느끼지 않는다는 것이 적합하다.
① 장소를 광고할 때는 ~~간접 광고로 할 수 없다.~~ (특정 장소에 방문하여)
② 간접 광고 하는 상품이 영화에 ~~직접 나와도 괜찮다.~~ (직접 사용하거나 보여주면 안 된다.)
④ 드라마 주인공이 ~~상품을 사용하는~~ 모습도 간접 광고이다. (드라마에서 간접 광고는 상품을 직접 사용하지 않는다.)

단어 언급하다   거부감   인식시키다

33.

프랑스 혁명과 산업혁명을 거치면서 교회와 왕, 귀족 등으로부터 벗어나게 된 화가들은 변화된 시대를 새로운 화법으로 그림을 그리려고 했다. 사실주의를 계승하면서 회화의 본질에 충실하고자 했던 화가들이 두각을 드러냈다. 사실주의란 실재하는 현실을 변형하지 않고 객관적으로 표현하는 화법이다. 당시 프랑스 미술의 주류였던 보수적인 화가들은 그들의 독창적인 화법을 인상파라 불렀다. 대중들은 완전히 다른 그림 세계를 처음에는 거부하고 부정했으나 서서히 그 가치를 알게 됐다.

① 많은 사람들은 새로운 그림이 등장하자 열광했다.
② 프랑스 미술의 주를 이룬 화가들을 인상파라 불렀다.
❸ 산업혁명 이후 화가들은 새로운 기법으로 그림을 그렸다.
④ 프랑스 혁명 이전에 화가들은 왕과 귀족들로부터 자유로웠다.

종류 설명문

해설
산업혁명 이후 화가들은 변화된 시대를 새로운 화법으로 그림을 그리려고 했음을 알 수 있다.
① 많은 사람들은 새로운 그림이 등장하자 ~~열광했다.~~ (처음에는 거부하였다.)
② 프랑스 미술의 ~~주를 이룬~~ 화가들을 인상파라 불렀다. (주를 이루었던 보수적인 화가들이 새롭게 등장한 사실주의 화법을 보고 인상파라 불렀다.)
④ 프랑스 혁명 이전에 화가들은 왕과 귀족들로부터 ~~자유로웠다.~~ (자유롭지 못했고 혁명 이후 그들로부터 벗어나게 되었다.)

단어 혁명   벗어나다   화법   계승하다   본질
두각을 드러내다   실재하다   변형하다
보수적   독창적   열광하다

34.

오늘날 우리들은 유전자 변형식품, 환경 호르몬 그리고 항생제가 함유된 식품에 노출되어 있다. 이러한 이유로 유기농 식품의 인기가 점점 많아지고 있다. 더욱 건강하고 환경 친화적인 음식을 만들기 위해 사람들은 화학비료와 농약을 사용하는 대신 유기농법을 실시하기 시작했다. 조사에 따르면 유기농 식품 시장의 규모가 전 세계적으로 계속 확대되고 있으며 품질을 지키기 위하여 많은 나라들은 농법과 다른 조건들에 대한 기준이나 규제를 마련하고 있다고 한다.

종류 설명문

해설
오늘날 유전자 변형식품, 환경 호르몬, 항생제가 함유된 식품에 노출되어 있다고 했으므로 요즘 건강에 좋지 않은 성분이 함유된 식품들이 많이 있다는 것이 적합하다.
• 함유되다 **예** 카페인이 많이 함유된 음료는 건강에 좋지 않다.
① ~~화학비료와 농약을 사용하는 것이 유기농법이다.~~ (화학비료와 농약을 사용하지 않는 것.)

① 화학비료와 농약을 사용하는 것이 유기농법이다.
❷ 요즘 건강에 좋지 않은 성분이 함유된 식품들이 많이 있다.
③ 국가적 차원에서 유기농법에 대한 통제는 실시되지 못하고 있다.
④ 유기농법으로 만든 음식은 아직 사람들의 관심을 끌지 못하고 있다.

③ 국가적 차원에서 유기농법에 대한 ~~통제는 실시되지 못하고 있다.~~ (통제하지는 않고 유기농법의 기준이나 규제를 마련하고 있다.)
④ 유기농법으로 만든 음식은 ~~아직 사람들의 관심을 끌지 못하고 있다.~~ (인기가 점점 많아지고 있다.)

단어 유전자   항생제   노출되다   유기농
화학비료   농약   확대되다

[35~38] 다음 글의 주제로 가장 알맞은 것을 고르십시오.

35.

장례 문화는 어느 나라를 막론하고 가장 중요한 의식 중 하나라고 여겨지고 있다. 한 사람이 살아온 인생을 존경해 주며 삶을 마감하고 떠나는 길을 축복해 주는 절차이기 때문이다. 하지만 문화가 다양한 만큼 장례 문화 또한 나라별로 다르다. 나라별로 장례가 어떻게 치러지는지 알아두면 그 나라에 대한 예절과 관습을 이해하는 데에 도움이 된다.

① 장례 문화는 한 나라의 문화에서 가장 중요하다.
② 나라별 장례 문화 절차의 차이점을 구별해야 한다.
③ 장례식은 나라마다 다른 방식으로 진행되어야 한다.
❹ 각국의 장례 문화를 안다면 그 문화를 이해할 때 도움이 된다.

종류 설명문

해설
문화가 다양한 만큼 장례 문화 또한 나라별로 다르기 때문에 나라별로 장례가 어떻게 치러지는 알아두면 그 나라에 대한 예절과 관습을 이해하는 데에 좋다고 했으므로 '각국의 장례 문화를 안다면 그 문화를 이해할 때 도움이 된다'는 것이 적합하다.

단어 장례   막론하다   의식   절차   치르다
관습

36.

독거노인들에게 가장 힘든 점은 대화를 할 사람이 없거나 부족하다는 것이다. 소통을 할 만한 친구나 가족들이 먼저 세상을 떠나기도 하고 혼자 남게 되는 시간이 길어지면서 외로움과 우울함을 느끼는 노인도 증가하고 있다. 전문가들은 사회가 초고령 사회로 진입하며 동시에 증가하고 있는 노인 우울증에 대해 경고하고 있다. 만성적인 신체적 질환과 외로움 등의 정서적인 문제는 우울증을 동반할 가능성이 높다.

① 독거노인들에게 함께 생활할 수 있는 공간이 필요하다.
② 노인들의 건강 문제를 예방하기 위한 도움이 필요하다.
③ 노인들을 위한 우울증 치료 프로그램이 마련되어야 한다.
❹ 고령화 사회로 접어들면서 노인의 정신 질환 문제도 증가하고 있다.

종류 설명문

해설
독거노인들은 대부분 혼자 있는 시간이 길어지면서 외로움과 우울함을 느끼는 비율이 증가하고 있다. 이에 우울증을 동반할 가능성이 높다고 했으므로 '고령화 사회로 접어들면서 노인의 정신 질환 문제도 증가하고 있다'는 것이 적합하다.
• 동반하다   **예** 이번 태풍은 폭풍을 동반할 것으로 예상된다.

단어 독거노인   초고령   진입하다   만성적

37.

　'기후 난민'이란 가뭄, 홍수, 해일 같은 기후 변화로 인해 집을 잃어버린 사람들을 말한다. 지구 온난화가 가져온 사막화 현상, 해수면 상승 등은 심각한 물 부족과 농경지의 감소로 인한 식량 부족 사태까지 가져왔다. 이러한 이상 기후 현상은 대규모의 난민을 증가시켜 사회적 혼란과 정치적 혼란까지 일으켰다. 기후 난민의 가장 큰 문제점은 환경 파괴에 책임이 거의 없는 가난한 나라들이 떠안고 있다는 것이다. 이제라도 기후 변화에 책임이 있는 선진국들이 이 문제를 해결하기 위해 발 벗고 나서야 한다.

① 식량 문제가 환경에 영향을 주지 않아야 한다.
② 기후 변화가 있어도 혼란을 초래하면 안 된다.
③ 기후 난민은 환경 파괴를 스스로 해결해야 한다.
❹ 선진국은 지구 온난화 현상에 책임을 져야 한다.

설명문

환경 파괴로 인한 기후 변화로 인해 여러 가지 재해로 '기후 난민'이 증가하고 있는 상황인데 가장 큰 문제점은 환경 파괴에 책임이 없는 가난한 나라들이 떠안고 있다는 것이다. 이를 해결하기 위해서 선진국이 나서야 한다고 했으므로 '선진국은 지구 온난화 현상에 책임을 져야한다'는 것이 적합하다.
• 발 벗고 나서다　[예] 그는 힘든 친구가 있으면 늘 발 벗고 나서서 도와준다.

단어 가뭄　해일　해수면　농경지　사태

38.

　한 번 쓰고 버리는 일회용품은 사용이 완료된 순간 바로 쓰레기가 된다. 일회용품을 만들고 처리하는 데 막대한 자원이 낭비되는데 2016년 한 해 한국 종이컵 소비량은 6억 7000개가 넘는 것으로 알려졌다. 일회용 종이컵 소비가 부쩍 늘어난 것은 커피 소비량이 증가한 것과 연관이 있다. 플라스틱이나 일회용품의 과잉 소비로 인해 머지않아 지구는 쓰레기 대란을 맞이하게 될 것이다. 그동안 인류가 이런 일회용품 사용으로 편리함을 누렸다면 쓰레기의 문제도 우리가 해결해야 할 몫이 되었다.

① 편리한 삶을 위해서는 일회용품 사용이 필요하다.
❷ 일회용품으로 인한 환경 문제의 해결 방법을 찾아야 한다.
③ 일회용품을 만드는 데에 막대한 자원을 낭비해서는 안 된다.
④ 일회용 종이컵 사용량을 줄이기 위해 커피 소비량을 줄여야 한다.

논설문

일회용품으로 만들어진 쓰레기 문제는 이제 우리가 해결해야 할 몫이 되었다고 했으므로 '일회용품으로 인한 환경 문제의 해결 방법을 찾아야 한다'는 것이 적합하다.

단어 완료되다　막대하다　대란　몫

[39~41] 다음 글에서 〈보기〉의 문장이 들어가기에 가장 알맞은 곳을 고르십시오.

39.

　요즘 많은 아이들은 학업에서 오는 스트레스를 풀기 위해 다양한 게임을 한다. (㉠) 특히, 게임은 사람의 언어발달에 큰 영향을 미치고, 전략적 비디오 게임은 문제 풀이 능력이나 시공간 능력 등 여러 가지 장점이 있다고 한다. (㉡) 그런데 이 연구 결과에 의문을 제기하는 또 다른 연

논설문

요즘 많은 아이들이 스트레스를 풀기 위해 다양한 게임을 하는데 게임이 두뇌발달에 영향을 준다는 내용이므로 게임의 여러 가지 두뇌발달에 어떠한 영향을 주는지 나열한 문장 앞에 위치하는 것이 적합하다.

단어 전략적　제기하다

Part 3 실전모의고사　179

구가 발표되었다. (㉢) 일본의 한 대학교에서 3년 동안 아이들을 대상으로 매일 일정 시간 얼마나 게임을 하는지, 어떤 생활 습관이 있는지 조사한 결과 언어적 발달이 더 떨어지는 결과를 보였다는 것이다. (㉣)

> **보기**
> 최근 장시간 게임이 두뇌발달에 영향을 준다는 연구 결과가 있다.

❶ ㉠   ② ㉡
③ ㉢   ④ ㉣

40.

나무는 광합성을 통해 양분을 스스로 만든다. (㉠) 물과 햇빛 그리고 이산화탄소를 흡수해서 나무가 살아가는 데 필요한 에너지를 만든다. (㉡) 이 과정에서 공기 중으로 산소를 배출하고, 탄소는 영양분인 포도당 형태로 몸속에 저장한다. (㉢) 하지만 나무가 영원히 탄소를 저장할 수 있는 것은 아니다. (㉣) 어느 정도 자라면 광합성 효율이 떨어지고 탄소 저장 능력도 떨어진다.

> **보기**
> 이처럼 나무는 자라는 과정 동안 몸속에 탄소를 차곡차곡 모아둔다.

① ㉠   ② ㉡
❸ ㉢   ④ ㉣

종류 논설문

해설
나무는 광합성을 하는 과정에서 산소를 배출하고 탄소는 영양분인 포도당 형태로 몸속에 저장한다는 내용이므로 몸속에 저장한다는 문장 뒤에 위치하는 것이 적합하다.

단어 양분   흡수하다   배출하다   차곡차곡

41.

통화는 정부가 발행하는 동전, 지폐 등으로 사람들이 인정하고 사용하는 종류의 돈을 말한다. (㉠) 동전이나 지폐에는 그 돈의 가치를 나타내는 숫자가 적혀 있다. (㉡) 이것을 액면 금액 또는 '액면가'라고도 한다. 법정 통화는 통화 가운데서 값을 치를 능력이 있는 통화를 말한다. (㉢) 가령 마구 찢어져서 작은 조각만 남은 지폐는 발행은 되었지만 물건으로 교환할 수 없다. (㉣) 이런 돈은 법정 통화가 될 수 없다.

> **보기**
> 백 원짜리 동전에 '100'이라고 쓰여 있는 것이 그 예이다.

① ㉠   ❷ ㉡
③ ㉢   ④ ㉣

종류 설명문

해설
통화는 정부가 발행하여 사람들이 사용하는 돈을 말하는데 이러한 돈에는 돈의 가치를 나타내는 숫자가 적혀있다고 했으므로 백 원 동전의 예는 동전이나 지폐에는 그 돈의 가치를 나타내는 숫자가 적혀 있다는 문장 뒤에 오는 것이 적합하다.

단어 통화   인정하다   찢어지다   발행

[42~43] 다음을 읽고 물음에 답하십시오.

　　어떤 토요일 오후였습니다. 아저씨는 나에게 뒷동산에 올라가자고 하셨습니다. 나는 너무나 좋아서 가자고 그러니까 아저씨가 "들어가서 어머니께 허락 맡고 와." 하십니다. 나는 뛰어 들어가서 어머니께 허락을 맡았습니다. 어머니는 내 얼굴을 다시 세수시켜 주고, 머리도 다시 땋고, 그러고 나서는 나를 한 번 몹시 껴안았다가 놓으며 "너무 오래 있지 말고, 응?" 하고 어머니는 크게 소리쳤습니다. 아마 사랑 아저씨도 그 소리를 들었을 거예요. 뒷동산에 올라가서는 정거장을 한참 내려다보았으나 기차는 안 지나갔습니다. 나는 풀잎을 뽑아 보기도 하고, 땅에 누운 아저씨의 다리를 꼬집어보기도 하면서 놀았습니다. 한참 후에 아저씨하고 손목을 잡고 내려오는데 유치원 동무들을 만났습니다. "옥희가 아빠하고 어디 갔다 온다, 응." 하고 한 동무가 말했습니다. 그 아이는 우리 아버지가 돌아가신 줄을 모르는 아이였습니다. 나는 얼굴이 빨개졌습니다. 그때 나는 얼마나 이 아저씨가 정말 우리 아버지였더라면 하고 생각했는지 모릅니다. 나는 정말로 한 번만이라도, "아빠!" 하고 불러 보고 싶었습니다.

42. 밑줄 친 부분에 나타난 '나'의 심정으로 알맞은 것을 고르십시오.

❶ 난감하다　　　　② 안쓰럽다
③ 떳떳하다　　　　④ 서먹하다

43. 이 글의 내용과 같은 것을 고르십시오.

❶ 옥희의 아버지는 돌아가셨다.
② 뒷동산에서 지나가는 기차를 봤다.
③ 뒷동산에 가는 길에 유치원 친구들을 만났다.
④ 옥희는 아저씨와 어머니와 함께 뒷동산에 갔다.

🗂 **종류** 소설

🎓 **해설**
사랑 아저씨는 나(옥희)의 아버지가 아닌데 친구가 옥희의 아버지라고 불렀기 때문에 '난감하다'가 적합하다.
② **안쓰럽다** : 다른 사람의 안 좋은 사정에 마음이 아프고 가여움.
　　예 그가 혼자 있는 모습이 안쓰러웠다.
③ **떳떳하다** : 조금도 거리낄 것이 없이 당당함.
　　예 나는 무엇 하나 잘못한 것이 없으므로 떳떳하였다.
④ **서먹하다** : 익숙하지 않거나 친하지 않아 어색함.
　　예 처음 만났던 날 우리는 매우 서먹했다.

단어 꼬집다　　빨개지다

🎓 **해설**
나(옥희)는 아버지께서 돌아가셨고 어머니와 둘이 살고 있다.

다음을 읽고 물음에 답하십시오.

종류 설명문

인체의 정상 체온은 36.5~37℃이다. 하지만 현대인의 체온은 점점 떨어지고 있다. 문제는 체온이 낮아지면 몸 상태가 나빠진다는 것이다. 체온이 35.5도가 되면 (   ). 게다가 체온이 30도로 떨어지면 의식불명 상태에 이른다. 체온이 낮아지면 왜 문제가 생길까? 체온이 정상이면 인체의 면역 체계가 정상적으로 작동해 외부에서 침입한 병균, 바이러스를 퇴치시키지만 체온이 낮으면 면역 체계가 무너져 질병에 속수무책인 상태가 된다. 한 연구 결과에 따르면 체온이 1도 낮아지면 면역력이 30% 떨어지고 체온이 1도 올라가면 면역력이 500~600% 올라간다고 한다. 인체의 면역력을 위해서 정상 체온을 유지할 수 있도록 적절한 운동과 숙면을 취하는 것이 좋고, 단백질과 비타민의 섭취도 중요하다.

해설
인체는 정상 체온보다 체온이 낮아지면 면역 체계가 무너져 질병에 걸리게 되므로 인체의 면역력을 높이기 위해 정상 체온을 유지하는 것이 중요하다는 것이 적합하다.

단어 체온   의식불명   퇴치시키다   속수무책
면역력   적절하다   숙면   섭취하다

44. 위 글의 주제로 알맞은 것을 고르십시오.

① 건강을 위해 비타민과 단백질의 섭취가 매우 중요하다.
② 건강 상태를 확인하기 위해 매일 체온을 측정해야 한다.
③ 체온 변화에 따른 면역력의 변화에 대해 정확히 알아야 한다.
❹ 인체의 면역력을 높이기 위해 정상 체온을 유지하는 것이 중요하다.

45. (   )에 들어갈 내용으로 가장 알맞은 것을 고르십시오.

① 심한 경우에 죽을 수도 있다
② 충분한 수면을 취할 수 있게 된다
❸ 체내 영양소 흡수를 방해하게 된다
④ 병균을 막아 몸의 면역력이 좋아진다

해설
인체의 체온이 정상 체온보다 낮아지면 몸 상태가 나빠질 수 있다고 했으므로 체내 영양소 흡수를 방해하게 된다는 것이 가장 알맞다.

[46~47] 다음을 읽고 물음에 답하십시오.

　　최근 미국 연구팀이 식물의 천적 방어 시스템을 밝혀내 학계의 관심을 끌고 있다. (㉠) 연구팀은 식물이 애벌레 등 천적의 공격을 받으면 '위험 신호'를 전달하는 화학 물질을 만들어 잎 구석구석으로 전달해 방어 태세를 갖춘다고 밝혔다. (㉡) 그 결과 애벌레가 애기장대의 잎을 뜯어먹으면 상처 난 부위에서 '글루타메이트'라는 호르몬이 분비되고, 이것이 공격받지 않은 다른 잎으로 칼슘 이온을 전달한다는 것을 밝혀냈다. 칼슘 이온은 식물의 조직에 위험을 알리는 역할을 한다. (㉢) 칼슘 이온이 전달된 잎에서는 '자스몬산'이라는 화학 물질이 분비되는데, 이 물질은 애벌레의 소화력을 떨어뜨리고 세포벽을 강화하는 기능도 있어서 천적이 잎을 뜯어 먹기 어렵게 한다. (㉣) 칼슘 이온이 식물 전체로 퍼지는 데 걸리는 시간은 2분여에 불과한 것으로 알려졌다.

46. 위 글에서 〈보기〉의 글이 들어가기에 가장 알맞은 곳을 고르십시오.

────── 보기 ──────

　　애기장대라는 식물이 애벌레의 공격을 받을 때 내부에서 어떤 변화가 나타나는지를 특수 카메라로 관찰했다.

① ㉠　　　　　　　❷ ㉡
③ ㉢　　　　　　　④ ㉣

47. 위 글의 내용과 같은 것을 고르십시오.

① 칼슘 이온은 식물 전체에 영향을 주지 못한다.
② 애벌레는 '자스몬산'이라는 화학 물질로 인해 죽게 된다.
❸ 애기장대는 천적의 피해를 막기 위해 스스로 호르몬을 분비한다.
④ 애기장대는 스스로 천적의 공격을 막는 호르몬을 내보낼 수 없다.

🏷 **종류** 논설문

💬 **해설**

특수 카메라로 관찰 한 결과 애벌레가 애기장대의 잎을 뜯어먹은 부위에서 '글루타메이트'라는 호르몬이 분비되었다는 내용이므로 이 문장 앞에 위치하는 것이 적합하다.
• 관심을 끌다　**예** 환경 문제에 대한 새로운 해결법이 여러 나라의 관심을 끌었다.

📖 **단어** 천적　방어　밝혀내다　학계　애벌레
태세　뜯어먹다　강화하다　불과하다
분비되다

💬 **해설**

애기장대는 적의 공격을 받으면 '위험 신호'를 전달하는 호르몬을 분비한다고 했으므로 '피해를 막기 위해 스스로 호르몬을 분비한다'는 것이 적합하다.

[48~50] 다음을 읽고 물음에 답하십시오.

협상은 개인과 개인 단위에서도 이루어지지만 기업과 기업 간의 비즈니스 협상일 경우에는 양측에 각각 협상 팀이 조직되어 진행되는 경우가 대부분이다. 이렇게 팀으로 이루어지는 협상에서 조직 구성은 매우 중요하다. 협상 내용과 목적에 부합할 수 있는 인재들을 뽑아 각각의 전문성과 개성에 맞추어 역할 분담을 하고, 개개인의 능력을 최대한 발휘할 수 있는 조건이 갖춰져야 한다. 동시에 협상 대표를 중심으로 협력하여 최고의 팀워크를 발휘할 수 있는 팀으로 거듭나야 하는 것이다. 개인의 현란한 협상력보다 중요한 것이 바로 구성원 간의 협업과 분업의 원리가 매끄럽게 돌아가는 조직력이다. 강력한 협상 팀을 조직하기 위해서는 무엇보다 (   ) 중요하다. 협상 준비 과정을 관리하고, 협상 전략을 세우며, 전체 협상 진행을 리드해야 하므로 협상 대표는 경험이 많은 협상 전문가여야 한다. 실제 협상에서 가장 영향력 있는 인물 또한 협상 대표다. 협상 대표는 협상의 전반적인 진행 상황을 조율하고 최종적인 판단과 결정을 내려야 하기 때문이다.

48. 위 글을 쓴 목적으로 알맞은 것을 고르십시오.

① 협상에서 중요한 요소를 설명하기 위해
② 협상 절차를 구체적으로 분석하기 위해
❸ 협상할 때 팀의 중요성을 강조하기 위해
④ 협상 팀 내의 문제 해결 방법을 제시하기 위해

49. (   )에 들어갈 내용으로 가장 알맞은 것을 고르십시오.

① 협상 준비 과정이
❷ 협상 대표의 역할이
③ 협상 팀의 팀워크가
④ 협상 팀 내의 팀원의 능력이

50. 밑줄 친 부분에 나타난 필자의 태도로 알맞은 것을 고르십시오.

① 협상 대표의 역할 부재에 대해 우려하고 있다.
② 팀워크가 좋은 협상 팀을 높이 평가하고 있다.
③ 협상 시 팀원들의 팀워크 보완을 강하게 요구하고 있다.
❹ 협상 대표와 팀원들의 팀워크의 중요성에 대해 강조하고 있다.

해설
팀으로 이루어지는 협상에서 한 가장 중요한 것은 구성원 간의 협업과 분업의 원리가 매끄럽게 돌아가는 조직력이라 말하며 협상할 때 팀의 중요성을 강조하고 있다.
• 발휘하다 예 그 오케스트라는 마지막 연주회에서 진정한 실력을 발휘했다.

단어 협상   조직되다   부합하다   인재   분담
거듭나다   매끄럽다   조율하다

해설
협상 대표는 실제 협상에서 가장 영향력이 있으며 협상 준비 과정을 관리하고, 협상 전략을 세우며, 전체 협상 진행을 리드해야 하므로 경험이 많은 협상 전문가여야 하고 협상의 전반적인 진행 상황을 조율하고 최종적인 판단과 결정을 내려야 하기 때문에 협상 대표의 역할이 가장 중요하다는 것이 적합하다.

해설
팀으로 이루어지는 협상에서 한 가장 중요한 것은 구성원 간의 협업이라고 했으므로 협상 대표와 팀원들의 팀워크의 중요성에 대해 강조하고 있다.

한·국·어·능·력·시·험·T·O·P·I·K

실전모의고사
4회 해설

듣기

1. ④	**2.** ②	**3.** ③	**4.** ①	**5.** ②	**6.** ④	**7.** ②	**8.** ②	**9.** ④	**10.** ③
11. ④	**12.** ③	**13.** ②	**14.** ④	**15.** ②	**16.** ②	**17.** ③	**18.** ③	**19.** ①	**20.** ④
21. ①	**22.** ④	**23.** ①	**24.** ③	**25.** ③	**26.** ①	**27.** ③	**28.** ④	**29.** ③	**30.** ①
31. ④	**32.** ①	**33.** ④	**34.** ②	**35.** ①	**36.** ③	**37.** ②	**38.** ①	**39.** ④	**40.** ④
41. ③	**42.** ①	**43.** ④	**44.** ③	**45.** ③	**46.** ③	**47.** ②	**48.** ④	**49.** ③	**50.** ①

읽기

1. ③	**2.** ③	**3.** ①	**4.** ③	**5.** ①	**6.** ③	**7.** ①	**8.** ②	**9.** ①	**10.** ④
11. ②	**12.** ②	**13.** ②	**14.** ④	**15.** ③	**16.** ③	**17.** ②	**18.** ①	**19.** ①	**20.** ②
21. ②	**22.** ③	**23.** ④	**24.** ④	**25.** ④	**26.** ②	**27.** ④	**28.** ③	**29.** ④	**30.** ②
31. ②	**32.** ④	**33.** ②	**34.** ④	**35.** ④	**36.** ④	**37.** ④	**38.** ②	**39.** ①	**40.** ④
41. ④	**42.** ①	**43.** ④	**44.** ④	**45.** ③	**46.** ④	**47.** ④	**48.** ②	**49.** ④	**50.** ③

해설 Explanation

$$\boxed{\text{듣기 (1번 ~ 50번)}}$$

[1~3] 다음을 듣고 알맞은 그림을 고르십시오.

여자 : 모두 합해서 7만 2천 원입니다.
남자 : 카드로 할게요.
여자 : 네. 포인트 적립하시겠습니까?

①  ②

③  ❹

종류 대화

해설
남자가 물건을 사고 계산을 하고 있는 상황이므로 답은 4번이다.
① 문구점에서 남자가 현금(돈)으로 계산하는 상황
② 문구점에서 엽서를 사는 상황
③ 마트 안내 데스크에서 신청한 카드를 받는 상황

단어 합하다   포인트   적립하다

2.

남자 : 미국으로 택배를 보내려고 하는데요.
여자 : 저울에 올려 주세요. 보내시는 물건이 뭐죠?
남자 : 책과 화장품입니다.

①  ❷

③  ④

종류 대화

해설
우체국에서 남자가 택배를 보내려고 저울 위에 물건을 올려 무게를 확인하는 상황이므로 답은 2번이다.
① 우체국에서 여자 안전 요원과 남자 손님이 대화하는 상황
③ 택배 차 앞에서 여자 직원에게 남자가 택배 상자를 받는 상황
④ 여자가 남자에게 무인 기계사용 방법을 설명하는 상황

단어 택배   저울   물건

3

남자 : 아이들을 키우기 위해 휴직을 신청하는 남성 근로자가 꾸준히 증가하고 있습니다. 고용노동부에 따르면 남성 육아 휴직자는 전년 대비 53% 증가하여 7천 6백 명을 넘었다고 합니다. 기업 규모별 현황을 보면 30인 이상으로 규모가 크면 클수록 육아 휴직을 많이 사용하는 것으로 나타났습니다.

① 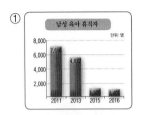 ②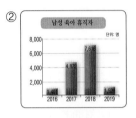

❸  ④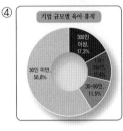

[4~8] 다음 대화를 잘 듣고 이어질 수 있는 말을 고르십시오.

4.

남자 : 너 새 드라마 '백일의 낭군님' 본 적 있어? 정말 재미있더라.

여자 : 아니, 아직 못 봤어.

남자 : _____

❶ 꼭 한번 봐.
② 정말 재미있어?
③ 나도 한번 보고 싶어.
④ 요즘 드라마 볼 시간이 없어.

🗂 **종류** 담화_프레젠테이션

🎓 **해설**

기업 규모가 30인 이상으로 크면 클수록 육아 휴직을 많이 사용한다고 했으므로 3번이 답이다.

① 남성 육아 휴직자의 수가 ~~점점 감소하고~~(→ 꾸준히 증가하고) 있다.
② 남성 육아 휴직자의 수는 전년 대비 ~~53% 이상 감소하였다~~(→ 전년 대비 53% 증가하여).
④ 육아 휴직의 비율이 기업의 ~~규모와는 상관이 없다~~(→ 30인 이상으로 규모가 클수록).

단어 육아 휴직자   근로자   꾸준히

🗂 **종류** 대화

🎓 **해설**

남자가 새로 하는 드라마를 봤는지 물었고 여자가 아직 못 봤다고 했기 때문에 이에 어울리는 대답은 1번이다.

단어 아직

5.

남자 : 이 신발 검정색으로 신어볼 수 있나요?
여자 : 네, 사이즈가 어떻게 되세요?
남자 : _____

① 어제 샀어요.
❷ 270으로 주세요.
③ 신발이 작게 나왔습니다.
④ 검정색으로 바꿔 주세요.

📁 종류 대화

🎓 해설

여자가 남자에게 신발 사이즈가 어떻게 되냐고 했으므로
이에 어울리는 대답은 2번이다.

단어 사이즈(치수, 크기)

6.

남자 : 날씨가 계속 춥더니 눈이 내리네요.
여자 : 길이 미끄러울 텐데 차 가져 가지 마세요.
남자 : _____

① 저는 눈을 정말 좋아해요.
② 내일까지 내린다고 했어요.
③ 제가 운전 연습을 도와줄까요?
❹ 그럴게요. 오늘은 지하철 탈게요.

📁 종류 대화

🎓 해설

여자가 남자에게 길이 미끄러우니 운전하지 말라고 했으
므로 이에 어울리는 답은 4번이다.

단어 미끄럽다

7.

남자 : 모두 합쳐서 얼마죠?
여자 : 맥주 두 병, 도시락 두 개, 화장지 하나, 모두 18,000
　　　원입니다.
남자 : _____

① 하나 더 주세요.
❷ 여기 20,000이요.
③ 다음에 또 오세요.
④ 더 필요한 것은 없어요.

📁 종류 대화

🎓 해설

남자가 가격을 물었고 여자가 총금액을 말했으므로 이에
어울리는 대답은 2번이다.

단어 합치다

8.

남자 : (따르릉~) 여보세요? 팀장님 자리에 계세요?
여자 : 죄송하지만 팀장님은 지금 회의 중이십니다.
남자 : _____

① 회의는 몇 시에 시작됩니까?
❷ 오후에 다시 연락드리겠습니다.
③ 팀장님은 지금 홍보팀에 계십니다.
④ 자리에 안 계신데 메모 남겨드릴까요?

📁 종류 대화

🎓 해설

남자가 전화로 팀장님을 찾자 여자가 회의 중이라고 말했
으므로 가장 어울리는 대답은 2번이다.

단어 자리　　　회의 중

[9~12] 다음 대화를 잘 듣고 여자가 이어서 할 행동으로 알맞은 것을 고르십시오.

여자 : 오래 기다렸어요? 은행에 좀 들렀다 오느라고요.
남자 : 아니에요, 저도 조금 전에 왔어요.
여자 : 그런데 수진 씨는 아직 안 왔어요?
남자 : 네. 전화 한번 해 보실래요?

종류 대화

해설
여자가 수진 씨가 아직 안 왔는지 묻자 남자가 여자에게 전화 한번 해 보라고 했으므로 여자는 수진 씨에게 전화를 할 것이다.

단어 들르다

9.

① 은행에 간다.
② 전화기를 빌려준다.
③ 약속 시간을 확인한다.
❹ 수진 씨에게 연락한다.

10.

여자 : 출출한데 떡볶이나 만들어 먹을까?
남자 : 좋지, 나도 도울게. 나는 뭘 하면 돼?
여자 : 내가 고추장 양념을 만드는 동안 너는 어묵과 파를 좀 썰어 줘.
남자 : 난 매운 거 잘 못 먹으니까 너무 맵지 않게 해 줘.

종류 대화

해설
여자가 자신이 고추장 양념을 만드는 동안 남자에게 어묵과 파를 썰어 달라고 부탁했으므로 여자는 떡볶이 양념을 만들 것이다.

단어 출출하다   양념   어묵   썰다

① 요리를 돕는다.
② 어묵과 파를 썬다.
❸ 떡볶이 양념을 만든다.
④ 떡볶이를 사러 나간다.

11.

여자 : 며칠 전에 가방을 샀는데 마음에 안 들어서 환불하려고요.
남자 : 현금으로 결제하셨나요?
여자 : 아니요, 카드로 했어요.
남자 : 그럼 결제한 카드와 영수증을 보여 주세요.

종류 대화

해설
여자가 가방을 환불하려고 한다. 남자(직원)가 결제한 카드와 영수증을 보여 달라고 했으므로 여자는 카드와 영수증을 줄 것이다.

단어 마음에 들다   현금   결제하다

① 가방을 교환한다.
② 카드로 결제한다.
③ 영수증을 받는다.
❹ 카드와 영수증을 준다.

12.

여자 : 어제 저녁부터 텔레비전이 안 나와요. 서비스센터에 연락해야 할 같아요.

남자 : 전원을 한번 껐다가 켜 봐.

여자 : 여러 번 해 봤죠. 하지만 계속 파란색 화면만 보여요.

남자 : 아, 리모컨 좀 줘 봐. 텔레비전 설정이 바뀐 것 같구나, 아빠가 금방 고쳐줄게.

① 서비스센터에 간다.
② 텔레비전을 고친다.
❸ 리모컨을 가져온다.
④ 전원을 껐다가 켠다.

📁 종류 대화

💬 해설

여자가 텔레비전이 안 나온다고 하자 남자가 텔레비전의 설정이 바뀐 것 같다고 리모컨을 달라고 했으므로 여자는 리모컨을 가져 올 것이다.

단어 전원   리모컨   설정

[13~16] 다음을 듣고 내용과 일치하는 것을 고르십시오.

여자 : 민수 씨가 병원에 입원했다던데 같이 문병 갈래요?

남자 : 왜요? 어디가 아파서요?

여자 : 빗길에 차가 미끄러지는 바람에 교통사고가 났대요.

남자 : 그래서 오늘 회사에 나오지 않았군요. 퇴근 후에 같이 가요.

13.

① 여자는 아파서 입원을 했다.
❷ 민수 씨는 오늘 회사에 결근했다.
③ 여자와 남자는 내일 문병을 갈 것이다.
④ 남자는 길이 미끄러워서 교통사고를 냈다.

📁 종류 대화

💬 해설

남자가 민수 씨가 교통사고 때문에 회사에 나오지 않았다고 했으므로 답은 2번이다.
① ~~여자는~~ 아파서 입원을 했다. (민수 씨가 병원에 입원했다던데)
③ 여자와 남자는 ~~내일~~ 문병을 갈 것이다. (퇴근 후에 같이 가요.)
④ ~~남자는~~ 길이 미끄러워서 교통사고를 냈다. (빗길에 차가 미끄러지는 바람에 교통사고가 났대요.)

단어 입원하다   문병   빗길   미끄러지다

14.

여자 : (음악) 오늘도 저희 공연장을 찾아 주신 관객 여러분께 감사의 말씀드립니다. 원활한 공연 진행을 위해 몇 가지 안내 말씀드리겠습니다. 공연 중에는 음식물 섭취나 자리 이동을 하실 수 없습니다. 그리고 모든 공연의 촬영 및 녹음은 금지되어 있으니 즐거운 관람을 위해 휴대폰을 잠시 꺼 주시기 바랍니다. 감사합니다.

① 공연 중에 휴대폰을 가지고 들어갈 수 없다.
② 정해진 자리에서 촬영 및 녹음을 할 수 있다.
③ 공연장 내 음식물 섭취 장소를 알려주고 있다.
❹ 공연 중 주의 사항 대해 안내 방송하고 있다.

📁 종류 담화_안내(방송)

💬 해설

여자는 공연을 관람하기 전 주의 사항을 말하고 있으므로 답은 4번이다.
① 공연 중에 휴대폰을 가지고 ~~들어갈 수 없다.~~ (즐거운 관람을 위해 휴대폰을 잠시 꺼 주시기 바랍니다.)
② 정해진 자리에서 촬영 및 녹음을 ~~할 수 있다.~~ (모든 공연의 촬영 및 녹음은 금지되어 있으니)
③ 공연장 내 음식물 섭취 ~~장소를 알려주고 있다.~~ (공연 중에는 음식물 섭취나 자리 이동을 하실 수 없습니다.)
• 원활하다 예 정보를 원활하게 교환하기 위해 연락처를 공유했다.

단어 섭취   진행   촬영   녹음   금지되다

15.

남자 : 10월 31일, 퇴근길 교통 정보입니다. 서울시 대부분 지역은 퇴근 시간과 맞물려 교통 체증으로 몸살을 앓고 있는데요. 현재 올림픽대로는 차량이 제 속도를 내지 못 하고 있습니다. 특히 서울 광장 주위는 집회로 인해 교통 상황이 좋지 않으니 이곳을 지날 차량은 우회하는 것이 좋겠습니다. 지금까지 서울시 교통 정보 센터 박희주였습니다.

① 전국의 교통 상황을 안내하고 있다.
❷ 서울시는 퇴근 시간대에 차가 많이 막힌다.
③ 교통 체증으로 올림픽대로로 가는 것이 좋다.
④ 서울 광장 주변을 제외하고 교통 상황이 좋지 않다.

🗂 종류 담화_교통방송

💬 해설

남자가 서울시 대부분 지역은 퇴근 시간과 맞물려 교통 체증으로 몸살을 앓고 있다고 했으므로 답은 2번이다.
① 전국의 교통 상황을 안내하고 있다. (서울시 대부분 지역은 퇴근 시간과 맞물려 교통 체증으로 몸살을 앓고 있는데요.)
③ 교통 체증으로 올림픽대로로 가는 것이 좋다. (현재 올림픽대로는 차량이 제 속도를 내지 못 하고 있습니다.)
④ 서울 광장 주변을 제외하고 교통 상황이 좋지 않다. (특히 서울 광장 주위는 집회로 인해 교통 상황이 좋지 않으니)

단어 맞물리다   교통 체증   몸살을 앓다   차량   우회하다

16.

남자 : 자기 소개서를 보니 호텔 경영학에 관심이 많은 것 같은데요. 대학교에 합격하고 나면 전공 공부 외에 어떤 다른 일을 하고 싶습니까?
여자 : 제 꿈은 전문적인 호텔 경영인이 되는 것입니다. 따라서 우선은 전공 공부를 가장 열심히 할 생각이고요. 전공 외에는 전공과 관련된 활동들을 해 보고 싶습니다. 예를 들어 외국어를 꾸준히 배우고 국내뿐만 아니라 해외 호텔 인턴쉽 경력도 쌓을 계획입니다.

① 남자는 자기 소개서를 쓰고 있다.
❷ 여자는 호텔 경영학과에 지원했다.
③ 남자는 외국어 학습 계획을 물어봤다.
④ 여자는 호텔 취업을 위해 면접을 보고 있다.

🗂 종류 대화_면접

💬 해설

남자가 여자에게 호텔 경영학과에 대한 관심이 많은 것 같다고 하면서 합격 후 전공 외 어떤 일을 하고 싶냐고 묻고 있다. 면접 질문을 하고 있으므로 답은 2번이다.
① 남자는 자기 소개서를 쓰고 있다. (자기 소개서를 보니 호텔 경영학에 관심이 많은 것 같은데요.)
③ 남자는 외국어 학습 계획을 물어봤다. (대학교에 합격하고 나면 전공 공부 외에 어떤 다른 일을 하고 싶습니까?)
④ 여자는 호텔 취업을 위해 면접을 보고 있다. (대학교에 합격하고 나면)
• 연관되다 예 컴퓨터는 우리 생활과 아주 많이 연관되어 있다.

단어 자기 소개서   전공   경력을 쌓다

[17~20] 다음을 듣고 남자의 중심 생각을 고르십시오.

17.

남자 : 또 커피 마셔?
여자 : 응, 며칠 전부터 야근을 했더니 너무 피곤해. 할 일이 아직도 많은데.
남자 : 커피를 마시면 처음에는 효과가 있지만 계속 마시면 효과가 떨어져. 게다가 두통이 생길 수도 있고. 계속 마시다가 안 마시면 오히려 피로가 더 몰려온다고 해. 피로를 풀 수 있는 다른 방법을 찾아보는 게 어때?

① 건강을 위해 야근을 줄여야 한다.
② 피곤할 때는 커피를 지속적으로 마셔야 한다.

🗂 종류 대화

💬 해설

여자와 남자는 커피에 관해 이야기하고 있다. 남자는 커피가 처음에는 효과가 있지만 계속 마시면 효과가 떨어지니 다른 방법을 찾아보라고 했으므로 답은 3번이다.

단어 야근   효과   두통   몰려오다

③ 커피가 아닌 다른 방법으로 피로를 풀어야 한다.
④ 커피의 효과를 높이기 위해 적당량을 마셔야 한다.

18.

남자 : 울고 싶으면 울어요. 왜 참아요?

여자 : 사람이 너무 많아서 창피해요. 약한 모습 보이는 것도 싫고요.

남자 : 우는 걸 부끄럽게 생각하는 사람들이 많지만 우는 건 나쁜 게 아니에요. 눈물은 스트레스 호르몬을 배출시켜 기분을 좋게 해 준대요. 그리고 눈과 코의 건강에도 효과적이고요. 무엇보다 친구나 가족들 앞에서 눈물을 흘리면 나에 대한 이해가 높아져 인간관계도 더 좋아질 수 있다고 해요.

① 사람들 앞에서 울면 약해 보일 수 있다.
② 친구와 가족들이 힘들 때 이해하고 힘을 줘야 한다.
❸ 우는 행동은 정신적, 육체적으로 좋은 기능이 있다.
④ 눈과 코 건강을 위해 스트레스 호르몬을 관리해야 한다.

📁 **종류** 대화

🎓 **해설**

여자와 남자는 눈물에 관해 이야기하고 있다. 눈물은 기분을 좋게 해 주고 건강에도 효과적이라고 했으므로 답은 3번이다.

• 배출시키다 **예** 운동 후 땀을 통해 독소를 몸 밖으로 배출시켰다.

📖 **단어** 참다   창피하다   호르몬   효과적

19.

여자 : 아, 눈이야. 어깨랑 목도 너무 아프네.

남자 : 휴대폰 좀 그만 봐. 너 오늘 하루 종일 휴대폰만 본 거 알아?

여자 : 주말이라도 맘껏 보고 싶어요. 숙제하고 학원 가느라고 SNS도 못 봤어요. 친구들이 어떻게 지내는지 궁금하단 말이에요.

남자 : SNS로 확인하는 것보다 친구들과 직접 만나는 게 더 좋을 것 같은데. 얼굴 보면서 맛있는 것도 먹고 이야기도 해야 더 친해지지 않겠니?

❶ 친구를 직접 만나야 더 친해질 수 있다.
② 건강을 위해서 휴대폰 사용을 줄여야 한다.
③ SNS를 너무 많이 하면 공부에 방해가 된다.
④ 주말은 가족이나 친구들과 함께 보내는 것이 좋다.

📁 **종류** 대화

🎓 **해설**

여자와 남자는 휴대폰에 관해 이야기하고 있다. 남자는 휴대폰으로 친구들이 어떻게 지내는지 확인하는 것보다 친구들과 직접 만나는 게 더 좋을 것 같다고 생각하므로 답은 1번이다.

📖 **단어** 어깨   맘껏   궁금하다   확인하다

20.

여자 : 안녕하세요, 박사님. 이번 연구가 참 흥미롭던데, 연구에서 사용한 "기능적 상상 훈련"이 뭔지 소개 부탁드립니다.

남자 : 기능적 상상 훈련이란 다이어트에 성공한 자신의 모

📁 **종류** 대화_인터뷰

🎓 **해설**

남자는 다이어트에 성공한 자신의 모습을 상상한 실험자들에게 효과가 나타났다고 했으므로 답은 4번이다.

📖 **단어** 흥미롭다   상상하다   훈련   구체적

습을 구체적으로 상상하는 방법입니다. 실험 참가자들에게 살이 빠지면 할 수 있는 일과, 살이 빠지지 않으면 할 수 없는 일을 구체적으로 생각하게 했는데요. 그 결과 이 훈련을 진행하지 않은 그룹에 비해 큰 효과가 나타났습니다.

① 다이어트를 할 때 다양한 연구 결과를 참고해야 한다.
② 다이어트에 성공하려면 구체적인 훈련 계획이 필요하다.
③ 흥미로운 다이어트 방법을 찾아야 큰 효과를 볼 수 있다.
❹ 다이어트에 성공한 모습을 상상하는 방법으로도 살이 빠질 수 있다.

[21~22] 다음을 듣고 물음에 답하십시오.

여자 : 이번에 아이가 수학에서 백점을 받아 왔어. 그래서 똑똑하다고 엄청 칭찬해 줬어.
남자 : 머리가 좋다거나 똑똑하다는 칭찬은 좋지 않아. 칭찬은 아이들에게 힘이 되기도 하지만 엄청난 부담이 되기도 하거든. 다음부터는 똑똑함을 강조하기 보다는 열심히 노력했다는 것을 칭찬해 줘.
여자 : 어떤 칭찬이든지 많이 받으면 자신감이 높아지지 않아?
남자 : 잘못된 칭찬은 오히려 좋은 행동이 무엇인지 알 수 없게 해. 그리고 부정적인 감정 표현을 할 수 없게 만들어 역효과를 가져올 수도 있고.

21. 남자의 중심 생각으로 알맞은 것을 고르십시오.

❶ 올바른 방법으로 칭찬을 해야 한다.
② 아이들에게 칭찬으로 힘을 줘야 한다.
③ 아이의 자신감을 높이는데 칭찬이 최고이다.
④ 똑똑한 아이로 키우기 위해 칭찬이 필요하다.

22. 들은 내용으로 맞는 것을 고르십시오.

① 칭찬은 아이의 감정 표현을 돕는다.
② 똑똑함을 강조하면 자신감이 높아진다.
③ 머리가 좋다고 칭찬하면 점점 똑똑해진다.
❹ 잘못된 방법의 칭찬은 아이에게 부담을 준다.

[23~24] 다음을 듣고 물음에 답하십시오.

남자 : 아이가 열이 많이 나네요. 목도 많이 부었고요. 기침
하고 열나는 증상 말고 다른 증상은 없나요?

여자 : 지금은 콧물이 나오지 않지만 밤에 잘 때 코가 막혀서
잠을 잘 못 자요. 음식도 잘 먹으려고 하지 않고요.

남자 : 목에 염증이 있어서 음식을 삼킬 때 아플 거예요. 그
리고 염증 때문에 열이 더 심해질 수 있습니다. 열이
나면 시원한 옷을 입히도록 하세요.

여자 : 네, 알겠습니다. 감사합니다.

종류 대화

해설

남자(의사)와 여자는 아이의 감기 증상에 관해 이야기하고
있다. 여자는 아이의 엄마이고 남자는 아이를 진찰하는 의
사이다.

단어 열이 나다   붓다   증상   염증
코가 막히다   삼키다

23. 남자가 무엇을 하고 있는지 고르십시오.

❶ 아이를 진찰하고 있다.
② 자신의 증상을 설명하고 있다.
③ 여자의 몸 상태를 확인하고 있다.
④ 건강을 위한 습관을 알아보고 있다.

24. 들은 내용으로 맞는 것을 고르십시오.

① 목이 아파도 음식을 잘 먹어야 한다.
② 열이 나면 옷을 따뜻하게 입어야 한다.
❸ 목에 염증은 몸에 열이 나게 할 수 있다.
④ 아이는 콧물이 많이 나와서 힘들어 하고 있다.

해설

남자가 염증 때문에 열이 더 심해질 수 있다고 했으므로
답은 3번이다.
① 목이 아파도 음식을 잘 먹어야 한다. (목에 염증이 있어
서 음식을 삼킬 때 아플 거예요.)
② 열이 나면 옷을 따뜻하게 입어야 한다. (열이 나면 시원
한 옷을 입히도록 하세요.)
④ 아이는 콧물이 많이 나와서 힘들어 하고 있다. (지금은
콧물이 나오지 않지만 밤에 잘 때 코가 막혀서 잠을 잘
못 자요.)

[25~26] 다음을 듣고 물음에 답하십시오.

여자 : 다음 달에 서울극장에서 열리는 영화제는 좀 특별한
행사라고 들었습니다. 기존의 영화제와 성격이 많이
다르다고 하는데요. 어떤 영화제인지 소개 부탁드립
니다.

남자 : 네, 저희가 준비한 영화제는 바로 "국경 없는 영화
제"로 의료 현장을 담은 다큐멘터리 영화들을 볼 수
있습니다. 난민의 삶이나 전쟁 속에서 병원을 지키
는 의사와 간호사들의 모습을 담은 영화도 있고요.
가난 때문에 약을 구하지 못해 전염병으로 죽어가는
사람들의 이야기도 있습니다. 대부분의 사람들은 이
러한 현장들을 직접 경험해 볼 수 없습니다. 따라서
삶과 죽음의 경계에 있는 사람들의 현실을 알지 못
하죠. 하지만 더 이상 이들을 외면하면 안 됩니다.
영화제 수익금은 모두 의료 구호 활동에 사용되므로

종류 대화_인터뷰

해설

남자는 의료 구호 활동에 영화제 수익금이 사용되므로 영
화제에 참여를 호소하고 있으므로 답은 3번이다.

단어 국경   의료 현장   난민   전염병   경계
수익금   구호 활동

영화제에 참석하셔서 여러분의 관심과 사랑을 보여
주세요.

25. 남자의 중심 생각으로 맞는 것을 고르십시오.

① 전쟁에서 의사와 간호사들을 보호해야 한다.
② 의료 다큐멘터리 영화를 더 많이 만들어야 한다.
❸ 의료 혜택을 받지 못하는 사람들을 도와야 한다.
④ 가난한 사람들을 위해 전염병 약을 개발해야 한다.

---

26. 들은 내용으로 맞는 것을 고르십시오.

❶ 영화를 통해 난민들의 어려운 삶을 알 수 있다.
② 영화제 참석으로 어려운 사람을 돕기는 힘들다.
③ 국경 없는 영화제에 여러 나라의 다양한 영화가 소개된다.
④ 영화제를 통해 발생한 수익은 영화를 만드는 데 사용된다.

[27~28] 다음을 듣고 물음에 답하십시오.

남자 : 시내버스 교통사고가 적지 않은데 왜 아직도 안전벨
　　　트가 없는지 모르겠어.
여자 : 버스 정류장 간격이 비교적 짧고 교통 신호도 있어
　　　서 사고 위험이 크지 않아.
남자 : 하지만 요즘 운전기사들의 신호 위반과 난폭 운전이
　　　문제가 되고 있잖아.
여자 : 안전벨트를 의무화하면 서서 타는 것이 불가능하게
　　　돼. 그러면 시내버스 좌석이 부족해서 큰 사회적 문
　　　제가 될 걸.
남자 : 편의와 안전 사이에 결정해야 하는 문제지만 안전은
　　　포기해서는 안 돼. 대부분의 사망 사고는 안전벨트를
　　　잘 착용하지 않아서 생기는 문제거든. 사고의 예방을
　　　승객에게만 요구하는 것은 옳지 않다고 생각해.

27. 남자가 여자에게 말하는 의도를 고르십시오.

① 안전벨트를 착용을 부탁하기 위해
② 시내버스 교통사고의 실태를 알리기 위해
❸ 시내버스 안전벨트의 필요성을 지적하기 위해
④ 시내버스에 안전벨트가 없는 이유를 문의하기 위해

28. 들은 내용으로 맞는 것을 고르십시오.

① 현재 시내버스에 서서 탈 수 없다.
② 시내버스 좌석 부족이 사회적 문제가 되었다.
③ 대부분의 사망 사고가 시내버스에서 일어나고 있다.
❹ 최근 시내버스 운전기사들이 신호 위반과 난폭 운전을 했다.

🎓 **해설**

남자는 요즘 운전기사들의 신호 위반과 난폭 운전이 문제가 되고 있다고 했으므로 답은 4번이다.
① ~~현재 시내버스에 서서 탈 수 없다.~~ (안전벨트를 의무화하면 서서 타는 것이 불가능하게 돼.)
② ~~시내버스 좌석 부족이 사회적 문제가 되었다.~~ (그러면 시내버스 좌석이 부족해서 큰 사회적 문제가 될 걸.)
③ 대부분의 사망 사고가 ~~시내버스에서 일어나고 있다.~~ (대부분의 사망 사고는 안전벨트를 잘 착용하지 않아서 생기는 문제거든.)

[29~30] 다음을 듣고 물음에 답하십시오.

여자 : 경찰이 가짜 뉴스에 강력하게 대응하겠다고 밝혔는데 어떤 의미죠?

남자 : 만들어진 가짜 이야기들이 대중매체를 통해 전파되면서 정보처럼 바뀌고 있습니다. 가짜 뉴스로 이익을 보는 사람들이 계속 가짜 뉴스를 생산해서 피해를 보는 사람들이 증가하고 있다는 것이 큰 문제입니다. 따라서 이를 집중 단속하겠다는 의미입니다.

여자 : 그렇다면 시민들의 표현의 자유가 침해될 수 있을 것 같은데요.

남자 : 네, 저희도 그 부분을 가장 우려하고 있습니다만 단속을 미룰 수 없는 상황입니다. 이러한 가짜 뉴스들은 신문 기사의 형식을 띠고 있어서 사람들이 쉽게 믿어 피해가 증가하고 있거든요. 앞으로 가짜 뉴스를 만드는 사람과 함께 퍼뜨린 사람도 같이 처벌할 예정이니 정보를 공유하실 때는 미리 사실 확인을 하는 등 주의하셔야 합니다.

📁 **종류** 대화_인터뷰

🎓 **해설**

남자는 앞으로 가짜 뉴스를 만드는 사람과 함께 퍼뜨린 사람도 같이 처벌할 예정이라고 했으므로 경찰 관계자일 것이다.

📖 **단어** 가짜　　강력하다　　대응하다　　밝히다
　　　　전파하다　　집중 단속　　침해되다
　　　　퍼뜨리다　　처벌하다　　공유하다

---

29. 남자는 누구인지 맞는 것을 고르십시오.

① 가짜 신문으로 인한 피해자
② 표현의 자유를 주장하는 언론인
❸ 가짜 뉴스를 단속하는 경찰 관계자
④ 대중매체를 통해 기사를 전파하는 신문 기자

🎓 **해설**

남자가 가짜 뉴스들은 신문 기사의 형식을 띠고 있다고 했으므로 답은 1번이다.
② ~~가짜 뉴스로 인한 피해자가 감소하고 있다.~~ (피해를 보는 사람들이 증가하고 있다는 것이 큰 문제입니다.)
③ ~~피해를 막는 것보다 표현의 자유가 우선이다.~~ (네, 저희도 그 부분을 가장 우려하고 있습니다만 단속을 미룰 수 없는 상황입니다.)
④ ~~가짜 뉴스를 공유하는 것은 처벌받지 않는다.~~ (앞으로 가짜 뉴스를 만드는 사람과 함께 퍼뜨린 사람도 같이 처벌할 예정이니)

30. 들은 내용과 일치하는 것을 고르십시오.

❶ 가짜 뉴스는 신문 기사처럼 보인다.
② 가짜 뉴스로 인한 피해자가 감소하고 있다.
③ 피해를 막는 것보다 표현의 자유가 우선이다.
④ 가짜 뉴스를 공유하는 것은 처벌받지 않는다.

남자 : 요즘 자동차 부품의 결함으로 인한 사고가 자주 일어
나고 있어. 그런데 문제는 자동차 회사에서 부품을
개발하는 것이 아니라는 거야. 자동차 부품 업체에서
부품을 개발해서 자동차 회사에 납품하는 구조거든.

여자 : 그런데 그게 왜 문제가 돼? 누가 개발했던 편리하고
안전하게 개발되면 되는 거 아냐?

남자 : 아니지. 자동차 부품 회사가 한 부품을 여러 회사에
팔게 되면 특정 부품의 문제가 자동차 시장 전체의
문제로 이어질 수 있다는 거지. 근데 자동차 회사별
로 문제 수정하는 방법이 다 달라서 소비자가 제대
로 보상받기 힘든 게 현실이야.

여자 : 아, 자동차는 생명과 직결되니 소비자를 위한 적절
한 제도 개선이 필요하겠구나.

31. 남자의 생각으로 맞은 것을 고르십시오.

① 자동차 회사의 문제 수정 방법을 맞추어야 한다.
② 자동차 회사는 안전을 위한 부품에 신경 써야 한다.
③ 자동차 회사가 직접 부품을 개발하고 생산해야 한다.
❹ 자동차 부품 개발의 변화로 자동차 시장에 문제가 발생
했다.

32. 남자의 태도로 맞은 것을 고르십시오.

❶ 자동차 시장의 문제점을 해설하고 있다.
② 자동차 부품의 안정성을 의심하고 있다.
③ 소비자 보호 제도의 필요성을 내세우고 있다.
④ 새로워진 자동차 부품 개발 방식을 소개하고 있다.

[33~34] 다음을 듣고 물음에 답하십시오.

여자 : 다리를 떨다가 어른들께 혼난 경험, 많이들 있으시
죠? 하지만 이런 나쁜 습관이 때론 건강에 도움이
되기도 한다는 사실 아세요? 요즘 의자에 앉아서 일
하는 사람들이 많은데 이때 가장 안 좋은 자세가 움
직이지 않고 가만히 앉아 있는 자세입니다. 그런데
오래 앉아 있으면 다리 쪽 혈액 순환이 안 돼서 다리
가 붓고 심하면 병이 생길 수도 있습니다. 이럴 때
다리를 떨면 이런 것들을 예방할 수 있습니다. 종아
리 근육이 수축할 때 다리의 혈액을 위쪽으로 쭉쭉
밀어주기 때문인데요. 이왕 다리를 떨려면 건강에
도움이 되는 방법으로 떠는 게 좋겠죠? 발목을 천천
히 끝까지 올리고 천천히 끝까지 내려서 종아리 근

🔖 종류 토론

🎧 해설

여자와 남자는 자동차 시장의 문제점에 관해 이야기하고
있다. 남자는 자동차 부품 개발을 자동차 회사가 하지 않기
때문에 문제가 자주 발생한다고 하였으므로 답은 4번이다.

단어 부품   결함   납품하다   수정   보상받다
직결되다   개선

🎧 해설

남자는 여자에게 자동차 시장의 문제점을 자세히 해설하
고 있으므로 답은 1번이다.

🔖 종류 담화_강연

🎧 해설

나쁜 습관이 건강에 도움이 되는 경우에 대해서 말하고 있다.

단어 다리를 떨다   혈액 순환   종아리   수축하다
밀어주다   예방하다

육을 최대한 이용하면 다리가 붓는 것도 예방해 주고 다리도 예뻐질 수 있습니다.

33. 무엇에 대한 내용인지 맞는 것을 고르십시오.

① 습관과 건강과의 관계
② 근육 운동이 필요한 이유
③ 다리 근육을 위한 운동 방법
❹ 도움이 되기도 하는 나쁜 습관

---

34. 들은 내용으로 맞는 것을 고르십시오.

① 다리 떠는 습관은 발목에 악영향을 준다.
❷ 종아리 근육을 움직이면 혈액 순환이 잘 된다.
③ 다리를 떨면 다리에 생긴 병을 치료할 수 있다.
④ 앉아 있을 때 가만히 있는 것이 좋은 자세이다.

📖 **해설**

종아리 근육이 수축할 때 다리의 혈액을 위쪽으로 밀어준다고 했으므로 답은 2번이다.
① 다리 떠는 습관은 ~~발목에 악영향을 준다.~~ (하지만 이런 나쁜 습관이 때론 건강에 도움이 되기도 한다는 사실 아세요?)
③ 다리를 떨면 다리에 생긴 병을 ~~치료할 수 있다.~~ (이럴 때 다리를 떨면 이런 것들을 예방할 수 있습니다.)
④ 앉아 있을 때 가만히 있는 것이 ~~좋은 자세이다.~~ (요즘 의자에 앉아서 일하는 사람들이 많은데 이때 가장 안 좋은 자세가 움직이지 않고 가만히 앉아 있는 자세입니다.)

[35~36] 다음을 듣고 물음에 답하십시오.

남자 : 안녕하십니까? 저는 오늘 안타까운 이야기를 하나 소개하고자 이 자리에 나왔습니다. 여러분, 길에서 주인을 잃은 동물들 많이 보셨죠? 반려 동물을 키우는 사람이 1,000만 명에 달하니 주인을 잃거나 버림받는 동물도 당연히 많아졌을 겁니다. 그러면 이런 유기 동물들이 어떻게 처리되는지 아십니까? 동물보호소에서는 한정된 예산과 공간 때문에 평균 15일이 지나면 안락사를 시키고 있습니다. 현재로서는 입양만이 안락사를 막을 수 있는 유일한 방법이고요. 하지만 입양으로 이어지는 경우는 25%에 불과합니다. 게다가 작고 예쁜 동물만 입양되고 있다는 것이 안타까운 현실입니다. 한때는 소중한 누군가의 가족이었던 소중한 생명들, 그냥 지나치지 마세요. 이제는 사지 말고 입양할 때입니다.

🗨 **종류** 담화_연설

📖 **해설**

남자가 사람들에게 반려 동물의 입양을 권유하고 있다.

단어 반려 동물   유기   안락사   입양

35. 남자는 무엇을 하고 있는지 맞는 것을 고르십시오.

❶ 반려 동물 입양을 권유하고 있다.
② 유기 동물의 실태를 발표하고 있다.
③ 반려 동물 입양 방법을 변경하고 있다.
④ 유기 동물 안락사에 대해 전하고 있다.

36. 들은 내용으로 맞는 것을 고르십시오.

① 작은 동물들은 입양되기 힘들다.
② 동물 보호소의 예산은 충분한 편이다.
❸ 유기 동물은 동물 보호소에서 15일 가량 지낼 수 있다.
④ 반려 동물을 키우는 사람에 비해 유기 동물은 감소하고 있다.

[37~38] 다음은 교양 프로그램입니다. 잘 듣고 물음에 답하십시오.

남자 : 요즘 경제가 어렵다는 얘기를 많이 하죠. 경제 성장률은 계속 하락하고 실업률과 물가는 계속 오르고……. 그래서 오늘은 바른 경제 연구소 소장님을 모시고 한국의 경제 정책에 대해 살펴보겠습니다. 안녕하세요, 소장님. 현재의 경제 정책에 대해 설명 부탁드립니다.

여자 : 네, 반갑습니다. 정부와 기업 그리고 경제 전문가들 모두 현재의 경제 위기를 공감하고 있습니다. 그래서 이를 해결하고자 지난달 한 자리에 모였습니다. 결론은 제조업을 다시 살리자는 의견이 강했는데요. 한국의 산업 구조는 다른 나라에 비해 제조업의 비중이 크기 때문입니다. 지금의 위기도 제조업의 위기에서 시작되었으므로 이를 방치한 채 다른 곳에서 해답을 찾기 어렵고요. 뿐만 아니라 제조업은 일자리 창출 효과가 크기 때문에 제조업 지원이 확대되는 정책이 필요하다고 봅니다.

37. 여자의 중심 생각으로 맞는 것을 고르십시오.

① 한국의 제조업 비중을 줄여야 한다.
❷ 제조업을 살려 경제 위기를 극복해야 한다.
③ 현재의 경제 정책으로는 경제 위기를 해결할 수 없다.
④ 산업 구조의 변화로 더 많은 일자리를 창출해야 한다.

38. 들은 내용과 일치하는 것을 고르십시오.

❶ 제조업은 많은 일자리를 만든다.
② 한국은 다른 나라에 비해 제조업 비율이 낮다.
③ 경제 성장률과 실업률, 물가가 계속 오르고 있다.
④ 한국의 경제 위기는 잘못된 경제 정책에서 시작되었다.

[39~40] 다음은 대담입니다. 잘 듣고 물음에 답하십시오.

여자 : 이야기를 듣는 저도 낯부끄럽네요. 이런 일들로 우리의 관람 수준이 평가될까봐 걱정도 되고요.

남자 : 연주의 집중력을 떨어뜨리는 휴대폰 소동은 이번이 처음이 아닙니다. 연주 중에 휴대폰이 울리기도 하고 녹음하다가 버튼을 잘못 눌러 재생되기도 하고요. 휴대폰을 반드시 꺼 달라거나 촬영이나 녹음이 불가능하다거나 하는 안내 방송은 소귀에 경 읽기였던 거죠. 공연장의 훼방꾼은 한국만의 고민은 아닌데요. 일부 국가에서는 공연장에 전파 차단기를 설치하기도 합니다. 한국도 이를 도입하려고 했으나 정부의 허가를 받지 못 해서 설치하지 못 했습니다. 공연장에서 문화인이 되는 길은 의외로 어렵지 않습니다. 꺼진 휴대폰도 다시 확인하는 배려하는 마음 하나면 충분합니다.

39. 이 담화 앞의 내용으로 알맞은 것을 고르십시오.

① 공연장에서 관람 수준 평가가 있었다.
② 공연장에 휴대폰 사용 금지 안내 방송이 필요하다.
③ 공연장에서 사용 가능한 전파 차단기가 개발되었다.
❹ 공연장에서 관객의 휴대폰 사용으로 문제가 발생했다.

40. 들은 내용과 일치하는 것을 고르십시오.

① 공연 중 촬영을 하려면 허가를 받아야 한다.
② 정부의 허가로 전파 차단기가 곧 설치될 예정이다.
③ 공연 중 휴대폰 사용 불가 방송은 큰 효과가 있었다.
❹ 일부 나라에서는 공연장에서 전파 차단기를 사용하고 있다.

[41~42] 다음은 강연입니다. 잘 듣고 물음에 답하십시오.

여자 : 생각만 해도 행복해지는 스테이크, 여러분들은 어느 정도 굽기로 주문하세요? 피가 뚝뚝 흐르는 스테이크가 싫어서 완전히 익힌 "웰던"으로만 주문하는 분 계시죠? 네, 살짝 익힌 스테이크는 접시까지 피가 흥건히 흐르기도 하는데요. 보이는 피 때문에 완전히 익히지 않은 스테이크를 먹지 못하는 분들도 계실 겁니다. 그런데 사실 이 붉은 액체는 피가 아닙니다. 고기

🗂 **종류** 대화_대담

🔎 **해설**
남자가 연주의 집중력을 떨어뜨리는 휴대폰 소동은 이번이 처음이 아니라고 했으므로 답은 4번이 된다.
• 훼방꾼 [예] 훼방꾼의 등장으로 일을 망치게 되었다.

📖 **단어** 낯부끄럽다 집중력 소귀에 경 읽기
전파 차단기 허가 의외

🔎 **해설**
남자가 일부 국가에서는 공연장에 전파 차단기를 설치한다고 했으므로 답은 4번이다.
① 공연 중 촬영을 하려면 허가를 받아야 한다. (정부의 허가를 받지 못 한 것은 전파 차단기이다.)
② 정부의 허가로 전파 차단기가 곧 설치될 예정이다. (한국도 이를 도입하려고 했으나 정부의 허가를 받지 못 해서 설치하지 못 했습니다.)
③ 공연 중 휴대폰 사용 불가 방송은 큰 효과가 있었다. (휴대폰을 반드시 꺼 달라거나 촬영이나 녹음이 불가능하다거나 하는 안내 방송은 소귀에 경 읽기였던 거죠.)

🗂 **종류** 담화_강연

🔎 **해설**
스테이크에서 나오는 붉은 액체는 피가 아니라 미오글로빈이라는 붉은 색소를 가진 성분이라고 했다. 그러므로 답은 3번이 된다.

📖 **단어** 익히다 제거하다 액체 색소 성분
흥건하다 응고되다 가공되다

를 가공할 때 피는 모두 제거하거든요. 만약 제거되지 않았더라도 남은 피는 응고됐을 것입니다. 그렇다면 이 액체는 무엇일까요? 이 붉은 액체의 정체는 바로 미오글로빈이라는 성분으로 붉은 색소를 가지고 있기 때문에 마치 피처럼 보입니다. 피인 줄 알고 먹기를 꺼렸던 분들 이제 안심하고 드셔도 되겠죠?

41. 이 강연의 중심 내용으로 맞는 것을 고르십시오.

① 성분에 따라 고기에 들어 있는 색소가 다르다.
② 스테이크를 완전히 구워야 피가 모두 응고된다.
❸ 스테이크의 붉은 액체는 피가 아닌 다른 성분이다.
④ 피를 완전히 뺀 고기를 스테이크에 사용해야 한다.

42. 들은 내용과 일치하는 것을 고르십시오.

❶ 고기에는 붉은 색을 띄는 성분이 있다.
② 완전히 익힌 스테이크에도 피는 남아 있다.
③ 스테이크의 붉은 액체는 고기를 가공할 때 응고된다.
④ 고기를 가공할 때 피를 제거해야 안심하고 먹을 수 있다.

🎓 **해설**

고기에서 나오는 붉은 액체는 미오글로빈이라는 성분으로 붉은 색소를 가지고 있다고 했으므로 답은 1번이다.
② ~~완전히 익힌 스테이크에도 피는 남아 있다.~~ (살짝 익힌 스테이크는 접시까지 피가 흥건히 흐르기도 하는데요.)
③ 스테이크의 붉은 액체는 고기를 가공할 때 ~~응고된다.~~ (고기를 가공할 때 피는 모두 제거하거든요.)
④ ~~고기를 가공할 때 피를 제거해야~~ 안심하고 먹을 수 있다. (피인 줄 알고 먹기를 꺼렸던 분들 이제 안심하고 드셔도 되겠죠?)

[43~44] 다음은 다큐멘터리입니다. 잘 듣고 물음에 답하십시오.

여자 : 근면함의 상징인 개미는 전 세계에 서식하는 곤충으로 땅속이나 나무 등에 집을 짓고 산다. 이 생물들이 사는 개미집에는 문이 없다. 작은 구멍이 외부와 바로 연결되어 있을 뿐이다. 그렇다면 비가 올 때 빗물에 잠기지 않을까? 놀랍게도 개미들은 빗물이 들어올 것을 대비해 흡수력이 좋은 토양을 사용해 집을 짓는다. 또한 비가 많이 오면 집 일부가 무너져 입구를 막아버리도록 설계하여 집의 내부를 보호한다. 그리고 개미집을 자세히 보면 입구 주변에 흙을 담처럼 쌓아 놓은 것을 볼 수 있는데 이는 비가 오기 전에 담의 높이를 높게 만들어 빗물에 대비하는 것이다. 이를 통해 우리는 개미가 비를 예측한다는 것을 알 수 있다. 개미는 숨 쉬는 구멍을 통해 대기압의 변화를 감지하는데 비가 오는 날은 기압이 낮아지므로 비가 오는 것을 미리 알 수 있는 것이다. 참으로 영리한 동물이 아닐 수 없다.

📁 **종류** 담화_다큐멘터리

🎓 **해설**

개미들은 빗물이 들어올 것을 대비해 흡수력이 좋은 토양으로 집을 짓고 비가 못 들어오게 설계한다. 그러므로 답은 4번이다.

📖 **단어**   상징   서식하다   곤충   잠기다   흡수력   토양   예측하다   감지하다   영리하다

43. 이 이야기의 중심 내용으로 맞는 것을 고르십시오.

① 개미의 서식지가 변하고 있다.
② 개미는 날씨를 미리 예측할 수 있다.
③ 동물의 능력이 사람보다 우수한 점이 많다.
❹ 개미는 비에 대비해 과학적으로 집을 짓는다.

---

44. 개미에 대한 설명으로 맞은 것을 고르십시오.

① 개미는 빗물에 대비해 출입문을 만든다.
② 개미집은 빗물에도 무너지지 않도록 설계되어 있다.
❸ 개미는 기압의 변화를 통해 비가 오는 것을 예측한다.
④ 개미는 빗물이 흡수되지 않는 흙을 이용해 집을 짓는다.

📚 **해설**

개미들은 빗물이 들어올 것을 대비해 집을 짓고 비가 많이 오면 집 일부가 무너져 입구를 막아버리도록 설계한다고 했으므로 답은 3번이다.

[45~46] 다음은 강연입니다. 잘 듣고 물음에 답하십시오.

여자 : 여러분, 세상에서 가장 오래된 그림이 무엇인지 아세요? 세상에서 가장 오래된 그림은 깊은 동굴 속에 그려져 있는데요. 바로 알타미라 동굴 벽화입니다. 이 사진을 보시면 그림이 굉장히 사실적으로 묘사되어 있는 거 보이시죠? 사냥을 하거나 열매를 따서 먹던 시절에 저런 수준 높은 그림을 그릴 수 있었다는 사실에 놀라지 않을 수 없습니다. 그렇다면 왜 이런 그림을 그렸을까요? 첫 번째, 어떤 학자들은 취미 삼아 그렸을 것이라고 주장합니다. 사냥을 하고 한가한 시간에 그림을 그렸을 것이라는 추측이죠. 두 번째로는 교육용으로 그렸다는 주장입니다. 그림을 통해 어떤 동물을 사냥할 수 있는지 어디를 공격해야 사냥에 성공할 수 있는지를 알 수 있기 때문입니다. 하지만 가장 유력한 학설은 주술적인 이유라고 합니다. 그림을 그려 놓고 주문을 외우면 마법이 그대로 이루어질 거라고 믿었다는 거죠. 이러한 점에서 주술은 예술의 기원이라고 볼 수 있습니다.

🏷️ **종류** 담화_강연

📚 **해설**

여자가 교육용으로 그림을 그렸다는 학설이 있다고 했으므로 답은 3번이다.

① 최초의 그림은 ~~동굴 입구~~에 그려져 있다. (동굴 속에 그려져 있는데요.)
② 최초 동굴 벽화의 그림 수준은 ~~높지 않다~~. (사냥을 하거나 열매를 따서 먹던 시절에 저런 수준 높은 그림을 그릴 수 있었다는 사실에 놀라지 않을 수 없습니다.)
④ ~~전문 화가들이~~ 취미로 동굴 벽에다가 그림을 그렸다. (사람들이 취미 삼아 사냥 후 한가한 시간에 그렸을 것이다.)

• 묘사되다 **예** 그림에 농촌의 풍경이 잘 묘사되었다.

단어 동굴 벽화　한가하다　사냥　공격하다
　　　학설　유력하다　주술적　주문을 외우다
　　　마법　기원

---

45. 들은 내용과 일치하는 것을 고르십시오.

① 최초의 그림은 동굴 입구에 그려져 있다.
② 최초 동굴 벽화의 그림 수준은 높지 않다.
❸ 동굴 벽화는 당시에 그림 교육이 있었음을 증명한다.
④ 전문 화가들이 취미로 동굴 벽에다가 그림을 그렸다.

46. 여자가 말하는 방식으로 가장 알맞은 것을 고르십시오.

① 벽화에 대한 여러 학설을 정의하고 있다.
② 동굴 속의 벽화 보존 방법을 살피고 있다.
❸ 벽화의 발생이 주술적인 이유 때문이라고 예측하고 있다.
④ 벽화에 그려진 대상을 통해 당시의 생활 모습을 증명하고 있다.

벽화의 발생이 주술적 이유로 이것이 예술의 기원이 되었다고 예측하고 답은 3번이다.
• 살피다 : 여기저기 주의하여 자세히 봄.
  예 위험한 곳인지 잘 살펴 건너라.
• 예측하다 : 미루어 생각하여 짐작함.
  예 이번 선거는 결과를 예측하기 힘들다.

[47~48] 다음은 대담입니다. 잘 듣고 물음에 답하십시오.

여자 : 1인 가구의 수가 폭발적인 증가세를 보이고 있지만, 이들의 신체적ㆍ정신적 건강상태는 좋지 않은 것으로 나타났습니다. 구체적으로 어떤 내용인가요?

남자 : 1인 가구 하면 영화나 드라마 속 자유롭고 화려한 삶을 떠올리기 쉽지만 대체적으로 주거 불안감, 영양 불균형 등에 시달리고 있습니다. 우울증 등 정신 건강까지 악화된 경우도 있고요. 무엇보다 가장 큰 문제점은 식생활인데요. 1인 가구는 다가구에 비해 외식이나 결식이 잦아서 영양 불균형이 심한 편입니다. 아울러 가정 간편식이나 인스턴트 위주의 식단이 많아서 필수 영양소 섭취가 부족하고 나트륨을 과도하게 섭취하고 있어 건강이 악화될 수 있습니다. 건강은 한 개인의 삶의 질뿐 아니라 국가의 재정에 영향을 미치는 중요한 요인이므로 1인 가구의 삶을 위한 식생활 환경 개선과 대응 정책이 절실히 필요한 상황입니다.

📁 종류 대화_대담

1인 가구는 인스턴트 위주의 식단이 많아서 필수 영양소 섭취가 부족하기 때문에 건강이 악화될 수 있다고 했으므로 답은 2번이다.
① 1인 가구의 가장 큰 문제점은 ~~우울증이다.~~ (무엇보다 가장 큰 문제점은 식생활인데요.)
③ 가정 간편식으로 영양 불균형을 ~~해소할 수 있다.~~ (아울러 가정 간편식이나 인스턴트 위주의 식단이 많아서 필수 영양소 섭취가 부족하고 나트륨을 과도하게 섭취하고 있어 건강이 악화될 수 있습니다.)
④ ~~1인 가구보다 다가구가~~ 과도한 나트륨 섭취가 많다. (다가구보다 1인 가구가)

단어 폭발적   시달리다   악화되다   인스턴트   위주   과도하다   절실히

47. 들은 내용과 일치하는 것을 고르십시오.

① 1인 가구의 가장 큰 문제점은 우울증이다.
❷ 인스턴트 위주의 식단은 건강을 악화시킨다.
③ 가정 간편식으로 영양 불균형을 해소할 수 있다.
④ 1인 가구보다 다가구가 과도한 나트륨 섭취가 많다.

48. 남자의 태도로 가장 알맞은 것을 고르십시오.

① 1인 식생활 개선 방법을 장려하고 있다.
② 1인 가구의 급격한 증가를 염려하고 있다.
③ 1인 가구용 간편식의 위험성을 고발하고 있다.
❹ 1인 가구에 맞는 정책의 필요성을 강조하고 있다.

남자는 마지막에 1인 가구의 삶을 위한 식생활 환경 개선과 대응 정책이 절실히 필요한 상황이라고 했다. 그러므로 답은 4번이다.

[49~50] 다음은 강연입니다. 잘 듣고 물음에 답하십시오.

여자 : 지난 5월 제주도에 난민이 입국하면서 "제노 포비아"라는 용어가 등장하고 있습니다. 이방인이라는 뜻의 '제노(xeno)'와 싫어한다, 꺼린다는 뜻의 '포비아(phobia)'가 합쳐진 말인데요. 상대방이 자기와 다르다는 이유로 일단 경계하는 심리를 말하며 외국인 혐오증으로 해석되고 있습니다. 난민을 받아들이는 문제를 두고 찬성하는 사람들은 반대하는 사람들의 생각에 제노 포비아가 깔려있다고 비판했습니다. 해외의 언론들도 이 사건에 대해 한국인들이 불안감으로 인해 난민에 관한 가짜 뉴스를 퍼뜨리고 제노 포비아를 조장한다고 비판의 목소리를 내기도 했고요. 어쩌면 인간은 본성적으로 낯선 것들을 두려워하는지 모릅니다. 따라서 대화의 상대로 받아들이기보다는 우선 제거하고 싶어 하죠. 인종과 종교의 관점에서 그들을 본다면 그들은 분명 이방인이 확실합니다. 하지만 한 명의 사람으로 본다면 그들이 과연 우리와 다른 이방인일까요? 판단은 여러분의 몫입니다.

49. 들은 내용과 일치하는 것을 고르십시오.

① 제노 포비아는 난민 수용을 의미한다.
② 제주도 난민이 가짜 뉴스를 퍼뜨렸다.
❸ 한국의 난민 수용 반대 운동을 비판하는 해외 언론도 있었다.
④ 난민 수용을 찬성하는 사람들의 생각 속에 제노 포비아가 있다.

50. 여자의 태도로 가장 알맞은 것을 고르십시오.

❶ 실례를 들어 설명하면서 사건의 재고를 권하고 있다.
② 난민 수용의 결과를 예측하며 판단을 유도하고 있다.
③ 난민 수용의 찬성과 반대 의견을 비교하며 낙관하고 있다.
④ 한국에서 발생한 사건에 대한 해외 언론의 보도를 비판하고 있다.

🗂 **종류** 담화_강연

💬 **해설**
해외의 언론들도 한국인들이 불안감으로 인해 제노 포비아를 조장한다고 비판의 목소리를 냈다고 했으므로 답은 3번이다.
① 제노 포비아는 난민 수용을 의미한다. (상대방이 자기와 다르다는 이유로 일단 경계하는 심리를 말하며 외국인 혐오증으로 해석되고 있습니다.)
② 제주도 난민이 가짜 뉴스를 퍼뜨렸다. (한국인들이 불안감으로 인해 난민에 관한 가짜 뉴스를 퍼뜨리고)
④ 난민 수용을 찬성하는 사람들의 생각 속에 제노 포비아가 있다. (찬성하는 사람들은 반대하는 사람들의 생각에 제노 포비아가 깔려있다고 비판했습니다.)

📝 **단어** 난민   이방인   꺼리다   혐오증   인종
경계하다   제거하다

💬 **해설**
여자는 제노 포비아에 대해 자세히 설명하면서 사람들에게 다시 한번 생각해 보기를 권유하고 있으므로 답은 1번이다.

📝 **단어** 재고   낙관하다(↔비관하다)

[51~52] 다음을 읽고 ㉠과 ㉡에 들어갈 말을 각각 한 문장으로 쓰시오.

51.

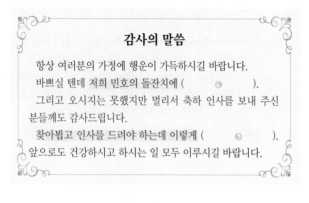

감사의 말씀

항상 여러분의 가정에 행운이 가득하시길 바랍니다.
바쁘실 텐데 저희 민호의 돌잔치에 (㉠).
그리고 오시지는 못했지만 멀리서 축하 인사를 보내 주신
분들께도 감사드립니다.
찾아뵙고 인사를 드려야 하는데 이렇게 (㉡).
앞으로도 건강하시고 하시는 일 모두 이루시길 바랍니다.

🗂 **종류** 감사 카드

💬 **답안**
㉠ 참석해 주셔서 감사합니다 / 와 주셔서 감사드립니다
㉡ 글로 인사를 드리게 되어 죄송합니다 / 글로 인사를 드려서 죄송합니다 / 글로 인사를 드립니다.

✏️ **채점**

㉠	내용 (3점)	제목이 '감사의 말씀'으로 봐서 감사하는 내용의 글이다. 돌잔치(아이의 첫 번째 생일)에 오신 것에 대한 감사 인사말을 표현해야 한다.
	형식 (2점)	'참석하다, 오다'의 단어와 감사 표현을 사용해야 한다.
㉡	내용 (2점)	찾아뵙고 인사를 드려야 하는데 그렇게 하지 못하는 점에 대한 죄송한 마음을 나타내면 된다.
	형식 (3점)	직접적인 인사가 아닌 간접적인 인사를 드린다는 표현과 죄송하다는 표현을 사용

단어 돌잔치   찾아뵙다   이루다

52.

자동차가 배출하는 가스는 대기오염의 주범이다. 정부는 경유차의 생산을 점점 줄이고 전기자동차의 생산을 늘리고 있다. 또한 전기자동차를 구입하는 사람들에게 보조금을 (㉠). 이러한 논의뿐만 아니라 미세먼지가 심한 날에는 차량 2부제를 시행하여 배출 가스를 줄이는 정책도 운영하고 있다. 대기오염을 줄이기 위해 정부뿐만 아니라 개인도 적극적으로 (㉡).

🗂 **종류** 설명문

💬 **답안**
㉠ 지원하는 논의도 펼치고 있다 / 지원하기 위해 논의를 하고 있다
㉡ 노력(힘)을 기울여야 할 것이다 / 노력을 해야 한다 / 힘을 쏟아야 한다

✏️ **채점**

㉠	내용 (2점)	정부의 전기자동차 생산을 늘리고 있어서 이것을 구입하는 사람들에게 보조금 즉, 금전적인 지원을 하려고 한다는 내용이 들어가야 한다.
	형식 (3점)	보조금을 '지원하다'라는 의미의 단어를 사용해야 하고 뒤에 '이러한 논의뿐만 아니라'로 봐서 보조금 지원이 결정된 것은 아니고 논의 중이라는 것을 알 수 있다. 그래서 완료 형태의 표현이 아닌 진행 표현을 사용해야 한다.
㉡	내용 (3점)	'대기오염을 줄이기 위해' 정부도 노력하지만 개인도 적극적으로 '노력을 해야 한다'는 표현 사용
	형식 (2점)	정부뿐만 아니라 개인도 적극적으로 노력해야 한다는 당위 표현 사용

단어 배출하다   주범   경유차   보조금
     시행하다   정책   운영하다

53. 다음을 참고하여 '1인 가구 현황'에 대한 글을 200~300자로 쓰시오. 단, 글의 제목을 쓰지 마시오. (30점)

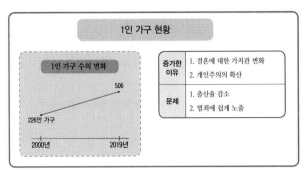

 종류 도표

✏️ 채점

과제1	**1인 가구 수의 변화 그래프 읽기**
	1) 그래프에 표시된 모든 정보 제시
	   – 년도와 가구 수
	2) 수의 변화 읽기
	   – 2000년에서 2019년까지의 1인 가구 수의 변화(증가하다, 늘어나다)

과제2	**1인 가구 증가 이유** 1) 결혼에 대한 가치관 변화 2) 개인주의의 확산
과제3	**1인 가구의 증가로 인한 문제** 1) 출산율 감소 2) 범죄에 쉽게 노출

단어 가구   가치관   확산   범죄   노출

최	근		1	인		가	구		현	황	을		살	펴	보	면	,		그

최근 1인 가구 현황을 살펴보면, 그 숫자가 점점 증가하고 있다는 것을 알 수 있다. 2000년 226만 가구였던 것이 2019년에 506가구로 2배 이상 증가한 것이다. 1인 가구가 늘어나는 이유는 결혼하여 가정을 이루는 것보다 혼자 사는 것이 신체적, 정신적으로 자유롭다는 가치관의 변화를 꼽을 수 있다. 또한 나를 위한 투자가 늘어나고 부양이나 가사 노동의 부담이 줄어드는 개인주의의 확산도 영향일 수 있다. 반면 1인 가구가 늘어나면서 생기는 문제점으로는 가족해체와 독신의 증가로 출산율이 떨어지고 여성의 경우, 범죄에 쉽게 노출되어 표적이 된다는 것이다.

[과제 1]
[과제 2]
[과제 3]

54. 다음을 주제로 하여 자기의 생각을 600~700자로 글을 쓰시오. 단, 문제를 그대로 옮겨 쓰지 마시오.

> 지도자의 자질은 사회나 국가의 흥망을 좌우할 만큼 매우 중요하다. 이 세상에 많은 지도자가 있지만 훌륭한 지도자를 찾기 어렵다. '지도자의 중요성과 역할 및 자질'에 대해 아래의 내용을 중심으로 자신의 생각을 쓰라.
>
> - 지도자는 왜 중요한가?
> - 지도자의 역할은 무엇인가?
> - 지도자에게 필요한 자질은 무엇인가?

🗂 종류　논설문

✏ 채점

과제1	**지도자의 중요성** - 동일한 조건이나 인적자원으로 더 나은 성과를 낼 수 있다.
과제2	**지도자의 역할** - 책임지는 것, 구성원에게 임무를 주고 문제가 생겼을 때 책임을 지는 역할
과제3	**지도자에게 필요한 자질** - 성실성 - 판단력

단어　지도자　자질　흥망　좌우하다

[과제 1] [서론]

스포츠에서 예전의 큰 성과를 내지 못한 팀이 감독이 바뀌면서 좋은 성적을 낸 경우를 종종 볼 수 있다. 동일한 인적자원을 가지고 더 나은 방향으로 성과를 이뤄낼 수 있는 것이 지도자의 능력이다. 훌륭한 지도자가 나오면 그 사회나 국가가 더욱 부유해지고 강해질 수 있을 만큼 지도자가 중요하다.

[과제 2] [본론]

조직 변화를 이끌 수 있는 지도자의 역할 중 가장 중요한 것은 '책임지는 것'이라 생각한다. 구성원이 스스로 주도권을 가지고 의사결정을 할 수 있도록 하는 것이 위임이다. 역량이 갖춰진 구성원을 찾아내고 그가 주도권을 가지면서 일을 하게 하는 것이다. 그리고 문제가 생겼을 때 책임을 지는 역할을 자처해 구성원이 가장 일을 잘할 수 있는 환경을 만들어 주는 것이 지도자의 일이라고 생각한다.

[과제 3] 지도자의 역할을 잘 수행하기 위해 지도자는 성실성과 판단력의 자질을 갖춰야 한다. 성실성은 다른 사람과 공유하는 목표에 대한 정직성이고 자신에게 맡겨진 것에 대한 책임감을 의미한다. 또한 판단력은 지도자 자신이 자기의 위치에 맞는 경험과 교육의 기본 자질을 갖추고 있어야 한다. 경험은 문제를 해결해 나갈 때 중요하게 작용하며 교육은 훌륭한 판단력과 의사 결정을 하는 데 필요하다. 이런 자질을 가진 지도자라면 구성원이 자신의 능력을 마음껏 펼칠 수 있도록 구성원을 적극적으로 유도할 수 있을 것이다.

[서론]

[1~2] (   )에 들어갈 알맞은 것을 고르십시오.

1.

비밀을 영원히 (   ) 그 은혜를 잊지 않겠다.

① 지키려고   ② 지키던데
❸ 지켜준다면   ④ 지키느라고

어휘·문법 -ㄴ/는다면

예 바람이 불지 않는다면 머리 모양이 그대로 일텐데.
① -(으)려고 : 의도나 목적을 나타냄.
    예 과제를 하려고 노트북을 켰다.
② -던데 : 화자가 과거에 경험하거나 관찰한 사실을 나타냄.
    예 감기 때문에 고생하는 사람들이 많던데 감기 조심하세요
④ -느라(고) : 앞 내용이 뒤의 이유나 원인이 됨을 나타냄.
    예 영화를 보느라 전화를 못 받았다.

종류 문장

해설

비밀을 지켜주면 그것에 대한 은혜는 기억하겠다는 의미이므로 앞의 내용은 가정이고 뒤의 내용은 조건이기 때문에 '지켜준다면'이 알맞다. '-ㄴ/는다면'는 어떤 상황을 가정해 뒤에 따르는 행위나 상태의 조건을 나타낼 때 사용한다.

2.

요즘 체중을 (   ) 매일 운동을 하고 있다.

① 줄여 가지고   ② 줄이는 반면
❸ 줄이기 위해   ④ 줄이는 대신

어휘·문법 -기 위해

예 그는 합격하기 위해 열심히 공부했다.
① -어/아 가지고 :
    ⅰ. 시간적 선후 관계를 나타냄.
       예 저는 돈을 빨리 모아 가지고 차를 살 거예요.
    ⅱ. 이유나 원인을 나타냄.
       예 아버지께서 바빠 가지고 입학식에 오지 않으셨습니다.
② -는 반면에 : 앞과 뒤의 내용이 반대임을 나타냄.
    예 저는 키가 작은 반면에 동생은 키가 커요.
④ -는 대신에 : 어떤 행동을 다른 행동으로 대체함을 나타냄.
    예 도서관에 가는 대신에 집에서 공부했어요.

종류 문장

해설

매일 운동을 하는 목적이 체중을 줄이려는 것이기 때문에 '줄이기 위해'가 알맞다. '-기 위해'는 어떤 상황이나 행동을 하는 목적이나 의도를 나타낼 때 사용한다.

[3~4] 다음 밑줄 친 부분과 의미가 비슷한 것을 고르십시오.

3.

준서는 큰 욕심을 내지 않고 묵묵히 시험을 <u>준비할 따름이다.</u>

❶ 준비할 뿐이다　　　② 준비할 만하다
③ 준비하나 보다　　　④ 준비하게 하다

> **어휘 · 문법** –(으)ㄹ 따름이다
> **예** 이렇게 헤어져서 아쉬울 따름이다.
> cf –(으)ㄹ 뿐이다 : 다른 선택의 가능성이 없음을 나타냄.
> 　 **예** 이렇게 헤어져서 아쉬울 뿐이다.
> ② –(으)ㄹ 만하다 : 어떤 대상이 어떤 행동을 할 타당한 이유를 가질 정도로 가치가 있음을 나타냄.
> 　 **예** 그는 열심히 공부했기 때문에 1등을 할 만하다.
> ③ –나 보다 : 화자의 추측을 나타냄.
> 　 **예** 우산을 쓴 사람들을 보니 비가 오나 보다.
> ④ –게 하다 : 어떤 일을 시키거나 허용함을 나타냄.
> 　 **예** 이렇게 멀리 오시게 해서 죄송합니다.

🗁 종류 문장

🎓 해설
다른 큰 욕심은 내지 않고 묵묵히 시험만 준비하는 다른 선택이 없는 상황으로 '–(으)ㄹ 뿐이다'와 의미가 비슷하다.

4.

면접 전에 질문을 미리 <u>연습해 두면</u> 당황하지 않고 잘 볼 수 있을 것이다.

① 연습해 대면　　　② 연습하고 보니
❸ 연습해 놓으면　　④ 연습하고 해서

> **어휘 · 문법** –아/어 두다
> **예** 비행기 표를 미리 예약해 두었다.
> cf –아/어 놓다 : 어떤 행동을 끝내고 그 결과 유지를 나타냄.
> 　 **예** 비행기 표를 미리 예약해 놓았다.
> ① –어/아 대다 : 어떤 행동의 계속 반복을 나타냄.
> 　 **예** 한 시간 넘게 노래를 계속 불러 대고 있다.
> ② –고 보다 : 앞의 행동을 하고 남을 나타냄.
> 　 **예** 도서관에 도착하고 보니 휴관일이었다.
> ④ –고 해서 : 앞의 내용이 뒤 내용의 이유 중 하나임을 나타냄.
> 　 **예** 배도 고프고 해서 라면을 먹었다.

🗁 종류 문장

🎓 해설
미리 연습하면 면접을 잘 볼 수 있다는 대비하는 것이 좋다는 의미이므로 '–아/어 놓다'와 의미가 비슷하다.

[5~8] 다음은 무엇에 대한 글인지 고르십시오.

5.

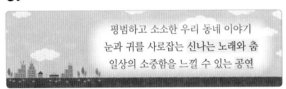

새살이 솔솔~ 아기 피부처럼 깨끗하게!

상처에 잊지 말고 바르세요.

❶ 연고   ② 붕대
③ 소화제   ④ 감기약

🗂 **종류** 상품 광고

💬 **해설**
상처에 바르면 새살이 나서 아기 피부처럼 깨끗해진다는
내용을 보아 연고 광고이다.

단어 새살   상처   바르다   붕대

6.

평범하고 소소한 우리 동네 이야기
눈과 귀를 사로잡는 신나는 노래와 춤
일상의 소중함을 느낄 수 있는 공연

① 연극   ② 영화
❸ 뮤지컬   ④ 콘서트

🗂 **종류** 공연 광고

💬 **해설**
신나는 노래와 춤이 있는 공연이라는 내용으로 보아 뮤지
컬 광고이다.

단어 평범하다   소소하다   사로잡다   일상

7.

1. 양치할 땐 컵 사용하기
2. 빨래는 한꺼번에 모아서 하기
3. 비누칠하는 동안 수도꼭지 잠그기

모두가 함께 하면 더 오래 쓸 수 있습니다.

❶ 물 절약   ② 안전 교육
③ 주의 사항   ④ 환경 보호

🗂 **종류** 공익 광고

💬 **해설**
양치할 때 컵을 사용하고 모아서 빨래하고 비누칠하는 동
안 수도꼭지를 잠그면 더 오래 쓸 수 있다는 내용으로 보
아 물을 아끼자는 물 절약 광고이다.

단어 양치하다   비누칠하다   수도꼭지

8.

우리 아기가 첫돌을 맞이했습니다.

그동안 사랑으로 지켜봐 주신 분들과 함께 기쁨을 나누고자 합니다.
오셔서 우리 아기가 건강하게 자랄 수 있도록 축복해 주십시오.

① 여행   ❷ 생일
③ 결혼   ④ 졸업

🗂 **종류** 초대 카드

💬 **해설**
아이의 첫 번째 생일, 첫돌이니 오셔서 축하해 달라는 내
용으로 보아 생일 초대 카드이다.

단어 첫돌   맞이하다   축복하다

9.

내 생애 가장 뜨거운 시간
대학생 해외 봉사단을 모집합니다.

- **모집 인원:** 전국 대학생 30명
- **접수 기간:** 5월 1일 ~ 5월 14일
- **접수 방법:** 신청서(홈페이지 출력) 작성 후 이메일 접수
- **선정 방법:** 1차 서류/ 2차 심층 면접(1차 합격자는 개별 통지)
- **활동 내용:** 교육 봉사, 학교/주거환경보수, 의료봉사, 문화교류 및 탐방
- **지원 내역:** 현지 생활비, 문화 탐방비 전액 지원(항공비는 본인 부담)
  해외 봉사 확인서, 봉사 활동 시간 부여
  ☎ 문의 (02)758-4323

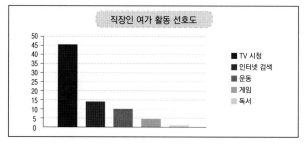

❶ 참가 신청은 인터넷을 통해서만 가능하다.
② 서울에 학교가 있는 대학생만 지원할 수 있다.
③ 활동에 필요한 비용은 모두 본인이 내야 한다.
④ 서류 심사에 붙은 사람은 홈페이지에서 확인할 수 있다.

🗂 **종류** 안내문(포스터)

🎓 **해설**
접수 방법은 신청서 작성 후 이메일 접수이므로 답은 1번이다.
② ~~서울에 학교가 있는 대학생만 지원할 수 있다.~~ (전국에서 지원할 수 있다.)
③ 활동에 필요한 비용은 ~~모두~~ 본인이 내야 한다. (항공비만 본인이 부담한다.)
④ 서류 심사에 붙은 사람은 ~~홈페이지에서 확인할 수 있다.~~ (개별적으로 통지한다.)

📓 **단어** 심층 면접   통지   탐방

10.

직장인 여가 활동 선호도

[막대 그래프: 세로축 0~50, 범례 - TV 시청, 인터넷 검색, 운동, 게임, 독서]

① 여가 활동으로 게임은 거의 하지 않는다.
② 운동을 하는 비율이 인터넷 검색에 비해 높다.
③ 직장인이 가장 선호하는 여가 활동은 독서이다.
❹ 휴식 시간에 텔레비전 보는 것을 가장 좋아한다.

🗂 **종류** 도표

🎓 **해설**
직장인이 여가 시간에 하는 활동은 텔레비전 시청이 가장 높으므로 답은 4번이다.
① 여가 활동으로 ~~게임은~~ 거의 하지 않는다. (독서를 거의 하지 않는다.)
② ~~운동을 하는 비율이 인터넷 검색에 비해 높다.~~ (인터넷 검색을 하는 비율이 운동보다 높다.)
③ 직장인이 가장 선호하는 여가 활동은 ~~독서이다.~~ (TV 시청이다.)

📓 **단어** 여가   시청   독서

11.

사과는 밤보다 아침에 먹는 것이 건강에 더 좋다. 아침에 먹으면 사과의 성분이 장운동을 할 수 있게 해 주어 변비를 예방해 준다. 또한 사과에는 비타민도 많이 들어 있어서 피부도 좋아질 뿐만 아니라 피로 해소와 <u>다이어트</u>에도 도움이 된다. 특히 사과를 꾸준히 먹으면 뇌에서 작용하는 신경 물질에 도움을 주어 치매도 예방할 수 있다.

① 사과는 아무 때나 먹어도 건강에 좋다.
❷ 다이어트를 할 때는 사과가 도움이 된다.

🗂 **종류** 설명문

🎓 **해설**
사과는 비타민이 많아서 피로 해소와 다이어트에도 도움이 된다고 했으므로 답은 2번이다.
• 작용하다 **예** 물이 몸속에서 <u>작용하는</u> 역할은 여러 가지이다.

📓 **단어** 성분   장   해소   신경   예방하다

③ 변비가 있을 때는 사과를 먹으면 안 된다.
④ 사과의 성분이 치매 예방에는 효과가 없다.

12.

　동물도 감정을 가지고 있다. 기쁨, 슬픔, 두려움 등 다양한 감정을 느끼고 그것을 몸짓으로 표현한다. 즐거운 감정을 느끼면 고양이, 돌고래는 소리를 내고 개들은 꼬리를 흔든다. 코끼리는 커다란 귀를 펄럭이면서 소리를 크게 지른다. 그리고 가족과 친구를 잃었을 때는 슬픔과 괴로움으로 눈물을 흘리기도 하고 오랫동안 우울해하기도 한다.

① 고양이는 즐거울 때 꼬리를 흔든다.
❷ 동물은 친구가 죽었을 때 슬픈 감정을 느낀다.
③ 돌고래는 두려운 감정이 들면 큰소리를 지른다.
④ 동물은 감정을 느끼기는 하지만 표현하지는 못한다.

📁 **종류** 설명문

🎓 **해설**
동물도 감정을 가지고 있어 가족이나 친구를 잃었을 때 슬픔을 느껴 눈물을 흘리기도 하고 우울해하기도 한다고 했으므로 답은 2번이다.

단어 감정　흔들다　잃다

[13~15] 다음을 순서대로 맞게 배열한 것을 고르십시오.

13.

(가) 세 명의 요리사가 채소를 나르고 주방 도구를 정리하며 하루를 시작한다.
(나) 이때 얼굴에 심술이 가득한 지배인이 갑자기 생일파티 과제를 던져 주고 사라진다.
(다) 드디어 온갖 아이디어로 음식을 모두 만들어내고 그들의 생일파티는 무사히 끝난다.
(라) 요리사들은 음식을 만드는 동안 실수와 재미를 더해 가고, 무대는 관객과 하나가 된다.

① (가) – (다) – (라) – (나)
❷ (가) – (나) – (라) – (다)
③ (다) – (가) – (나) – (라)
④ (다) – (라) – (가) – (나)

📁 **종류** 설명문

🎓 **해설**
세 명의 요리사가 ~~~ 하루를 시작한다는 것으로 시작해 지배인이 오늘 생일파티 과제를 주고 요리사들은 생일파티 준비 과정을 통해 모든 음식을 만들어내고 무사히 파티가 끝난다는 이야기로 구성되어야 한다.

단어 심술　지배인　온갖　더하다

14.

(가) 여인의 생각과는 다르게 반죽에 들어간 초콜릿은 전혀 녹지 않았다.
(나) 하지만 초콜릿이 그대로 박혀 있는 이 쿠키는 사람들이 정말 좋아하는 간식이 되었다.
(다) 쿠키를 만들던 한 여인이 반죽에 필요한 녹는 초콜릿이 다 떨어져서 고민하고 있었다.
(라) 여인은 옆에 있던 보통 초콜릿을 작은 조각으로 쪼개 넣은 후, 오븐에서 초콜릿이 녹기를 기대했다.

📁 **종류** 설명문

🎓 **해설**
한 여인이 ~~ 고민하고 있었다는 것으로 등장인물 소개로 시작한다. 여인은 작은 초콜릿을 쪼개 녹이려고 했으나 녹지 않아 쿠키에 그대로 박혀 만들었는데 이것이 사람들은 더 좋아하는 간식이 되었다는 이야기로 구성되어야 한다.

단어 반죽　녹다　박히다　쪼개다　고민하다

① (가) – (나) – (다) – (라)　　② (가) – (라) – (나) – (다)
③ (다) – (가) – (라) – (나)　　❹ (다) – (라) – (가) – (나)

15.

(가) 폐어는 물이 마르면 진흙 속으로 들어가 숨쉬기를 위한 구멍을 만든다.

(나) 그리고 아가미로 숨 쉬는 것을 멈춘 후, 부레로 숨을 쉬면서 비가 오기를 기다린다.

(다) 그런 다음에 몸에서 미끌거리는 점액성의 물질이 나오면서 코 주변을 꼬리로 감는다.

(라) 몸속에 아가미와 부레를 모두 가지고 있는 '폐어'는 물 밖에서도 살 수 있는 물고기다.

① (나) – (가) – (다) – (라)　　② (나) – (라) – (가) – (다)
❸ (라) – (가) – (다) – (나)　　④ (라) – (나) – (다) – (가)

종류 문장

해설

폐어라는 물고기를 소개하는 것으로 시작한다. 폐어는 물이 없으면 진흙으로 들어가 구멍을 만들고 몸에 점액성의 물질이 나오면서 코 주변을 꼬리로 감고 아가미로 숨쉬는 것을 멈춘 후 비가 오기를 기다리는 이야기로 구성되어야 한다.

단어 진흙　숨쉬기　아가미　부레　물질
미끌거리다　점액성

[16~18] 다음을 읽고 (　　)에 들어갈 내용으로 가장 알맞은 것을 고르십시오.

16.

　우리는 다른 사람의 생각이나 행동을 바꾸기 위해 설득을 한다. 설득을 잘하려면 상대방이 누구인지 정확하게 파악해야 한다. 그리고 설득을 통해 그 사람도 얻게 되는 이익이 있다는 것을 알려줘야 한다. 그러나 무엇보다 중요한 것은 상대의 (　　) 것이다. 설득은 상대의 변화를 이끌어내는 것이므로 서로에 대한 이해와 공감이 없으면 이루어지기 힘들기 때문이다.

① 눈을 보는　　　　② 손을 잡는
❸ 마음을 얻는　　　④ 기분을 아는

종류 설명문

해설

설득은 상대의 변화를 끌어내는 것이므로 서로에 대한 이해와 공감이 있어야 한다고 했으므로 상대의 마음을 얻는 게 가장 중요하다는 것이 적합하다.

단어 상대방　설득　파악하다　이익　공감

17.

　사막여우는 다른 여우와는 달리 자신의 얼굴보다 큰 귀를 가지고 있다. 이 귀에는 비밀이 숨어 있다. 사막여우의 귀에는 혈관이 많이 모여 있어서 몸 안의 열을 바깥으로 잘 내보낼 수 있다. 사막여우는 사막에 살기 때문에 몸의 (　　) 바로 이 큰 귀로 몸이 더워지는 것을 막는다.

① 전체를 숨기려고
❷ 열을 낮추기 위해
③ 움직임을 최소로 하며
④ 여러 곳을 깨끗하게 씻어

종류 설명문

해설

사막에 사는 사막여우의 귀에는 혈관이 많이 모여 있어서 몸 안의 열을 바깥으로 잘 내보내 몸이 더워지는 것을 막는다고 했으므로 큰 귀가 몸의 열을 낮추는 역할을 한다는 것이 적합하다.

단어 혈관　열　막다　사막

18.

날씨가 춥고 건조해지면 독감에 걸리기가 쉽다. 독감에 걸리면 열이 많이 나고 두통과 근육통이 심하게 나타난다. 독감은 (   ) 옮겨 다니기 때문에 누군가의 기침이나 재채기를 통해 쉽게 걸릴 수 있다. 독감에 걸리지 않으려면 평소 손을 깨끗이 씻고 사람이 많은 곳을 다닐 때는 마스크를 착용하는 것이 좋다.

❶ 공기를 통해
② 음식을 통해
③ 악수를 할 때
④ 계절이 바뀔 때

📁 종류 논설문

💬 해설

독감은 누군가의 기침이나 재채기를 통해 쉽게 걸리며 독감에 걸리지 않으려면 마스크를 착용해야 한다고 했으므로 공기를 통해 옮긴다는 것이 적합하다.

단어 건조하다   두통   근육통   옮기다
          착용하다

[19~20] 다음 글을 읽고 물음에 답하십시오.

결혼식 전통 중 하나는 신부가 사람들을 향해 '꽃다발'을 던지는 것이다. 예로부터 사람들은 신부가 다른 사람에게 행운을 주는 존재라고 믿었다. (   ) 사람들은 신부가 입었던 옷이나 꽃다발을 가지려고 신부를 향해 달려들었다. 이 때문에 신부에게 많은 위험한 일이 생기자 신부가 들고 있던 꽃다발만 던지는 것으로 바뀌었다. 이렇듯 결혼식에서 꽃다발을 던지는 전통은 신부가 다른 사람들에게 행운을 나눠준다는 의미로 쓰이게 된 것이다.

19. (   )에 들어갈 알맞은 것을 고르십시오.

❶ 그래서   ② 대체로
③ 그나마   ④ 좀처럼

📁 종류 논설문

💬 해설

신부가 행운을 주는 존재라 믿어서 신부의 옷이나 꽃다발을 가지려고 신부를 향해 달려들었다는 의미이므로 원인 – 결과의 '그래서'가 적합하다.
② 대체로 : 요점만 말해서, 전체적으로.
    예 그 드라마는 대체로 어떤 내용이야?
③ 그나마 : 좋지 않거나 모자라기는 하지만.
    예 그나마 나오던 월급도 밀려서 못 받고 있어
④ 좀처럼 : 이만저만하거나 어지간해서는.
    예 좀처럼 감기가 떨어지질 않네.

단어 행운   존재   달려들다   전통   나눠주다

20. 이 글의 내용과 같은 것을 고르십시오.

① 꽃다발 던지기는 결혼식 전통이 아니다.
❷ 사람들은 신부에게 행운이 있다고 믿었다.
③ 결혼식에서 신부는 사람들에게 옷을 나눠 줬다.
④ 신부가 꽃다발을 던지는 것은 의미 없는 행동이다.

💬 해설

예로부터 사람들이 신부는 행운을 주는 존재라 믿어서 신부의 옷이나 꽃다발을 가지려고 신부를 향해 달려들었다고 했으므로 사람들은 신부에게 행운이 있다고 믿었다는 것이 적합하다.

[21~22] 다음 글을 읽고 물음에 답하십시오.

최근 커피숍에서 음료를 마실 경우 일회용 컵을 사용할 수 없는 '일회용 컵 사용 규제'가 시행되었다. 환경오염의 원인인 일회용품 사용을 줄이기 위해 정부가 (   ) 것이다. 일회용 컵 사용 규제로 커피숍에서는 씻어서 사용할 수 있는 컵을 대신 사용하고 있다. 여기에는 개인의 불편과 희생이 따른다. 전보다 설거지가 늘어 일손이 부족하고, 일회

📁 종류 논설문

💬 해설

환경오염의 원인인 일회용품 사용을 줄이기 위해 정부가 '일회용 컵 사용 규제'를 만들었다는 의미이므로 '발 벗고 나선'이 적합하다.

용 컵에 편하게 담아 가던 것도 번거로워졌다. 하지만 일회용품을 사용했을 때 발생하는 환경오염의 결과를 생각하면 반드시 지켜야 하는 일이다. 환경 보호는 선택이 아닌 필수로, 개인에게 동의를 구하는 방식은 한계가 있기 때문이다.

21. ( )에 들어갈 알맞은 것을 고르십시오.

① 이를 간
❷ 발 벗고 나선
③ 손에 땀을 쥔
④ 물불 가리지 않은

22. 이 글의 중심 생각을 고르십시오.

① 환경 문제는 정부가 간섭하면 안 된다.
② 씻어서 사용하는 컵이 환경오염을 일으킨다.
❸ 환경 보호를 위해 개인의 희생은 감수해야 한다.
④ 커피숍에서 일회용 컵 사용을 금지하면 안 된다.

[23~24] 다음 글을 읽고 물음에 답하십시오.

이 주일 전, 우리 집 거실 창문에 비둘기 둥지가 생겼다. 이중창 작은 틈새에 나뭇가지를 얽혀서 만든 그 둥지에 비둘기는 알을 낳았다. 그 비좁은 틈새 사이를 엄마 비둘기가 방향을 돌려가며 알을 정성껏 품는 동안 아빠 비둘기는 집 짓는 데 더 필요한 나뭇가지를 가져오거나 둥지 앞을 지키고 있다. 처음엔 너무 징그러운 마음에 <u>주먹으로 유리를 쳐서 내쫓아 보려고도 했다.</u> 다른 새 같으면 놀라 벌써 날아갈 것을 비둘기는 꿈쩍도 하지 않고 알만 품고 있다. 그런 비둘기의 모성 앞에 이제는 우리 집 식구 아무도 비둘기를 건드리지 않는다. 그러던 어느 날이었다. <u>비둘기 둥지에 알 세 개만 남아 있을 뿐, 정작 알을 품고 있어야 할 엄마 비둘기는 보이지 않았다.</u> 며칠 전부터 세차게 내린 비에 비둘기가 견디다 못해 제 알을 버리고 도망갔을지도 모른다는 생각이 들었다. 그러나 나의 예상은 보기 좋게 빗나갔다.

23. 밑줄 친 부분에 나타난 '나'의 심정으로 알맞은 것을 고르십시오.

① 자랑스럽다   ② 죄송스럽다
③ 고통스럽다   ❹ 걱정스럽다

---

24. 이 글의 내용과 같은 것을 고르십시오.

① 비둘기는 알을 버려두고 갔다.
② 내 방 문틈에 비둘기 둥지가 생겼다.
③ 아빠 비둘기는 알을 열심히 품고 있다.
❹ 아무리 내쫓으려 해도 비둘기는 둥지를 지켰다.

🎓 해설
주먹으로 유리를 쳐서 내쫓아 보려고 해도 비둘기는 꿈쩍도 하지 않고 알만 품고 있었다는 내용으로 '아무리 내쫓으려 해도 비둘기는 둥지를 지켰다'는 것이 적합하다.

[25~27] 다음 신문 기사의 제목을 가장 잘 설명한 것을 고르십시오.

25.

> 한류 열풍 타고… '한국형 홈쇼핑' 태국 사로잡다

① 많은 한국 회사들이 한류의 인기 덕분에 태국에 진출하고 있다.
② 날씨의 영향으로 집에서 쇼핑하는 태국 사람들이 증가하고 있다.
③ 여름에 태국으로 여행 간 한국 사람들이 쇼핑하는 것을 좋아한다.
❹ 한류의 인기 때문에 한국 스타일 홈쇼핑도 태국에서 인기를 끌고 있다.

📁 종류 신문 기사 제목

🎓 해설
한류 열풍으로 인해 한국 스타일의 홈쇼핑이 태국에서 인기를 끌고 있다는 내용이다.

단어 열풍   홈쇼핑   욕구   진출하다

26.

> 먹방 규제에 나선 정부, '비만의 원인'으로 지목

① 정부가 조사한 결과 먹는 방송으로 비만이 된 사람이 늘어나고 있다.
❷ 정부가 먹는 방송이 비만의 원인이 된다고 주장하며 규제하기 시작하였다.
③ 먹는 방송을 규제하지 못한 정부로 인해 사람들의 비만율이 증가하고 있다.
④ 먹는 방송을 하는 사람들이 비만이 되자 정부가 먹는 방송을 규제하고 있다.

📁 종류 신문 기사 제목

🎓 해설
정부가 먹방이 비만의 원인이 된다고 말하며 규제하기 시작했다는 내용이다.

단어 먹방(먹는 방송)   지목   규제하다

27.

> 해외 주식 사들이는 20대, 3년 만에 2배 증가

① 주식을 사고 싶은 20대가 늘어나고 있다.

📁 종류 신문 기사 제목

🎓 해설
해외 주식을 사는 20대가 3년 전보다 2배가 늘어났다는 내용이다.

단어 주식

② 20대는 해외 주식에 대해 관심을 가지고 있다.
③ 외국 회사들이 20대에게 주식을 3년 동안 사게 했다.
❹ 3년 전보다 해외 주식을 사는 20대가 두 배 늘어났다.

[28~31] 다음을 읽고 (   )에 들어갈 내용으로 가장
알맞은 것을 고르십시오.

28.

개나 고양이에 알레르기가 있는 사람들은 이 동물들이
주변에 있는 것만으로도 힘든 시간을 보낼 수 있다. 하지만
반대의 상황에 대해 생각해 본 적이 있는가? 비록 흔한 일
은 아니지만 개나 고양이들도 사람 때문에 또는 다른 이유
로 인해 (   ) 경우도 있다. 이런 동물들은 인간처럼 알레
르기 때문에 고생하는데 재채기, 콧물, 피부병을 겪기도 하
고 털이 빠질 수도 있다. 다행히 동물들도 알레르기 증상을
줄여주는 데 도움이 되는 약을 이용할 수 있다.

① 죽게 되는   ② 다치게 되는
❸ 알레르기가 있는   ④ 행복한 시간을 보내는

29.

우주인이 우주 작업을 하다가 사고로 우주선에서 떨어지
게 되면 빠른 회전 때문에 앞을 제대로 볼 수 없다. 어둠 속
으로 빨려 들어간다는 두려움 때문에 우주복에 달려 있는
장치를 조작하기도 힘들다. 이와 같은 문제를 해결하기 위
해 자동으로 (   ) 우주복이 연구되고 있다. 이 우주복은
위급 상황에 버튼을 누르기만 하면 자동으로 우주인의 회
전 상태를 안정시키고 우주선으로 복귀시키는 기능을 갖추
고 있을 것이라 한다.

① 몸에서 벗겨지는   ② 밝은 곳을 찾아내는
③ 위험 신호를 감지하는   ❹ 우주선에 돌아가게 하는

30.

꿈을 꾸는 것은 잠자는 동안에 전파를 발생시키는 뇌의
활동이 꿈꾸기의 결과이다. 꿈은 뇌 속의 전파가 활성화되
었을 때 생길 수 있으므로 꿈을 절대 꾸지 않는다고 생각하
는 사람들도 사실은 항상 꿈을 꾸고 있다고 한다. 역사적으
로 꿈에 관해서는 많은 기록과 주장들이 있었다. 과거에 사
람들은 꿈이 신의 계시 혹은 예언이라고 믿었다. 그러나 19
세기에 가장 저명한 꿈 전문가인 '지그문트 프로이트'는 꿈
을 분석하여 꿈이 욕망이나 바람, 걱정과 같은 (   ) 표현

된 것이라는 결론을 내렸다.

① 인간의 계획이   ❷ 인간의 무의식이
③ 인간의 과거 경험이   ④ 인간의 꿈에 대한 기록이

31.

지혜와 지식은 갖추고 있어야 할 훌륭한 자산으로 우리에게 성공과 부를 안겨줄 수 있다. 보통 지혜와 지식이 의미하는 것은 진실, 원칙 그리고 일반 교육을 잘 알고 이해하는 것이다. 삶이 우리에게 (　　) 경험과 통찰력을 주는 것은 아니므로 인류는 생각하는 법을 개발할 수 있도록 책에 의지해 왔다. 소설이든 논문이든 책은 독자에게 실제와 개념에 대한 인식을 제공한다. 역사, 철학, 예술 및 그 밖에 어떤 분야든지 몇 시간 앉아 책을 읽으면 해당 분야에 대한 정보를 알 수 있다.

① 경쟁에서 이길 수 있는
❷ 생각의 폭을 넓힐 수 있는
③ 예술을 잘 이해할 수 있는
④ 거짓과 진실을 구별할 수 있는

🗂 종류   설명문

💬 해설
인류는 생각하는 법을 책을 통해 알아 왔다고 했으므로 2번이 정답이다.

🔤 단어   지혜   자산   원칙   통찰력   의지하다
       제공하다   분야

[32~34] 다음을 읽고 내용이 같은 것을 고르십시오.

32.

거리 예술은 공공장소에서 개발하거나 만들어진 시각 예술의 형식이다. 이는 다양한 주제와 활동들을 활용하여 예술적이지 않은 배경을 추구하고, 일상적인 삶을 사는 일반인들을 대상으로 한다. 거리 예술은 평범한 주제뿐만 아니라 정치나 인종 문제와 같은 사회적으로 민감한 문제들도 다룬다. 거리 예술이 예술의 새로운 분야를 개척하고 사회의 가장 효과적인 의사소통 도구가 되었지만 몇 가지 사회적 문제를 낳기도 했다.

① 거리 예술은 여러 가지 주제에 맞는 예술적 활동을 좇는다.
② 거리 예술은 특정한 사람들을 대상으로 사회 문제에 대해 다룬다.
③ 거리 예술은 사람들이 지나가는 거리에서 공연을 하는 것을 말한다.
❹ 거리 예술은 새로운 예술 분야의 하나로 의사소통 도구가 되기도 한다.

🗂 종류   설명문

💬 해설
거리 예술은 공공장소에서 만들어진 시각 예술의 형식으로 평범한 주제뿐만 아니라 사회적으로 민감한 문제들도 다뤄 예술의 새로운 분야를 개척하고 사회의 효과적인 의사소통 도구가 되었다고 했으므로 4번이 정답이다.
① 거리 예술은 ~~여러 가지 주제에 맞는 예술적 활동을 좇는다.~~ (예술적이지 않은 배경을 추구한다.)
② 거리 예술은 ~~특정한 사람들을 대상으로~~ 사회 문제에 대해 다룬다. (정치나 인종 문제와 같은 사회적으로 민감한 문제들을 다룬다.)
③ 거리 예술은 사람들이 지나가는 거리에서 ~~공연을 하는 것을 말한다.~~ (공공장소에서 개발하거나 만들어진 시각 예술의 형식이다.)

🔤 단어   공공장소   활용하다   추구하다   일반인
       개척하다   허가   파괴하다

33.

멀미는 일반적으로 자동차나 비행기, 기차나 배와 같은 교통수단을 이용하여 이동할 때 일어난다. 대표적인 증상으로는 두통, 현기증, 구토, 발한 등이 있다. 멀미가 생기는 가장 큰 이유는 우리의 뇌와 감각기관이 서로 충돌하기 때문이라고 한다. 몸이 움직이는 동안 시각적으로 아무런 움직임을 볼 수 없는 상황에서는 시각과 뇌의 균형이 불일치하게 된다. 그 결과 뇌는 장기의 신호들을 처리하는 과정에서 혼란을 겪게 되며, 결국 몸이 아프게 되는 것이다.

① 멀미는 교통수단을 통해 사전에 예방할 수 있다.
❷ 멀미의 원인은 뇌와 감각기관의 불균형 때문이다.
③ 멀미 증상은 한 장소에서 머무를 때 자주 발생한다.
④ 멀미의 가장 흔한 증상은 배가 아프고 열이 나는 것이다.

📁 종류 설명문

🎓 해설

멀미는 교통수단을 이용할 때와 같이 시각과 뇌의 균형이 불일치하게 되는 상황에서 발생한다 했으므로 2번이 정답이다.
① 멀미는 교통수단을 ~~통해 사전에 예방할 수 있다.~~ (이용하여 이동할 때 일어난다.)
③ 멀미 증상은 ~~한 장소에서 머무를 때~~ 자주 발생한다. (교통수단을 이용하여 이동할 때 자주 발생한다.)
④ 멀미의 가장 흔한 증상은 ~~배가 아프고 열이 나는 것~~이다. (대표적인 증상으로는 두통, 현기증, 구토, 발한 등이 있다.)

단어 충돌하다   불일치   신호   처리하다
혼란을 겪다   심호흡   극복하다

34.

요즘 유럽에서 의자 없이 '서서 일하기'가 유행하고 있다고 한다. 이것은 별난 사람들의 이야기처럼 느껴질 수도 있지만, 최근에는 한국 기업부터 정부 기관까지 서서 일하는 문화, 즉 '스탠딩 워크'를 도입한 회사가 생겨나고 있다. 한 회사는 '스탠딩 워크'를 도입한 이후 직원들의 초과 근무시간이 줄고, 예산까지 절감되었으며 건강과 운동에도 효과적이라는 사실을 확인했다. 앉아서 일하는 것보다 허리와 혈액순환에도 좋고 당뇨병이나 심혈관 질환 등의 발병률도 낮아져 조기 사망 위험도 줄어든다고 한다.

① 스탠딩 워크는 특별한 사람들이 일하는 방식이다.
② 스탠딩 워크는 당뇨병, 심혈관 질환 등의 병을 유발한다.
③ 한국 정부에서는 스탠딩 워크 제도 도입을 반대하고 있다.
❹ 한 기업은 스탠딩 워크를 도입한 후에 예산이 절약되었다.

📁 종류 설명문

🎓 해설

한 회사는 스탠딩 워크를 도입한 이후 직원들의 초과 근무 시간이 줄고 예산까지 절감되었다고 했으므로 4번이 정답이다.
① 스탠딩 워크는 ~~특별한 사람들이 일하는 방식이다.~~ (누구나 할 수 있는 일의 방식이다.)
② 스탠딩 워크는 당뇨병, 심혈관 질환 등의 ~~병을 유발한다.~~ (당뇨병, 심혈관 질환 등의 발병률이 낮아져 조기 사망 위험도 줄어든다.)
③ 한국 정부에서는 ~~스탠딩 워크 제도 도입을 반대하고 있다.~~ (한국에서도 기업부터 정부 기관까지 서서 일하는 스탠딩 워크를 도입하기 시작했다.)

단어 별나다   도입하다   예산   절감되다
발병률

[35~38] 다음 글의 주제로 가장 알맞은 것을 고르십시오.

35.

소아 비만은 환경적, 유전적, 생리적인 요인 등 여러 가지 요인들로 인해 초래된다. 비만 아동들은 결국 어른이 되어서도 비만이 될 가능성이 높다. 즉, 소아 비만이 건강 문제이면서 사회적 문제도 된다. 그래서 이를 예방하기 위해서는 꾸준히 신체 활동을 하고 건강한 식습관을 갖는 것이 매우 중요하다. 또한 어른들은 어린이들에게 해로운 영향을 끼치는 환경적인 요소들을 없애도록 노력해야 한다.

① 소아 비만을 해결하기 위해 어른들이 발 벗고 나서야 한다.
② 소아 비만을 해결하기 위해서는 환경 요인을 없애는 것

📁 종류 설명문

🎓 해설

소아 비만은 다양한 건강 문제들을 일으키기 때문에 예방하기 위해서는 꾸준한 신체 활동과 건강한 식습관을 갖는 것이 중요하다고 했으므로 '소아 비만을 예방하기 위해서는 규칙적인 운동과 올바른 식습관이 중요하다'는 것이 적합하다.

단어 초래되다   가능성   꾸준히   식습관
해롭다

이 중요하다.
③ 소아 비만은 성인이 된 후에도 비만으로 이어지므로 초기에 해결해야 한다.
❹ 소아 비만을 예방하기 위해서는 규칙적인 운동과 올바른 식습관이 중요하다.

36.

반려동물들은 인간에게 좋은 친구가 되어 왔으며 가족 구조와 생활 방식의 변화로 인해 반려동물을 기르는 사람의 수가 증가하고 있다. 연구에 따르면 반려동물이 우리에게 신체적, 정신적으로 건강에 좋은 영향을 미친다고 한다. 예를 들어 반려동물은 우울, 불안, 스트레스 등과 같은 심리적인 문제들을 줄여줄 수 있다. 또한 신체 활동을 장려하여 우리의 건강한 몸 상태를 유지하도록 돕기도 하고 그들과 교류하면서 사회성을 기를 수 있게 하였다. 마지막으로, 반려동물을 키우는 사람들은 심장 발작의 위험이 상대적으로 낮으며, 기르지 않는 사람들보다 더 오래 사는 경향이 있다고 한다.

① 장수하기 위해서는 반려동물을 기르는 것이다 좋다.
② 사회성을 기르기 위해서 반려동물과 교류하는 것이 중요하다.
③ 현대 사회의 변화로 인해 반려동물을 기르는 사람이 증가할 수 있다.
❹ 반려동물을 키우는 것은 인간에게 신체적, 정신적으로 좋은 영향을 준다.

💬 해설
반려동물은 사람들의 심리적인 문제들을 줄여 주기도 하고 신체 활동을 장려하여 건강한 몸 상태를 유지하도록 돕기도 한다고 했으므로 4번이 정답이다.
• 유지하다 [예] 꾸준히 운동을 해서 건강을 유지하는 것은 매우 중요하다.

단어 장려하다   발작   상대적   경향

37.

'헬리콥터 부모'란 부모들의 과잉 양육을 비유적으로 표현하는 말로 항상 주변을 맴돌면서 자녀들을 보호하는 부모를 말한다. 과잉 양육의 궁극적인 목표는 자녀들이 미래의 성공을 이룰 수 있도록 돕는 것이지만 자녀들에 대한 과도한 관심과 걱정은 그들에게 부정적인 영향을 끼치고 많은 부작용을 생기게 한다. 예를 들어, 부모들이 자녀를 지나치게 보호하거나 그들을 위해 모든 것을 대신한다면 아이들은 결정을 내릴 수 있는 능력을 잃고 의존적인 사람이 될 가능성이 높다. 자녀들을 성공적인 어른이 되도록 키우는 가장 좋은 방법은 그들에게 자신감을 주고 책임감을 가르치는 것이다.

① 부모들은 자녀가 성공을 이룰 수 있도록 도와야 한다.
② 자녀 대신 해줄 수 있는 일이 있으면 빨리 해결해야 한다.
③ 자녀를 올바르게 키우려면 자녀에게 관심을 많이 가져

🗂 종류 설명문

💬 해설
부모들이 자녀를 지나치게 보호하면 의존적인 사람이 될 수 있으므로 자녀들을 성공적인 어른이 되도록 키우려면 자녀들에게 자신감을 주고 책임감을 가르쳐야 한다고 했으므로 4번이 정답이다.

단어 과잉   양육   맴돌다   과도하다
       지나치다   의존적   책임감

야 한다.

❹ 자녀에게 자신감을 주고, 스스로 해결할 수 있는 능력을 키워줘야 한다.

38.

'생각한다'는 것은 조금 어려운 말로 '몸과 마음을 다 써서 공부하는 것'이다. 그렇게 되면 우리 주변에서 일어나는 수많은 문제들, 즉 우리가 살아가는 이유, 모든 사람이 꿈꾸는 행복, 친구와의 우정 같은 것에 대한 새로운 생각을 얻을 수 있다. '생각하기'가 확장된 '철학하기'는 '정말 잘 살기 위해 삶을 잘 조각하기 위한 기술'이다. 우리 삶을 아름답고 풍요롭게 하는 데 큰 수고와 노력이 들지 않는다. 몸과 마음으로 생각하는 것이야말로 우리의 삶을 풍요롭게 하는 것이다.

① 우리 생활에서 생기는 문제를 새롭게 생각하는 자세가 필요하다.
❷ 인생을 잘 살기 위해서 온몸과 마음으로 생각하는 것이 중요하다.
③ 우리 삶의 문제들을 해결하기 위해서는 많은 수고와 노력이 필요하다.
④ 아름답고 풍요로운 삶을 위해서는 끊임없이 새로운 경험을 해야 한다.

[39~41] 다음 글에서 〈보기〉의 문장이 들어가기에 가장 알맞은 곳을 고르십시오.

39.

첫눈에 반하는 사랑은 영화 속에서나 가능하다고 생각하는 사람들도 있지만, 그것이 현실에서도 일어날 수 있는 일이라는 것을 증명하는 근거들이 많이 있다. (㉠) 연구에 따르면 첫눈에 반하는 사랑은 생물학적 욕구와 깊은 관련이 있는 것으로 나타났다. (㉡) 남성과 여성 모두 자녀들에게 건강한 유전자를 물려줌으로써 건강한 후손들을 낳기를 원한다고 한다. (㉢) 남성과 여성은 몸매나 얼굴의 모습과 같은 특정한 신체적 특징들을 알아보는 과정은 몇 분도 안 되는 시간 내에 일어나게 된다. (㉣)

┌─── 보기 ───┐
여러 전문가들은 이러한 현상을 과학적으로 설명하기 위한 연구를 진행했다.
└───────────┘

❶ ㉠
② ㉡
③ ㉢
④ ㉣

🗂 **종류** 논설문

🗨 **해설**
한 철학자는 '생각한다'는 것의 진정한 의미를 '몸과 마음을 다 써서 공부하는 것'이라고 하였고 이것이 우리의 삶을 풍요롭게 한다고 했으므로 2번이 정답이다.

단어 확장되다   조각하다   풍요롭다

🗂 **종류** 설명문

🗨 **해설**
여러 전문가들이 과학적으로 설명하기 위한 연구를 진행했다는 내용이므로 첫눈에 반하는 사랑은 현실에서도 일어날 수 있는 일이라는 것을 증명하는 근거들이 있다고 한 문장 뒤에 위치하는 것이 적합하다.

단어 반하다   근거   욕구   물려주다   후손

40.

현대 사회가 빠르게 변화하면서 바쁜 생활 방식은 우리의 식습관을 바꾸고 음식 준비시간도 더 단축시키고 있다. (㉠) 패스트푸드라는 개념은 바로 먹을 수 있게 준비가 되어있거나 몇 분 이내로 조리 가능한 모든 종류의 음식을 뜻하는 말이다. (㉡) 패스트푸드의 역사는 고대 로마로부터 시작되는데 그 당시에는 사람들이 거리에서 음식과 와인을 판매하였다. (㉢) 각 나라마다 자신들만의 고유한 패스트푸드를 갖고 있지만 미국의 패스트푸드 업체들은 전 세계적으로 빠르게 성장하여 오늘날 패스트푸드의 상징이 되었다. (㉣) 그러나 많은 사람들은 패스트푸드의 낮은 영양가와 건강 관련 문제들에 대해 우려를 나타내기도 한다.

> **보기**
>
> 패스트푸드는 금방 준비가 되고 저렴하며, 또한 음식을 포장해갈 수도 있다는 장점이 있다.

① ㉠

② ㉡

③ ㉢

❹ ㉣

📁 **종류** 설명문

🏠 **해설**

패스트푸드는 빠르게 준비되고 저렴하며 포장이 가능하다는 장점이 뒤에는 패스트푸드는 건강에 좋지 않다는 문제점을 말하는 것이 자연스럽다.

단어 단축시키다   개념   고유하다   우려하다

41.

시각 예술의 한 종류인 '캘리그라피'라는 개념은 글자 쓰기 기술을 이용하여 예술적인 디자인과 필체를 창조해내는 것을 말한다. (㉠) 고대 시대부터 동양과 서양의 문명들은 자신들만의 서체를 개발해냈기 때문에 '캘리그라피'의 역사는 글자가 처음 만들어지면서부터 생겨나게 된 것으로 볼 수 있다. (㉡) '캘리그라피'는 종교 예술, 폰트 디자인, 책 디자인, 청첩장 등과 같은 다양한 용도로 사용되어 왔다. (㉢) 대부분의 서체들은 규칙성과 리듬을 보여줄 수 있도록 모양과 디자인에 있어서 엄격한 기준을 갖고 있다. (㉣) 예를 들어, 중국에서는 수파, 일본에서는 쇼도, 그리고 한국에서는 서예로 불린다.

> **보기**
>
> 또한 동양 문화권에서는 각 나라마다 '캘리그라피'를 가리키는 고유한 명칭이 있다.

① ㉠

② ㉡

③ ㉢

❹ ㉣

📁 **종류** 설명문

🏠 **해설**

동양 문화권에서는 각 나라마다 '캘리그라피'를 가리키는 고유한 명칭이 있다는 내용이므로 중국과 일본, 한국의 예를 들어 설명한 문장 앞에 위치하는 것이 적합하다.

단어 필체   창조하다   종교   엄격하다

몽룡이 아버지를 뵈러 갔다. "몽룡아, 서울에서 일을 하러 오라는 서류가 내려왔다. 나는 남은 일을 처리하고 갈 것이니, 너는 어머니를 모시고 내일 서울로 떠나거라." 몽룡은 청천벽력 같은 아버지의 말씀을 듣고, 춘향과 헤어질 생각을 하니 팔다리에 힘이 탁 풀렸다. 속이 타고 눈물이 볼을 타고 쉼 없이 흘러내렸다. 아버지가 몽룡을 보고 물었다. "너 왜 우느냐? 내가 남원에서 평생 살 줄 알았냐? 좋은 일로 서울에 가니 섭섭하게 생각하지 말고 길 떠날 준비를 해라." 몽룡이 겨우 대답하고 물러나와 어머니를 뵈러 갔다. 어머니께 춘향과의 사이를 털어놓았지만 꾸중만 실컷 듣고 나왔다. 춘향에게 이 사실을 알리려고 집을 나섰다. 춘향이 집으로 가면서 길에서 울 수도 없고, 참고 견디려니 속이 터질 것만 같았다. 춘향의 집 대문에 도착하니 애써 참았던 눈물이 왈칵 쏟아졌다. 춘향은 몽룡의 울음소리를 듣고 깜짝 놀라 밖으로 나왔다. "이게 무슨 일이에요? 부모님에 무슨 꾸중을 들었어요? 오시다 무슨 일이 있었어요? 서울에서 무슨 소식이 왔다더니 할머니가 돌아가셨어요? 점잖은 도련님이 이게 무슨 일이에요." 춘향이 치맛자락으로 몽룡의 흐르는 눈물을 닦아 주었다.

42. 밑줄 친 부분에 나타난 '나'의 심정으로 알맞은 것을 고르십시오.

❶ 답답하다　　　　② 대담하다
③ 쑥스럽다　　　　④ 정성스럽다

43. 이 글의 내용과 같은 것을 고르십시오.

① 춘향이를 만나러 가는 길에 몽룡은 울음을 터뜨렸다.
② 어머니는 춘향과의 관계를 들은 후 몽룡을 칭찬했다.
③ 춘향은 몽룡이 서울로 떠난다는 사실을 이미 알고 있었다.
❹ 몽룡은 아버지의 일 때문에 가족들과 함께 서울로 가게 됐다.

[44~45] 다음을 읽고 물음에 답하십시오.

자신이 항상 누군가와 말다툼을 하고 거칠게 행동한다고 생각해 보자. 친구와 동료 그리고 가족들과의 관계를 유지할 수 있을까? 화는 자신의 불만이나 불편함을 표출하기 위한 자연스러운 감정이다. 그러나 그것을 제대로 통제하지 못 하면 이는 생활에 부정적인 영향을 끼치고, 이로 인해 정상적인 사회생활을 유지하지 못하게 될 수 있다. 또한 화는 정신 건강과 신체 건강에 모두 해를 끼치게 된다. 따

🗂 **종류** 소설

🎓 **해설**

속이 터질 정도로 참을 수가 없는 마음이기 때문에 '답답하다'가 적합하다.
• 답답하다 **예** 말을 듣지 않는 동생이 매우 답답하다.
② 대담하다 : 담대하고 용감함.
　예 그는 혼자서도 적들과 대담하게 맞서 싸웠다.
③ 쑥스럽다 : 하는 짓이나 모양이 자연스럽지 못하여 우습고 부끄러움.
　예 여동생은 쑥스러워 얼굴이 빨개졌다.
④ 정성스럽다 : 보기에 온갖 힘을 다하려는 참되고 성실한 마음.
　예 어머니는 아침부터 정성스럽게 도시락을 만드셨다.

단어 청천벽력　　털어놓다　　꾸중　　애써

🎓 **해설**

몽룡에게 서울에서 일을 하러 오라는 서류가 왔으므로 일 때문에 가족들과 서울로 가게 됐다는 것이 적합하다.

🗂 **종류** 논설문

🎓 **해설**

화를 제대로 통제하지 못 하면 여러 가지 부정적인 영향을 끼칠 수 있기 때문에 분노 조절은 사람에게 있어서 반드시 필요한 것이라 했으므로 정상적인 사회생활을 위해 스스로 분노의 원인을 파악하고 조절해야 한다는 것이 적합하다.
• 표출하다 **예** 속으로만 힘들어 하지 말고 네 감정을 좀 밖으로 표출하도록 해.

라서 분노 조절은 현대 사회를 살아가는 모든 사람에게 있어서 반드시 필요한 것이다. 이는 훈련을 통해 화를 조절하고 평정심을 유지할 수 있게 해 준다. ( ) 방법에는 몇 가지가 있다. 화를 일으키는 원인이 무엇인지를 파악하고 그것을 피하도록 해야 한다. 심호흡을 하거나 숫자를 세고, 현재에 집중하며, 규칙적인 운동을 하는 것도 많은 도움이 된다.

단어 말다툼   거칠다   통제하다   평정심

44. 위 글의 주제로 알맞은 것을 고르십시오.

① 화를 조절하기 위해서는 현재에 집중하는 삶의 태도가 중요하다.
② 화는 자연스러운 감정의 표현이므로 억지로 조절하지 않아도 된다.
③ 심호흡과 꾸준한 운동은 자신의 감정을 조절하는 중요한 방법이다.
❹ 정상적인 사회생활을 위해 스스로 분노의 원인을 파악하고 조절해야 한다.

45. ( )에 들어갈 내용으로 가장 알맞은 것을 고르십시오.

① 현재에 집중하는
② 관계를 이어가기 위한
❸ 분노에 빠르게 대처하는
④ 정상적인 사회생활을 위한

🗨 해설
분노 조절은 훈련을 통해 조절할 수 있다고 했으므로 분노에 빠르게 대처하는 방법에는 몇 가지가 있다는 것이 적합하다.

[46~47] 다음을 읽고 물음에 답하십시오.

외국어 학습은 어렵고 시간이 오래 걸릴 수 있지만 심리학 연구에 따르면 뇌에 많은 도움을 준다고 한다. 이전 연구들은 '두 개 언어를 할 줄 아는 사람들의 뇌는 하나의 언어를 말하는 사람들의 뇌와 다르게 기능한다'는 것을 밝혀냈다. (㉠) 다른 언어를 학습하는 동안 일부는 더 똑똑해지고 있다고 느낄 수도 있다. 외국어를 학습하는 학생들은 수학, 독서 능력 및 어휘력을 평가하는 표준 시험에서 더 나은 점수를 받는다. (㉡) 또한 외국어 학습은 정보 처리를 담당하는 뇌의 기능을 더욱 향상시킨다. (㉢) 여러 언어를 사용하는 학생들은 관련성이 없는 정보를 걸러 낼 수 있고 일의 우선순위를 정하는 일을 더 잘하므로 여러 가지 과제 처리에 익숙하다. 또한 새로운 언어를 학습할 때 언어 규칙과 단어를 암기해야 하는데 뇌 운동은 뇌를 강화해 기억력을 높여 준다. (㉣)

📁 종류 설명문

🗨 해설
여러 언어를 사용하는 사람들은 목록, 주소 또는 번호와 같은 순서들을 더 잘 기억한다는 내용이므로 여러 언어를 사용하면 여러 가지 과제 처리에 익숙하고 기억력을 높여 준다는 내용 뒤에 위치하는 것이 적합하다.

단어 심리학   밝혀내다   향상시키다   우선순위

46. 위 글에서 〈보기〉의 글이 들어가기에 가장 알맞은 곳을 고르십시오.

> **보기**
> 따라서 여러 언어를 사용하는 사람들은 목록, 주소 또는 번호와 같은 순서들을 더 잘 기억한다.

① ㉠　　　　　　　② ㉡
③ ㉢　　　　　　　❹ ㉣

---

47. 위 글의 내용과 같은 것을 고르십시오.

① 외국어를 학습하는 사람은 보통 학생들에 비해서 더 똑똑하다.
② 외국어 능력이 뛰어난 학생들은 상대적으로 수학 능력은 낮다.
③ 여러 언어를 학습하는 학생들은 관련 없는 지식을 외우기도 한다.
❹ 여러 언어를 사용하는 학생들은 한 번에 여러 가지 일을 할 수 있다.

🔖 **해설**
여러 언어를 사용하는 학생들은 여러 가지 과제 처리에 익숙하다고 했으므로 여러 언어를 사용하는 학생들은 한 번에 여러 가지 일을 할 수 있다는 것이 적합하다.

[48~50] 다음을 읽고 물음에 답하십시오.

요즘 많은 사람들이 물을 마시는 것이 얼마나 중요한지 잊고 있다. 커피, 탄산음료 그리고 주스는 많이 마시면서 맛이 느껴지지 않는 물은 잘 마시지 않는다. 물은 우리 몸의 약 80%를 구성하고 있어 우리 몸은 대부분 물로 가득 차 있다고 할 수 있다. 예를 들어 뇌의 86%, 혈액의 80%가 물인데 특히 뇌가 주로 물로 구성되어 있으므로 물을 자주 마시는 것이 중요하다. 물을 마시면 집중력을 높이는 데 도움이 된다. 수분을 유지하기 위해 우리는 항상 마실 물을 가까이에 두어야 한다. 커피와 콜라같이 설탕이 많이 포함된 음료는 탈수를 유발하고 체내 칼슘을 감소시킨다. 마신 한 잔의 음료 때문에 빠져나간 수분을 보충하려면 8~12잔의 물을 마셔야 한다. 만성 탈수, 면역력 저하 그리고 다양한 질병까지 (　　) 문제들은 굉장히 많다. 물을 마시면 과자를 먹는 일이 줄어들고 몸의 신진대사가 높아진다. 그리고 피부에도 항상 생기 있고 깨끗하게 유지시켜 주는 가장 좋은 보습제 역할을 한다. 건강한 몸을 유지하는데 물 만큼 좋은 것은 없다는 사실은 분명하다. 우리는 땀과 소변을 통해 노폐물을 배출하기 때문에 몸의 컨디션을 유지하는데 물은 꼭 필요하다. 또한 면역 체계에도 많은 도움이 된다. 따라서 물과 같은 신선한 음료로 하루를 시작하는 습관을 가지는 것이 중요하다.

📂 **종류**　논설문

🔖 **해설**
건강한 몸을 유지하기 위해서는 물을 자주 마시는 것이 좋다고 말하며 인체 내에서의 물의 역할고 중요성을 강조하고 있다.

단어　보충하다　탈수　면역력　저하　노폐물　배출하다

48. 위 글을 쓴 목적으로 알맞은 것을 고르십시오.

① 수분 부족으로 인한 부작용에 대해 알려주기 위해
❷ 인체 내에서의 물의 역할과 중요성을 강조하기 위해
③ 충분한 수분 섭취를 위한 방법에 대해 설명하기 위해
④ 탄산음료가 인체에 미치는 나쁜 영향을 분석하기 위해

---

49. (   )에 들어갈 내용으로 가장 알맞은 것을 고르십시오.

① 피부에 생기는
② 탄산 섭취로 인한
③ 칼슘 감소가 일으키는
❹ 수분 부족이 유발하는

🎓 해설
커피와 콜라같이 설탕이 많이 포함된 음료는 탈수를 유발하여 만성 탈수, 면역력 저하 등 다양한 질병까지 생길 수 있다고 했으므로 수분 부족이 유발하는 문제들이 많다는 것이 적합하다.

---

50. 밑줄 친 부분에 나타난 필자의 태도로 알맞은 것을 고르십시오.

① 물을 마시지 않는 현대인들을 비판하고 있다.
② 인체에 필요한 일일 수분 섭취량을 강조하고 있다.
❸ 탄산음료의 섭취로 인한 체내 수분 손실을 우려하고 있다.
④ 탄산음료가 체내에 미치는 긍정적 영향에 대해 일부 인정하고 있다.

🎓 해설
커피와 콜라 같은 음료는 탈수를 유발하고 체내 칼슘을 감소시킨다고 했으므로 탄산음료의 섭취로 인한 체내 수분 손실을 우려하고 있다.

한·국·어·능·력·시·험·T·O·P·I·K

실전모의고사
5회 해설

듣기

1. ②	**2.** ③	**3.** ①	**4.** ①	**5.** ③	**6.** ④	**7.** ③	**8.** ③	**9.** ④	**10.** ③
11. ②	**12.** ②	**13.** ③	**14.** ②	**15.** ①	**16.** ④	**17.** ③	**18.** ③	**19.** ①	**20.** ④
21. ③	**22.** ④	**23.** ③	**24.** ②	**25.** ④	**26.** ①	**27.** ②	**28.** ①	**29.** ③	**30.** ④
31. ①	**32.** ③	**33.** ①	**34.** ②	**35.** ③	**36.** ①	**37.** ④	**38.** ②	**39.** ②	**40.** ①
41. ①	**42.** ②	**43.** ④	**44.** ③	**45.** ②	**46.** ④	**47.** ④	**48.** ④	**49.** ②	**50.** ④

읽기

1. ③	**2.** ④	**3.** ②	**4.** ②	**5.** ①	**6.** ④	**7.** ①	**8.** ③	**9.** ④	**10.** ③
11. ①	**12.** ③	**13.** ③	**14.** ②	**15.** ③	**16.** ④	**17.** ①	**18.** ③	**19.** ①	**20.** ④
21. ①	**22.** ④	**23.** ③	**24.** ②	**25.** ④	**26.** ②	**27.** ①	**28.** ②	**29.** ②	**30.** ②
31. ①	**32.** ④	**33.** ③	**34.** ④	**35.** ④	**36.** ③	**37.** ③	**38.** ③	**39.** ③	**40.** ④
41. ①	**42.** ①	**43.** ③	**44.** ①	**45.** ②	**46.** ②	**47.** ④	**48.** ④	**49.** ④	**50.** ④

듣기 (1번 ~ 50번)

[1~3] 다음을 듣고 알맞은 그림을 고르십시오.

남자 : 어서 오세요. 예약하셨나요?

여자 : 네, 김지민이라는 이름으로 예약했습니다.

남자 : 네, 확인해 보겠습니다. 잠시만 기다려 주세요.

①  ❷

③  ④

📁 **종류** 대화

🎓 **해설**

남자(직원)가 여자(투숙객)에게 이름을 묻고 예약을 확인하는 상황이므로 2번이 답이 된다.

① 남자가 가방을 여자의 방에 놓아주는 상황

③ 남자가 여자에게 승강기의 위치를 알려 주는 상황

④ 남자가 여자의 가방을 택시에 실고 있는 상황

📝 **단어** 예약하다   확인하다

2.

남자 : 저기, 제가 노트북을 실수로 바닥에 떨어뜨렸는데 그때부터 안 켜져요.

여자 : 어디 좀 볼까요? 음…, 수리해야 할 것 같아요. 오늘 맡기고 가시겠어요?

①  ②

❸  ④

📁 **종류** 대화

🎓 **해설**

남자가 여자에게 노트북 수리를 맡기는 상황이므로 3번이 답이다.

① 남자와 여자가 서로 부딪히면서 남자의 노트북이 떨어지는 상황

② 전산실에서 남자와 여자가 노트북을 반납하는 상황

④ 컴퓨터 매장에서 남자가 여자에게 노트북 가격을 물어보는 상황

📝 **단어** 떨어뜨리다   수리하다   맡기다

3.

남자 : 20대~40대를 대상으로 '영화 예매 방법'을 조사한 결과 '애플리케이션 예매'가 가장 높게 나타났습니다. 그다음으로는 '영화관 예매'와 '전화 예매'가 뒤를 이었는데 특히 30대와 40대에서 애플리케이션 예매가 작년보다 많이 늘어났습니다. 이는 휴대 전화 사용의 급증과 함께 애플리케이션 대중화의 영향이 큰 것으로 보입니다.

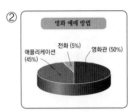

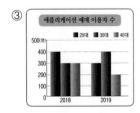

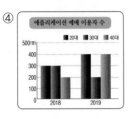

[4~8] 다음 대화를 잘 듣고 이어질 수 있는 말을 고르십시오.

4.

여자 : 조별 발표가 다음 주인데 아직 자료 조사도 안 했어?

남자 : 미안해. 과제가 많아서……. 다른 과제부터 하느라고 할 시간이 없었어.

여자 : _____

❶ 지금이라도 빨리 해서 보내 줘.

② 내일까지 자료 조사를 해 볼게.

③ 아니야, 나는 다른 과제들도 있어.

④ 어제 조원들과 벌써 발표 준비를 끝냈어.

5.

여자 : 무엇을 도와 드릴까요? 고객님.

남자 : 부모님이 보낸 택배를 아직 못 받아서요. 지난주에 보냈다고 하셨어요.

여자 : _____

① 보내는 택배의 종류를 써 주십시오.
② 받는 대로 다시 연락드리도록 하겠습니다.
❸ 보낸 물건의 송장번호를 알려 주시겠습니까?
④ 죄송하지만 오늘 택배 접수는 마감되었습니다.

🗂 종류 대화

💬 해설

남자가 택배를 아직 못 받았다고 했으므로 이에 가장 어울리는 대답은 3번이다.

· 송장 : 보내는 짐의 내용을 적은 문서. 짐을 받을 사람에게 보낸다.

단어 택배   접수   마감되다

6.

여자 : 요즘 혼자 떠나는 여행이 유행인 것 같아요. 제 동생은 지난주에 혼자 유럽으로 여행을 갔어요.

남자 : 아, 저도 한번 혼자 여행을 가보고 싶은데 무엇부터 준비해야 할지 모르겠어요.

여자 : _____

① 저는 친구들과 함께 여행을 가고 싶어요.
② 그러고 싶은데 아직 준비를 다 못 했어요.
③ 혼자 가는 여행은 어렵겠지만 아주 좋은 경험이에요.
❹ 제 동생은 인터넷을 통해 알아보고 준비한 것 같아요.

🗂 종류 대화

💬 해설

남자가 여행을 혼자 가보고 싶지만 준비하는 방법을 모르겠다고 했으므로 이에 가장 어울리는 대답은 4번이다.

단어 떠나다   준비하다

7.

여자 : 어제 본 영화는 어땠어?

남자 : 정말 재미있었어. 너무 웃어서 배꼽이 빠질 뻔했어. 너도 같이 갔으면 좋았을 텐데….

여자 : _____

① 정말 무서웠겠다.
② 영화가 너무 슬펐구나.
❸ 나도 같이 가고 싶었는데 아쉬워.
④ 차가 막혀서 약속에 늦을 뻔했어.

🗂 종류 대화

💬 해설

여자가 남자에게 영화가 어땠는지 묻자 남자는 재미있었고 같이 갔으면 좋았을 것이라고 했다. 이에 어울리는 대답은 3번이다.

· 배꼽(이) 빠지다 : 매우 우습다.
   예 코미디 프로그램을 보고 배꼽이 빠지게 웃었다.

8.

여자 : 부장님, 회의 자료는 언제까지 보내 드릴까요?

남자 : 음, 내일 출장이 있으니 오늘 중으로 받았으면 합니다.

여자 : _____

① 회의 자료를 미리 만들겠습니다.
② 내일 출장이 어려울 것 같습니다.
❸ 네, 지금 바로 메일을 보내겠습니다.
④ 네, 지난주에 메일로 보내드렸습니다.

📁 종류 대화

🎓 해설
남자가 회의 자료를 오늘 중으로 받고 싶다고 했으므로 이에 어울리는 대답은 3번이다.

단어 출장

[9~12] 다음 대화를 잘 듣고 남자가 이어서 할 행동으로 알맞은 것을 고르십시오.

9.

남자 : 인터넷에서 본 소파를 주문하고 싶은데요.

여자 : 이거 말씀하시는 거죠? 저희 매장은 모두 주문 제작이기 때문에 소파 길이를 정확히 알려 주셔야 합니다.

남자 : 아, 그래요? 그럼 집에 가서 잰 후에 다시 연락드릴게요. 제작은 보통 얼마나 걸려요?

여자 : 보통 나흘 정도 걸리는데 급하시면 최대한 빠르게 해 드리겠습니다.

① 방에 소파를 설치한다.　② 소파 제작을 주문한다.
③ 집으로 배달을 요청한다.　❹ 소파의 길이를 측정한다.

📁 종류 대화

🎓 해설
남자가 집에 가서 소파 길이를 재서 연락한다고 했으므로 남자는 소파의 길이를 측정할 것이다.

단어 매장　주문 제작　재다　측정하다

10.

남자 : 부장님, 휴게실 공용 컴퓨터를 새 것으로 바꿔야 할 것 같습니다.

여자 : 아 그래요? 어제 수리가 가능할 것 같다고 들었는데요?

남자 : 서비스 센터에 전화했는데 수리비용이 생각보다 많이 들더라고요. 그래서 차라리 새로 구입을 하는 게 좋을 것 같은데 어떻게 할까요?

여자 : 그럼, 새로 사도록 합시다. 김 대리가 인터넷으로 좀 찾아봐 주세요.

① 컴퓨터를 서비스 센터에 맡긴다.
② 컴퓨터의 고장 원인을 조사한다.
❸ 컴퓨터의 종류와 가격을 알아본다.
④ 휴게실에서 사용할 컴퓨터를 사러 간다.

📁 종류 대화

🎓 해설
남자와 여자는 컴퓨터 수리에 관해 이야기하고 있다. 여자는 남자에게 컴퓨터를 새로 사자고 했고 남자에게 인터넷으로 찾아봐 달라고 했으므로 남자는 인터넷으로 컴퓨터의 종류와 가격을 알아볼 것이다.

단어 공용　수리　차라리

11.

여자 : 이 코트는 어디에서 샀어요? 디자인이 너무 예뻐요.

남자 : 요즘 이 디자인이 유행이어서 하나 사 봤는데 저도 너무 마음에 들어요.

여자 : 저도 남자 친구에게 사주고 싶은데 혹시 어디서 샀는지 알려 줄 수 있어요?

남자 : 네, 그럼요. 지금 쇼핑 사이트 주소를 메시지로 보내 줄게요.

① 새로 산 코트를 교환한다.
❷ 쇼핑 사이트 주소를 알려준다.
③ 여자 친구에게 코트를 선물한다.
④ 쇼핑 사이트에 문의 전화를 한다.

종류 대화

해설

여자가 옷을 어디에서 샀는지 묻자 남자가 쇼핑 사이트 주소를 보내 준다고 했으므로 남자는 여자에게 쇼핑 사이트 주소를 알려줄 것이다.

단어 디자인　　유행이다　　메시지(문자)

12.

남자 : 예진아, 이번 방학 때 가기로 한 베이징행 비행기 표 찾아 봤어?

여자 : 아, 맞다. 미안해. 내가 요즘 아르바이트가 바빠서 못 찾아 봤어. 오늘 저녁에 찾아 봐도 괜찮을까?

남자 : 아니야. 비행기 표는 내가 찾아볼게. 찾아보고 연락할 테니까 네가 숙소만 찾아 줘.

여자 : 알았어. 고마워. 그렇게 하자.

① 숙소를 찾는다.　　❷ 비행기 표를 알아본다.
③ 친구의 일을 도와준다.　　④ 친구와 여행 일정을 짠다.

종류 대화

해설

여자가 바빠서 비행기 표를 못 찾아 봤다고 하자 남자는 자신이 비행기 표를 찾아보겠다고 했으므로 남자는 비행기 표를 알아볼 것이다.

단어 행　　숙소　　일정을 짜다

[13~16] 다음을 듣고 내용과 일치하는 것을 고르십시오.

13.

여자 : 어제 퇴근이 늦어져서 여성 안심 귀가 서비스를 이용해 봤는데 좋더라.

남자 : 요즘 늦은 시간에 귀가하는 여성들을 노리는 범죄가 많아지고 있는데 참 좋은 서비스인 것 같아.

여자 : 맞아. 이 서비스 덕분에 범죄율도 많이 줄어들고 집 앞까지 데려다 주니까 안전하고 정말 편리한 것 같아.

남자 : 내 동생도 요즘 매일 늦게 퇴근하던데 알려 줘야겠다.

① 여자는 안심 귀가 서비스를 이용해 본 적이 없다.
② 남자의 동생은 어제 안심 귀가 서비스를 이용했다.
❸ 안심 귀가 서비스 덕분에 범죄율이 많이 줄어들었다.
④ 안심 귀가 서비스는 출퇴근 시간대에 이용할 수 있다.

종류 대화

해설

여자가 여성 안심 귀가 서비스 덕분에 범죄율이 많이 줄어들었다고 했으므로 답은 3번이다.
① 여자는 안심 귀가 서비스를 이용해 본 적이 ~~없다~~. (어제 퇴근이 늦어져서 여성 안심 귀가 서비스를 이용해 봤는데 좋더라.)
② 남자의 동생은 어제 안심 귀가 서비스를 ~~이용했다~~. (내 동생도 요즘 매일 늦게 퇴근하던데 알려 줘야겠다.)
④ 안심 귀가 서비스는 ~~출퇴근 시간대~~에 이용할 수 있다. (요즘 늦은 시간에 귀가하는 여성들을 노리는 범죄가 많아지고 있는데 참 좋은 서비스인 것 같아.)

단어 안심 귀가 서비스　　노리다　　범죄

14.

여자 : 한국 회화 미술관에 오신 것을 환영합니다. 오늘 오후 한 시부터 2층 대강당에서 1980년대 한국의 회화 특강이 있을 예정입니다. 강의는 약 한 시간 정도 소요될 예정이오니 미리 예약을 못 하셨거나 관심이 있으신 관람객께서는 1층 매표소에서 예약을 해 주시면 감사하겠습니다.

① 특강 시간은 두 시간 정도이다.
❷ 특강은 미리 예약을 할 수 있다.
③ 설명회는 오늘 1층 대강당에서 열린다.
④ 설명회는 미술관에서 오전부터 진행된다.

🗂 종류 담화_안내(방송)

🎓 해설

여자가 미리 예약을 못 한 사람은 매표소에서 예약이 가능하다고 했으므로 답은 2번이다.
① 특강 시간은 ~~두 시간~~ 정도이다. (강의는 약 한 시간 정도 소요될 예정이오니)
③ 설명회는 오늘 ~~1층~~ 대강당에서 열린다.(2층 대강당에서 ~~ 예정이다)
④ 설명회는 미술관에서 ~~오전부터~~ 진행된다. (오늘 오후 한 시부터 2층 대강당에서 1980년대 한국의 회화 특강이 있을 예정입니다.)

단어 회화   특강   예정이다   매표소

15.

남자 : 최근 서울에 새로 생긴 대형 쇼핑몰이 학부모들의 큰 관심을 모으고 있는데요. 이 쇼핑몰에는 다양한 연령의 어린이들을 위한 여러 가지 체험관이 자리 잡고 있습니다. 특히 여러 가지 재미있는 책들을 읽을 수 있는 어린이 도서관, 자연을 체험할 수 있는 숲 놀이터와 작은 동물 놀이터, 우주를 체험할 수 있는 공간은 아이들에게 가장 인기가 있는 곳입니다. 체험 입장료는 성인은 2만 5천 원, 18세 미만은 1만 원, 5세 미만은 쇼핑몰 영수증이 있으면 무료라고 합니다.

❶ 쇼핑몰에 다양한 체험 공간이 있다.
② 체험관에 어른은 입장을 할 수 없다.
③ 체험관은 서울에 있는 유명한 쇼핑몰이다.
④ 체험관에 7세까지 무료로 입장이 가능하다.

🗂 종류 담화_뉴스(생활 정보)

🎓 해설

남자가 쇼핑몰에 다양한 연령의 어린이들을 위한 체험관이 있다고 했으므로 답은 1번이다.
② 체험관에 어른은 입장을 ~~할 수 없다.~~ (체험 입장료는 성인은 2만 5천 원, 18세 미만은 1만 원)
③ 체험관은 서울에 있는 유명한 ~~쇼핑몰이다.~~ (최근 서울에 새로 생긴 대형 쇼핑몰이 학부모들의 큰 관심을 모으고 있는데요.)
④ 체험관에 ~~7세까지~~ 무료로 입장이 가능하다. (5세 미만은 쇼핑몰 영수증이 있으면 무료라고 합니다.)

단어 대형   학부모   체험관   관심을 모으다

16.

여자 : 인천시에 국내 최대 규모의 공원이 새롭게 조성되었는데요. 녹지공원과 관계자 분을 만나 말씀 들어보겠습니다.
남자 : 이 공원은 국내에서 가장 큰 공원으로 도심의 녹지를 늘리고 도시 숲의 기능을 강화해 지역주민의 문화 공간을 마련하기 위해 만들어졌습니다. 특히 소외계층인 어린이와 장애인 그리고 노약자들도 편하게 이용하고 즐길 수 있도록 여러 시설이 준비되어 있습니다. 어린이들이 자연에서 체육활동을 할 수 있는 숲 운동장과 유모차나 휠체어 등이 자유롭게 진입할 수 있는 산책로도 준비되어 있습니다.

🗂 종류 대화_인터뷰

🎓 해설

남자가 노약자들도 편하게 이용하고 즐길 수 있도록 여러 시설이 준비되어 있다고 했으므로 답은 4번이다.
① 공원은 ~~오래 전부터~~ 만들어졌다. (인천시에 국내 최대 규모의 공원이 새롭게 조성되었는데요.)
② 공원은 어린이를 위한 시설이 ~~부족하다.~~ (특히 소외계층인 어린이와 장애인 그리고 노약자들도 편하게 이용하고 즐길 수 있도록 여러 시설이 준비되어 있습니다.)
③ 공원은 국내에서 ~~두 번째로~~ 큰 공원이다. (이 공원은 국내에서 가장 큰 공원으로)

단어 규모   조성되다   녹지   관계자   도심
소외계층   마련하다   진입하다

① 공원은 오래 전부터 만들어졌다.
② 공원은 어린이를 위한 시설이 부족하다.
③ 공원은 국내에서 두 번째로 큰 공원이다.
❹ 공원은 노약자들도 편하게 이용이 가능하다.

[17~20] 다음을 듣고 여자의 중심 생각을 고르십시오.

17.

여자 : 진호 씨, 갑자기 회사를 왜 그만두는 거예요?

남자 : 아, 네. 해외로 봉사활동을 갈 생각이에요. 사실 지금이 아니면 더 이상 기회가 없을 것 같고 젊을 때 다양한 경험도 해 보고 싶어서요.

여자 : 그런데 갑자기 잘 다니던 회사까지 그만두고 너무 급하게 결정한 거 아니에요? 봉사활동이라면 국내에서도 일을 하면서 충분히 할 수 있잖아요. 다시 한번 생각해 보는 것은 어때요?

① 봉사활동은 해외에서 해야 한다.
② 봉사활동은 어릴 때부터 꾸준히 해야 한다.
❸ 회사를 그만 두는 것은 다시 생각해 봐야 한다.
④ 해외 봉사활동으로 여러 경험을 가지는 것도 좋다.

종류 대화

해설
여자와 남자는 해외 봉사활동에 관해 이야기하고 있다. 여자는 봉사활동 때문에 회사를 그만두는 것은 성급한 결정이라고 다시 생각해 보라고 했으므로 답은 3번이 된다.

단어 봉사활동   기회가 없다   급하다

18.

여자 : 어제 뉴스 봤어? 길거리에서 남자 두 명이 심하게 싸워 병원까지 갔대.

남자 : 어, 봤어. 그런데 주변에서 아무도 안 말렸다 하더라고. 경찰이 올 때까지도 계속 치고 박고 싸우고 있었대.

여자 : 안 말린 게 아니라 못 말린 게 아닐까? 나였어도 그 상황에서 싸움을 말리는 것은 어려웠을 것 같아. 위험한 상황이고 잘못하다 싸움에 휘말려서 다칠 수도 있잖아. 오히려 직접 싸움에 끼어들기보다 빠르게 경찰에 신고한 게 잘한 행동이라 생각해.

① 싸움을 할 경우 경찰이 오면 멈춰야 한다.
② 싸움이 나면 끝날 때까지 기다리는 것이 좋다.
❸ 싸움이 났을 때 직접 말리는 것은 좋은 방법은 아니다.
④ 위험한 상황에서 바로 경찰에 신고하는 것은 좋지 않다.

종류 대화

해설
여자와 남자는 어제 뉴스에 관해 이야기하고 있다. 여자는 직접 싸움에 끼어들기보다 경찰에 신고한 것이 잘한 행동이라고 했으므로 답은 3번이 된다.

• 말리다 예 나는 여동생과 남동생의 싸움을 말리지 못했다.

단어 심하다   치다   박다   휘말리다
끼어들다   신고하다

19.

남자 : 이번 추석 연휴에 친구들과 여행을 가려고 하는데 어디가 좋을까요?

여자 : 여행이요? 일 년에 몇 번 없는 명절인데 고향에 안 내려가려고요? 명절은 가족들과 보내는 날이잖아요.

남자 : 저는 평소 주말이나 휴일에 자주 고향에 내려가는 편이기도 하고 오랜만에 얻은 긴 휴가라 저를 위해 보내고 싶어요.

여자 : 그렇지만 가족들과 가는 여행도 아니고 친구들과 가는 건 좀 아닌 것 같아요. 명절은 가족들과 시간을 보내는 중요한 날이라 생각해요.

❶ 명절에는 가족과 시간을 보내야 한다.
② 평소 자주 고향에 내려가는 것이 좋다.
③ 해외여행은 친구들과 함께 가는 것이 좋다.
④ 해외여행은 명절과 같은 긴 연휴에 가야 한다.

종류 대화

해설

남자와 여자는 명절에 관해 이야기하고 있다. 여자는 명절은 가족들과 시간을 보내는 중요한 날이라고 했으므로 답은 1번이다.

단어 연휴   명절   고향

20.

남자 : 박 작가님, 이번에 '동물과 사람이야기'라는 사진집을 출간하셨는데요. 그 책에서 가장 강조하시는 부분은 무엇입니까?

여자 : 저는 동물을 통해 사람들이 배워야 할 부분이 있다는 것을 이야기하고 싶었습니다. 특히 이번에 책을 만들면서 말이라는 동물을 통해 많은 것을 배웠는데 말들은 사람들의 말을 아주 잘 들어주는 영리한 동물입니다. 말로써 망하는 사람과는 달리 말은 들어주는 것을 잘하는 존재이지요. 또한 말은 절대 목적 없이 뛰지 않습니다. 이 또한 아무 목적과 목표 없이 살아가는 현대의 사람들이 배워야 할 부분이라 생각했습니다.

① 말은 영리하고 빨라야 한다.
② 사람들은 목표를 가지고 살아야 한다.
③ 다른 사람들의 말을 주의 깊게 들어야 한다.
❹ 사람들도 동물들의 좋은 부분은 보고 배워야 한다.

종류 대화_인터뷰

해설

남자와 여자는 사진집에 관해 이야기하고 있다. 여자는 동물을 통해 사람들이 배워야 할 부분이 있다고 했으므로 답은 4번이 된다.

• 말 : 1. 저는 한국말을 배워요.
　　　2. 주말에 가끔 말 타러 간다.

단어 출간하다   영리하다   망하다   존재

[21~22] 다음을 듣고 물음에 답하십시오.

여자 : 회사 근처로 이사를 가려 하는데 이 집은 어떤 것 같아?

남자 : 음, 깔끔하고 좋은 것 같아. 그런데 집에 가전제품이 하나도 없네. 요즘은 에어컨, 냉장고, 전자레인지 등 가전제품이 들어 있는 집이 많은데.

여자 : 응, 아마 임대료가 싼 편이라 그런 것 같아.

남자 : 근데 임대료가 저렴해서 좋지만 생활에 필요한 물건들을 또 사야 해서 아마 돈이 더 들지 않을까? 가전제품이 구비되어 있는 집을 더 찾아 봐. 임대료는 조금 비싸겠지만 가전제품 구매 비용까지 생각하면 오히려 더 이득일 수 있어.

21. 남자의 중심 생각으로 알맞은 것을 고르십시오.

① 기본 가전제품은 새로 구매하는 것이 좋다.

② 이사를 갈 때는 회사와 가까운 곳으로 가야 한다.

❸ 가전제품이 구비되어 있는 집이 더 저렴할 수 있다.

④ 이사 비용에서 무엇보다 임대료를 먼저 생각해야 한다.

22. 들은 내용으로 맞는 것을 고르십시오.

① 여자는 최근 회사 근처로 이사를 갔다.

② 가전제품이 들어가 있는 집은 임대료가 싸다.

③ 남자는 임대료가 저렴한 집을 추천하고 있다.

❹ 가전제품이 있는 집으로 이사하면 비용이 절약된다.

[23~24] 다음을 듣고 물음에 답하십시오.

남자 : 우리 집 앞에 무인 편의점이 생겼어. 정말 신기하더라.

여자 : 나도 한번 이용해 봤는데 처음엔 무인 편의점인지 모르고 갔다가 문이 안 열려서 당황했었어. 카드 판독기에 신용카드를 대야만 되더라고. 카드가 없는 사람들은 이용하기 불편할 것 같아.

남자 : 그래도 신용카드를 통해 신원정보를 알 수 있으니까 물건을 훔쳐가거나 청소년들이 담배, 술 등을 살 수 없으니 안전하고 괜찮은 것 같던데.

여자 : 그래? 난 신용카드뿐 아니라 주민등록증이나 운전면허증과 같은 신분증도 이용할 수 있으면 더 좋을 것 같아.

🎓 **종류** 대화

💬 **해설**

남자와 여자는 이사에 관해 이야기하고 있다. 남자는 가전제품이 구비되어 있는 집이 임대료는 비싸도 구매 비용을 생각하면 더 저렴할 것이라고 했으므로 답은 3번이다.

단어 깔끔하다　임대료　저렴하다　구비되다
이득

💬 **해설**

남자는 임대료는 조금 비싸겠지만 가전제품 구매 비용까지 생각하면 가전제품이 마련되어 있는 집이 더 이득이라고 했으므로 답은 4번이다.

① 여자는 최근 회사 근처로 이사를 ~~갔다~~. (회사 근처로 이사를 가려 하는데)

② 가전제품이 들어가 집은 임대료가 ~~싸다~~. (가전제품이 없어서 아마 임대료가 저렴한 편)

③ 남자는 임대료가 ~~저렴한~~ 집을 추천하고 있다. (임대료는 조금 비싸겠지만 가전제품 구매 비용까지 생각하면 오히려 더 이득일 수 있어.)

🎓 **종류** 대화

💬 **해설**

남자와 여자는 무인 편의점에 관해 이야기하고 있다. 여자는 신용카드만 사용하는 것이 불편하고 다른 신분증으로도 이용하면 좋겠다고 했으므로 답은 3번이다.

• **잡아내다**: 결점이나 틀린 곳을 찾아냄.
　　[예] 엄마는 나의 흠을 잘 잡아낸다.

단어 무인　신기하다　당황하다　카드 판독기
신원정보

5회 실전모의고사

23. 여자가 무엇을 하고 있는지 고르십시오.

① 무인 편의점의 장점을 확인하고 있다.
② 무인 편의점의 이용법을 알아보고 있다.
❸ 무인 편의점의 불편함을 잡아내고 있다.
④ 무인 편의점의 입장 방법을 문의하고 있다.

---

24. 들은 내용으로 맞는 것을 고르십시오.

① 여자는 무인 편의점에 가 본 적이 없다.
❷ 무인 편의점은 입구에 카드 판독기가 있다.
③ 무인 편의점은 주민등록증으로 입장이 가능하다.
④ 무인 편의점은 직원이 없어 많은 사람이 물건을 훔친다.

🎓 해설

여자가 무인 편의점은 카드 판독기에 카드를 대야 한다고
했으므로 답은 2번이다.
① 여자는 무인 편의점에 가 본 적이 ~~없다.~~ (나도 한번 이
용해 봤는데)
③ 무인 편의점은 ~~주민등록증으로~~ 입장이 가능하다. (카드
판독기에 신용카드를 읽혀야만 되더라고.)
④ 무인 편의점은 직원이 없어 많은 사람들이 물건을 ~~훔친
다.~~ (그래도 신용카드를 통해 신원정보를 알 수 있으니
까 물건을 훔쳐가거나 ~~전하고 괜찮은 것 같던데.)

[25~26] 다음을 듣고 물음에 답하십시오.

여자 : 오늘은 영화배우 김우진 씨와 함께 이야기를 나누어
보도록 하겠습니다. 안녕하세요. 이번에 개봉한 신
작이 1인 가구를 소재로 한 영화라고요.

남자 : 네, 스릴러 영화는 저도 처음인데 영화가 너무 무서
워서 강심장이신 분들만 보셨으면 합니다. 이 영화
는 혼자 사는 사람들이 일상에서 겪을 만한 현실적
인 불안감과 공포를 그린 영화입니다. 또한 한국 사
회 청년들의 고충을 영화 곳곳에서 찾아 볼 수 있습
니다. 범죄에 취약한 재개발 지역이나 범죄 예방보
다는 사건이 일어난 후에야 관심을 보이는 경찰 등
사회 어두운 면도 잘 나타냈습니다. 영화를 통해 사
회 문제가 전부 해결될 수는 없겠지만 모두의 관심
으로 조금이나마 개선되기를 바라고 있습니다.

25. 남자의 중심 생각으로 맞는 것을 고르십시오.

① 재개발 지역의 문제를 개선해야 한다.
② 한국 청년들의 고충을 이해해야 한다.
③ 범죄가 일어나기 전에 예방을 해야 한다.
❹ 사회 문제 해결을 위해 관심을 가져야 한다.

📁 종류 대화_인터뷰

🎓 해설

남자는 사람들이 영화를 통해 사회 문제에 관심을 가지고
문제가 개선되기를 바란다고 했으므로 답은 4번이다.

단어 개봉하다 신작 강심장 공포 고충
취약하다 개선되다

26. 들은 내용으로 맞는 것을 고르십시오.

❶ 남자는 자신의 영화를 소개하고 있다.
② 이 영화는 비현실적인 공포 영화이다.
③ 남자는 스릴러 영화를 여러 번 찍었다.
④ 이 영화로 인해 사회 문제가 개선되었다.

🎓 **해설**

남자는 여자에게 자신의 영화를 소개하고 있으므로 답은 1번이다.
② 이 영화는 ~~비현실적인~~ 공포 영화이다. (이 영화는 ~~ 현실적인 불안감과 공포를 그린 영화입니다.)
③ 남자는 스릴러 영화를 ~~여러 번~~ 찍었다. (네, 스릴러 영화는 저도 처음인데)
④ 이 영화로 인해 사회 문제가 ~~개선되었다.~~ (영화를 통해 사회 문제가 전부 해결될 수는 없겠지만 ~~ 조금이나마 개선되기를 바라고 있습니다.)

[27~28] 다음을 듣고 물음에 답하십시오.

남자 : 요즘 이유 없이 우울한데 예전보다 밥은 많이 먹는 것 같아.
여자 : 내가 어제 신문에서 봤는데 겨울이 되면 일조량의 감소로 사람의 감정에 영향을 미치는 호르몬이 감소한다고 해. 이 호르몬이 감소하면 기분은 물론이고 생체리듬에도 문제가 발생한대.
남자 : 그럼 어떻게 해결할 수 있어?
여자 : 계절의 변화로 인해 생긴 우울증은 정신적인 이유로 발생된 것이 아니기 때문에 병원에 가지 않아도 돼. 생활 습관을 바꾸는 것으로 계절성 우울증을 극복할 수 있어. 우선 식욕이 당기는 대로 먹지 말고 규칙적이고 균형 있는 영양 섭취를 유지하는 것이 중요해. 그리고 스트레스 해소를 위해 자기 전에 가벼운 스트레칭을 하는 것도 좋아.

🏷️ **종류** 대화

🎓 **해설**

여자가 남자에게 생활 습관을 바꾸는 것으로 계절성 우울증을 극복할 수 있다고 했으므로 답은 2번이다.

📖 **단어** 일조량   호르몬   생체리듬   극복하다
식욕이 당기다

27. 여자가 남자에게 말하는 의도를 고르십시오.

① 병원의 문제점을 지적하려고
❷ 우울증 치료법을 알려 주려고
③ 자신의 스트레스를 해소하려고
④ 다이어트 운동법을 가르쳐 주려고

28. 들은 내용으로 맞는 것을 고르십시오.

❶ 일조량의 감소는 사람의 기분에 영향을 미친다.
② 계절성 우울증은 병원에 가서 치료를 받아야 한다.
③ 스트레스 해소를 위해 규칙적인 영양 섭취를 해야 한다.
④ 식욕이 당기는 대로 먹으면 생체 리듬에 문제가 생긴다.

🎓 **해설**

여자가 일조량의 감소로 사람의 감정에 영향을 미치는 호르몬이 감소한다고 했으므로 답은 1번이다.
② 계절성 우울증은 ~~병원에 가서 치료를 받아야 한다.~~ (계절의 변화로 인해 생긴 우울증은 정신적인 이유로 발생된 것이 아니기 때문에 병원에 가지 않아도 돼.)
③ 스트레스 해소를 위해 ~~규칙적인 영양 섭취를 해야 한다.~~ (스트레스 해소를 위해 자기 전에 가벼운 스트레칭을 하는 것도 좋아.)
④ ~~식욕이 당기는 대로 먹으면 생체 리듬에 문제가 생긴다.~~ (호르몬이 감소하면 기분은 물론이고 생체리듬에도 문제가 발생한대.)

여자 : 이번 2018 아시안 게임에서 4강 진출이라는 놀라운 기록을 달성하셨는데요. 선수들의 실력을 끌어올린 비결은 무엇인가요?

남자 : 저는 대표팀의 좋은 성적이 저 혼자의 힘으로 된 것이 아니라고 생각합니다. 한국인 코치를 비롯한 현지 대표팀 코치들과 스태프들이 모두 최선을 다해준 덕분입니다. 또한 선수들도 적극적으로 저의 지시를 따랐습니다. 모두가 힘을 모았기 때문에 이루어진 결과라고 생각합니다. 저는 권위를 버리고 선수들 한 명 한 명에게 다가가려고 많은 노력을 했습니다. 그래야 모든 선수들의 능력과 문제점을 정확히 알 수 있기 때문입니다. 평소에도 선수들과 함께 공을 차며 훈련을 했습니다. 그 모습에 선수들도 마음을 열고 저를 지도자로 받아준 것 같습니다.

29. 남자는 누구인지 맞는 것을 고르십시오.

① 축구 선수
② 축구 코치
❸ 축구 감독
④ 축구 해설자

30. 들은 내용과 일치하는 것을 고르십시오.

① 남자는 선수들 앞에서 권위 있는 모습을 유지하였다.
② 남자는 자신의 능력으로 좋은 성적을 냈다고 생각했다.
③ 선수들은 아시안 게임에서 준결승이라는 기록을 세웠다.
❹ 선수들은 남자에게 마음을 열고 남자의 지시를 잘 따랐다.

[31~32] 다음을 듣고 물음에 답하십시오.

남자 : 동물도 생각을 하고 감정을 가지고 있습니다. 그런 동물들에게 동물원은 인간을 위한 공간일 뿐입니다. 인간의 편의를 위해 동물을 희생시키는 일을 더 이상 방치해서는 안 된다고 생각합니다. 동물원에 있는 동물들은 행복하지 않습니다.
여자 : 하지만 자연 상태에 적응하지 못하여 동물원의 보호

🗂 **종류** 대화_인터뷰

🔑 **해설**
남자는 좋은 성적의 결과가 선수들과 코치 덕분이라고 했으므로 축구 감독일 것이다.

단어 진출   지시를 따르다   권위   지도자

🔑 **해설**
남자는 자신이 함께 훈련하는 모습에 선수들이 마음을 열고 잘 따랐다고 했으므로 답은 4번이다.
① 남자는 선수들 앞에서 <u>권위 있는 모습을 유지하였다.</u> (저는 권위를 버리고 선수들 한 명 한 명에게 다가가려고 많은 노력을 했습니다.)
② 남자는 <u>자신의 능력으로</u> 좋은 성적을 냈다고 생각했다. (저는 대표팀의 좋은 성적이 저 혼자의 힘으로 된 것이 아니라고 생각합니다.)
③ 선수들은 아시안 게임에서 <u>준결승</u>이라는 기록을 세웠다. (이번 2018 아시안 게임에서 4강 진출이라는 놀라운 기록을 달성하셨는데요.)

🗂 **종류** 토론

🔑 **해설**
여자와 남자는 동물원에 관해 이야기하고 있다. 남자는 동물들에게 동물원은 인간을 위한 공간일 뿐이라고 하였으므로 답은 1번이다.

단어 편의   공간   희생시키다   방치하다
적응하다   대안   인위적   감옥

가 필요한 동물들도 있습니다. 동물들을 위해 자연
상태와 최대한 가까운 환경을 조성하는 것이 가장
현실적인 대안이라고 생각합니다.

남자 : 어떤 인위적인 환경도 자연 상태의 동물보다 행복할
수는 없습니다. 동물원은 동물들의 거대한 감옥이며
동물을 이용해 욕심을 채우는 비도덕적인 공간이라
고 생각합니다.

31. 남자의 생각으로 맞은 것을 고르십시오.

❶ 인간들의 욕심으로 동물원이 만들어졌다.
② 동물원은 동물을 보호하기 위해 꼭 필요하다.
③ 동물원은 인간과 동물의 편의를 위한 공간이다.
④ 자연과 비슷한 환경으로 동물원을 만들어야 한다.

32. 남자의 태도로 맞는 것을 고르십시오.

① 동물원의 확대를 반대하고 있다.
② 동물원의 발전을 기대하고 있다.
❸ 동물원의 문제점을 비판하고 있다.
④ 동물원의 필요성을 공감하고 있다.

🎧 **해설**

남자는 동물원의 문제점을 자신의 생각과 함께 강하게 말
하고 있으므로 답은 3번이다.

[33~34] 다음을 듣고 물음에 답하십시오.

남자 : 대학생들에게서 공통적으로 발견되는 특징이 있습
니다. 질문이 없고, 자신의 생각을 말하려고 하지 않
는다는 것입니다. 학생들은 아는 것이 있어야 질문
을 할 수 있는데 아는 것이 없어서 질문을 하지 못
한다고 말합니다. 하지만 어린 아이들의 경우 질문
이 많은 것은 궁금한 것이 많아서이지 많이 알아서
질문을 하는 것이 아닙니다. 학생들이 질문하지 않
는 것은 중고등학교 시절을 지나오면서 질문하는 습
관보다는 질문하지 않는 습관에 더 익숙해졌기 때문
입니다. 질문이 없는 정답은 존재하지 않습니다. 인
생에서 정답을 구하고 싶다면 올바른 질문을 던져야
합니다. 올바른 질문 방법은 먼저 질문하는 것을 두
려워하지 않아야 합니다. 그리고 자신이 무엇을 모
르는지 정확히 알고 질문하는 것이 중요합니다.

📁 **종류** 담화_강연

🎧 **해설**

올바른 질문을 하는 방법에 대해 이야기하고 있다.

단어 공통적   발견되다   익숙해지다   존재하다
       정답을 구하다   두려워하다

33. 무엇에 대한 내용인지 맞는 것을 고르십시오.

❶ 올바르게 질문하는 방법
② 대학생들의 공통적인 특징
③ 중고등학교 시절의 문제점
④ 아이들이 질문을 하는 이유

34. 들은 내용으로 맞는 것을 고르십시오.

① 어린 아이들은 질문하는 것을 두려워한다.
❷ 질문하기 전에 무엇을 모르는지 알아야 한다.
③ 학생들은 모르는 것이 없기 때문에 질문하지 않는다.
④ 중고등학생은 질문하는 습관에 익숙해져 대학 때 질문하지 않는다.

[35~36] 다음을 듣고 물음에 답하십시오.

남자 : 여러분은 전 세계 바다거북 절반 이상이 플라스틱 쓰레기를 삼켰다는 사실을 알고 계십니까? 연구 결과에 따르면 해변에서 발견된 1,000여 마리의 바다거북 사체 중 절반 이상인 52%의 거북이 몸속에서 수백 조각의 플라스틱 쓰레기가 발견되었다고 합니다. 현재 바다에 유입되는 플라스틱 쓰레기의 양은 지난 20년에 걸쳐 두 배 가량 상승했습니다. 이와 같은 속도로 플라스틱 쓰레기가 계속 바다로 유입된다면 2050년에는 바다에 물고기보다 플라스틱 쓰레기가 더 많아질 것입니다. 이미 다른 나라에서는 일회용 플라스틱 금지법과 대안 제품 등으로 환경을 지키려는 노력을 하고 있습니다. 우리도 당장 개선이 어렵다면 지금보다 사용 횟수를 줄이는 등의 노력을 시작해야 할 것입니다.

35. 남자는 무엇을 하고 있는지 맞는 것을 고르십시오.

① 바다거북에 대한 연구 결과를 소개하고 있다.
② 해변에 유입되는 쓰레기의 양을 강조하고 있다.
❸ 플라스틱 사용으로 인한 환경 문제에 대해 경고하고 있다.
④ 다른 나라의 일회용 플라스틱 금지법에 대해 조사하고 있다.

36. 들은 내용으로 맞는 것을 고르십시오.

❶ 일회용 플라스틱 사용을 줄이는 노력을 해야 한다.
② 바다에 있는 플라스틱 쓰레기는 점점 감소하고 있다.
③ 전 세계의 모든 바다거북이가 플라스틱 쓰레기를 삼켰다.
④ 2050년에는 바다에 플라스틱 쓰레기가 거의 사라질 것이다.

[37~38] 다음은 교양 프로그램입니다. 잘 듣고 물음에 답하십시오.

여자 : 지난주 유전자 가위 기술을 이용한 '유전자 교정' 아기가 탄생하여 많은 사람들의 뜨거운 관심을 받고 있는데요.

남자 : 네, 인체의 유전자를 조작해 에이즈에 대한 면역력을 가진 아기를 탄생시켰습니다. 유전자 가위 기술을 통해 그동안 치료가 어려웠던 난치병을 치료할 수 있게 된 것입니다. 하지만 생명 윤리 문제로 유전자 가위 기술을 반대하는 사람들도 있습니다. 질병을 정복하는 것은 좋은 일이지만 이 기술을 악용하여 유전자를 조작한 맞춤 아기를 만들게 될 수도 있기 때문입니다. 앞으로 이러한 논란을 해결하기 위해서는 질병 정복과 생명 윤리 사이에서 균형을 잃지 않고 발전할 방법을 찾아야 합니다. 예를 들어, 사회적 합의를 통해서 이 기술을 어느 범위까지 적용할지 신중히 논의를 해야 할 것입니다.

37. 남자의 중심 생각으로 맞는 것을 고르십시오.

① 새로운 기술에 대해 관심을 가져야 한다.
② 질병 정복을 위해 기술을 발전시켜야 한다.
③ 유전자 가위 기술의 악용을 방지해야 한다.
❹ 논란 해소를 위해 적절한 합의점을 찾아야 한다.

38. 들은 내용과 일치하는 것을 고르십시오.

① 유전자를 조작한 맞춤 아기가 탄생하였다.
❷ 유전자 가위 기술로 난치병을 고칠 수 있다.
③ 모든 사람들은 유전자 가위 기술에 대해 부정적이다.
④ 유전자 조작 기술은 생명 윤리 문제를 해결할 수 있다.

종류 대화_인터뷰

해설
남자는 유전자 가위 기술에 대한 논란을 해결하기 위해 질병 정복과 생명 윤리 사이의 균형을 잃지 않고 발전할 방법을 찾아야 한다고 했으므로 답은 4번이다.

단어 교정   조작하다   면역력   탄생시키다
      난치병   정복하다   악용하다   논란

해설
유전자 가위 기술을 통해 그동안 치료가 어려웠던 난치병을 치료할 수 있게 되었다고 했으므로 답은 2번이다.
① 유전자를 조작한 맞춤 아기가 ~~탄생하였다.~~ (이 기술을 악용하여 유전자를 조작한 맞춤 아기를 만들게 될 수도 있기 때문입니다.)
③ ~~모든 사람들은~~ 유전자 가위 기술에 대해 부정적이다. (하지만 생명 윤리 문제로 유전자 가위 기술을 반대하는 사람들도 있습니다.)
④ 유전자 조작 기술은 생명 윤리 문제를 ~~해결할 수 있다.~~ (앞으로 이러한 논란을 해결하기 위해서는 질병 정복과 생명 윤리 사이에서 균형을 잃지 않고 발전할 방법을 찾아야 합니다.)

[39~40] 다음은 대담입니다. 잘 듣고 물음에 답하십시오.

여자 : 이런 문제가 발생하는 가장 큰 이유는 좁은 도시에 너무 많은 사람들이 살고 있기 때문입니다. 농촌을 떠나 도시로 이사 오는 사람이 많아지면서 끊임없이 문제가 발생하게 되는 것이죠.

남자 : 네, 맞습니다. 혁신도시는 바로 이런 문제들을 해결하기 위해 정부가 내세운 정책입니다. 공공기관과 기업 및 행정기관 등을 지방에 분산 배치해 수도권으로 과도하게 집중되는 것을 막고 지방의 균형적인 발전을 위해 시작된 것입니다. 지역의 자립적인 발전을 중점에 두고 혁신도시별 주제를 선정해 이에 따라 관련 사업을 발굴하고 지원하는 것입니다. 예를 들어 강원도의 경우는 건강과 생명을 주제로 선정하고 관련 기관 및 기업을 입주하도록 하였습니다. 이와 같은 정책을 적극적으로 발전시켜 수도권과 지방의 양극화가 해소되길 바랍니다.

39. 이 담화 앞의 내용으로 알맞은 것을 고르십시오.

① 도시와 농촌 사이에 갈등이 일어나고 있다.
❷ 도시에 사람이 너무 많아 문제가 생기고 있다.
③ 도시에 발생하는 문제를 해결하기 위해 노력하고 있다.
④ 도시마다 주제를 선정하고 관련 사업을 개발하기로 했다.

40. 들은 내용과 일치하는 것을 고르십시오.

❶ 정부는 지역 발전 사업을 지원하려고 한다.
② 혁신도시는 수도권의 균형적 발전을 위한 정책이다.
③ 도시를 떠나 지방으로 가는 사람들이 증가하고 있다.
④ 혁신도시로 인해 수도권과 지방의 양극화가 해소되었다.

🔖 **종류** 대화_대담

🎧 **해설**

이 담화 앞의 내용을 고르는 문제로 여자가 좁은 도시에 너무 많은 사람들이 살고 있어 문제가 발생한다고 했기 때문에 답은 2번이다.
• 양극화 : 서로 점점 더 달라지고 멀어짐.
　예 소득 양극화, 이념의 양극화

📖 **단어** 농촌　　분산 배치　　과도하다　　집중하다
　　　자립적　　중점　　발굴하다　　입주하다
　　　해소되다

🎧 **해설**

지역의 자립적인 발전을 위해 관련 사업을 발굴하고 지원한다고 하였으므로 답은 1번이다.
② 혁신도시는 ~~수도권의~~ 균형적 발전을 위한 정책이다. (공공기관과 기업 및 행정기관 등을 지방에 분산 배치해 수도권으로 과도하게 집중되는 것을 막고 지방의 균형적인 발전을 위해 시작된 것입니다.)
③ ~~도시를 떠나 지방으로~~ 가는 사람들이 증가하고 있다. (농촌을 떠나 도시로 이사 오는 사람이 많아지면서 끊임없이 문제가 발생하게 되는 것이죠.)
④ 혁신도시로 인해 수도권과 지방의 양극화가 ~~해소되었다~~. (이와 같은 정책을 적극적으로 발전시켜 수도권과 지방의 양극화가 해소되길 바랍니다.)

[41~42] 다음은 강연입니다. 잘 듣고 물음에 답하십시오.

종류 담화_강연

여자 : 공유경제란 사람들 간의 협동과 나눔을 기반으로 하는 서비스를 말합니다. 한번 생산된 제품을 여럿이 공유하여 사용하는 것이죠. 이 공유경제는 무서운 속도로 성장하고 있습니다. 최근에는 운송 수단이나 물품 및 숙박 등 거의 모든 분야로 번지고 있습니다. 요즘 언론에 자주 등장하는 자동차 공유 사업과 여러분도 잘 알고 계시는 에어비앤비와 같은 숙박 공유 사업이 대표적이지요. 또한 중고 물품 거래 사이트도 공유경제 기업이라고 할 수 있습니다. 공유경제는 생산된 제품의 활용도 극대화하고 자원의 낭비도 최소화할 수 있다는 장점이 있습니다. 반면에 안전이나 법적인 면 또는 기존 업체와의 충돌과 같은 문제를 일으킬 수 있습니다. 따라서 정부는 공유경제가 안정적으로 성장할 수 있도록 특수성을 고려한 제도적 기반을 마련해야 할 것입니다.

해설

여자는 공유경제가 안정적으로 성장할 수 있도록 정부가 제도적 기반을 마련해야 한다고 했다. 그러므로 답은 1번이다.

· 극대화하다 **예** 효과를 극대화하기 위해 최선을 다하였다.

단어 공유하다   번지다   협동   나눔   기반
활용도   성장하다   충돌   특수성

41. 이 강연의 중심 내용으로 맞는 것을 고르십시오.

❶ 공유경제에 맞는 제도를 준비해야 한다.
② 생산된 제품을 적극적으로 공유해야 한다.
③ 중고 물품 거래 사이트를 더욱 활성화 시켜야 한다.
④ 공유경제를 위해 기존 업체와의 충돌을 막아야 한다.

42. 들은 내용과 일치하는 것을 고르십시오.

① 공유경제는 자원의 낭비를 극대화하게 된다.
❷ 공유경제는 전 분야에 걸쳐 빠르게 성장하고 있다.
③ 공유경제의 안전이나 법적인 문제는 해결이 가능하다.
④ 공유경제는 생산된 제품을 일부 사람과 공유하는 것이다.

해설

공유경제는 모든 분야에 걸쳐 무서운 속도로 성장하고 있다고 했으므로 답은 2번이다.
① 공유경제는 자원의 낭비를 ~~극대화하게 된다~~. (공유경제는 ~~ 자원의 낭비도 최소화할 수 있다는 장점이 있습니다.)
③ 공유경제의 안전이나 법적인 문제는 ~~해결이 가능하다~~. (반면에 안전이나 법적인 면 또는 기존 업체와의 충돌과 같은 문제를 일으킬 수 있습니다.)
④ 공유경제는 생산된 제품을 ~~일부~~ 사람과 공유하는 것이다. (여럿이 공유하여 사용하는 것이다.)

[43~44] 다음은 다큐멘터리입니다. 잘 듣고 물음에 답하십시오.

종류 담화_다큐멘터리

남자 : 소금이라는 말은 과거 농경사회에서 꼭 필요한 소와 금처럼 귀하다는 뜻으로 만들어졌다. 과거 고구려는 염분이 있는 강이나 바다를 향해 영토를 확장해 나갔다. 경상도 지역은 소금을 반찬처럼 대했고, 전라도 지역은 각종 젓갈로 소금을 대신해 음식을 만

해설

소금은 과거나 지금이나 우리에게 꼭 필요한 존재라고 했으므로 답은 4번이다.

단어 귀하다   염분   화폐   급여   어원
비롯되다   채취하다   증발시키다

들었다. 과거 소금은 화폐의 역할을 했으며 소금 때문에 전쟁이 일어나기도 했다. 급여를 뜻하는 샐러리라는 말의 어원도 로마 군인에게 소금으로 급여를 준 데에서 비롯되었다. 이처럼 소금은 과거나 지금이나 거의 모든 음식에 들어가며 우리에게 꼭 필요한 존재이다. 이 소금은 여러 가지 방법으로 만들어진다. 산맥에서 채취하기도 하고, 바닷물을 끓여서 만들기도 한다. 흔히 말하는 천일염은 바닷가 갯벌에 바닷물을 끌어들여 태양열을 이용해 증발시켜 만드는 방식으로 만든다.

43. 이 이야기의 중심 내용으로 맞는 것을 고르십시오.

① 소금은 화폐의 역할을 하였다.
② 소금은 다양한 방법으로 만들 수 있다.
③ 지역마다 소금을 사용하는 방법이 달랐다.
❹ 소금은 과거부터 인간에게 꼭 필요한 존재였다.

44. 소금에 대한 설명으로 맞은 것을 고르십시오.

① 전라도 지역은 소금을 반찬처럼 대했다.
② 천일염은 산맥에서 채취하는 방식으로 만든다.
❸ 과거에는 소금 때문에 전쟁을 일으키기도 했다.
④ 소금이라는 말은 금과 비슷하게 생겨서 만들어졌다.

[45~46] 다음은 강연입니다. 잘 듣고 물음에 답하십시오.

여자 : 먼저 모두 아시다시피 한옥은 시멘트를 사용하지 않고 나무만을 사용해 인체에 무해하고 아름답다는 장점이 있지요. 한옥은 미적 가치만으로도 감탄을 자아내지만 그 안에 숨겨진 과학 원리를 접한다면 선조들의 지혜에 더욱 감탄하게 됩니다. 그렇다면 한옥에는 어떤 과학 원리가 숨어있을까요? 한옥의 깊은 처마는 계절에 따라 실내로 들어오는 햇빛의 양을 조절하는 역할을 합니다. 여름에는 해가 높이 뜨기 때문에 깊은 처마가 실내로 들어오는 햇빛을 막아주는 것이지요. 반면에 겨울철에는 해가 낮게 뜨기 때문에 처마가 있어도 햇빛은 실내에 깊숙이 들어오게 됩니다. 또한 여러 겹으로 이루어진 창호의 구성도 계절에 따라 실내의 환경을 조절하는 기능을 합니다. 이밖에도 한옥은 자연을 이용한 여러 가지 능력을 지니고 있습니다. 자연과는 거리가 먼 요즘의 건축 방식과는 많이 다르다는 것을 알 수 있지요.

해설

과거 소금은 화폐의 역할을 했으며 소금 때문에 전쟁이 일어나기도 했다고 하였으므로 답은 3번이다.

종류 담화_강연

해설

한옥의 처마는 계절에 따라 실내로 들어오는 햇빛의 양을 조절하는 역할을 한다고 했으므로 답은 2번이다.

① 한옥에서는 과학적 원리를 찾아보기 어렵다. (한옥은 ~~ 그 안에 숨겨진 과학 원리를 접한다면 선조들의 지혜에 더욱 감탄하게 됩니다.)
③ 한옥은 자연과는 거리가 먼 현대 건축 방식과 비슷하다. (자연과는 거리가 먼 요즘의 건축 방식과는 많이 다르다는 것을 알 수 있지요.)
④ 한옥은 나무와 시멘트를 적절하게 사용하여 만들어졌다. (먼저 모두 아시다시피 한옥은 시멘트를 사용하지 않고 나무만을 사용해)

단어 시멘트   무해하다   감탄을 자아내다   선조
처마   조절하다   창호   건축

45. 들은 내용과 일치하는 것을 고르십시오.

① 한옥에서는 과학적 원리를 찾아보기 어렵다.
❷ 한옥의 처마는 햇빛의 양을 조절하는 역할을 한다.
③ 한옥은 자연과는 거리가 먼 현대 건축 방식과 비슷하다.
④ 한옥은 나무와 시멘트를 적절하게 사용하여 만들어졌다.

---

46. 여자가 말하는 방식으로 가장 알맞은 것을 고르십시오.

① 한옥의 확대를 주장하고 있다.
② 한옥의 개선 방향을 제시하고 있다.
③ 한옥의 발전에 대해 긍정적으로 평가하고 있다.
❹ 한옥의 우수성에 대해 구체적으로 설명하고 있다.

🔎 **해설**
여자는 한옥의 과학적 우수성에 대해 구체적으로 설명하고 있으므로 답은 4번이 된다.

[47~48] 다음은 대담입니다. 잘 듣고 물음에 답하십시오.

여자 : 자신의 죽음을 스스로 결정할 수 있는 권리인 '죽을 권리', 즉 존엄사를 둘러싼 논쟁은 현재까지 계속되고 있는데요. 어떻게 생각하십니까?

남자 : 아픔을 실제로 겪는 환자의 삶은 매일이 고통의 연속이기 때문에 생명을 연장하기 위한 연명치료는 생존 기간을 늘리는 것이 아니라 죽음을 연기하는 것이라는 생각이 존엄사를 찬성하는 입장의 의견입니다. 하지만 죽을 권리를 허용하게 된다면 자발적 선택이 아닌 사회적으로 강요된 죽음이 생길 수 있습니다. 경제적 약자들은 어쩔 수 없이 자신이 죽음을 선택하는 상황에 놓일 수 있게 되는 것이죠. 또한 존엄사를 허용하게 된다면 생명의 보편적 존엄성이 훼손됩니다. 생명이 쉽게 없어질 수 있는 사회가 된다면 생명을 가볍게 생각하는 사회 현상과 그에 따른 문제들이 나타나게 될 것 같습니다.

📁 **종류** 대화_대담

🔎 **해설**
경제적 약자들은 어쩔 수 없이 자신이 죽음을 선택하는 상황에 놓일 수 있게 된다고 했으므로 답은 4번이다.
① 존엄사의 허용으로 생명의 존엄성을 ~~지킬 수 있다~~. (또한 존엄사를 허용하게 된다면 생명의 보편적 존엄성이 훼손됩니다.)
② 연명치료를 통해 환자의 ~~생존 기간을 늘릴 수 있다~~. (연명치료는 생존 기간을 늘리는 것이 아니라 죽음을 연기하는 것이라는 생각이 존엄사를 찬성하는 입장의 의견입니다.)
③ 환자의 고통을 줄이기 위해 ~~존엄사를 허용해야 한다~~. (생명이 쉽게 없어질 수 있는 사회가 된다면 생명을 가볍게 생각하는 사회 현상과 그에 따른 문제들이 나타나게 될 것 같습니다.)

📖 **단어** 권리 논쟁 연장하다 생존 자발적
강요되다 허용하다 보편적 훼손되다

47. 들은 내용과 일치하는 것을 고르십시오.

① 존엄사의 허용으로 생명의 존엄성을 지킬 수 있다.
② 연명치료를 통해 환자의 생존 기간을 늘릴 수 있다.
③ 환자의 고통을 줄이기 위해 존엄사를 허용해야 한다.
❹ 경제적 약자는 강요된 죽음을 선택하게 될 수도 있다.

48. 남자의 태도로 가장 알맞은 것을 고르십시오.

① 존엄사의 허용에 대해 찬성하고 있다.
② 사회 문제의 해결 방안을 촉구하고 있다.
③ 현재 일어나고 있는 사회 현상을 비관하고 있다.
❹ 존엄사로 인해 발생하게 될 문제점을 제기하고 있다.

남자는 존엄사의 찬성 입장을 이야기한 후 존엄사로 인해 발생하게 될 문제점에 대해 의견이나 문제를 내놓고 있으므로 답은 4번이다.
② 촉구하다 : 급하게 재촉하여 요구함.
　예 가출 학생 문제를 조속히 처리하기를 촉구합니다.
③ 비관하다 : 앞으로 일이 잘 안될 것이라고 봄.
　예 앞날을 비관하지 말자.

[49~50] 다음은 강연입니다. 잘 듣고 물음에 답하십시오.

여자 : 역사는 민족이 걸어온 발자취이자 기록입니다. 과거에 일어난 여러 사실들은 역사가의 평가에 의해 재발견되고 의미를 밝혀 역사책으로 기술됩니다. 우리는 다양한 방법을 통해 과거의 역사와 만나게 되고 우리가 살지 않았던 과거를 체험하고 그 의미를 전달받게 됩니다. 많은 사람들은 역사를 공부하는 것을 시간낭비라고 생각하거나 지금 살고 있는 현실에는 도움이 되지 않는다고 생각합니다. 하지만 우리는 역사를 공부함으로써 우리가 살고 있는 현실을 객관적으로 바라보고 비판할 수 있는 힘을 기르게 됩니다. 또한 역사 공부를 통해 세계의 역사와 문화도 깊이 이해할 수 있게 됩니다. 그렇다면 역사에 더 쉽게 접근하고 공부할 수 있는 방법에는 무엇이 있을까요? 책으로 공부하는 것이 지루하고 힘들다면 문화재를 탐방하는 것이 좋습니다. 몸으로 직접 체험해 보면 문화재를 통해 역사에 대한 관심이 생기고 궁금증이 일어나게 될 것입니다.

49. 들은 내용과 일치하는 것을 고르십시오.

① 역사를 공부하는 것은 시간낭비이다.
❷ 역사를 통해 다른 나라의 문화를 알 수 있다.
③ 역사를 배우는 것은 현실에서 도움이 되지 않는다.
④ 문화재 탐방을 통해 앞으로의 미래를 예측할 수 있다.

역사를 통해 세계의 역사와 문화도 깊이 이해할 수 있다고 했으므로 답은 2번이다.
① 역사를 공부하는 것은 ~~시간낭비이다.~~ (하지만 우리는 역사를 공부함으로써 우리가 살고 있는 현실을 객관적으로 바라보고 비판할 수 있는 힘을 기르게 됩니다.)
③ 역사를 배우는 것은 현실에서 ~~도움이 되지 않는다.~~ (하지만 우리는 역사를 공부함으로써 우리가 살고 있는 현실을 객관적으로 바라보고 비판할 수 있는 힘을 기르게 됩니다.)
④ 문화재 탐방을 통해 ~~앞으로의 미래를 예측할 수 있다.~~ (몸으로 직접 체험해 보면 문화재를 통해 역사에 대한 관심이 생기고 궁금증이 일어나게 될 것입니다.)

단어 발자취　　기록　　기술되다　　체험하다
　　지루하다　　문화재　　탐방하다

---

50. 여자의 태도로 가장 알맞은 것을 고르십시오.

① 조사 결과를 논리적으로 분석하고 있다.
② 자신과 반대되는 의견을 비평하고 있다.
③ 자신의 의견에 동의하도록 유도하고 있다.
❹ 구체적인 방법으로 자신의 의견을 토로하고 있다.

여자는 역사에 쉽게 접근하고 공부할 수 있는 방법에 대해 구체적으로 자신의 의견을 제시하고 있으므로 답은 4번이다.
③ 유도하다 : 의도하는 방향으로 이끎.
　예 소비자들의 구매를 유도한다.
④ 토로하다 : 마음에 있는 것을 죄다 드러내어서 말함.
　예 친구에게 심정을 토로하였다.

[51~52] 다음을 읽고 ⊙과 ⓒ에 들어갈 말을 각각 한 문장으로 쓰시오.

51.

집을 빌려드립니다!

➤ 위치 : 한국대학교 후문 건너편
➤ 옵션 : 세탁기, 냉장고, 책상, TV, 에어컨, 인터넷 등 풀옵션
➤ 가격 : 월 50만원, 보증금 700만원
➤ 문의 : 010-9998-0099

  제가 직장을 그만두고 2년 정도 해외 유학을 갑니다. 그래서 제가 살던 아파트를 2년 정도 (⊙   ). 기간은 협의가 가능합니다. 관리비나 수도세는 따로 없고, 전기세만 (ⓒ   ). 동네가 다른 곳에 비해서 조용한 편이니 조용한 것을 좋아하는 분들에게 추천합니다.

📁 **종류** 전단지

💬 **답안**

⊙ 빌려 드리려고 합니다 / 월세를 놓으려고 합니다.
ⓒ 납부하시면 됩니다 / 내시면 됩니다 / 내면 됩니다 / 내야 합니다 / 지불하면 됩니다

✏️ **채점**

⊙	내용 (3점)	제목이 '집을 빌려 드립니다.'로 봐서 자기의 집을 세 놓으려고 하는 것이다. 유학을 가기 때문에 아파트를 2년 정도 세놓는다는 내용이 나타나야 한다.
	형식 (2점)	목적을 나타내는 표현(-(으)려고 하다)과 '빌려 드리다, 월세를 놓다'의 어휘 사용
ⓒ	내용 (2점)	'관리비, 수도세'는 따로 없고는 따로 돈을 내지 않아도 된다는 의미이다. 그런데 '전기세만'으로 봐서 비용을 지불해야 한다는 내용이 나타나야 한다.
	형식 (3점)	다른 것은 아니고 전기세만 강조하고 있으므로 '납부하다, 내다, 지불하다' 어휘를 사용해야 하고 조건(-면)을 나타내는 표현 사용

단어 풀옵션   보증금   유학가다   관리비
수도세   전기세   추천하다

52.

  공부를 잘하는 사람과 잘하지 못하는 사람의 차이는 목표를 향해 얼마나 (⊙   ). 따라서 긴 시간 동안 한 가지에 집중하는 훈련을 꾸준히 하는 것이 중요하다. 또한 공부를 잘하기 위해서는 무엇보다도 체력이 뒷받침되어야 한다. 정신적 활동을 활발히 하게 되면 칼로리 소비도 증가해서 (ⓒ   ).

📁 **종류** 설명문

💬 **답안**

⊙ 집중하는지에 달려 있다(결정된다) / 몰두하느냐에 달려 있다(결정된다)
ⓒ 체력이 쉽게 떨어지기 때문이다 / 몸이 쉽게 지칠 수 있다

✏️ **채점**

⊙	내용 (2점)	'따라서 긴 시간 한 가지에 집중하는 것이 중요하다'라고 했기 때문에 두 사람의 차이는 목표를 향해 '얼마나 집중하느냐'에 의존한다는 의미가 나타나야 한다.
	형식 (3점)	어떤 일이나 상태가 무엇에 의존하다는 의미의 '달려 있다'라는 표현과 '집중하다, 몰두하다'의 단어 사용.
ⓒ	내용 (3점)	또한 체력도 뒷받침되어야 하는데 정신적 활동을 활발히 하게 되면 칼로리 소비도 증가해 체력이 떨어질 수 있다는 의미가 나타나야 한다.
	형식 (2점)	가정 또는 조건(-면) 하에 원인이나 이유(-어서)와 호응하는 결과, 가능 표현 사용. (-기 때문이다 또는 (으)ㄹ 수 있다)

단어 목표   집중하다   훈련   체력   뒷받침
활발히

53. 다음을 참고하여 '정부의 흡연 규제가 필요한가'에 대한 글을 200~300자로 쓰시오. 단, 글의 제목을 쓰지 마시오. (30점)

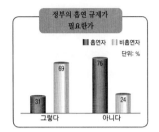

| 📂 종류 | 도표 |

✏️ 채점		
	정부의 흡연 규제가 필요한가의 응답 그래프 읽기
과제1	1) 그래프에 표시된 모든 정보 제시 – 응답자와 응답 2) 응답 차이의 변화 읽기 – 흡연자와 비흡연자의 응답의 차이
	'아니다'라고 응답한 이유 차이 밝히기
과제2	1) 흡연자는 개인의 자유와 흡연 공간 부족 2) 비흡연자는 개인의 자유와 경제적 비용 손실

단어 정부   규제   비흡연자   손실

[과제1]

정부의 흡연 규제가 필요한가에 대한 응답 조사 결과, 흡연자와 비흡연자의 응답 차이를 알 수 있었다. 흡연자의 경우, 정부의 흡연 규제가 필요하지 않다고 76%가 응답한 반면, 비흡연자의 경우 정부의 흡연 규제가 필요하다고 69%가 응답하였다. 정부의 흡연 규제가

[과제2]

필요한가에 '아니다'라고 응답한 흡연자와 비흡연자 모두 흡연은 개인의 자유의사인데 그것을 규제하는 것은 바람직하지 않다는 의견이 1위를 차지하였다. 두 번째 의견은 좀 다른데 흡연자의 경우, 금연에 대한 흡연 공간 부족을 꼽았고 비흡연자는 담배 판매 저조로 경제적 비용 손실을 지적하였다.

54. 다음을 주제로 하여 자기 생각을 600~700자로 글을 쓰시오. 단, 문제를 그대로 옮겨 쓰지 마시오.

> 한국은 다른 나라에 비해 급속도로 고령화가 이뤄지고 있다. 2026년에는 인구가 20%가 65세 이상인 초고령 사회가 될 것으로 예상된다. '고령화의 원인과 사회 문제, 대체 방안'에 대해 아래의 내용을 중심으로 자신의 생각을 쓰라.
>
> - 고령화의 원인은 무엇인가?
> - 고령화에 따른 사회 문제는 무엇인가?
> - 고령화에 따른 사회 문제의 대체 방안은 무엇인가?

🗂 종류 논설문

✏ 채점

과제1	**고령화의 원인** - 의료 기술 발달과 생활 수준 향상으로 수명 연장 - 여성 사회 진출, 자녀 양육 부담으로 출산율 감소
과제2	**고령화에 따른 사회 문제** - 경제적 측면: 생산 가능 인구 감소로 노동력 부족해져 국가 경제력 약화, 노인 복지 지출 증가하여 정부 재정 약화 - 사회적 측면: 노후 대비 미흡과 핵가족 보편으로 노인 빈곤·소외 현상 발생, 청장년층의 노인 부양 부담 증가, 노인 일자리 창출로 인한 세대 간 갈등 발생
과제3	**고령화에 따른 사회 문제의 대처 방안** - 일하는 고령 인구 늘려 노동 시장 규모 키움, 장기적 노후 대비 - 건강관리 서비스와 의료 지원

단어 고령화   예상되다   대처 방안

[과제1] 현대에 들어서면서 ①의학이 발달하고 생활 수준이 높아지면서 사망률이 현저하게 줄어들게 되었다. 또 한국을 비롯한 선진국에서는 매년 출산율이 떨어지고 있다. 그러다 보니 청년 인구가 차지하는 비율은 점점 감소하게 되고 사망률은 떨어지면서 인간의 평균 수명이 높아지면서 고령화가 이루어졌다. 여기에 ②여성들의 사회 진출이 활발해지면서 자녀 양육의 부담으로 출산율이 감소하여 더욱 고령화가 가속화되고 있다. [서론]

원인(1X2)

[과제2] 고령화에 따른 사회 문제도 발생하는데 경제적 측면에서는 ①생산 가능 인구 [본론]

의　감소로　노동력이　부족해져　국가　경쟁력이　약화될　수　있다.　또　노인　복지 지출이　증가해　정부　재정　약화를　가져올　수　있다.　사회적　측면에서는　①노후 대비　미흡과　핵가족의　보편화로　노인 빈곤과　소외　현상이　발생할　수　있다. 그리고　②청장년층이　노인　부양에　대한 부담　증가와　노인　일자리　창출로　인한 세대　간　갈등이　발생할　수도　있다.

[과제 3]

[서론]

고령화에　따른　사회　문제　해결을　위해　먼저　일하는　고령　인구를　늘려　노동　시장　규모를　키워야　한다.　정년퇴직자들은　적은　임금이라도　자신들의　경륜을　살려　잘할　수　있는　안정적인　일자리가　필요하다.　또한　장기적인　단계별 노후　대비를　할　수　있도록　정책을　마련해야　한다.　노후　자금　관리와　건강관리　서비스　등　체계적인　노후　대비를 할　수　있게　지원하면　건강하고　안정적인　노후　생활을　누릴　수　있을　것이다.

[1~2] ( )에 들어갈 알맞은 것을 고르십시오.

1.

우리는 되도록 빨리 ( ) 서둘렀다.

① 도착해야   ② 도착하더니
❸ 도착하고자   ④ 도착하거나

어휘 · 문법 −고자

예 나는 대학에 합격하고자 열심히 공부하였다.
① −어야 : 가정을 해도 효과나 영향이 없음을 나타냄.
　　예 너무 멀어서 여기서 소리쳐 봐야 안 들려.
② −더니 : 과거에 관찰하여 알게 된 사실에 대해 뒤이은 행동이
　　　　　나 상황을 나타냄.
　　예 동생은 침대에 눕더니 그대로 잠이 들어버렸다.
④ −거나 : 선택을 나타냄.
　　예 나는 보통 주말엔 책을 읽거나 텔레비전을 보거나 한다.

종류 문장

해설

늦지 않게 도착할 목적으로 서둘러 갔다는 의미이기 때문에 '도착하고자'가 알맞다. '−고자'는 행동의 목적이나 의도, 희망을 나타낼 때 사용한다.

2.

( ) 어머니 목소리를 들어 기분이 좋아졌었다.

① 전화뿐   ② 전화만큼
③ 전화같이   ❹ 전화로나마

어휘 · 문법 (이)나마

예 몸이나마 건강해서 다행이에요
① 뿐 : 그것만이고 더 없음을 나타냄.
　　예 제가 할 수 있는 외국어는 한국어뿐이에요.
② 만큼 : 앞말과 비슷한 정도임을 나타냄.
　　예 저도 요리사만큼 요리를 잘해요.
③ 같이 : 비슷하거나 같은 정도임을 나타냄.
　　예 아이가 인형같이 예쁩니다.

종류 문장

해설

어머니를 볼 수 없는 상황에서 전화로 어머니의 목소리를 들을 수 있어 이 정도로도 만족한다는 내용이기 때문에 '전화로나마'가 알맞다. '(이)나마'는 부족한 정도이지만 아쉬운 정도를 받아들임을 나타낼 때 사용한다.

[3~4] 다음 밑줄 친 부분과 의미가 비슷한 것을 고르십시오.

3.

우리 팀은 최선을 다했지만 결국 <u>져 버렸다</u>.

① 지나 싶었다   ❷ 지고 말았다
③ 졌을 법하다   ④ 지면 안 됐다.

종류 문장

해설

최선을 다했지만 결국 져서 끝났다는 의미이므로 '−고 말다'와 비슷하다. '−아/어 버리다'는 어떤 행위를 완전히 끝냄을 나타낼 때 사용한다.

실전모의고사 | 5회

-아/어 버리다

예 돈을 다 써 버려서 영화를 볼 수 없다.
① -나 싶다 : 화자의 추측이나 회의를 나타냄.
   예 매일 운동을 해서 건강하게 지내나 싶어요.
③ -(으)ㄹ 법하다 : 뜻하는 상황이 실제 있거나 발생할 가능성이
   있음을 나타냄.
   예 구름을 보니 눈이 올 법한 날씨다.
④ -(으)면 안 되다 : 금지나 제한을 나타냄.
   예 덥다고 차가운 음식을 너무 많이 드시면 안 됩니다.

4.

중기는 다른 사람들에 비해 밥을 지나치게 많이 먹는 축에 든다.

① 먹나 보다   ❷ 먹는 편이다
③ 먹을 뻔하다   ④ 먹을 리 만무하다

어휘·문법 -는 축에 들다

예 그는 잘생긴 축에 든다.
② -나 보다 : 화자의 추측을 나타냄.
   예 사람들이 우산을 쓴 것을 보니 밖에 비가 오나 봐요.
③ -(으)ㄹ 뻔하다 : 앞의 일이 일어나지는 않았지만 일어나기 직
                   전의 상태까지 갔음을 나타냄.
   예 조금만 더 늦었더라면 기차를 놓칠 뻔했다.
④ -(으)ㄹ 리 만무하다 : 어떤 행동이나 상황이 일어났을 가능성
                        이 전혀 없음을 나타냄.
   예 그녀가 그런 짓을 했을 리 만무하다.

[5~8] 다음은 무엇에 대한 글인지 고르십시오.

5.

> **흔들림 없이 선명하게!**
> 순간을 기록하다.

❶ 카메라   ② 냉장고
③ 에어컨   ④ 노트북

🗂 종류 **문장**

📖 해설

민수는 다른 사람들보다 많이 먹는 사람들과 같은 부류에 속한다는 의미이므로 '-는 편이다'와 의미가 비슷하다. '-는 축에 들다'는 어떠한 행동이나 상태가 특정한 부류나 부분에 속함을 나타낼 때 사용한다.

🗂 종류 **상품 광고**

📖 해설

흔들림 없이 선명하게 찍은 사진으로, 순간을 기록한다는 내용으로 보아 카메라 광고이다.

단어 흔들리다   선명하다   순간   기록

6.

> 인생에서 가장 빛나는 순간을 함께!
> 식당 대여 무료, 생화 장식 50% 할인

① 사진관　　　　　② 편의점
③ 도서관　　　　　❹ 예식장

7.

> 여유 있는 운전 문화!
> 사고 없는 우리 사회!

❶ 교통 안전　　　　② 건강 관리
③ 시간 절약　　　　④ 날씨 예보

8.

> ✿ 기한 : 구매 후 7일 이내
> ✿ 게시판에 문의 후 택배를 보내 주십시오.
> – 스타 쇼핑몰 –

① 구입 안내　　　　② 주의 사항
❸ 환불 방법　　　　④ 등록 문의

[9~12] 다음 글 또는 그래프의 내용과 같은 것을 고르십시오.

9.

> **2018 사랑 나눔 바자회**
> • 기간: 12월 11일(화) ~ 12월 14일(금)
> • 장소: 한국복지회관
> • 판매 품목: 성인의류, 아동의류, 유아용품, 화장품, 생필품 등
> ＊현금 구매만 가능! 우천 시에도 바자회는 진행됩니다.

① 바자회는 일주일 동안 진행된다.
② 물건은 카드로 구매가 가능하다.
③ 비가 오면 바자회는 열리지 않는다.
❹ 바자회에서 다양한 물건을 살 수 있다.

10.

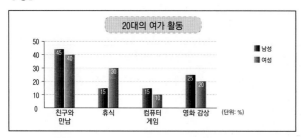

① 여성은 남성보다 컴퓨터 게임을 많이 한다.
② 휴식을 하는 남성보다 여성의 비율이 더 낮다.
❸ 남성은 여가 활동으로 친구와 만남을 가장 많이 한다.
④ 영화를 보면서 여가를 즐기는 남성과 여성의 비율이 같다.

11.

'보기 좋은 떡이 먹기도 좋다'라는 말이 있다. 그만큼 음식의 외적인 요소도 중요하다고 볼 수 있다. 음식의 맛에 영향을 미치는 시각 정보는 음식 자체의 색뿐만 아니라, 담겨 있는 그릇의 색이나 모양, 사용하는 식기와 음식을 먹는 장소의 조명까지도 포함된다. 실험에 따르면 같은 음식도 어떤 접시에 담겨 있느냐에 따라 맛을 다르게 느낀다고 한다.

❶ 그릇의 색은 음식의 맛에 영향을 준다.
② 음식의 외적인 요소는 맛과 상관이 없다.
③ 장소에 따라 음식의 맛을 다르게 느낀다.
④ 음식의 맛은 음식 자체의 색으로 결정된다.

12.

아이를 낳고 겪게 되는 가장 큰 어려움은 '육아'이다. 맞벌이가 당연한 시대에 아이를 봐줄 사람이 없기 때문이다. 이러한 문제를 해소하기 위해 최근 서울시는 방과 후 돌봄이 필요한 초등학생을 대상으로 공공시설을 활용한 돌봄 센터를 운영하고 있다. 또한 어린이집을 이용하지 않는 0~5세인 영유아들은 열린 육아방에서 안전하게 놀이 활동을 할 수 있다.

① 정부는 여러 지역에 돌봄 센터를 만들고 있다.
② 사람들은 영유아들의 안전에 대해 우려하고 있다.
❸ 요즘 부부들은 맞벌이로 인해 아이 돌보기가 힘들다.
④ 돌봄 센터는 초등학생부터 중학생까지를 대상으로 한다.

[13~15] 다음을 순서대로 맞게 배열한 것을 고르십시오.

13.

(가) 가방 안에 있던 지갑이 사라졌기 때문이다.

(나) 요금을 내기 위해 가방을 열어 본 남자는 당황했다.

(다) 남자는 해외여행을 하던 중 다른 곳으로 이동하기 위해 버스를 탔다.

(라) 다행히 당황한 남자를 본 버스 기사가 요금을 대신 내주어 목적지까지 갈 수 있었다.

① (나) – (가) – (라) – (다)
② (나) – (라) – (다) – (가)
❸ (다) – (나) – (가) – (라)
④ (다) – (나) – (라) – (가)

14.

(가) 차는 건강에 도움이 될 뿐만 아니라 다양한 효과가 있기 때문이다.

(나) 사람들은 일주일에 평균 약 9.3잔의 커피를 마신다는 결과가 나왔다.

(다) 하지만 최근 건강을 생각해 커피 대신 차를 선택하는 사람이 늘어나고 있다.

(라) 따뜻한 차를 마시면 노폐물을 배출해 피부를 좋게 만들고 다이어트에도 효과가 있다.

① (나) – (라) – (가) – (다)
❷ (나) – (다) – (가) – (라)
③ (라) – (가) – (다) – (가)
④ (라) – (다) – (나) – (가)

15.

(가) 펭귄 효과라는 말은 펭귄의 평소 습성으로 인해 만들어진 말이다.

(나) 연예인이 상품을 구매하면 일반 소비자들은 그것을 따라서 구입하는 경우가 있다.

(다) 이렇게 다른 사람에게 영향을 받아서 상품을 구매하는 현상을 펭귄 효과라고 한다.

(라) 평소에는 바다를 두려워 하지만 한 마리가 바다에 뛰어들면 다른 펭귄들도 따라 뛰어들기 때문이다.

① (가) – (라) – (나) – (다)
② (가) – (다) – (라) – (나)
❸ (나) – (다) – (가) – (라)
④ (나) – (다) – (라) – (가)

[16~18] 다음을 읽고 ( )에 들어갈 내용으로 가장 알맞은 것을 고르십시오.

16.

사람들은 바쁘게 살아가면서 순간순간 배우는 것도 많지만 그만큼 잊어버리는 것 또한 많다. 따라서 무언가를 기억하기 위해서는 ( ) 가져야 한다. 수첩을 가지고 다니면서 중요한 일을 메모하는 것이 좋다. 수첩이 힘들다면 스마트폰을 사용하는 방법도 있다. 매일 일기를 쓰는 것도 중요한 일을 잊지 않기 위한 좋은 방법이다.

① 배우는 습관을   ② 생각하는 습관을
③ 설명하는 습관을   ❹ 기록하는 습관을

📁 **종류** 설명문

💬 **해설**

사람들은 바쁘게 살면 잊어버리기 쉽기 때문에 무언가를 기억하기 위해서는 수첩이나 스마트폰 사용, 일기 쓰는 것이 좋다고 했으므로 '기록하는 습관'을 가져야 한다는 것이 적합하다.

단어 순간순간   수첩

17.

전통 음악은 현대인의 취향에 맞게 조금씩 변화하고 있다. 한국의 전통 악기와 서양 악기를 한 무대에서 같이 연주하기도 하고, 해외에서 전통 음악 밴드를 만들어 공연을 하는 팀도 있다. 이들의 음악은 국내 음악 팬은 물론 해외에서도 뜨거운 반응을 얻고 있다. 앞으로도 전통 음악의 대중화 및 세계화를 위해 끊임없이 ( ) 전통 음악을 더 발전시켜야 할 것이다.

❶ 변화를 시도하여   ② 악기를 연주하여
③ 서로를 이해하여   ④ 공연을 관람하여

📁 **종류** 설명문

💬 **해설**

전통 음악이 현대인의 취향에 맞게 조금씩 변화하면서 국내뿐만 아니라 해외에서도 인기를 얻고 있다고 했으므로 전통 음악의 대중화 및 세계화를 위해 '변화를 시도하여' 전통 음악을 발전시켜야 한다는 것이 적합하다.

단어 전통   취향   반응   대중화   끊임없이

18.

차세대 이동 수단으로 꼽히고 있는 하이퍼루프는 열차처럼 생기긴 했지만, 실제 작동 방식은 기존 열차와 많이 다르다. 하이퍼루프는 기본적으로 진공 튜브에서 차량을 이동시키는 형태의 운송 수단이다. 최고 속도는 시속 1,280km를 달릴 수 있는 수준으로 서울에서 부산까지 20분이면 도착이 가능하다. 기존에 있던 열차는 물론이고 ( ) 많은 사람들의 기대를 받고 있다.

① 운송 수단이기 때문에
② 부산까지 가기 때문에
❸ 속도가 빠르기 때문에
④ 진공 튜브가 있기 때문에

📁 **종류** 설명문

💬 **해설**

차세대 이동 수단인 하이퍼루프는 진공 튜브에서 차량을 이동시키는 형태의 운송 수단으로 서울에서 부산까지 20분이면 도착이 가능할 정도로 빠르다고 했기 때문에 '속도가 빠르기 때문에' 많은 사람들의 기대를 받고 있다는 것이 적합하다.

단어 차세대   꼽히다   진공   운송

[19~20] 다음 글을 읽고 물음에 답하십시오.

한 연구에 따르면 호기심이 업무 능력과 관련이 있다는 사실을 밝혀냈다. 호기심이 없는 사람은 새로운 것을 두려워하고 일에 참여하는 것에 있어 소극적인 태도를 보일 가능성이 높다고 한다. (　　) 호기심이 많은 사람은 동료와 갈등을 해결하는 능력이 뛰어나고, 사회적 지지를 더 많이 받는다고 한다. 또한 호기심이 강한 집단은 새로운 도전을 즐기고 창의적인 편이라고 한다. 이처럼 호기심을 가지는 것엔 다양한 이점이 있지만, 사람마다 호기심을 느끼는 정도는 다르다.

19. (　　)에 들어갈 알맞은 것을 고르십시오.

❶ 반면
② 굳이
③ 분명히
④ 상당히

20. 이 글의 내용과 같은 것을 고르십시오.

① 호기심과 업무 능력은 서로 관계가 없다.
② 호기심이 없는 사람은 항상 소극적인 태도를 보인다.
③ 호기심이 많은 사람은 동료와의 갈등이 자주 발생한다.
❹ 호기심이 강한 집단은 창의적이고 도전 의식이 강하다.

[21~22] 다음 글을 읽고 물음에 답하십시오.

사람은 누구나 의욕적인 자세로 삶을 대하고 내 삶의 의미를 찾고 싶어 한다. 그러기 위해서는 먼저 스스로를 사랑하는 것이 중요하다. 하지만 자신감이 부족하거나 자존감이 떨어져 자신을 사랑하는 것에 익숙하지 않은 사람들도 있다. 그럴 때는 자신을 사랑하는 사람을 대하듯 칭찬하는 것이 좋다. 또한 실수를 했을 때 자신을 자책하는 것 보다 (　　) 자신을 격려를 하는 것이 더 중요하다. 다른 사람에게 하는 칭찬도 좋지만 나에게 하는 칭찬 한마디가 삶을 변화시킬 수 있을 것이다.

21. (　　)에 들어갈 알맞은 것을 고르십시오.

❶ 고개를 들고　　　　② 입을 모으고
③ 배를 두드리고　　　④ 눈에 불을 켜고

🗂 **종류** 설명문

🎓 **해설**

앞에는 호기심이 없는 사람을 설명하고 반대로 뒤에는 호기심이 많은 사람을 설명했으므로 '반면'이 적합하다.

• 반면 : 뒤에 오는 말이 앞에 오는 말과 반대임.
② 굳이 : 마음을 써서 일부러, 고집을 부려서
　　예 그 일을 굳이 네가 할 필요는 없다.
③ 분명히 : 틀림이 없고 확실하게.
　　예 어제 일기 예보에 분명히 오늘 눈이 온다고 했다.
④ 상당히 : 수준이나 실력이 꽤 높이.
　　예 사회가 발전함에 따라 범죄도 상당히 지능화하는 추세다.

단어 호기심　소극적　갈등　지지　창의적

🎓 **해설**

호기심이 많은 사람은 새로운 도전을 즐기고 창의적인 편이라고 했으므로 4번이 정답이다.

🗂 **종류** 논설문

🎓 **해설**

내 삶의 의미를 찾고 싶을 때는 먼저 스스로를 사랑하는 것이 중요하다. 실수를 했을 때는 고개를 숙이고 자신을 자책하는 것보다 자신을 격려하는 것이 더 중요하다는 내용이므로 '고개를 들고'가 적합하다.
② 입을 모으다 : 여러 사람이 같은 의견을 말함.
　　예 무리한 다이어트는 건강을 해친다고 의사들은 입을 모아 이야기한다.
③ 배를 두드리다 : 생활이 풍족하거나 살림살이가 여유로워 편안하게 지냄.
　　예 이제는 가난한 시절 다 보내고 배를 두드리며 행복하게 산다.
④ 눈에 불을 켜다 : 몹시 욕심을 내거나 관심을 기울임.
　　예 형은 돈이 생기는 일이라면 눈에 불을 켜고 달려든다.

단어 의욕적　자존감　익숙하다　자책하다

22. 이 글의 중심 생각을 고르십시오.

① 실수하지 않기 위해 노력해야 한다.
② 언제나 자신감을 잃지 않아야 한다.
③ 인간관계를 위해 다른 사람을 사랑한다.
❹ 자신의 삶을 위하여 스스로에게 칭찬을 한다.

🎓 해설
내 삶의 의미를 찾고 싶을 때는 먼저 스스로를 사랑하는 것이 중요하며 따라서 자신을 사랑하는 사람을 대하듯 칭찬하는 것이 좋다고 했으므로 4번이 정답이다.

[23~24] 다음을 읽고 물음에 답하십시오.

어느 날 아침이었다. 나는 세수를 하고 들어와 아침상을 기다리고 있었다. 그 때 아내가 쟁반에다 삶은 고구마를 몇 개 담아 들고 들어왔다. "햇고구마가 하도 맛있다고 아랫집에서 그러기에 우리도 좀 사 왔어요. 맛이나 보세요." 나는 원래 고구마를 좋아하지도 않는데다가 식전에 그런 것을 먹는 게 부담스럽게 느껴졌지만 아내를 대접하는 뜻에서 그 중 제일 작은 것을 하나 골라 먹었다. 그리고 쟁반 위에 함께 놓인 홍차를 들었다. "하나면 정이 안 간대요. 한 개만 더 드세요." 아내는 웃으면서 또 이렇게 권했다. 나는 마지못해 또 한 개를 집었다. 어느 새 밖에 나갈 시간이 가까워졌다. 나는 "이제 나가 봐야겠어요. 아침상을 주시오."하고 재촉했다. 그러자 아내가 말했다. "지금 드시고 있잖아요. 이 고구마가 오늘 우리 아침밥이에요." 나는 비로소 집에 쌀이 떨어진 줄 알았고 얼굴이 화끈거렸다.

23. 밑줄 친 부분에 나타난 '나'의 심정으로 알맞은 것을 고르십시오.

① 촌스럽다   ② 쑥스럽다
❸ 미안스럽다   ④ 실망스럽다

24. 이 글의 내용과 같은 것을 고르십시오.

① 아내와 고구마를 먹은 후 홍차를 마셨다.
❷ 나는 집에 쌀이 없는 것을 모르고 있었다.
③ 나는 쟁반에 삶은 고구마와 홍차를 담았다.
④ 아내는 나를 위해 작은 고구마를 골라 먹었다.

📁 종류 수필

🎓 해설
아침으로 고구마를 먹은 것이 쌀이 없어서 그랬다는 것을 알게 되어 '미안스럽다'가 적합하다.
① 촌스럽다 : 세련됨이 없이 어수룩한 데가 있음.
　　[예] 의상이 촌스러워 보일 것 같았지만 내색하진 않았다.
② 쑥스럽다 : 하는 짓이나 모양이 자연스럽지 못하여 우습고 싱거운 데가 있음.
　　[예] 선생님께 인사를 했는데 모르고 지나가셔서 쑥스러웠다.
④ 실망스럽다 : 생각하거나 바라던 일이 뜻대로 되지 않아 마음이 몹시 상함.
　　[예] 그의 잘못된 행동에 매우 실망스러웠다.

단어 쟁반   부담스럽다   마지못해   재촉하다

🎓 해설
나는 쌀이 없어 아침으로 고구마를 먹은 지도 모르고 아침을 달라고 했으므로 2번이 정답이다.

[25~27] 다음 신문 기사의 제목을 가장 잘 설명한 것을 고르십시오.

25.

> 흡연으로 인한 사망, 교통사고 사망의 10배

① 흡연으로 인한 사망자가 계속 늘고 있다.
② 흡연 때문에 발생하는 사망자가 교통사고보다 적다.
③ 버스와 지하철에서 흡연하는 사람이 10배나 증가하였다.
❹ 흡연으로 인한 사망자가 교통사고로 죽는 사람보다 많다.

26.

> 뮤지컬로 다시 태어난 고전 영화, 장년층 관객 사로잡아

① 뮤지컬과 영화를 동시에 보면서 즐길 수 있게 되었다.
❷ 옛날 영화가 뮤지컬로 만들어져서 장년층의 관심을 끌고 있다.
③ 뮤지컬 형식의 영화가 만들어져 장년층 관객들이 기대하고 있다.
④ 오래된 뮤지컬이 영화로 만들어져 많은 연령층의 관객들이 볼 수 있다.

27.

> 잠겨 있던 비상구 문, 큰 인명 피해로 이어져

❶ 비상구 문이 열리지 않아 인명 피해가 컸다.
② 비상구는 사람이 찾기 쉬운 곳에 만들어야 한다.
③ 피해를 예방하기 위해 비상구 문을 잠가야 한다.
④ 비상구 문이 잠겨 있어서 큰 인명 피해를 줄였다.

[28~31] 다음을 읽고 (　　)에 들어갈 내용으로 가장 알맞은 것을 고르십시오.

28.

　세계 인구는 해마다 약 7,000만 명씩 증가하고 있다. 급격한 인구 증가는 여러 가지 문제점을 가져올 수 있으므로 인구 증가에 대한 해결책이 필요하다. 세계 인구는 계속 증가하는 반면에 자원은 증가하지 않는다. 이는 가까운 미래

에 자원이 부족해질 수 있음을 의미한다. 특히 현재 여러 가지 환경 문제로 많은 자원이 (　　) 사용할 수 없게 되어 인구 증가는 문제가 될 수 있다. 인구 증가 문제가 해결되지 않으면, 자원은 부족해지고 이로 인해 인간의 삶의 질은 떨어질 것이다.

① 만들어지거나
❷ 감소하게 되거나
③ 보호해야 하거나
④ 개끗하게 되거나

29.

요즘 성차별을 없애려는 움직임이 많이 있지만, 여전히 남성과 여성 간의 취업률에는 큰 차이가 있다. 최근 남성의 취업률은 약 75%인 반면 여성은 약 50%에 불과하다. 특히 제조업에서 월급의 차이가 나타나는데 남성이 여성보다 15~35% 정도 많은 돈을 번다. 또한 세계적으로 기업에서 (　　) 여성은 약 3~4%뿐이다. 이를 통해 아직 여성이 남성보다 더 나은 위치에 올라가는 것이 힘들다는 것을 알 수 있다. 하지만 앞으로 성 불평등 문제에 이의를 제기하는 사람과 집단이 늘어나면 이 수치는 바뀔 것으로 기대된다.

① 다른 성별을 이해하고 있는
❷ 높은 자리를 차지하고 있는
③ 전문 직업을 교육하고 있는
④ 많은 일자리를 마련하고 있는

종류 설명문

해설
성차별로 인해 아직 여성이 남성보다 더 나은 위치에 올라가는 것이 힘들다고 했으므로 높은 자리를 차지하고 있는 여성은 적다는 것이 적합하다.

단어 차별　불과하다　제조업　이의　수치　제기하다

30.

긍정적인 태도와 유머는 우울증을 치료하는 것에 도움이 될 수 있다. 인생의 모든 일을 너무 심각하게 받아들이거나 걱정을 너무 많이 하면, 일상생활이 힘들 것이다. 따라서 긍정적으로 생각하는 것과 웃음의 진정한 가치를 아는 것이 중요하다. 이러한 태도는 기분을 전환시킬 뿐 아니라 (　　), 삶을 쾌적하고 건강하게 만든다. 멋진 유머로 더 행복해질 수 있고, 사람들과의 사이를 발전시킬 수 있으며, 정신적, 신체적으로 더 건강해질 수 있다.

① 감정을 흥분시키며
❷ 인간관계에 도움을 주며
③ 성격을 조심스럽게 만들며
④ 정신적으로 혼란스럽게 하며

종류 설명문

해설
긍정적인 생각과 태도는 기분을 전환하고 삶을 건강하게 만들고 사람들과의 사이를 발전시킬 수도 있다고 했으므로 인간관계에 도움을 준다는 것이 적합하다.

단어 긍정적　치료하다　심각하다　쾌적하다

31.

모든 동물은 자신만의 서식지가 있다. 예를 들면, 다람쥐의 서식지는 나무이다. 다람쥐는 나무에서 먹을 견과류, 씨앗 그리고 과일을 찾는다. 또한 나무의 구멍은 새끼를 키우는데 (　　　) 다람쥐들이 선호한다. 적으로부터 새끼를 보호하기에 아주 좋은 장소이기 때문이다. 바다는 고래의 서식지로 그들은 대부분 북쪽이나 남쪽의 찬물에서 먹이를 먹으면서 여름을 보낸다. 그리고 겨울이 되면 새끼를 키우는데 알맞은 장소를 찾으려고 더 따뜻한 쪽으로 이동한다.

❶ 안전하고 적합한 장소로
② 답답하고 막힌 공간으로
③ 뚫려있고 이동이 원활해
④ 복잡하고 위험한 곳으로

📁 **종류** 설명문

💡 **해설**

나무 구멍은 다람쥐가 적으로부터 새끼를 보호하기에 아주 좋은 장소라 했으므로 나무 구멍을 새끼를 키우기 위한 안전하고 적합한 장소로 이용한다는 것이 적합하다.

단어 서식지　　견과류　　새끼　　선호하다

[32~34] 다음을 읽고 내용이 같은 것을 고르십시오.

32.

현재 여러 나라에서 물 부족이 문제가 되고 있으나 선진국의 국민 대부분은 이 문제에 대해 신경을 쓰지 않고 있다. 새롭게 발달한 기술로 물 부족 문제를 해결할 수 있다고 생각하지만 현재의 기술로는 해결하기 어려울 정도로 심각한 수준이다. 문제 인식의 부족으로 물 낭비가 증가하고 있다. 또 지속적인 환경 오염으로 물이 오염되고 있어 여러 담수원이 제 역할을 하지 못하고 있다. 앞으로 조속히 이 문제를 해결하지 않는다면, 세계적인 물 부족 위기가 인류를 위협할 수 있다.

① 소수의 나라에서 물 부족이 문제가 되고 있다.
② 현재의 기술로 물 부족 문제를 해결할 수 있다.
③ 계속되는 환경 오염은 물 부족 문제와 관련이 없다.
❹ 사람들은 물 부족을 인지하지 못해 물을 함부로 사용한다.

📁 **종류** 논설문

💡 **해설**

현재 여러 나라에서 물 부족이 문제가 되고 있으나 대부분 사람들이 이 문제에 대해 신경을 쓰지 않아 물 낭비가 증가하고 있다고 했으므로 4번이 정답이다.
① ~~소수의 나라에서~~ 물 부족이 문제가 되고 있다. (여러 나라에서 물 부족이 문제가 되고 있다.)
② ~~현재의 기술로 물 부족 문제를 해결할 수 있다.~~ (물 부족 문제는 현재의 기술로는 해결하기 어려울 정도로 심각한 수준이다.)
③ 계속되는 환경 오염은 물 부족 문제와 ~~관련이 없다.~~ (지속적인 환경 오염으로 물이 오염되고 있다.)

단어 선진국　　낭비　　조속히　　위협하다
　　　 담수원

33.

개미들은 몸에서 발산하는 화학물질의 냄새로 의사소통을 한다. 이 화학물질은 긴 시간이 지나도 다른 개미들이 냄새를 맡을 수 있으며 상황에 따라 냄새가 다르다. 예를 들어, 적에게 공격을 당한 개미는 다른 개미들을 끌어모으는 화학물질을 내뿜는다. 그 물질의 냄새를 맡은 다른 개미들은 적을 공격하기 시작한다. 한편 먹이를 발견한 개미는 다른 개미들이 따라올 수 있도록 다른 냄새의 화학물질을 내뿜는다. 그 냄새로 개미들은 먹이를 찾고 다시 집으로 돌아갈 수 있는 것이다.

📁 **종류** 설명문

💡 **해설**

개미는 냄새로 의사소통하며 몸에서 발산하는 화학물질은 상황에 따라 냄새가 다르다고 했다.
① 개미의 화학물질은 ~~먹이를 발견했을 때만 발산한다.~~ (적에게 공격을 당할 때도 화학물질을 발산한다.)
② 개미가 내뿜는 화학물질의 냄새는 ~~짧은 시간 지속된다.~~ (긴 시간이 지나서도 다른 개미들이 냄새를 맡을 수 있다.)
④ 개미가 공격을 당할 때 나오는 화학물질은 ~~냄새가 나지 않는다.~~ (상황에 따라 다른 냄새가 나는 화학물질을 내뿜는다.)

실전모의고사 **5회**

① 개미의 화학물질은 먹이를 발견했을 때만 발산한다.

② 개미가 내뿜는 화학물질의 냄새는 짧은 시간 지속된다.

❸ 개미는 상황에 따라 다른 냄새가 나는 화학물질을 내뿜는다.

④ 개미가 공격을 당할 때 나오는 화학물질은 냄새가 나지 않는다.

- 발산하다 **예** 태양은 언제나 매우 뜨거운 열을 <u>발산하</u>고 있다.

단어 화학물질   내뿜다   공격하다 끌어모으다

34.

대동여지도는 1861년에 김정호가 목판에 새겨서 만든 한국의 전국 지도이다. 최첨단 기술을 이용하여 제작한 지금의 지도와 비교해 봐도 손색이 없을 정도로 매우 실용적이며 과학적으로도 정확성과 정밀성을 인정받았다. 김정호는 커다란 대동여지도를 위아래 여러 층으로 나누고 <mark>각 층을 여러 번 접어 총 22권의 지도책으로 만들었는데 덕분에 봐야 하는 부분만 펼쳐서 볼 수 있고 휴대가 편리하다는 장점</mark>이 있었다. 또한 다른 지도들과 달리 기호를 사용하여 지도를 간결하게 정리하였고, 10리, 즉 4km마다 점을 찍어 거리도 가늠할 수 있었다. 이렇듯 대동여지도는 과학적인 실제 측정 자료로 높이 평가받아 보물 제850호로 지정되어 있다.

① 대동여지도는 현대에 와서 만든 한국의 전국 지도이다.

② 대동여지도는 실물을 그대로 반영하여서 한 눈에 파악할 수 있다.

③ 대동여지도는 보물로 지정되기 위해 과학적인 측정 방법을 사용했다.

❹ 대동여지도는 필요한 부분만을 펼쳐 볼 수 있고 가지고 다니기 유용하였다.

종류 논설문

해설

대동여지도는 여러 층으로 나눠 만든 총 22권의 지도책으로 봐야 하는 부분만 펼쳐서 볼 수 있고 휴대가 편리하다고 했기 때문에 4번이 정답이다.

① 대동여지도는 ~~현대에 와서 만든~~ 한국의 전국 지도이다. (과거 조선 시대에 만든 전국 지도이다.)

② 대동여지도는 실물을 그대로 반영하여서 ~~한 눈에 파악할 수 있다.~~ (커다란 크기로 한눈에 파악하기는 힘들었다.)

③ 대동여지도는 ~~보물로 지정되기 위해~~ 과학적인 측정 방법을 사용했다. (과학적인 실제 측정 자료로 평가받아 보물로 지정되었다.)

- 손색이 없다 **예** 이 영화는 원작 소설과 비교해도 <u>손색이 없을</u> 정도로 잘 만들었다.

단어 목판   새기다   실용적   정밀성   펼치다
간결하다   가늠하다   지정되다

[35~38] 다음 글의 주제로 가장 알맞은 것을 고르십시오.

35.

최근 동물을 이용한 유전자 복제에 성공한 사례가 많이 있다. 유전자 복제는 난치병 치료에 희망을 준다는 긍정적인 면도 있고 생명의 존엄이 경시된다는 부정적인 면도 있다. 그럼에도 불구하고 현대 사회가 걱정하고 있는 것은 머지않은 미래에 인간의 손으로 생명체를 만들어 내는 시대가 올지도 모른다는 것이다. 그렇게 되면 인간이 하나의 제품이나 상품 취급을 받는다는 걱정이 현실이 될 것이다. 그러나 결국, <mark>복제라는 것은 이미 존재하고 있는 것을 복사하는 것에 지나지 않는다. 인간의 힘으로 완전히 새로운 생명체를 창조하는 것은 결코 쉬운 일은 아니다.</mark>

종류 논설문

해설

복제라는 것은 이미 존재하고 있는 것을 복사하는 것에 지나지 않고 인간의 힘으로 새로운 생명체를 창조하는 것은 쉬운 일이 아니라 했기 때문에 '인간의 힘으로 새로운 생명체를 만들어 내는 것은 어려운 일'이라는 것이 적합하다.

단어 복제   난치병   존엄   경시되다

① 미래에는 인간이 제품이나 상품과 같은 취급을 받을 수 있다.
② 현대 인간의 손으로 생명체를 창조할 수 있는 시대가 되었다.
③ 유전자 복제는 치료가 힘든 병을 고치기 위해 사용할 수 있다.
❹ 인간의 힘으로 새로운 생명체를 만들어 내는 것은 어려운 일이다.

36.

마케팅이란, 상품을 파는 사람에게서 소비자의 손으로 건너갈 때까지의 흐름을 말한다. 물건을 팔기 위해서는 그 흐름을 확인하는 것, 즉 마케팅 연구 조사가 필요하다. 마케팅 연구 조사는 소비자의 요구를 분석해서 신상품을 개발할 뿐만 아니라 이미 있는 상품을 어떻게 소비자의 손에 넘어가게 할지, 그 방법을 고안할 때도 필요하다. 모처럼 좋은 상품을 개발해도 소비자들이 사지 않으면 재고가 산처럼 쌓일 것이다. 따라서 소비자의 주의를 끄는 방법을 조사하는 것은 마케팅에서 중요한 부분이다.

① 소비자들이 많이 선택해야 좋은 상품이 될 수 있다.
② 소비자의 요구를 조사하여 새로운 상품을 개발해야 한다.
❸ 물건을 팔기 위한 방법을 모색하는 마케팅 연구 조사는 중요하다.
④ 이미 만들어진 상품을 판매할 때 마케팅 연구 조사를 잘 활용해야 한다.

📁 **종류** 논설문

❤ **해설**

물건을 팔기 위해서는 마케팅 연구 조사가 필요하며 소비자의 주의를 끄는 방법을 조사하는 것은 마케팅에서 중요한 부분이라고 했으므로 '물건을 팔기 위한 방법을 모색하는 마케팅 연구 조사는 중요하다'는 것이 적합하다.

단어 흐름　　분석하다　　고안하다　　모처럼
　　재고

37.

어떤 식으로든 차별은 불공평하다. 오늘날 기업 내에서 통제되지 않고 있는 또 다른 차별의 한 형태는 연령차별이다. 예를 들어 젊은 지원자를 고용하는 것을 선호하고 나이가 많은 지원자는 자격을 제대로 검사하지도 않고 제쳐놓는 기업들이 있다. 반대로 또 어떤 기업들은 비록 젊은 직원이 더 능력이 있고 승진할 자격이 있는데도 나이가 많은 직원을 승진시키는 편파성을 보이기도 한다. 이러한 사례들은 모두 기업 내에서 연령차별의 좋지 못한 모습이다. 취업과 승진은 연령이 아니라 업무능력, 경험, 직업윤리, 성취도를 바탕으로 해야 한다.

① 기업은 젊은 사람들을 우선으로 채용하거나 승진시켜야 한다.
② 기업은 자격이 있더라도 나이가 많은 지원자는 뽑지 말아야 한다.

📁 **종류** 논설문

❤ **해설**

오늘날 기업 내 취업이나 승진을 할 때 연령차별이 많이 일어나고 있는데 취업과 승진은 연령이 아닌 업무 능력, 경험, 직업윤리, 성취도 등을 바탕으로 해야 한다고 했으므로 '기업은 취업과 승진에 있어 연령이 아닌 다양한 요소를 평가해야 한다'는 것이 적합하다.

단어 불공평　　고용하다　　제쳐놓다　　편파성
　　윤리　　통제되다

③ 기업은 취업과 승진에 있어 연령이 아닌 다양한 요소를 평가해야 한다.

④ 기업은 채용과 승진에 있어 연령을 기반으로 경험과 성취도를 봐야 한다.

38.

곤충으로 인해 인간이 받는 피해가 클 때 인간들은 해충이라 하여 죽여 버린다. 하지만 해충도 자연의 입장에서 보면 생태계 유지를 위해 꼭 필요한 구성원이다. 인간도 그중 하나의 구성원에 속하며 인간의 잣대로 생태계를 변형시키는 것은 잘못된 생각이다. 인간이 해충을 죽이기 위해 살충제를 뿌리는 것은 해충을 죽이는 것이 아닌 살충제에 내성을 지닌 강력한 해충을 만들어 생태계 내 교란을 가져올 수 있다. 결과적으로 인간이 뿌린 살충제가 해충만이 아닌 인간의 건강까지 해칠 수 있는 것이다. 따라서 인간은 생태계의 질서를 이해하고 자연과 더불어 살아가야 한다.

① 인간은 자연의 개발과 보존에 대해 고민해야 한다.
② 인간은 해충을 없애기 위해 좀 더 적극적인 노력이 필요하다.
❸ 인간은 생태계의 균형과 질서를 존중하고 자연과 공존해야 한다.
④ 인간의 힘으로 생태계를 변형시키는 것은 인간에게 악영향을 끼친다.

🗂 종류 논설문

💬 해설
인간에게 해충도 자연의 입장에서는 생태계의 균형을 유지하는 구성원으로 인간은 생태계 질서를 이해하고 자연과 더불어 살아야 한다고 했으므로 '생태계의 균형과 질서를 존중하고 자연과 공존해야 한다'는 것이 적합하다.

📝 단어 유지 구성원 생태계 잣대 교란
　　　　살충제 내성

[39~41] 다음 글에서 〈보기〉의 문장이 들어가기에 가장 알맞은 곳을 고르십시오.

39.

석굴암은 신라 시대에 김대성이 만든 것으로 당시에는 석불사로 불리었다. 석굴암은 여러 가지 면에서 높은 평가를 받고 있다. (㉠) 먼저 석굴암의 내부는 직사각형과 둥근 모양의 방이 연결되어 있는 형태를 하고 있는데, 둥근 방 가운데 불상이 자리를 잡고 있다. (㉡) 이 불상의 주변에는 37개의 조각상이 있는데, 모든 조각상들은 예술적으로 완벽한 아름다움을 보여 준다. (㉢) 불상이 바라보고 있는 방향은 정확하게 해가 떠오르는 방향이며 둥근 방의 모양도 정확한 원형이다. (㉣) 이렇듯 석굴암 전체가 예술적, 과학적으로 완벽한 조화와 통일을 이루고 있다.

🗂 종류 설명문

💬 해설
예술적인 부분 말고 또 다른 석굴암의 놀라운 점은 과학적인 건축물이라고 했으므로 불상이 바라보고 있는 방향이 정확하게 해가 떠오르는 방향이며 둥근 방의 모양도 정확한 원형으로 과학적으로 완벽한 조화와 통일을 이루고 있다는 문장 앞에 위치하는 것이 적합하다.

📝 단어 직사각형 불상 완벽하다 조각상
　　　　조화 원형

보기

또 다른 석굴암의 놀라운 점은 굉장히 과학적인 건축물이라는 것이다.

① ㉠   ② ㉡

❸ ㉢   ④ ㉣

40.

동물 보호소는 주인을 잃어버리거나 주인에게서 버려진 동물들을 위한 복지시설이다. (㉠) 반려동물을 원하는 사람들은 동물 보호소에 요금을 지불하고 반려동물을 데려올 수 있다. (㉡) 지불된 돈은 동물 보호소에 있는 동물들의 건강 검진이나 복종 훈련, 배변 훈련 등의 교육에 사용된다. (㉢) 또한 돈을 더 지불하여 반려동물의 피부 밑에 마이크로칩을 심을 수 있다. (㉣)

보기

이 마이크로칩으로 반려동물을 전산 등록해 잃어버렸을 경우 찾을 수 있다.

① ㉠   ② ㉡

③ ㉢   ❹ ㉣

종류 설명문

해설

마이크로칩으로 잃어버렸을 경우 반려동물을 찾을 수 있다고 했으므로 돈을 더 지불하여 반려동물의 피부 밑에 마이크로칩을 심을 수 있다는 문장 뒤에 위치하는 것이 적합하다.

단어 복지시설   지불하다   복종   배변   전산

41.

'행복한 사회는 오직 자전거의 속도만으로 가능하다'고 이반 일리치는 말한다. (㉠) 우선 자전거를 탄 사람은 보행자보다 더 빨리 이동하는 동시에 소비하는 에너지는 보행자의 5분의 1 정도이다. (㉡) 또한 자전거는 페달을 밟는 힘만으로 움직일 수 있고 가격 또한 저렴하다. 이 외에도 자전거는 대기 오염을 일으키지 않으며 소음도 없다. (㉢) 마지막으로 골목길 같은 후미진 곳도 접근할 수 있으니 이동 접근성이 뛰어나다고 할 수 있다. (㉣) 이런 이점 때문에 OECD에서는 자전거를 환경적으로 지속 가능한, 최적의 교통수단으로 뽑았다.

보기

그는 에너지 소비가 큰 자동차에 대한 대안으로 자전거를 제시했다.

❶ ㉠   ② ㉡

③ ㉢   ④ ㉣

종류 설명문

해설

누군가 에너지 소비가 큰 자동차에 대한 대안으로 자전거를 제시했다고 했으므로 '행복한 사회는 오직 자전거의 속도만으로 가능하다'말한 이반 일리치가 나온 문장 뒤에 위치하는 것이 적합하다.

단어 페달   보행자   소음   골목길   후미지다

전화를 받은 주인 영감님이 좀 생기가 나더니 계산서를 작성해 주면서 XX상회에 20와트 형광 램프 다섯 상자만 배달해 주고 오란다. 가까운 데 있는 소매상에서는 이렇게 전화 주문으로 배달까지를 부탁해 오는 수가 많다. 수남이는 자전거도 잘 타 배달이라면 문제없다.

그래도 오늘은 바람이 유난해서 조심하느라 형광 램프 상자를 밧줄로 꼼꼼히 묶는다. 주인 영감님까지 묶는 걸 거들어 주면서, "인석아 까불지 말고 조심해. 사고 내 가지고 누구 못할 노릇 시키지 말고." 오늘 장사가 좀 잘 안돼서 그런지 말씨가 퉁명스럽긴 했지만, 나쁜 말은 아닌데도 수남이는 고깝게 듣는다. 꼭 네깟 놈 다칠 게 걱정이 아니라 나 손해 볼 게 겁난다는 소리로 들린다.

수남이는 보통 때 같으면 "할아버지, 다녀오겠습니다." 하고 신바람 나게, 그리고 붙임성 있게 외치고는 방긋 웃어 보이고 나서야 페달을 밟고 씽 달렸을 터인데, 오늘은 왠지 그래지지가 않는다. 아무 말 안 하고 자전거를 무거운 듯이 질질 끌다가 뭉기적 올라타면서 느릿느릿 페달을 젓는다. 주인 영감님이 뒤에서 악을 쓴다. "인석아 조심해. 까불지 말고."

주인 영감님의 목소리가 회오리바람을 타고 이상하게 날카롭고 기분 나쁘게 들린다. 수남이는 '쳇' 하고 혀를 차고는 도망치듯 씽 자전거의 속력을 낸다.

42. 밑줄 친 부분에 나타난 '수남'의 심정으로 알맞은 것을 고르십시오.

❶ 섭섭하다
② 원만하다
③ 초조하다
④ 든든하다

43. 이 글의 내용과 같은 것을 고르십시오.

① 수남이는 자전거를 잘 못 타 배달이 어렵다.
② 오늘 주인 영감님의 가게 장사가 잘 되고 있었다.
❸ 수남이는 평소 때에는 즐겁고 기분 좋게 배달을 한다.
④ 주인 영감님은 가게에서 20와트 형광 램프를 배달받았다.

🗂 **종류** 소설

💬 **해설**

주인 영감님의 퉁명스러운 말이 나쁜 말은 아닌데도 좋지 않게 들린다고 했으므로 '섭섭하다'는 것이 적합하다.

② **원만하다** : 부드럽고 너그러움.
　　예 동생은 성격이 둥글둥글하고 원만해.
③ **초조하다** : 걱정되어 마음이 조마조마함.
　　예 친구의 답장이 없어 마음이 초조해졌다.
④ **든든하다** : 어떤 것에 대한 믿음으로 마음이 두렵지 않고 굳셈.
　　예 가족이 옆에 있어 마음이 든든했다.

단어 생기　유난하다　묶다　까불다　사고
　　내다　노릇　퉁명스럽다　고깝다
　　날카롭다　붙임성　뭉기적

💬 **해설**

수남이는 보통 때 같으면 "할아버지, 다녀오겠습니다."하고 신바람 나게, 그리고 붙임성 있게 외치고는 방긋 웃어 보인다고 했으므로 평소 때에는 즐겁고 기분 좋게 배달을 한다는 것이 적합하다.

[44~45] 다음을 읽고 물음에 답하십시오.

커피를 마시러 가도, 영화를 보러 가도, 레스토랑에 가도, 어느 곳에서나 포인트 카드를 갖고 있는지 물어본다. 포인트 카드가 있으면 할인을 해 주는 곳도 있고 할인이 되지 않더라도 포인트를 적립해서 현금처럼 사용하도록 해 주는 곳도 있다. 기업들이 포인트 카드를 만드는 이유는 단골손님을 만들기 위한 것인데 경제학의 관점에서 포인트 카드는 '가격차별'의 한 유형으로 볼 수 있다. 가격차별이란 동일한 상품에 대해 사는 사람에 따라 (   ). 똑같은 영화를 보는데 포인트 카드가 있는 사람은 돈을 덜 내고 포인트 카드가 없는 사람은 돈을 더 내는 것은 가격차별의 한 예가 된다. 기업들이 가격차별 정책을 하는 이유는 이익을 높이기 위한 것으로 포인트 카드를 가지고 있지 않은 사람에게 더 높은 가격을 받으면 성공적인 가격차별이 되는 것이다.

44. 위 글의 주제로 알맞은 것을 고르십시오.

❶ 기업들은 이윤을 높이기 위해 포인트 카드 정책을 실시한다.
② 포인트 카드를 만들어야 문화생활을 할 때 할인을 받을 수 있다.
③ 포인트 카드가 만든 가격차별 정책은 소비자에게 비판받고 있다.
④ 기업들의 가격차별 정책은 소비자에게 좋지 못한 영향을 미친다.

45. (   )에 들어갈 내용으로 가장 알맞은 것을 고르십시오.

① 다양한 서비스를 주는 것이다
❷ 다른 가격을 적용하는 것이다
③ 가격 정보를 제공하는 것이다
④ 상품의 만족도를 매기는 것이다

종류 논설문

해설
포인트 카드가 있는 사람은 돈을 덜 내고 포인트 카드가 없는 사람은 돈을 더 내서 포인트 카드를 가지고 있지 않은 사람에게 더 높은 가격을 받아 기업의 이익을 높이기 위한 것이므로 '기업들은 이윤을 높이기 위해 포인트 카드 정책을 실시한다'는 것이 적합하다.

단어 포인트   할인   적립하다   단골손님

해설
가격차별이란 동일한 상품에 대해 사는 사람에 따라 포인트 카드가 있는 사람은 돈을 덜 내고 포인트 카드가 없는 사람은 돈을 더 낸다고 했으므로 '다른 가격을 적용한다'는 것이 적합하다.

[46~47] 다음을 읽고 물음에 답하십시오.

    최근 시청각 장애인 4명이 영화관을 상대로 낸 차별 구제 청구 소송에서 승소했다. 재판부는 비장애인을 기준으로 영화 관람 서비스를 제공하는 것은 '장애인 차별 금지법'이 금지하는 간접 차별에 해당한다고 말하며 시청각 장애인의 손을 들어주었다. (　㉠　) '장애인 차별 금지법'은 2008년부터 시행된 법이지만 아직 대부분의 장애인은 자유롭게 문화·여가활동을 즐기지 못하고 있다. (　㉡　) 그러나 아직 시청각 장애인을 배려하여 음향이나 자막을 제공하는 영화관은 부족하고 현재 시청각 장애인을 위한 영화관은 14곳뿐이다. (　㉢　) 영국에서는 흥행 영화의 84%가 자막을 포함하여 장애인들을 배려하고 있다. (　㉣　) 앞으로 한국에서도 시청각 장애인을 위한 상영관의 보편화를 위해 노력해야 할 것이다.

46. 위 글에서 〈보기〉의 글이 들어가기에 가장 알맞은 곳을 고르십시오.

> **보기**
>
> 이에 보건복지부는 시청각 장애인 관람자를 위한 화면 해설의 음향과 자막을 제공해야 한다고 말했다.

① ㉠   ❷ ㉡
③ ㉢   ④ ㉣

47. 위 글의 내용과 같은 것을 고르십시오.
① 현재 영화관의 관람 서비스를 제공하는 기준이 장애인이 되었다.
② 장애인들은 장애인 차별 금지법으로 불편함이 없는 사회가 되었다.
③ 모든 영화관에서는 장애인을 배려하여 음향이나 자막을 제공하고 있다.
❹ 현재 시청각 장애인을 배려하고 불편함이 없는 영화관 환경이 필요하다.

🗂 **종류** 논설문

💬 **해설**
보건복지부는 시청각 장애인 관람자를 위한 화면 해설의 음향과 자막을 제공해야 한다고 말한 이유가 대부분의 장애인은 자유롭게 문화·여가활동을 즐기지 못하고 있기 때문이므로 이 문장 뒤에 위치하는 것이 적합하다.

단어 시청각　소송　승소하다　시행되다
　　　　배려하다　보편화

💬 **해설**
아직 시청각 장애인을 배려하여 음향이나 자막 제공하는 영화관은 부족하고 현재 시청각 장애인을 위한 영화관은 14곳뿐이므로 '현재 시청각 장애인을 배려하고 불편함이 없는 영화관 환경이 필요하다'는 것이 적합하다.

토렌트는 인터넷 곳곳에 있는 파일을 찾아내 내려받을 수 있게 하는 프로그램이다. 토렌트 공유는 세계 각국에서 사용하고 있는 콘텐츠를 빠른 시간 안에 ( ) 방법이다. 그래서 토렌트를 사용하면 음악, 드라마, 게임, 영화 등의 방대한 파일을 다른 사람들에게 빠르게 공유할 수 있다. 토렌트는 또한 무료로 이용할 수 있어 남녀노소 모두 부담 없이 사용할 수 있다. 하지만 이러한 장점을 악용하는 사람들이 있다. '토렌트 자체'는 불법이 아니지만 토렌트로 공유하는 '콘텐츠'가 불법인 경우이다. <u>많은 토렌트 사용자들이 저작권이 있는 콘텐츠를 무단으로 공유하여 지적재산권을 계속 침해함에 따라 이런 방식의 파일 공유에 대한 많은 논란이 있다.</u> 이러한 문제를 낳는 또 다른 원인은 저작권 침해를 단속할 만한 시스템이 제대로 마련되어 있지 않다는 것이다. 드라마나 예능과 같은 경우도 방송사에서 저작권 침해를 신고해야만 단속이 이루어진다. 따라서 영화와 같이 저작권이 있는 콘텐츠임에도 불법 공유를 발견하고 단속하기 힘들다. 이에 따라 여러 나라의 많은 기관들이 협력하여 이 문제를 대처하기 위한 적극적인 태도를 취해야 한다.

48. 위 글을 쓴 목적으로 알맞은 것을 고르십시오.

① 토렌트의 콘텐츠 공유 사용을 지지하기 위해
② 토렌트로 공유하는 파일의 편의성을 증명하기 위해
③ 토렌트에서 불법 공유가 발생하는 원인을 예측하기 위해
❹ 토렌트로 야기되는 불법 콘텐츠 공유의 문제점을 비판하기 위해

49. ( )에 들어갈 내용으로 가장 알맞은 것을 고르십시오.

① 동영상으로 볼 수 있는
② 저작권을 등록할 수 있는
③ 불법 파일로 신고할 수 있는
❹ 대용량 파일로 전송할 수 있는

50. 밑줄 친 부분에 나타난 필자의 태도로 알맞은 것을 고르십시오.

① 토렌트에서 발생하는 불법 공유 단속 시스템에 대해 분석하고 있다.
② 토렌트보다 더 빠르고 쉽게 콘텐츠를 공유할 수 있는 방법을 요구하고 있다.

🏷 **종류** 논설문

💬 **해설**

토렌트 사용자들이 저작권이 있는 콘텐츠를 무단으로 공유하여 지적 재산권을 침해하여 논란이 된다며 토렌트로 인한 불법 컨텐츠 공유에 대해 비판하고 있다.

단어 내려받다   공유하다   방대하다   무단
침해하다   단속하다   취하다

💬 **해설**

토렌트는 게임, 영화, 드라마 등 방대한 파일을 다른 사람들에게 빠르게 공유할 수 있는 프로그램이라 했기 때문에 '대용량 파일로 전송할 수 있는 방법'이라는 것이 적합하다.

💬 **해설**

토렌트로 공유하는 '콘텐츠'가 불법이기 때문에 토렌트 사용자들이 저작권이 있는 콘텐츠를 무단으로 공유하여 지적 재산권을 침해하여 논란이 된다며 '토렌트로 콘텐츠를 공유할 때 발생하는 문제점'에 대해 경계하고 있다.

③ 동영상 파일을 공유하기 쉬운 토렌트의 긍정적인 측면을 높이 평가하고 있다.

❹ 토렌트로 콘텐츠를 공유할 때 발생하는 문제점에 대해 강하게 경계하고 있다.

HOT
TOPIK II 토픽 II Actual Test 해설집

초판 발행	2014년 6월 27일
개정판 4쇄	2023년 11월 10일
저자	한국어 평가 연구소
편집	권이준, 김아영
펴낸이	엄태상
디자인	진지화
콘텐츠 제작	김선웅, 장형진, 조현준
마케팅본부	이승욱, 왕성석, 노원준, 조성민, 이선민
경영기획	조성근, 최성훈, 김다미, 최수진, 오희연
물류	정종진, 윤덕현, 신승진, 구윤주
펴낸곳	한글파크
주소	서울시 종로구 자하문로 300 시사빌딩
주문 및 교재문의	1588-1582
팩스	0502-989-9592
홈페이지	http://www.sisabooks.com
이메일	book_korean@sisadream.com
등록일자	2000년 8월 17일
등록번호	제300-2014-90호

ISBN 978-89-5518-844-8 (13710)
        978-89-5518-842-4 (set)

HOT TOPIK II

토픽 II
Actual Test

TOPIK II

해설집